中国古代民事诉讼制度

张晋藩／著

中国法制出版社
CHINA LEGAL PUBLISHING HOUSE

导 言

（一）

中国进入二十世纪以后，清政府为了维持风雨飘摇的局面，宣布预备立宪，制定了一系列仿西方的法律，传统的律学也为近代的法学所代替。但是自民国时起，在半个多世纪的时间里竟然没有一本中国民法史的著作，由此也影响到对于民事诉讼制度史的研究，出版的著作屈指可数，而且语焉不详。这不是偶然的，西方法学者关于中国古代只有刑法，而无民法，民事诉讼依附于刑事诉讼的观点，在一段时间内起着主导的作用，在其影响下，中国学者也缺乏认真的、实事求是的研究，以致二十世纪八十年代初期出版的《中国司法制度史》中竟然完全略去古代民事诉讼制度而不述，使人们对中国古代司法制度产生了跛足之感。

从二十世纪中叶开始，我陆续发表了关于中国古代民法的论著，同时也将研究的视野移向中国古代民事诉讼制度。1996 年发表了《中国古代民事诉讼制度通论》。1999 年我在《清代民法综论》一书中专列一章，论述清代民事诉讼制度的状况与特点。同年还出版了我与两位博士生合写的《中国民事诉讼制度史》。本书就是以《中国民事诉讼制度史》为基础，综合历年研究成果和新资料撰写成的。

(二)

在法制文明发达很早的中国，从西周起便形成了礼乐政刑综合治国的政治制度和明德慎罚的法制建设原则，并且在司法实践中开始了民事诉讼与刑事诉讼的初步分野，这是为史书和地下文物的新发现所证实了的。因此，中国古代民事诉讼制度不仅具有悠久的历史，而且内容丰富，特色鲜明，它的发展轨迹是和社会经济的发展，尤其是和民事法律关系的发展密切联系在一起的。

《周礼·秋官·大司寇》提出“争罪曰狱”，“争财曰讼”。郑氏注曰:“讼，谓以财货相告者；狱，谓相告以罪名者。”[①] 因此，刑事案件审理称为“断狱”，民事案件的审理称为“弊讼”。作为所有权关系转移凭证的“傅别”“约剂”，成为司法官审判民事案件的根据。如果说古文献记载尚不足证，那么地下文物的发现则提供了确切的物证。著名的《曶鼎》《琱生簋》《鬲攸从鼎》《偿匜》都在铭文中记录了属于民事案件审理的全过程，包括起诉、受理、调解、代理、判决与执行、誓审等。尽管尚不完备，但确实是民事诉讼的原型，证明了中华法文化不仅起源早，且具有东方文明古国的典型意义。

由于两周时期刑事诉讼与民事诉讼还没有严格意义上的区分，侵

① (清) 阮元校刻:《十三经注疏·周礼注疏》卷三十四《秋官·大司寇》，中华书局1980年版，第870页。

权与犯罪也没有明确的界定，因此民事诉讼中的民事责任是一种惩罚性的，败诉的一方如不履行则与背誓同罪，处以刑罚。

随着社会经济的发展与土地由“王有”向私有过渡，涉及田土所有权与债权的民事争讼一天天增多，从而推动了民事诉讼制度的进步。可以说，两周时期民事诉讼与刑事诉讼已经从混沌中见泾渭，汇合中显支流。

（三）

由秦汉至隋唐是中国古代法制趋于成熟和定型的时期，司法制度也同样达到了相应的发展程度。但是过去的研究者只注重研究秦、汉、唐的刑事诉讼制度，而忽略了这一时期民事诉讼制度的发展。从现有的律、典、竹简、木牍以及敦煌文书中可以发现，这一时期，民事诉讼无论是程序还是审判制度，都已达到某种规范化的程度，出土的汉代简册和敦煌唐文书就证明了这一点。

由于中国古代重公权轻私权，国家的基本大法是刑法，民事诉讼经常是依附于刑事诉讼，民事权利也主要是通过刑事附带民事诉讼的方式加以保护。这在汉简《候粟君所责寇恩事》的案例中得到确切的证明。不仅如此，《候粟君所责寇恩事》还显示了民事案件由被告居住地司法机关受理，其审理权由县廷行使，被告须针对原告起诉的事项进行答辩，以及民事案件中重调查程序等。

标志着封建法制成熟与定型的《唐律疏议》对于民事诉讼的管辖与受理已有了专门的规定。此外，对于民事案件的起诉、期间、越诉、终审、官司应受理而不受理的责任等，也都作出了明确规定。出土的吐鲁番唐文书中，保留了唐代民事诉讼制度方面的珍贵史料，如民事诉讼的判决不限于原告当事人的请求，而是综合与本案有关的事实与法律关系，有的也涉及终判的法律效力等。

（四）

由宋迄清是中国古代经济的发展时期，也是民事法律以及与之相联系的民事诉讼制度的发展时期。现存的大量案例档案说明，这一时期民事诉讼的对象更为复杂，程序更为详细，原则更为明确，反映了中国古代民事诉讼制度发展至相当完备的阶段。如果将这一时期有关民事诉讼的法令、法规、条例、诏旨等加以汇编，堪称一部颇具体系与规模的民事诉讼法典。

两宋在中国历史上虽然国势不振，但土地私有权的广泛确立，推动了商品经济与货币关系的发展，商业城市迅速兴起，海外贸易也达到了空前繁荣的水准。与此相联系的民事法律与民事诉讼制度都得到了前所未有的充实。两宋时期针对民事诉讼的复杂性划分了级别管辖、地区管辖和移送管辖。同时，限定原告必须是直接利害关系人方得起诉。凡“讼不甘己事者”处以杖刑或决配，[①] 以防止刁顽之徒，无端构讼，从中渔利。但允许老幼、残疾人以及妇女遣令家人代为诉讼。

由于宋朝奉行不抑兼并的政策，土地的流转加快，权势者通过巧取豪夺，侵犯下户——自耕农的土地所有权，威胁到专制制度的基础，为此法律允许“下户”在“务限”期内（即农忙季节停讼期内）

---

① ［日］寺田浩明：《日本的清代司法制度研究对“法”的理解》，载《明清时期的民事审判与民间契约》，法律出版社 1998 年版，第 113 页。

提起诉讼，甚至可以越诉，以示对“下户”利益的保护。地方官如应受理而不受理者，治罪，但不得受理证佐不明、超过法定时效的诉讼。特别值得提出的是，宋朝允许卑属在财产问题上，如分产不公，控告尊亲属，这在宋以前和以后都是少见的，反映了两宋商品经济的发展和私有权观念的深化对于传统的“重义轻利”伦理意识的冲击。

为了避免民事诉讼拖沓不决，影响当事人的生产与生计，宋朝时明文规定县审当日结案，如须提供新证，不得超过五日；州审十日结案，监司审半月结案，无故违限，准许越诉陈告。然而在强调效率的同时，却也带来了司法官争取于限期内结案而往往草率从事的消极后果。

宋朝对民事案件的审理，十分重视证据的作用。证据分为书证、物证、证人、证言等。其中书证更具有证明价值，凡“交易有争，官司定夺，止凭契约”①,“考察虚实，则凭文书”②。为了辨别书证的真伪，常委托代写状词的书铺辨验；如对当事人争议的标的物或物证有疑，官府还要进行现场勘测，搜取证据。

宋朝在司法上采取“鞫谳分司”的制度，审与判各有专司，互相制约，以保证审公断准，有法为据。这是宋朝在司法制度上的新创造。这项制度也适用于民事诉讼。对于判决不服者，允许逐级上诉，“人户讼诉，在法：先经所属，次本州，次转使，次提点刑狱，次尚书本部，次御史台，次尚书省”，直到诣登闻鼓院，进御状。宋朝不定民事审级限制，以使当事人有更多的机会上诉申理，澄清事实，减

① 中国社会科学院历史研究所宋辽金元史研究室点校：《名公书判清明集》卷五《户婚门·争业下》“物业垂尽卖人故作交加”，中华书局 1987 年版，第 153 页。

② 中国社会科学院历史研究所宋辽金元史研究室点校：《名公书判清明集》卷九《户婚门·库本钱》“质库利息与私债不同”，中华书局 1987 年版，第 336 页。

少冤抑。为了使民事判决的执行迅速落实，官府可依法采取强制措施，并组成专门的执行机构。

综上可见，宋朝的民事审判制度建树颇多，是中国古代民事诉讼制度史上的重要发展阶段，它所创造的新制度、新原则、新经验对于元明清各朝都有直接渊源意义。

元朝虽然是一个不尚法制的时代，但其司法制度却有特色，又有一定的贡献。譬如在法典中专列“诉讼”门，反映了实体法与程序法的进一步分野，因而是法制史上的一大发展。

由于元朝是以蒙古贵族为领导的政权，无论制度建设，还是政策措施，都表现出了民族统治的时代特色，如专设剖决蒙古王公贵族案件的司法机关大宗正府。此外，不同的民族和等级各有专属管辖，并辅以“约会”制度，以联合审判不同户籍诉讼人之间的刑民事案件，致使机构重叠，司法权分散，效率低下。

对于提起民事诉讼条件之一的书状，元朝时强调诉讼请求必须明确并提出证据，否则不予受理。对于代写诉状的书状人也提出了严格的责任要求，不得刁难拖沓，敲诈勒索，否则治罪。

此外，民事诉讼制度值得提出的，一是采取原告就被告的原则，而不论民族与身份，起了开先例、启后世的作用；二是扩大了民事代理的范围，致仕官与现任官均许令同居、亲属、家人代诉，其他老幼、残疾、笃疾及妇女的代理规定，基本定型；三是凡调解结案之诉，当事人不得重新提起诉讼，以示调解结案所具有的法律效力；四是涉及伤风败俗，淆乱伦常，营私损公之类的民事案件，均附以刑罚。

元朝为了适应统治全国的需要，在汉民族先进法律文化的影响下，开始注意运用法律手段调整社会关系，建立秩序。但终元之世，军事封建主义统治肆行，政治腐朽，吏治败坏，司法黑暗，狱讼淹滞，许多规定具文而已。

明朝是专制主义强化的朝代，在管理体制上发生了重大变化，也影响到了民事审判机构的变化。例如，里长于申明亭可以剖决民事案件，巡按御史和巡抚也执掌一定的民事审判权。由于明朝实行卫所制，因此军户间的民事案件归军卫审理，军户与民户间的争讼，采取元时的约会制度，由军卫与有司联合审理。

在起诉的形式上，明朝允许“口告”，即口头陈诉，但审判机关需记录清楚。至于词状，可以自己书写，也可请人代写，以便于诉讼当事人及时起诉。为了维护当事人的利益，赦囿以前的民事案件，需要改正者，仍可追究，这是与刑事诉讼不同的。

明初为了维护专制主义中央集权的体制，严禁豪强势要之人侵夺小民的财产，以致此类案犯常由皇帝派遣锦衣卫擒拿归案，可以说是明代特别民事强制措施。此外，从维护专制主义出发，监察机关系统被赋予广泛的民事诉讼受理权与司法监察权。

在民事审判过程中，司法机关经常运用“立案不行”的民事裁定手段，驳回程序不合的起诉或上诉。负责接受京师地区民事起诉与全国各地民事上诉的通政使司，便是一个有权作出民事裁定的机构。民事裁定的运用，表明对于民事诉讼程序的要求日趋规范。至于判决，无论是给付之判、确认之判，还是变更之判，经常附带刑罚。但也注意区分诉讼标的是动产或不动产，官物或私物，以及主观上的故意或过失。

对于涉及王公、贵族、中官的民事诉讼案件，称为“事重”之案，要“赍状奏闻”皇帝，司法机关不得擅断，以示与一般“常事”之案的区别。

民事判决的执行，采取从速的原则，但不得私自动用败诉一方的财物，而只能请求官府执行，尤其不准没身折酬。对于刑事附带民事案件的执行，较之一般民事案件严厉，并不许适用减免原则。

清朝是中国的末代封建王朝，法制以完备著称，虽仍无单一的刑事或民事诉讼法，但随着民事案件的增多，民事诉讼逐渐从民事依附于刑事的状态走向独立，在审判程序和法律适用方面，都形成了自己的特色。

清朝进一步规范了官吏违反民事诉讼程序的法律责任，无故不受理之罚最高可至杖八十。如受财，则计赃以枉法从重论。审理民事案件的州县衙门，必须置立“循环簿”，填写当月已结、未结案件及其缘由，以便上级司法机关和监察机关检察与监督。

清朝的民事案件实行州县自理原则，称为州县自理案件，而且严定于事犯地方告理，不得在原告所住州县呈告。这一点与刑事诉讼要求于被告所在地，或犯罪所在地呈告的多种管辖不同。州县受理案件以后，根据案情可批令亲族、绅耆、邻佑调处。调处是在官府的制约下进行的，也是官吏考绩的内容之一。

清朝对民事诉讼实行的限期结案、回避与代理制度，基本如宋制，但也有不同，如卑属不得控告尊属，否则以干名犯义论处。民事审判一般不另作判决书，而是在当事人具结的“甘结”上批“准结”，即为了结。但这并不排斥州县官作出正式的判决。

1840 年鸦片战争以后至 1911 年辛亥革命发生之前，是晚清时期。这一时期中国的海禁大开，社会经济结构、阶级结构、文化意识以至上层建筑组成部分的政制法制，也都相应地发生了重大变化。经过晚清的政治改革与修律，固有的中华法系解体了，西方资产阶级的法律文化广泛输入，并逐步取得了决定中国法制改革方向的主导地位。在大陆法系的影响下，新修订的法律无论体系、内容、制度、原则，都别开生面。主持修律的沈家本非常重视程序法的作用，他认为诉讼法不完备，实体法也无以观其成。在他的主持下，破天荒地分别起草了民事诉讼律与刑事诉讼律草案，这不仅标志着整个诉讼法律的现代化，也揭开了民事诉讼制度史的新篇章。

（五）

中国古代的民事诉讼制度，受特定国情的影响与整个法制发展状况的制约，形成了以下特点。

其一，民事诉讼与刑事诉讼，分中有合，合中有分。

根据法律文献、档案资料和地下文物的发现，可以证实从西周起民事诉讼便与刑事诉讼有了初步的划分。但在三千多年的发展过程中，刑事诉讼与民事诉讼一直缺乏明确的概念划分。民事诉讼在某些具体情况下是依附于刑事诉讼的，二者分中又有合，同一个法庭，同一个法官，既审理刑事案件，也审理民事案件。诉讼当事人在刑事附带民事诉讼中，无须对民事诉讼专门起诉，因为在对被告进行刑事制裁的同时，也判决了其应当承担的民事责任。除此之外，在民事诉讼中，涉及道德，特别是侵犯亲权的民事案件，往往在判决时也加以刑责以示惩戒，但刑责多少由法官自由裁量，并无具体规定。此类案件多系侵犯伦常关系或家族中的尊长。由于伦常关系是最重要的社会关系，因此侵害伦常关系不仅违反了法律，也为道德所不容。由于家族是一个血缘共同体，侵犯家族中的尊长等于侵犯了以族为代表的血缘共同体，因此除民事制裁外还要施以刑责。直到晚清修律才从法理上分清了刑事诉讼与民事诉讼的区别，并且分别制定了刑事诉讼律和民事诉讼律草案。

其二，民事纠纷被视为“细故”。

由于民事诉讼涉及的案件大都是民间的田土、债务、婚姻、继承等纠纷，尽管这类案件是大量的，并且与百姓的切身利益密切相关，但在重公权的专制主义国家，此类案件之于国家统治的根本利益并无大碍，因而被看作“细故”“细事”，其受重视程度远不如涉及国家、社会稳定以及人身伤害的刑事诉讼。譬如虽然规定了上诉的程序，但在实际执行中常常是一审终审。不过统治者深知细事不决也会酿成大事，因此在司法实践中仍然及时审理，认真对待，并非法庭遗忘的角落。宋以后，特别是清朝，民事诉讼在各地都超过刑事诉讼的数量，不断发现的清朝司法档案证实了这一点。

其三，伦常礼俗是解决民事争端的重要手段。

在中国古代社会，宗族、家族组织是国家基层行政组织的骈枝，宗法伦常观念是广泛渗透于社会的、具有强大约束力的精神信条。而在儒家思想被奉为统治思想以后，伦理秩序又成为国家极力维护的一种重要的社会秩序。为此，礼的作用被强调，礼的规范获得了法律的强制保证，礼和法共同作用于维护国家的统治。在悠久的血缘地缘关系的作用下，礼俗成为一种习惯，具有超越法律之上的特殊功能，是国家处理民事纠纷的重要依据，以至反映礼俗的家法族规也被用来解决家族内部的民事纷争，族长和家长俨然是代表国家行使族内审判权的法官。如果说礼法结合并用是中国古代法律的特点之一，那么这一点在民事诉讼上表现得尤为突出，依礼俗审判结案的案例占有相当的比重。

其四，调解结案体现了民事诉讼的特殊性。

运用调解解决民事法律纠纷，在中国古代由来已久，两周铜器铭文中便记录了不少调解结案的案例。发展至汉以后，调解逐渐成为常用的手段。调解的方式多种多样，如官府调解、宗族调解、邻里调解等。调解的依据有法也有礼俗。调解的效力相当于判决，有些案件只有当调解无效时才按程序起诉。在民事诉讼中调解之所以盛行不衰，是和中国古代的国情分不开的。聚族而居的血缘关系，多年毗邻而居的地缘关系，加上以讼为耻、以和为贵的社会意识，以及繁重的讼累，使得广大群众能够接受调解。至于官府，则乐于通过调解达到息讼的目的，既减轻了司法机关的承受力，又是可以夸耀的政绩。但在专制主义的政权和封建主义的族权、父权的影响下，调解也常有某种强制性，违背了当事人的意志，因此只是在不得已的情况下，人们才甘冒“健讼”之名起诉或上诉。

其五，贯穿等级特权原则。

中国古代是以等级特权为特征的社会，这在民事诉讼制度中也有明显的反映。早在《周礼》中便规定：“凡命夫命妇不躬坐狱讼。”按郑氏注：“命夫者，其男子之为大夫者；命妇者，其妇人之为大夫之妻者。”另据贾公彦疏：“古者取囚要辞，皆对坐，治狱之吏皆有严威，恐狱吏亵尊，故不使命夫命妇亲坐。若取辞之时，不得不坐，当使其属或子弟代坐也。”[①] 在等级森严的中国古代社会，贵贱尊卑以其身份不同，在民事诉讼中的权利地位也不同。例如，王公贵族们的诉讼，一般司法机关无权擅自审理，而需奏闻取旨，获准后方可审理。但是，随着社会经济的发展，以及被压迫等级的斗争，民事权利主体不断扩大。例如，清朝中期以后，原有的“雇工人”除所谓“恩

① （清）阮元校刻：《十三经注疏·周礼注疏》卷三十五《秋官·小司寇》，中华书局1980年版，第873页。

养已久”者外，均为身份自由的雇工。雍正、乾隆时期，奴婢人身依附关系也逐步松弛，有条件地取得了凡人的社会地位。清末宣统元年（1909年）颁行的新刑律，对此专门规定如下：“凡从前旗下家奴，不论系赏给、投充及红契、白契所买，是否数辈出力，概听赎身，放出为民。”① 特别是自雍正朝起迭颁上谕，废除了由来已久、数量众多的贱民的“贱籍”，把他们列入四民，在法律上承认他们与一般平民具有同等的地位。清中叶以后，民事诉讼数量的急遽上升，民事权利主体的不断扩大，是和社会群体中身份地位的变化分不开的。

①《钦定大清现行刑律》卷五《户役》。

目录

第一章　先秦的民事诉讼制度

第二章　秦汉的民事诉讼制度

第五章 元朝的民事诉讼制度

第六章 明朝的民事诉讼制度

第七章 清朝的民事诉讼制度

第八章 晚清的民事诉讼制度

第一章

先秦的民事诉讼制度

夏商周是先秦时期三个主要的王朝，夏商两朝由于刚刚进入文明社会，生产力水平十分低下，人们认识自然现象的能力也受到极大的限制，以致对于自然界的各种现象由于不能解释而充满畏惧，从而为宗教活动提供了温床，在司法上也受到神权法的笼罩。

商朝是中国古代最具代表性的神权政治时代。“天命玄鸟，降而生商”[①]，是说商朝统治受命于天，因此，对现实社会的刑罚称为“天罚”，而借贞卜以决定司法判决，称为“神判”。但是商朝的神权政治也打上了宗法的烙印，譬如殷人专奉的天帝，实际上是商统治者的祖宗神，天上的帝廷不过是地上王廷的投影，而至商朝后期，国王控制了贞卜，卜辞中出现王贞的字样，表明国王控制了神权，实现了王权、族权与神权的统一，这为周朝建立以后神权政治的基本结束提供了可能。

由于夏商两朝一直实行严格的土地国有制，加上民事诉讼权利主体范围的狭窄，限制了民事纠纷的发生，进而也局限了民事诉讼程序与制度的发展。

周朝建立以后，伟大的政治家思想家周公，鉴于商末由于“重刑辟”而失去民心招致败亡的教训，把治国的基点放到重民、保民上，

① (清) 阮元校刻:《十三经注疏·毛诗正义》卷二十三《商颂·玄鸟》，中华书局 1980 年版，第 622 页。

提出了“人无于水监，当于民监”[①]的千古不朽的命题。同时，他大力宣扬有德者可以得天下，形成了“明德慎罚”的治国方略。“明德”在于以德化民，“慎罚”在于用“中刑”“中道”，同时还实施礼乐政刑综合为治的政策，使国家稳定而富强，开始崭露了中华法制文明的曙光。至周朝中期以后，土地国有制遭到破坏，向着私有制过渡，出现了土地的买卖、转让、租赁等现象。债权债务法律关系的发生与财产关系的复杂化，引起了不断增多的法律纠纷。由此，司法机关发展了，在铜器铭文中还记载了一些典型的民事诉讼的案例。

第一节 司法机关

夏朝建立以后，统治者既感于天的权威，而又力图借助于天的震慑力，以“天讨有罪”“天罚”之类的舆论，惩罚现实中的犯罪。据夏文献记载，夏朝已有“士”“大理”之类的司法官，他们在断罪量刑上颇为审慎。《左传·襄公二十六年》记载：“《夏书》曰：与其杀不辜，宁失不经，惧失善也。”[②]

至商朝，《礼记·曲礼下》说：“天子之五官，曰司徒、司马、司空、司士、司寇。”郑玄注：“此亦殷时制也。”[③]但卜辞中却未见司寇之名。由于商朝实行专制主义的政治体制，使商王掌握最高的司法权，

---

①（清）阮元校刻：《十三经注疏·尚书正义》卷十四《酒诰》，中华书局1980年版，第207页。

②（清）阮元校刻：《十三经注疏·尚书正义》卷九《盘庚上》，中华书局1980年版，第170页。

③（清）阮元校刻：《十三经注疏·春秋左传正义》卷三十七《襄公二十六年》，中华书局1980年版，第1991页。

并通过“王贞”借助神权控制司法，以致“惟予一人有佚罚”[①]。在地方有“正”与“史”执掌司法，已有了初步的审级划分。

周朝职掌狱讼和鞫狱的是司寇，已有了确切的实证。西周铜器《南季鼎》《扬簋》《司寇良父簋》和周朝晚期《虞司寇壶》《大梁司寇鼎》的铭文中都有关于司寇的记载，说明司寇一职存在于整个周朝。

除铜器铭文外，在周初的文献中也有司寇一职的肯定记载。《尚书·立政》：“司寇苏公，式敬尔由狱，以长我王国。”[②]《左传·成公十一年》：“昔周克商，使诸侯抚封，苏忿生以温为司寇。”杜注：“苏忿生，周武王司寇苏公也。”[③]可见，苏公是周朝第一任司寇。

在《周礼》中司寇还有大小之分。大司寇“掌建邦之三典，以佐王刑邦国，诘四方”[④]。所谓“三典”，即“刑新国用轻典，刑平国用中典，刑乱国用重典”。同时，还“以五刑纠万民”，“以两造禁民讼，以两剂禁民狱”。“以圜土聚教罢民”，“以嘉石平罢民”，“以肺石达穷民”，实际是中央最高司法官，负责全面司法工作。[⑤]另据《左传·定公四年》记载，“康叔为司寇”，说明康叔继苏公之后，任第二任司寇，可见司寇一职的重要。

商周时期，由于社会经济的发展极为缓慢，决定了上层建筑的发展变化也同样极为缓慢，各项重要制度都经历了缓慢的发展过程，但

---

① (清）阮元校刻:《十三经注疏·礼记正义》卷四《曲礼下》，中华书局1980年版，第1261页。

② (清）阮元校刻:《十三经注疏·尚书正义》卷十七《立政》，中华书局1980年版，第232页。

③ (清）阮元校刻:《十三经注疏·春秋左传正义》卷二十七《成公十一年》，中华书局1980年版，第1909页。

④ (清）阮元校刻:《十三经注疏·周礼注疏》卷三十四《秋官·大司寇》，中华书局1980年版，第870页。

⑤ (清）阮元校刻:《十三经注疏·周礼注疏》卷三十四《秋官·大司寇》，中华书局1980年版，第870—871页。

有源有流。因此从西周司寇一职的稳定形态中可以推断，至少在商末司寇一职已经出现。

小司寇“掌外朝之政”，“以五刑听万民之狱讼”，[①]同时还负责审理中央直辖地区的案件，实为地方最高司法官。小司寇以下，设士师掌国之五禁——“一曰宫禁，二曰官禁，三曰国禁，四曰野禁，五曰军禁”[②]。士师还职掌五戒——誓、诰、禁、纠、宪，施于刑罚之先，以预防犯罪，所谓“毋使罪丽于民”[③]。为此，士师还负责将法禁“县（悬）于门闾”[④]，使人知法，远离犯罪。

此外，周朝还有分掌具体司法事务的属官，如司刑“掌五刑之法，以丽万民之罪”[⑤]，司刺“掌三刺、三宥、三赦之法”[⑥]，司圜管理监狱，掌囚管理犯人，掌戮负责行刑。司寇所属职官的众多，说明司法审判已是重要的国家活动。

在基层司法体系中，乡士“各掌其乡之民数而纠戒之。听其狱讼，察其辞，辩其狱讼，异其死刑之罪而要之，旬而职听于朝。司寇听之，断其狱、弊其讼于朝……狱讼成，士师受中，协日刑杀，肆之

① （清）阮元校刻：《十三经注疏·周礼注疏》卷三十五《秋官·小司寇》，中华书局1980年版，第873页。

② （清）阮元校刻：《十三经注疏·周礼注疏》卷三十五《秋官·小司寇》，中华书局1980年版，第874页。

③ （清）阮元校刻：《十三经注疏·周礼正义》卷三十五《秋官·士师》，中华书局1980年版，第874页。

④ （清）阮元校刻：《十三经注疏·周礼正义》卷三十五《秋官·士师》，中华书局1980年版，第874页。

⑤ （清）阮元校刻：《十三经注疏·周礼正义》卷三十六《秋官·司刑》，中华书局1980年版，第880页。

⑥ （清）阮元校刻：《十三经注疏·周礼正义》卷三十六《秋官·司刺》，中华书局1980年版，第880页。

三日。若欲免之，则王会其期”[1]。

除乡士外，遂士、県士、方士、讶士分别负责审理所在遂、県、邑的一般民、刑案件，并可就地处理。遇有重大案件，则“弊其讼于朝”，听司寇判决。可见，周朝的司法审级较商朝呈现多级化趋势。

在诸侯国中，国君享有封地内的最高司法权，国君以下司法机关也仿宗周例设司寇、士师。前述《司寇良父簋》等铜器铭文可资证明。有些封国不称司寇，而称大理或司败。

第二节　私有财产权的确立与民事法律的发展

周初继续实行土地国有制，所谓“溥天之下，莫非王土，率土之滨，莫非王臣”[2]。但是周初的土地国有制较之夏商已有所松动，《诗经·小雅·大田》中的“雨我公田，遂及我私”，反映了庶民也已有了少量的私田。随着生产力的提高，以个体劳动为特征的小农经济逐渐成为主要的经济形式。土地国有制度向着私有制讨渡已经成为历史的趋势。鲁宣公十五年“初税亩”、郑国“作丘赋”、秦国“初租禾”，显示了国家以设定义务的方式承认土地私有权，标志着土地私有的合法性。此后“履亩而税”成为既定的国家政策。

战国时，秦国商鞅变法，“除井田，民得买卖”，由此，买卖成为

---

①（清）阮元校刻:《十三经注疏·周礼正义》卷三十五《秋官·乡士》，中华书局 1980 年版，第 875—876 页。

②（清）阮元校刻:《十三经注疏·毛诗正义》卷十三之一《小雅·北山》，中华书局 1980 年版，第 463 页。

取得不动产——土地的重要途径，并得到法律的保护。

随着社会的进步和商品货币经济的发展，特别是土地进入流通领域，带动了动产——货贿（金玉、布帛）、奴隶、牛马、六畜、兵器等的市场交易，铭文中对周朝中晚期有关交换、买卖、租赁土地及其他动产的民事活动均有记载。

周共王时期铜器《五祀卫鼎》，记载了裘卫以田四田交换邦君厉田五田，得到厉的认可，并请有关官员、证人参加，签订了交换契约。裘卫为使此项交换合法化，为保护通过交换获得的"田五田"的所有权，铸鼎记述交换的全部过程。

《九年卫鼎》记载了周共王九年，裘卫以车马及附属器具衣物等换取了矩伯的土地。在举行了交换仪式之后，裘卫铸鼎，镌刻"卫其万年永宝用"的字样，以确认和保护交换来的土地的所有权。

此外，《伯格簋》铭文记载了一乘良马可交换耕地三十田，《曶鼎》铭文记载了五名奴隶可交换匹马束丝。

近年出土的《卫盉》记载了共王三年，矩伯向裘卫购买觐璋，裘卫索价八十朋，矩伯以田十田为代价，然后矩伯又"舍田三田"，向裘卫购得价值二十朋的赤色虎皮两张、牝鹿皮饰两件和有文饰的蔽膝一副。

《卫鼎甲》铭文记载了邦君厉因营治二川有功，周共王赏田五田。共王的几位大臣还询问邦君厉："女（汝）贮（租）田不？"邦君厉答："余审贮（租）田五田。"几位大臣遂"使厉誓"。

生产关系的变化与相应的社会关系的变动，交换与让渡的不断发生，都要求法律的调整与保护，正如《周礼·秋官·司寇》所说："凡民间财货者，令从国法行之，犯令者刑罚之。"民事法律就在这样的历史背景下得到了发展。

就民事权利主体而言，除王室贵族外，庶人、工商也由不完全的民事权利主体发展为完全的民事权利主体。《国语·周语》说："庶人工商各守其业，以供其上。"从而扩大了参与民事活动的群体的范围。

在所有权方面，周初土地实行国有亦即王有，国王通过封赐的方式使诸侯卿大夫获得土地。如《大盂鼎》铭文记载"受民受疆土"；《大克鼎》铭文记载"易（赐）女（汝）田"；《永盂》铭文记载赐永"田阴阳洛"。受封赐的诸侯卿大夫只有土地占有、使用、收益权，不享有对土地的处分权。

随着农业生产力的提高，开垦私田是取得土地所有权的另一重要途径，"王土"的观念日益淡薄。特别是公元前770年，周王东迁落邑，平王以秦襄公护驾有功，与襄公盟誓，将岐山之西的土地封给其所有，所谓"即有其地"。[①] 首次正式承认了诸侯国对于封国的土地所有权。

在西周的民法中，债法最具有代表性。在古字中"债"为"责"，按《说文解字》："责，求也。"意为一方享有特定的权利，即债权人；另一方负有特定的义务，即债务人。另据《周礼》："听为责。"表达了债权人和债务人的权利义务关系。此外，《周礼·秋官·朝士》曰："凡有责者，有判书以治则听。""凡属责者，以其地傅而听其辞。"[②]《周礼·天官·小宰》云："听称责以傅别。"[③] 所谓判书、傅别类似契约，说明契约是债发生的重要条件。

---

①（汉）司马迁：《史记》卷五《秦本纪》，中华书局1962年版，第179页。

②（清）阮元校刻：《十三经注疏·周礼正义》卷三十五《秋官·朝士》，中华书局1980年版，第878页。

③（清）阮元校刻：《十三经注疏·周礼正义》卷三《天官·小宰》，中华书局1980年版，第654页。

西周时期民法虽然简单粗疏，但却给发展中的民事法律活动提供了保护，特别是对于不断发生的民事诉讼提供了法律依据。

第三节　初具规模的民事诉讼制度

西周时期刑事诉讼与民事诉讼已有初步的划分。据《周礼·秋官·大司寇》："以两造禁民讼。""以两剂禁民狱。"郑玄注："讼，谓以财货相告者。""狱，谓相告以罪名者。"又说："争罪曰狱，争财曰讼。"[①] 所谓"听讼折狱"，就是审理民、刑案件的概括。但西周时期民事、刑事诉讼的划分还处于极初步的阶段，既没有也不可能达到科学的论证。而在司法实践中，刑事附带民事或民事附带刑事的案件是常见的，纯粹的民事案件是少见的，民事诉讼程序和制度还只是初具规模而已。

一、起诉与受理

西周时期的民事案件采取直诉的形式，轻微的案件以口头起诉，重大的案件以书状起诉。《曶鼎》载"曶……以限讼于井叔"，就是曶直接向井叔告发限。《鬲攸从鼎》载"鬲从以攸卫牧告于王"，就是鬲从直接向周王告发攸卫牧。

诉讼双方均须交纳"束矢"（百矢为束），类似后世的诉讼费，然

① （清）阮元校刻：《十三经注疏·周礼正义》卷三十四《秋官·大司寇》，中华书局1980年版，第870页。

而在金文中，只有以流行的贝币作为诉讼费，而无“束矢”的记载。如不交纳则按“自服不直”，或不予受理，或判处败诉。《国语·齐语》云:“坐成以束矢。”韦注:“讼者坐成，以束矢入于朝，乃听其讼。两人讼，一人入矢，一人不入则曲，曲则服，入两矢乃治之。”[①]《周礼·秋官·大司寇》也有类似的记载:“以两造禁民讼，入束矢于朝，然后听之。”在金文中除收取货币外，也有收取铜的记载。如《扬簋》:“王若曰：扬，作司空……及司寇，……讯讼，取徵五锊。”《𧇍簋》:“王曰：𧇍，命汝司成周里人及诸侯；大亚，讯讼罚，取徵五锊。”意即王命扬、𧇍掌管诉讼，并收取诉讼费五锊铜。

西周在宗法等级制度的影响下，为了维护伦常关系，严禁父子之间发生诉讼，“父子将狱，是无上下也”[②]。

为了维护贵族的身份，贵族们如成为民事诉讼当事人，则无论案件轻重，均可派其下属或子弟代理，而无须亲自出庭受审。据《周礼·秋官·小司寇》，“凡命夫命妇不躬坐狱讼”，以防止“治狱吏亵尊者也”。按郑玄注：所谓“命夫”，“其男子之为大夫者”；所谓“命妇”，“其妇人之为大夫之妻者”。[③]《曶鼎》铭文所载案例，两位当事人均为贵族，因此各自指派属下一人代理诉讼。诉讼代理制度一直延续至末代王朝——清朝，可谓影响深远。

在以等级特权为特征的周朝，法律虽无明文禁止下级控告上级，

① 上海师范大学古籍整理组点校:《国语》卷六《齐语·管仲教桓公足甲兵》，上海古籍出版社 1978 年版，第 240 页。

② 上海师范大学古籍整理组点校:《国语》卷二《周语中·襄王拒杀卫成公》，上海古籍出版社 1998 年版，第 59 页。

③（清）阮元校刻:《十三经注疏·周礼正义》卷三十五《秋官·小司寇》，中华书局 1980 年版，第 873 页。

但在实践中此类案件往往受到不公正的裁判。西周晚期，《𠑇匜》铭文记载：下级职官牧牛控告大贵族（𠑇）违约，要求赔偿，结果司法官伯扬竟判处伯牛诬告，既要赔偿五名奴隶，又罚金三百锾，免除鞭打与墨刑，并责令伯牛三次立誓服判。

二、审讯与查证

民事审判开庭审判时，双方当事人均须到庭。《尚书·吕刑》云："两造具备，师听五辞。"孔安国注云："两谓囚证（原被告和证人）；造，至也。两至具备，则众狱官共听其入五刑之辞。"①

在司法官审理之前，先令当事人向天宣誓，表示所言真实，如有违背，即受天罚。据《周礼·秋官·司盟》，"讼狱者，则使之盟诅"。注云："不信则不敢听此盟诅，所以省狱讼。"疏云："此盟诅，谓将来讼者，先使之盟诅，盟诅不信，自然不敢狱讼，所以省事也。"②《𠑇匜》铭文所记载的牧牛与𠑇的案例中，牧牛在诉讼开始时起誓，表明愿意归还𠑇五名奴隶。

立誓以后，原、被告坐地对质，互相辩论。司法官要"听狱之两辞"，不得轻信"单辞"，而且要"察辞于差"，③即辨析口供的矛盾，同时也要察言观色，"以五声听狱讼，求民情"。这同样适用于民事诉

① （清）阮元校刻：《十三经注疏·尚书正义》卷十九《吕刑》，中华书局1980年版，第249页。

② （清）阮元校刻：《十三经注疏·尚礼正义》卷三十五《秋官·司盟》，中华书局1980年版，第881页。

③ （清）阮元校刻：《十三经注疏·尚书正义》卷十九《吕刑》，中华书局1980年版，第251页。

讼。所谓五听，“一曰辞听，二曰色听，三曰气听，四曰耳听，五曰目听”。对此，郑玄注云：“观其出言，不直则烦；观其颜色，不直则赧然；观其气色，不直则喘；观其听聆，不直则惑；观其眸子视，不直则眊。”疏曰：“直则言要理深，虚则辞烦义寡，故云‘不直则烦’；理直则颜色厉，理虚则颜色愧赧；虚本心知，气从内发，理既不直，吐气则喘。”《尚书》云：“作德，心逸日休；作伪，心劳日拙。”“观其事直，听物明审，其理不直，听物致疑；目为心视，视由心起，理若直实，视盼分明，理若虚陈，视乃眊乱。”①

可见以五声听狱讼，不仅表现了审判工作经验的积累，也反映了对于犯罪心理学的认识水平，这种人判比起夏商时期的神断法无疑是一大进步，对后世的影响也极为深远，是值得肯定的司法文明的进步。

在民事审判中，书证是重要的证据，《周礼·地官·小司徒》：“凡民讼，以地比正之；地讼，以图正之。”②《周礼·秋官·士师》：“凡以财狱讼者，正之以傅别、约剂。”③这里所说的比图、傅别、约剂，就是确认财产关系与土地四至的法律文书，这是最重要的物证。

除物证外，人证对于定案也具有一定意义。《曶鼎》所载参与侵权的众臣二十人就是人证。《散氏盘》铭文载，双方证人共二十五人，其中十五人是矢氏的证人，十人是散氏的证人，他们都参与了田界的

① 以上引文均参见（清）阮元校刻：《十三经注疏·周礼正义》卷三十五《秋官·小司寇》，中华书局1980年版，第873页。

②（清）阮元校刻：《十三经注疏·周礼正义》卷十一《地官·小司徒》，中华书局1980年版，第713页。

③（清）阮元校刻：《十三经注疏·周礼正义》卷三十五《秋官·士师》，中华书局1980年版，第875页。

划定，了解四至，所以具有证人的资格。

在两周的铜器铭文中，记载了有关民事诉讼的典型案例。如孝王时期《曶鼎》铭文中的“寇禾”案：“昔馑岁，匡众氒（厥）臣廿夫寇禾十秭，以匡季告东宫，东宫迺曰：‘求乃人，乃弗得，汝匡罚大。’……东宫迺曰：‘赏（偿）禾十秭，遗十秭，为廿秭。【乃】来岁弗赏（偿），则付卅秭。’”[①] 意为孝王末年，一个饥荒的年月，小贵族匡季指使他的奴隶割了另一贵族曶的10秭禾，曶讼于东宫，东宫责备匡季的侵权行为，经过调解，匡季同意赔偿20秭禾，于来年交付，如不能履约，罚至30秭禾。

此案是贵族间的争讼，所以两造各派代理人出庭，由上级贵族东宫审判，在民法上属于侵权赔偿之债。侵权赔偿之债，是因侵犯他人财产权而发生之债。早期多采取类似同态复仇的报复措施，如“牵牛以蹊人田，而夺之牛”。随着经济的发展与法律文化的进步，对侵权的赔偿也逐渐超出习惯法的范围，多依法解决。此案也是调解结案的典型案例。

与《曶鼎》类似的《散氏盘》铭文也记载了一件侵权赔偿案例（因铭文较长，不录）。此案为矢氏对散氏的侵权行为，引起了争讼，散氏要求赔偿，矢氏同意用眉田与井邑田进行赔偿，所谓“用矢扑散邑，乃即散用田”[②]，并在官府主持下双方派人踏勘地界，签订了券书，完成了田土的移交手续，矢氏还盟誓以示履行。

除上述审理侵权赔偿的案件以外，还有审理违约的案例，厉王时

---

①《曶鼎》原拓版本较多，本书所用版本为上海博物馆图书馆藏《秋谷藏》拓本（藏品7643）。

② 马承源主编：《商周青铜器铭文选》第一卷，文物出版社1986年版，第268页。

期《鬲攸从鼎》铭文所载就是一例："惟卅又二年三月初吉壬辰，王在周康宫御大室。鬲从以攸卫牧告于王曰：汝觅我田！牧弗能许鬲从。王命眚吏南以即虢旅。虢旅乃使攸卫牧誓词曰：'我弗具付鬲必其租射分田邑，则放！攸卫牧则誓。'"①

此案为大贵族鬲从控告攸卫牧租赁土地但未履行契约所规定给付租金的义务，周王命虢旅审理此案，裁决攸卫牧败诉，应付鬲从田租，并责令攸卫牧立誓，信守裁判，否则甘愿承担流放之刑。

在西周的司法实践中已经实行上下比罪的比附原则，这是司法文明的一大进步。所谓比附，就是在律无正条的情况下引用类似的律条或成例定罪量刑。《尚书·吕刑》规定："上下比罪，无僭乱辞。"正义曰："罪条虽有多数，犯者未必当条，当取故事并之，上下比方其罪之轻重。上比重罪，下比轻罪，观其所犯当与谁同。"②

《周礼·秋官·士师》载："士师……掌士之八成。"郑玄注："八成者，行事有八篇，若今时决事比。"释曰："士之八成，言士者，此八者皆是狱官断事成品式，士即士师已下是也。"先郑云："成者，行事有八篇，若今时决事比者，即若小宰八成。凡言成者，皆旧有成事品式，后人依而行之。决事，依前比类决之。"③

上下比罪适用于刑事诉讼，但也适用于民事诉讼，随着民事诉讼的增多，而民事立法又不足，比附断案势不可免。荀子说："其有法者

①《鬲攸从鼎》，载郭沫若著，张政烺批注，朱凤瀚等整理：《两周金文辞大系考释》，中华书局2011年版，第127页。

②（清）阮元校刻：《十三经注疏·尚书正义》卷十九《吕刑》，中华书局1980年版，第250页。

③（清）阮元校刻：《十三经注疏·尚书正义》卷三十五《秋官·士师》，中华书局1980年版，第875页。

以法行，无法者以类举，听之尽也。”① 韩非子说：“人之救火者死，比死敌之赏；救火而不死者，比胜敌之赏；不救火者，比降北之罪。”②

在民事判决的执行过程中，为了强制败诉一方执行判决，法官经常要求败诉一方立誓表示信守判决，或由败诉者自愿立誓表示自负不直的悔意。如《𠑇匜》铭文所载，牧牛在判决后、执行前两次宣誓，表示对判决的服从和执行的决心，并将其誓词存档。有时败诉一方要到司盟处宣誓，以示慎重。

以立誓、发誓的形式用之于司法，反映了在周朝的司法实践中，仍然存在借助于对神的崇敬心理，来贯彻司法官的意图，这在距神权政治的夏商不远的周朝是可以理解的。不同的是，夏商时的审判是将审判权完全交给了神，而誓审的审判权则已经转移到世俗的法官手里，仅仅是借助神的力量来保证审判结果的贯彻执行。在这里神意服务于人意，神权色彩已经大为减弱，司法文明取得了巨大的进步。

第四节　司法官的责任

周朝统治者非常重视司法官的责任，并且提出了明确要求。如《尚书·康诰》记载，周公告诫康叔说“敬明乃罚”③，即要谨慎而又明

① （清）王先谦撰，沈啸寰、王星贤点校：《荀子集解》卷五《王制》，中华书局 1988 年版，第 151 页。

② （清）王先慎撰，钟哲点校：《韩非子集解》卷九《内储说上 · 倒言七 · 右经》，中华书局 1998 年版，第 229 页。

③ （清）阮元校刻：《十三经注疏 · 尚书正义》卷十四《康诰》，中华书局 1980 年版，第 203 页。

白无误地执法用刑。《尚书·吕刑》载“惟敬五刑”，“典狱，非讫于威，惟讫于富”；“上下比罪，无僭乱辞”，[1]都说的是司法官必须奉法断狱，不得滥用威吓，故意出入人罪。特别是《吕刑》所载“五过之疵”，实际是针对司法官渎职的一种现象提出的警告与惩戒办法。“五过之疵，惟官，惟反，惟内，惟货，惟来。其罪惟均，其审克之。”孔传载：“五过之所病，或尝同官位，或诈反囚辞，或内亲用事，或行货枉法，或旧相往来，皆病所在。疵，才斯反。来，马本作求。云有求，请赇也，人罪使在五过，罪与犯法者同。其当清察，能使之不行。”[2]也就是说，由于旧时臣僚而袒护，因报私恩而犯禁，因亲属关系而包庇，因受贿而开脱，凡犯此一者与罪犯同罪，即所谓“其罪惟均”。严惩司法官的渎职行为，恰恰说明了司法的重要性。

两周时期出现了以身殉法的司法官，据《史记·循吏列传》载，晋文公时李离为司法官，因“过听杀人，自拘当死”，晋文公认为其情可原，应从宽处理。但李离认为：“理有法，失刑则刑，失死则死。公以臣能听微决疑，故使为理。今过听杀人，罪当死。”“遂不受令，伏剑而死。”[3]

楚昭王时期，石奢虽非司法官（石为宰相），但也奉法尊法，为法而殉。事情经过是：石奢之父杀人应判决死刑，石奢放走其父。楚昭王因其尽孝，没有处罚。石奢自缚于朝堂，对楚昭王说：“以父立

①（清）阮元校刻：《十三经注疏·尚书正义》卷十九《吕刑》，中华书局1980年版，第248—250页。

②（清）阮元校刻：《十三经注疏·尚书正义》卷十九《吕刑》，中华书局1980年版，第249页。

③（汉）司马迁：《史记》卷一百一十九《循吏列传》，中华书局1959年版，第3102—3103页。

政，不孝也；废法纵罪，非忠也。臣罪当死。”王曰：“追而不及，不当伏罪，子其治事矣。”石奢曰：“不私其父，非孝子也；不奉主法，非忠臣也；王赦其罪，上惠也；伏诛而死，臣职也。”“遂不受令，自刎而死。”[①]

在西周的司法实践中，值得大书一笔的是召公奭为了方便民众诉讼，实行巡行乡邑、就地审判的方式，解决争讼，受到民众的广泛爱戴和赞美。

《史记·燕召公世家》对此叙述如下：“召公之治西方，甚得兆民和。召公巡行乡邑，有棠树，决狱政事其下，自侯伯至庶人各得其所，无失职者。召公卒，而民人思召公之政，怀棠树不敢伐，哥咏之，作《甘棠》之诗。”[②]

诗《甘棠》充满了对召公的崇敬与思念：“蔽芾甘棠，勿翦勿伐，召伯所茇。蔽芾甘棠，勿翦勿败，召公所憩。蔽芾甘棠，勿翦勿拜，召伯所说。”据郑氏笺：“茇，草舍也，召伯听男女之讼（婚姻诉讼案），不重烦劳百姓，止舍小棠之下而听断焉。”[③]

召公作为一个大贵族能够巡行乡邑，在甘棠树下小草屋内审断民间的婚姻之类的民事案件和刑事案件，如果没有重民、爱民、恤民之心，是很难做到的。不仅如此，无论是侯伯还是庶人的案件都能公正审判，各得其所，无失职者。这就难怪民众感念他、歌咏他。

在《诗经·行露》中还记载了召公审决的一件恶棍欺凌女子的案件，诗曰：

---

①（汉）司马迁：《史记》卷一百一十九《循吏列传》，中华书局1959年版，第3102页。
②（汉）司马迁：《史记》卷三十四《燕召公世家》，中华书局1959年版，第1550页。
③（清）阮元校刻：《十三经注疏·毛诗正义》卷一之四《召南·甘棠》，中华书局1980年版，第287—288页。

厌浥行露，岂不夙夜，谓行多露。谁谓雀无角？何以穿我屋？谁谓女无家？何以速我狱？虽速我狱，室家不足。谁谓鼠无牙？何以穿我墉？谁谓女无家？何以速我讼？虽速我讼，亦不女从。[①]

诗的大意是，一个已有妻室的恶棍向一女子逼婚，逼婚不成，反而诬告该女子。这位被欺凌的女子，怀着抗暴的决心，不畏道路难行，露水湿衣奔赴召公申冤。召公是如何判决的？在此诗的开头处已经点明："召伯听讼也，衰乱之俗微，贞信之教兴，彊暴之男不能欺陵贞女也。"[②]

以上记载说明，早在三千多年前的西周，已经出现了巡行乡邑、就地审判的史实，这是何等伟大的重民、便民的创举。它显示了中国古代司法文明的创造性、先进性，值得后世的司法官认真体察、领悟，以改进自己的司法工作作风。

综括以上，先秦时期经历了夏商周三个王朝，历时一千余年，其间发生了几次重大的社会变革，推动着社会的发展与政治法律的进步。西周代商以后神权政治开始没落，人文政治逐渐兴起。周公旦把国家的统治放在重民的基点上，强调明德慎罚，以礼乐为立国之本，构建了全新的政治制度与法律制度，就司法而言，可以毫不夸张地说，其所制定的刑法原则与司法制度崭露了司法文明的曙光。

① （清）阮元校刻：《十三经注疏·毛诗正义》卷一之四《召南·行露》，中华书局 1980 年版，第 288 页。

② （清）阮元校刻：《十三经注疏·毛诗正义》卷一之四《召南·行露》，中华书局 1980 年版，第 288 页。

周王室东迁以后历史进入了东周时期，也就是春秋战国时期，这是一个大变革的时代，以土地私有权的确立为起点，从经济基础到上层建筑都发生了巨变，于是物权的观念，债权债务关系，财产纠纷，民事诉讼都不断地成为人们不情愿却又无法摆脱的新的事物，司法的演进与社会的发展相向而行，终于造就了早期民事诉讼的程序和制度，正像它的产生是历史的必然一样，它的发展和趋向于成熟也同样是历史的必然。

第五节　先秦民事诉讼制度的基本特点

一、命夫命妇不躬坐狱讼

《周礼·秋官·小司寇》提出周时“命夫命妇不躬坐狱讼”。郑玄注引《丧服传》曰:“命夫者，其男子之为大夫者；命妇者，其妇人之为大夫妻者。”[①] 命夫、命妇若为民事诉讼的一方，按法不亲自出庭，以免亵尊，而由其代理人出庭。这在先秦案例中确有体现，表明在等级制度下，对于贵族法定特权的认可。民事诉讼代理制度自先秦始，一直贯穿于整个古代社会。

二、民事诉讼开始重证据

先秦时期，尤其在刑事诉讼案件中，强调证据的价值。证据不充

① (清) 阮元校刻:《十三经注疏·周礼正义》卷三十五《秋官·小司寇》，中华书局1980年版，第873页。

分，罪疑从罚，罚疑从赦。在民事诉讼中，物证也是判决的依据。随着私有权的确立，有关土地的买卖、租赁等民事行为，都镌刻其事于青铜器上，以备发生纠纷时作为证据，表明证据意识的加强。在本书所引案例中，控辩双方都提出证据，司法官也根据证据作出判决。在三千多年前的司法实践中，运用证据判决案情的观念显示了中国古人理性的法律思维。

三、民事诉讼中仍带有神权法的残余

在民事案件审理开始时，便要求诉讼当事人盟誓，表示以诚信的态度面对诉讼。在案件判决以后，败诉的一方也常常起誓，表示执行判决。此种起誓有时是败诉一方自动作出，有时则由司法官强令被告起誓，以利于判决的执行。由于这种起誓面对的是神灵，具有威慑力，因而带有神权法的残余。

第二章

秦汉的民事诉讼制度

秦自商鞅变法，推行奖励耕战、富国强兵的政策，逐渐富强。同时，秦采取以法治国的方略，加强了立法活动。云梦睡虎地秦简的发现证明了秦“莫不皆有法式”的论断是可信的。秦始皇统一六国后，建立了以皇帝为至尊的专制主义中央集权制度，同时，采取行政与司法合一的管理体制，重视司法活动。但秦统一后所关注的重心依旧是“王者之政，莫急于盗贼”，所以刑法不断细化，在诉讼形态上依然是以刑事诉讼为主，民事诉讼基本上附属于刑事诉讼。这是与秦时私有经济还处于早期发展阶段，广大的社会群体还处于人身不自由的形势分不开的。秦始皇统一中国以后，自以为“天下莫予毒”也，因此以意为法，刑戮妄加，赭衣塞路，囹圄成市，终致招来反秦的大起义。如果说秦朝之兴源于法制，那么秦朝之亡则是源于毁法。

汉朝建立以后，汲取秦亡的教训，推行无为而治，逐渐恢复和发展了残破的社会经济。汉武帝时，为了建立专制主义中央集权的统治，非常推崇春秋大一统的儒家学说，因而接受了儒家的代表董仲舒关于“罢黜百家，独尊儒术”的建议，奉儒家学说为统治思想。于是儒家学说的核心——“三纲”（君为臣纲，父为子纲，夫为妻纲）被奉为“力求于天”的天理，开始入律。董仲舒宣扬的“大德小刑”“阳德阴刑”影响汉朝的治国之术，最终形成“德主刑辅”的方略。

秦汉的民事诉讼制度具有同一性的一面，如都主张公平司法，都用同一个法庭、同一个法官、同一种诉讼程序审理刑事和民事案件，但也有差别性的一面，如秦以法家思想为指导，强调“赏信罚必，重刑轻民”，而汉自“罢黜百家，独尊儒术”以后，作为儒家学说核心的“三纲”开始入律，儒家所倡导的大德小刑、先德后刑之说，逐渐成为法制建设的指导原则。

就民事诉讼制度而言，汉代商品经济的发展，引发了民事纠纷的增多，民事诉讼制度取得了长足的进步，不断发现的汉简确证了两汉的民事诉讼制度已经达到了确立的阶段，出现了纯粹的民事诉讼案例。汉代的律学成就也有利于司法制度向着科学化的路径前进，两汉司法文明达到了新的高度。

第一节　司法机关

秦汉的司法机关分为中央和地方两级。中央设廷尉，为全国最高司法机关。“廷，平也。治狱贵平，故以为号。”“听狱必质诸朝廷，与众共之，兵狱同制，故称廷尉。”[①]“廷尉”一词由此得名。据《汉书·百官公卿表》：“廷尉，秦官，掌刑辟，有正、左右监，秩皆千石。”[②]廷尉位列九卿之一，位高权重，掌管国家刑狱，负责审理“诏狱”，也就是皇帝下令要求审理的案件；同时负责审理地方移送的疑难案件和重大案件的复审。廷尉下设“正”和“左右监”等官吏，协助廷尉处理具体事务。但在专制体制下，皇帝掌握着最高司法权，如秦始皇“躬操文墨，昼断狱，夜理书，自程决事，日县石之一”[③]。

---

①（汉）班固：《汉书》卷十九《百官公卿表》，中华书局1962年版，第730页。

②（汉）班固：《汉书》卷十九《百官公卿表》，中华书局1962年版，第730页。

③（汉）班固：《汉书》卷二十三《刑法志》，中华书局1962年版，第1096页。

汉朝建立以后，沿承秦制，中央仍设廷尉（其间曾两度短暂改名为“大理”）为最高司法机关，并设廷尉正、廷尉监、廷尉平为其属官。正、监、平统称为“廷尉三官”，或掌疑狱，或掌逮捕，或掌平诏狱。在三者之下，还设有廷尉史、奏谳掾、奏曹掾等佐吏。但是大案要案经过逐级审理，最终仍要汇总于皇帝。如汉高祖七年，刘邦下诏：“自今以来，县道官狱疑者，各谳所属二千石官，二千石以其罪名当报之。所不能决者，皆移廷尉，廷尉亦当报之。廷尉所不能决，谨具为奏，傅所当比律令以闻。”① 根据历史记载，汉时许多皇帝的确亲自审判案件，如宣帝“常幸宣室，斋居而决事”②，东汉光武帝“常临朝听讼”③。

此外，丞相、御史大夫也有一定的司法权力，经常同廷尉一起会审重大疑难案件。此类案件通常以政治性或刑事性要案为主，民事诉讼一般到达不了中央司法机关。

至于地方，由于司法行政合一，不设专门司法机关。

秦朝地方实行郡县两级区划。郡长官为守（秦称郡守，汉代称太守，职责同），“掌治其民……决讼检奸。秋冬遣无害吏案讯诸囚，平其罪法，论课殿最。岁尽遣吏上计”④。可见，郡守在本辖区范围内权限广泛，司法是其中一项主要的职掌。秦郡守还拥有对辖区内法律的整理权，比如睡虎地秦简《语书》中就记载了南郡太守腾“修法令、

① （汉）班固：《汉书》卷二十三《刑法志》，中华书局 1962 年版，第 1106 页。

② （汉）班固：《汉书》卷二十三《刑法志》，中华书局 1962 年版，第 1102 页。

③ （唐）房玄龄：《晋书》卷三十《刑法志》，中华书局 1974 年版，第 917 页。

④ （南朝）范晔：《后汉书》志二十八《百官志五·州郡》，中华书局 1965 年版，第 3621 页。

田令日为间私方而下之”[①]。至汉，县道官已有一定的立法建议权，《二年律令·置吏律》载：“县道官有请而当为律令者，各请属所二千石官，二千石官上相国、御史，相国、御史案致，当请请之，毋得径请。径请者，罚金四两。”[②]据该律文，当县道一级的官员要求补充或修订法律时，必须履行法定的程序，即只能逐级奏请而不可越级奏请。《津关令》所收录与津关通行相关的二十三诏令中，既有自上而下要求立法者，也有自下而上请示立法者。

县的长官为令或长，大县曰令，小县曰长，也称“公”或“大啬夫”“县主”。县令、长同样在辖区内拥有广泛权力，“皆长治民，显善劝义，禁奸惩恶，理讼平贼，恤民时务，秋冬集课，上计于所属郡国”[③]。由于县令、长为亲民之官，所以更强调其“教民”之责，秦汉的区别就在于秦“以法为教”，汉则“以德化民”“明刑弼教”。

令、长之外，县还设有县丞，作为令、长之副，协助令、长共同处理各项职务。令、长和县丞之下，设有狱掾（即狱吏）、令史等佐吏。

汉代地方司法机关与秦大同小异。西汉初年，地方实行郡国并行制。郡仍沿秦制，封国则由内史负责司法，享有很大的审判自主权，但对于高官，则需移送长安由朝廷议决（如文帝时齐太仓令淳于意案）。景帝时，随着“七国之乱”的平定，中央加强了对封国的控制，封国的司法自主权遂逐渐削弱。武帝时，为了加强对地方的控制，分全国为十二州部，每州设刺史负责监州，由中央派出监察官担任。至

---

① 睡虎地秦墓竹简整理小组：《睡虎地秦墓竹简》，文物出版社 1990 年版，第 13 页。

② 张家山二四七号汉墓竹简整理小组：《张山汉墓竹简》，文物出版社 2006 年版，第 179 页。

③（南朝）范晔：《后汉书》志二十八《百官志五·州郡》，中华书局 1965 年版，第 3622—3623 页。

东汉，各州部刺史逐渐独揽地方行政与军权，事实上形成了高于郡守之上的又一级政权。自东汉灵帝中平五年起，地方政权划为州、郡、县（道）三级。州长官称为州牧，拥有较之于郡更大的权力，甚至可以自主判决和执行死刑。郡、县的上诉案件，也由州牧负责审理。

秦汉时期，县级以下设有乡、里、亭组织。据史料记载:“大率十里一亭，亭有长。十亭一乡，乡有三老、有秩、啬夫、游徼。三老掌教化。啬夫职听讼，收赋税。游徼徼循禁贼盗。县大率方百里，其民稠则减，稀则旷，乡、亭亦如之。皆秦制也。”①

汉代中期以后，政策思想逐渐倾向于“德主刑辅”“明刑弼教”，所以特别注意在基层中“以德化民”。乡里发生案件（特别是民事案件），由乡啬夫负责解决。由于三老掌教化，所以发生纠纷后注重调解。亭长虽负责乡村治安，也有调解纠纷之职权。②

汉时，一般较小的争讼由啬夫在乡里解决。大的民事纠纷，可由一方起诉到县廷，如需要乡里协助，由专管民事纠纷的乡啬夫到县廷协助。由于乡里并不构成一个诉讼审级，所以不需要先经乡啬夫审理，不服后再上诉到县。事实上，乡里在调解息争、验问证词、保存证据、沟通官民等事务上发挥了重要的作用。现存民事诉讼案件记载中，几乎都可以看到乡啬夫的影子。

① (汉) 班固:《汉书》卷十九《百官公卿表》，中华书局 1962 年版，第 742 页。

② 参见徐世虹主编:《中国法制通史》(第二卷)“战国秦汉卷”，法律出版社 1999 年版，第 527—528 页。

第二节　管辖与起诉

关于民事诉讼案件的管辖，秦汉时并没有明文规定。

根据《周礼》和汉人注疏，对于民事诉讼，常用的字为"讼"。如《周礼·夏官·马质》载："马及行，则以任齐其行。若有马讼，则听之。"东汉郑玄注："讼，谓卖买之言相负。"他在《周礼·大司徒》中又注云："争财曰讼。"[①] 所谓马讼就是因马的买卖引起的争讼，亦属争财之事。所以秦汉发生的民事诉讼，主要是解决债权债务纠纷以及其他侵权事项。在睡虎地秦简所载案例中，虽然大多数都属于刑事案件，但间或也有关涉田土钱债纠纷等民事方面的，如争牛案件[②]、买卖奴隶案件（将骄横懒散的奴隶卖给官府）[③] 等。

就管辖的级别而言，民事案件和刑事案件一样，实行三级三审制度。县为民事诉讼第一审级，州郡为第二审级，中央为第三审级。作为民事诉讼的原告，如采用正式诉讼程序解决纠纷，则需要到县廷提起诉讼，而非在乡里。乡里的啬夫虽有听讼之权，但性质上仍然类似于基层群众自治组织，而非正式审级。在民事诉讼活动中，乡承担的更多是协助，诸如调查取证、传达文书、记录爰书之类，而无审理判决之权。

通常情形下，第一审民事案件由县廷管辖，郡只审理上诉案件，而不受理寻常民事诉讼案件。《汉书·百官公卿表》载："郡守，秦

① （清）阮元校刻：《十三经注疏·周礼注疏》卷九《地官·大司徒》，中华书局 1980 年版，第 708 页。

② 参见睡虎地秦墓竹简整理小组：《睡虎地秦墓竹简》，文物出版社 1990 年版，第 152 页。

③ 参见睡虎地秦墓竹简整理小组：《睡虎地秦墓竹简》，文物出版社 1990 年版，第 154 页。

官……景帝中元二年更名太守。”①《后汉书·百官志》载:“凡郡国皆掌治民，进贤劝功，决讼检奸。常以春行所主县，劝民农桑，振救乏绝。秋冬遣无害吏按讯诸囚，平其罪法。”②这里的“决讼”主要指的是审理上诉讼案，如难案、疑案及宗室皇族的赋役田土案件，由太守直接审理。

就管辖的地域而言，一般情形下，民事案件由被告所住地司法机关受理，以便于被告承担民事责任，也便于原告的民事诉讼请求得以落实。如果被告人迁徙他乡，则以其经常居留地为住所地。如“建武三年十二月候粟君所责寇恩事”一案中，被告寇恩写的答辩状上明确记载:“恩辞曰:颍川昆阳市南里。”③说明被告原籍在颍川昆阳市，但由于诉讼发生时，寇恩客居居延县，以其居留地为住所地，由居延地方县廷审理。

至于起诉，一般要满足两个要件:一是当事人提起告诉，另一是要到具有管辖权的衙门呈告。秦时起诉通称为“告”，不分刑事还是民事，在睡虎地秦简中，就可以看到诸如“告不审”“公室告”“非公室告”“告不听”“告盗”“自告”“州告”等记载。其中关于“公室告”与“非公室告”的规定涉及对告诉人身份的限制，很有时代特点:

“非公室告”【何】殹(也)?……贼杀伤、盗它人为“公室”;子盗父母，父母擅杀、刑、髡子及奴妾，不为“公室告”。④

---

①(汉)班固:《汉书》卷十九《百官公卿表》，中华书局1962年版，第742页。

②(南朝)范晔:《后汉书》志二十八《百官五·州郡》，中华书局1965年版，第3621页。

③ 甘肃居延考古队整理小组:《“建武三年候粟君所责寇恩事”释文》，载《文物》1978年第1期。

④ 睡虎地秦墓竹简整理小组:《睡虎地秦墓竹简》，文物出版社1990年版，第117页。

可见，“公室告”指因杀伤或盗窃仇人而提起的诉讼；“非公室告”是指对子盗窃父母，父母擅自杀死、刑伤、髡其子及臣妾而进行的告发。另一条中将“非公室告”界定为：

可（何）谓非“公室告”？·主擅杀、刑、髡其子、臣妾，是谓“非公室告”。①

两条简文对于非公室告的解答略有不同，但都强调的是尊长对卑幼臣妾的杀伤行为。凡属非公室告的案件，卑幼子、奴妾或臣妾不得控告作为尊长的父母和主。

子告父母，臣妾告主，非公室告，勿听。……而行告，告者罪。②

若控告者已因非公室告被治罪，其他人再行控告，也不予受理。“告【者】罪已行，它人有（又）袭其告之，亦不当听。”③如果经过官府审核，有证据证明是擅杀行为，则要对尊者治罪。《法律答问》有以下记载：“擅杀子，黥为城旦舂。”④可见，非公室告，一方面严格规定了尊卑贵贱之间的等级界限，不得逾越，违者治罪；另一方面也反映了秦时对于亲权还不像汉以后那样依法维护。这和早期封建社会的历史背景以及儒家思想尚未被奉为统治思想有着一定

① 睡虎地秦墓竹简整理小组：《睡虎地秦墓竹简》，文物出版社 1990 年版，第 118 页。
② 睡虎地秦墓竹简整理小组：《睡虎地秦墓竹简》，文物出版社 1990 年版，第 118 页。
③ 睡虎地秦墓竹简整理小组：《睡虎地秦墓竹简》，文物出版社 1990 年版，第 118 页。
④ 睡虎地秦墓竹简整理小组：《睡虎地秦墓竹简》，文物出版社 1990 年版，第 109 页。

的联系。

然而，对于“公室告”，如系重大犯罪，则处以重刑，如明知而不举者，亦处以刑罚，表现了秦时奖励告发的政策。

汉代由于起诉人主体的不同而有“告”“劾”之分。“民对民、民对官，或者官对民的起诉行为称告，而官僚系统内部的彼此起诉行为称劾，二者一般不混淆使用。”① 所劾的案件大多为政治、军事、刑事案件，几乎不涉及民事案件。所以民事案件的起诉在汉代自然归入“告”之列。至于如何“告”，从居延汉简关于债务类的文书中，可以看出，通常是原告向官府提出自诉，即“自言”，如：

三堠燧长徐宗　自言［责］霸胡亭长宁就舍钱二千三百卅，数责不可得。（合校三·四）

燧长徐宗　自言责故三泉燧长石延寿茭钱少二百八十，数责不可得。（合校三·六）

☐官女子周舒君等自言责燧（合校五八·一五A）

☐田卒张诩等自言责男子彭阳（合校二八五·一二）

甲渠戍卒淮阳始□□宁□自言责箕山燧长周祖，从与贷钱千，已得六百，少四百。（新简EPT四·九二）②

根据以上汉简遗文，可知自言以自己启动诉讼程序为基本要件，其身份既有基层小吏，如燧长，又有普通百姓，不论男女，均

① 张建国：《汉代法制考论》，载高旭晨主编：《中国法制史考证》（甲编第三卷），中国社会科学出版社2003年版，第275页。

② 李均明、刘军主编：《汉代屯戍遗简法律志》，载刘海年、杨一凡主编：《中国珍稀法律典籍集成》（甲编第二册），科学出版社1994年版，第390—394页。

有告诉权。

“汉代民事争纷，当事人必须直接向官府提起诉讼。”[1]但也不绝对，《汉书》提到宣帝之母翁须，少年时即被其父母寄养在刘家，及长，刘家想将翁须卖给他人，王媪闻，与女儿“相对涕泣，谓曰：‘我欲为汝自言。’翁须曰：‘母置之，何家不可以居？自言无益也。’”“为汝自言”的“言”，师古注曰：“言自讼理，不肯行。”[2]如果根本不存在代为起诉的制度或先例，其母也不会提出“我欲为汝自言”。只是翁须对现行制度内的救济已经失望，所以才说出“自言不益”的话。可见原告自言是启动诉讼程序的要件，但并不一定要本人“自言”，同样可以请代理人自言。《汉代屯戍遗简法律志》中，虽有很多“自言（责）××”之类的案例，也有未加“自言”字样即可“责”的例证，如：

孤山燧长何昌　责乘胡燧长朱德☐。（合校四〇五·二）

东部候史任褒责王子惠钱六百。（合校五六四·一九A）

女子王恩等责候史徐光、燧长王根钱四百卌、粟五石，谓吞远、鉼庭候长☐。（新简EPT五二·二〇一）[3]

上述告诉人吏民皆有，但都只“责”而未“自言”，说明自言不一定要亲往，也可以请人代为自言。

起诉的另一条件，是“辞廷”，就是要向有管辖权的衙门起诉。

① 冯卓慧：《汉代民事诉讼制度考略》，载《西部法学评论》2011年第1期。

② （汉）班固：《汉书》卷九十七上《外戚传上》，中华书局1962年版，第3962—3963页。

③ 李均明、刘军主编：《汉代屯戍遗简法律志》，载刘海年、杨一凡主编：《中国珍稀法律典籍集成》（甲编第二册），科学出版社1994年版，第394、396—397页。

如前所述，一般民事案件只要到县廷起诉即可，特别情况下可以向郡廷起诉。关于"辞廷"的"廷"，睡虎地秦简中有专门的解释，《法律答问》载："'辞者辞廷。'·今郡守为廷不为？为殹（也）。| '辞者不先辞官长、啬夫。' | 可（何）谓'官长'？可（何）谓'啬夫'？命都官曰'长'，县曰'啬夫'。"[①] 意为：诉讼者向廷诉讼，即向郡守起诉，但要先向官长、都官和县主管官员啬夫起诉。

而在张家山汉简《二年律令》中，对于"辞廷"的程序也有如下记载："气（乞）鞫者各辞所在县道，县道官令、长、丞谨听，书其气（乞）鞫，上狱属所二千石官，二千石官令都吏覆之……"[②] 由此可知，在汉代，要提起民事诉讼，也需要到所在县、道的官衙中起诉，通常情形下不允许越诉或到刺史衙门告诉。《汉书·朱博传》说：

> 迁冀州刺史。博本武吏，不更文法，及为刺史行部，吏民数百人遮道自言，官寺尽满。从事白请且留此县录见诸自言者，事毕乃发，欲以观试博。博心知之，告外趣驾。既白驾办，博出就车见自言者，使从事明敕告吏民："欲言县丞尉者，刺史不察黄绶，各自诣郡。欲言二千石墨绶长吏者，使者行部还，诣治所。其民为吏所冤，及言盗贼辞讼事，各使属其部从事。"博驻车决遣，四五百人皆罢去，如神。[③]

引文大意是：朱博当冀州刺史时，有吏民数百人起诉（"自言"）

① 睡虎地秦墓竹简整理小组：《睡虎地秦墓竹简》，文物出版社 1990 年版，第 115—116 页。
② 张家山二四七号汉墓竹简整理小组：《张山汉墓竹简》（释文修订本），文物出版社 2006 年版，第 24 页。
③（汉）班固：《汉书》卷八十三《朱博传》，中华书局 1962 年版，第 3399 页。

至刺史府，朱博令人告知告状人，如起诉县丞县尉，先去郡守处告，刺史不管低级官僚诉讼。要告二千石以上官，要等他出访回来后再到刺史衙门来告。如果百姓受到官吏迫害，或要告的对象是盗贼，就各自到所属的县尉那儿去告。朱博这段话表明刺史的工作是“刺大不刺小”，他在解释刺史执掌范围时，却提供了一个管辖权范围的信息，即民事案件的“辞廷”，首先需要到县一级衙门提出。

第三节　受理与审讯

秦汉民事诉讼原告在书面起诉状中，首先需要列明自己的姓名、籍贯、身份、职业等相关自然信息，睡虎地秦简《封诊式》载：

> 男子某有鞫，辞曰“士五（伍），居某里”可定名事里……①

其中“士五（伍），居某里……”，很可能就是起诉书的固定格式，此处还要记载诉讼请求、事实和理由、证据等相关信息。县廷受理原告的起诉之后，一般不会对被告实行逮捕和羁押，这是民事诉讼与刑事诉讼最大的差别之一。

在民事案件的审理过程中，除讯问原被告外，重要的是检查、分析证据。秦时民事证据主要是涉及产权、债务关系和婚姻方面的书证。在产权证据方面，根据睡虎地秦简，“封”是秦代田界，地产物权的标识和土地所有权的证据，其证明力得到法律的保护。《法律答

① 睡虎地秦墓竹简整理小组：《睡虎地秦墓竹简》，文物出版社 1990 年版，第 148 页。

问》载："'盗徒封，赎耐。'可（何）如为'封'？'封'即田千佰。顷半（畔）'封'殹（也），且非是？而盗徒之，赎耐，可（何）重也？是，不重。"[①]可见私自移动用来证明地产的界石的行为，被视为侵犯官私土地所有权，应当判处耐刑，发生此类诉讼，"封"即为重要的证据。

关于债权债务纠纷，秦时已有明确的法律规定，《法律答问》载："'百姓有责（债），勿敢擅强质，擅强质及和受质者，皆赀二甲。'廷行事强质人者论，鼠（予）者不论；和受质者，鼠（予）者□论。"[②]可见秦时，凡属借贷关系都应以签订契券为前提。债务人虽违背契券规定，但债权人对债务人仍不得使用暴力，强制其为人质，违反者，罚相当于两副铠甲的钱。即使债务人同意做人质也同样罚同等的钱。"廷行事"作为典型判例的汇集，也有债权人强制债务人为人质，应给予刑事处罚的记载。但被迫做人质的债务人不应判罪处刑。如债权债务双方同意用人质作为抵押，都要论罪，给予刑事处罚。

上述规定表明，在借贷契券中不得写有人质内容，债权人不得扣押债务人为人质，强迫还债，而应申请官府解决债务纠纷。

在婚姻关系上无论结婚、离婚都须以文书为凭，《法律答问》云："'弃妻不书，赀二甲。'其弃妻亦当论不当？赀二甲。"[③]就是说丈夫随意抛弃妻子，不向官府报告，取得离婚证书，应当罚交相当于两副铠甲的钱，其休妻也罚同样多的钱。通过这样的法律规定，维护婚姻关系的稳定。官府审理此类案件时首先要取得结婚或离婚的文书，然后据法予以审决。

---

① 睡虎地秦墓竹简整理小组：《睡虎地秦墓竹简》，文物出版社 1990 年版，第 108 页。
② 睡虎地秦墓竹简整理小组：《睡虎地秦墓竹简》，文物出版社 1990 年版，第 127—128 页。
③ 睡虎地秦墓竹简整理小组：《睡虎地秦墓竹简》，文物出版社 1990 年版，第 133 页。

在审讯过程中，司法官同样采取“以五声听狱讼”的讯问方式，在这个过程中被告的供述、原告的控诉，也都作为证据记录在案。《封诊式·讯狱》篇强调凡审理案件，必须“各展其辞”，使原、被告双方都发表意见，尤其是证人的证言对于案件的审决发挥着重要的作用。

汉时商品经济的发展，使得借贷钱财的法律行为开始流行，于是债法发展了，债权债务的纠纷多依法解决，民事诉讼成为法庭面对的一项重要业务工作。“建武三年候粟君所责寇恩事”就是一件典型的案例。

简牍按照时间顺序分为四个部分。

第一部分为十二月乙卯（初三日）的木简，粟君向居延县廷起诉控告寇恩欠债，居延县廷将起诉书转给被告寇恩所在的都乡，都乡专管诉讼的啬夫，遂向寇恩展开调查，啬夫依寇恩的陈辞写了爰书（复文）回复居延县，这份爰书实际上就是寇恩自辩其并未欠债的答辩状。原文如下：

建武三年十二月癸丑朔乙卯，都乡啬夫宫以廷所移甲渠候书召恩诣乡。先以‘证财物故不以实，臧（赃，下同）五百以上；辞已定，满三日而不更言请者，以辞所出入，罪反罪’之律辨告，乃爰书验问。恩辞曰：“颍川昆阳市南里，年六十六岁，姓寇氏。去年十二月中，甲渠令史华商、尉史周育当为候粟君载鱼之觻得卖。商、育不能行。商即出牛一头：黄、特、齿八岁，平贾（价，下同）直六十石，与它谷十五石，为（据22号简，此处脱一“谷”字）七十五石；育出牛一头：黑、特、齿五岁，平贾值六十石，与它谷卌石，凡为谷百石；皆予粟君，以当载鱼就

（僦，下同）直。时，粟君借恩为就，载鱼五千头到觻得，贾直：牛一头、谷廿七石，约为粟君卖鱼沽出时行钱卌万。时，粟君以所得商牛黄特齿八岁、以谷廿七石予恩（雇）就直。后二～三（据第23号简，脱“日”字）当发，粟君谓恩曰：‘黄特微庾，所得育牛黑特虽小，肥，贾直俱等耳，择可用者持行’。恩即取黑牛去，留黄牛，非从粟君借㸷牛。恩到觻得卖鱼尽，钱少，因卖黑牛，并以钱卅二万付粟君妻业，少八岁（应为“万”）。恩以大车半榐轴一，直万钱；羊韦一枚为橐，直三千；大笥一合，直千；一石去卢一，直六百；㯶索二枚，直千；皆置业车上。与业俱来还，到第三置，恩糴大麦二石付业，直六千；又到北部，为业卖（应为“买”）肉十斤，直谷一石，石三千；凡并为钱二万四千六百，皆在粟君所。恩以负粟君钱，故不从取器物。又恩子男钦以去年十二月廿日为粟君捕鱼，尽今（据第26号简，脱一“年”字）正月、闰月、二月，积作三月十日，不得贾直。时，市庸平贾大男日二斗，为谷廿石。恩居觻得付业钱时，市谷决石四千。以钦作贾谷十三石八斗五升，直觻得钱五万五千四，凡为钱八万，用偿所负钱毕。恩当得钦作贾馀谷六石一斗五升付。恩从觻得自食为业将车到居延，[积]（据第27号简补）行道廿馀日，不计贾直。时，商、育皆平牛直六十石与粟君，粟君因以其贾予恩已决，恩不当予粟君牛，不相当谷廿石。皆证也，如爰书。”①

① 甘肃居延考古队整理小组：《“建武三年候粟君所责寇恩事”释文》，载《文物》1978年第1期。

从第一部分木简中，可以看到乡啬夫按照县廷转来的粟君起诉书讯问了被告，他先向寇恩宣布了不如实提供答辩所应负的法律责任。即“证财物故不以实，臧（赃）五百以上；辞已定，满三日而不更言请者，以辞所出入，罪反罪”。可见，这是传讯被告的一个必要的法律程序。然后就是寇恩的自辩之辞。

这份文书将事实经过写得很详细，大意是说，去年十二月，甲渠候粟君让甲渠令史华商、尉史周育（两人应该是粟君的下属）运鱼去觻得售卖，但两人因故未去。于是华商牵来一头黄牛，周育牵来一头黑牛和若干谷子给粟君，作为让粟君另雇人贩运的费用，而粟君从中拿出一头牛和二十七石谷给寇恩，作为工钱，让其为自己贩卖五千条鱼，卖完后给付粟君卖鱼款共四十万钱。很显然，这是一个劳务合同，寇恩为粟君卖货，而粟君支付劳务佣金。寇恩原来拿的是从华商那儿牵来的黄牛，但是到临行前，粟君认为，黄牛瘦而黑牛壮，但两头牛价值相等。于是寇恩就牵走了黑牛。

寇恩卖完鱼，发现没有卖到四十万钱，于是卖了黑牛，凑了钱三十二万交给粟君妻子业，并把车轴、羊皮口袋等一些物品，装在业的车上，与业一同回去。估计为了感谢业载他及其随身之物，寇恩沿途还给业买了肉、麦等物。回到居延后，寇恩没有拿走放在业车上的物品。

寇恩在叙述中还提到了一件事，寇恩的儿子寇钦从去年十二月二十日为粟君捕鱼，一直到今年累计三个多月，没有拿到工钱。按照当时的市场价格，如果算上寇钦本来应该得到的工钱，欠粟君的八万钱也就折抵掉了。

结论就是寇恩把每一笔账都算得比较精确，他并没有欠粟君的钱。可以看到，寇恩的辩解，实质上也是他的诉讼证据。

第二部分是十二月戊辰（十六日），啬夫再次审问寇恩，写成爰书。内容如下：

建武三年十二月癸丑朔戊辰，都乡啬夫宫以廷所移甲渠候书召恩诣乡。先以'证财物故不以实，臧五百以上；辞以定，满三日而不更言请者，以辞所出入，罪反罪'之律辨告，乃爰书验问。恩辞曰："颍川昆阳市南里，年六十六岁，姓寇氏。去年十二月中，甲渠令史华商、尉史周育当为候粟君载鱼之觻得卖。商、育不能行。商即出牛一头：黄、特、齿八岁，平贾值六十石，与它谷十五石，为谷七十五石；育出牛一头：黑、特、齿五岁，平贾值六十石，与它谷卌石，凡为谷百石；皆予粟君，以当载鱼就直。时，粟君借恩为就，载鱼五千头到觻得，贾直：牛一头、谷廿七石，[约]（据第7号简补）为粟君卖鱼沽出时行钱卌万。时，粟君以所得商牛黄特齿八岁、谷廿七石予恩顾（雇）就直。后二～三日当发，粟君谓恩曰：'黄牛微庾，所将（据第8号简，应为"得"）育牛黑特虽小，肥，贾直俱等耳，择可用者持行。'恩即取黑牛去，留黄牛，非从粟君借牛。恩到觻得卖鱼尽，钱少，因卖黑牛，并以钱卅二万付粟君妻业，少八万。恩以大车半槛轴一，直万钱；羊韦一枚为橐，直三千；大笥一合，直千；一石去卢一，直六百；𨍏索二枚，直千；皆在业车上。与业俱来还，到北部，为业买肉十斤，直谷一石；到弟（第）三置，为业糴大麦二石。凡为谷三石，钱万五千六百，皆在业所。恩与业俱来到居延后，恩欲取轴、器物去。粟君谓恩：'汝负我钱八万，欲持器物？'怒。恩不取器物去。又恩子男钦，以去年十二月廿日为粟君捕鱼，尽今年正月、闰月、二月，积作三月十日，不得贾直。时，市庸平贾大男日二斗，为谷廿石。恩居觻得付业钱时，市谷决石四千。并以钦作贾谷，当所负粟君钱毕。恩又从觻得自食为业将车、茎斩来到居延，积行道廿馀日，不计贾直。时，商、育皆平直牛六十石与粟君，因以其贾与恩，牛已决，不当予粟君牛，不相当谷廿石。皆证也，如爰书。”[①]

以上依旧是啬夫讯问寇恩，寇恩的回答与第一次大同小异。啬夫会再次讯问的一个原因可能就是寇恩的答辩状到居延县后，县廷认为寇恩的回答不尽详细，或者受粟君的影响，认为寇恩还是在狡辩，所以要求啬夫“补充侦查”。但是寇恩的第二次回答没有实质性的变化。每一笔财物的出入都交代得很仔细。只是新增了这样一句：

恩与业俱来到居延后，恩欲取轴、器物去。粟君谓恩：“汝负我钱八万，欲持器物？”怒。恩不取器物去。[②]

就是说寇恩之所以没有取走他留在粟君妻子业大车上的财物，本质上不是因为亏欠了粟君的债而心中有愧，而是因为粟君“怒”，粟君毕竟是当地一个小官僚，是有一定身份的，当场与粟君斗争很可能吃亏。

这第二次自证爰书上呈之后，的确起到了很大的作用。从以下第三部分中可以证明。

十二月辛未（十九日），啬夫把坚持原口供的初三日爰书再次上

---

① 甘肃居延考古队整理小组：《“建武三年候粟君所责寇恩事”释文》，载《文物》1978年第1期。

② 甘肃居延考古队整理小组：《“建武三年候粟君所责寇恩事”释文》，载《文物》1978年第1期。

报居延县，并将十六日爰书以附件形式随同呈上。

建武三年十二月癸丑朔辛未，都乡啬夫宫敢言之。廷移甲渠候书曰：“去年十二月中，取客民寇恩为就，载鱼五千头到觻得，就贾用牛一头、谷廿七石，恩愿沽出时行钱卌万，以得卅二万。又借牛一头以为犅，因卖，不肯归以所得就直牛，偿不相当廿石。”书到，验问、治决言。前言解廷邮书曰：“恩辞不与候书相应”疑非实。今候奏记府，愿诣乡爰书自正。府录：令明处更详验问、治决言。谨验问，恩辞，不当与粟君牛，不相当谷廿石；又以在粟君所器物直钱万五千六百；又为粟君买肉、糴三石；又子男钦为粟君作贾直廿石；皆［尽］［偿］［所］［负］粟君钱毕。粟君用恩器物币（敝）败，今欲归恩，不肯受。爰书自证。写移爰书，叩头死罪死罪敢言之。①

这部分文书虽然不长，却透露了许多关键的信息。

其一，所谓“廷移甲渠侯书”，就是县廷将甲渠侯的民事起诉书移交给啬夫。可见“辞者辞廷”，一般是将起诉书交到法庭，并提出诉讼请求。粟君本应得钱40万，但最后只得了32万。所以粟君要求寇恩给付钱8万，另加20石的牛差价。这样的民事诉状，其实和今天非常相似，都需要交代原告自然情形、诉讼请求、事实和理由以及相关证据等，在本简牍中，自然情形和相关证据已然看不到，原因在于这是一份转述之辞。

① 甘肃居延考古队整理小组：《“建武三年候粟君所责寇恩事”释文》，载《文物》1978年第1期。

其二，都乡啬夫为什么要对寇恩进行第二次询问，原因在于第一次证词上呈县廷后，与甲渠候起诉书中所述差别很大，“疑非实”，甲渠候粟君也要求县廷将证词打回，重加讯问。

其三，寇恩的抗辩结果，完全反驳了对方的请求。他是这样计算的：留在粟君那里的物品折价 15600 钱，加上给粟君妻业买的肉和 3 石谷，加上自己儿子寇钦为粟君打鱼而被粟君拖欠的工钱 20 石，全部加在一起抵偿了所有的欠款。

其四，粟君要返还扣押的寇恩的物品而寇恩拒绝接受。这一行为可能会对审判产生影响，至少这封文书送上县廷后，没有再以“疑不实”退回。

由此可见，秦汉时期民事诉讼审判中非常强调证据，依证据鞫谳应该是司法官员的职责，也是刑事诉讼和民事诉讼共同的做法。睡虎地秦简中便有依证据审判和不得滥用刑讯等规定：

> 治狱，能以书从迹其言，毋治（笞）谅（掠）而得人请（情）为上；治（笞）谅（掠）为下；有恐为败。[①]
>
> 凡讯狱，必先尽听其言而书之，各展其辞，虽智（知）其訑，勿庸辄诘。其辞已尽书而毋（无）解，乃以诘者诘之。诘之有（又）尽听书其解辞，有（又）视其它毋（无）解者以复诘之。[②]

这就是说，在审理过程中，要从相关的书证中证实案情事实，包

① 睡虎地秦墓竹简整理小组：《睡虎地秦墓竹简》，文物出版社 1990 年版，第 147 页。

② 睡虎地秦墓竹简整理小组：《睡虎地秦墓竹简》，文物出版社 1990 年版，第 148 页。

括起诉书和答辩状中的事实真相，审判时还要充分听取原被告的陈述和控辩，求得合情合理的解释，而不能以法官个人好恶任意打断双方的陈词，传统的“五听”（辞、色、气、耳、目）在审判过程中依旧发挥作用。

正因为如此，在民事审判中，要求作为司法官的郡县主官和分管审判的官员须亲自审问，以示对民事案件的重视。张家山汉简《二年律令》中明确提到：“气（乞）鞫者各辞在所县道，县道官令、长、丞谨听。书其气（乞）鞫，上狱属所二千石官，二千石官令都吏覆之……”① 既适用于刑事诉讼，也适用于民事诉讼。

最后一部分即第四部分的文书是十二月己卯（二十七日）居延县衙接到都乡爰书后，给甲渠侯官的移文，并抄附都乡爰书和给居延县的报告，甲渠侯官将这份文件连同爰书一起存档，并标其卷名为“建武三年十二月侯粟君所责寇恩事”。内容如下：

十二月己卯，居延令　守臣移甲渠候官。候［所］责男子寇恩［事］，乡□辞，爰书自证。写移书［到］□□□□□辞，爰书自证。须以政不直者法亟极。如律令。掾党、守令史赏。

建武三年十二月候粟君所责（债）寇恩事②

这就是说，县廷收到啬夫送上来的两份寇恩的自辩文书之后，还要向都尉府汇报。由县廷发文指令甲渠侯官在接到文书后再验问粟君

① 张家山二四七号汉墓竹简整理小组：《张山汉墓竹简》（释文修订本），文物出版社 2006 年版，第 24 页。

② 甘肃居延考古队整理小组：《“建武三年侯粟君所责寇恩事”释文》，载《文物》1978 年第 1 期。

的自证词。

这里并没有说判决粟君故不直，而是要求粟君的上级要依法询问。整个文书至此结束，判决似乎尚待时日。

虽然候粟君责寇恩事记载的经过比较详细，也是出土汉简中较为完备的一份法律材料，但还不足以揭示整个诉讼审判过程。至于粟君如何针对寇恩的答辩状进行再反驳，以及居延县廷审判的过程和最终的判决，以及如何执行，都付阙如。所以，“候粟君所责寇恩事”只是诉讼全过程的前半部分，它真实地反映了这起民事诉讼案件的形成过程和居延县廷维护当事人合法权益的原貌，故而弥足珍贵。

为了进一步展现汉代对于民事案件的审理情况，借以还原民事诉讼的程序，下面再引《居延汉简》所载“张宗讼赵宣赔偿死马”的债务诉讼案例，原文如下：

> ☑书曰：大昌里男子张宗，责居延甲渠收虏燧长赵宣马钱凡四千九百二十，将召宣诣官，□以□财物故不实臧二百五十以上□已□□□□□□□辟☑。赵氏故为收虏燧长，属士吏张禹，宣与禹同治。乃永始二年正月中，禹病，禹弟宗自将驿牝胡马一匹来视禹。禹死。其月不害日，宗见塞外有野橐佗□□□□☑宗马出塞逐橐佗，行可卅余里，得橐佗一匹。还未到燧，宗马萃僵死。宣以死马更所得橐佗归宗，宗不肯受。宣谓宗曰：“强使宣行马，幸萃死，不以偿宗马也。”☑□共平宗马，直七千，令宣偿宗。宣立以□钱千六百付宗。其三年四月中，宗使肩水府功曹受子渊责宣。子渊从故甲渠候杨君取直，三年二月尽六。（以下残缺）

229·1，229·2[①]

从以上两个案例可以看出，汉时民事诉讼制度具有以下值得注意之处。

其一，民事案件虽然只是涉及财产关系，有些诉讼主体是一般百姓，但司法机关仍然十分重视，均由县廷长官亲自审理，并且指令所属司法佐吏予以协助。

其二，原被告在“辞廷对坐”进行辩论时，县廷长官对控辩双方的言辞辩论极为重视，并及时上报上级司法机关。

其三，根据双方的言辞辩论，进行调查取证工作，仔细分析证据与被告言辞之间的矛盾，可令被告再次提供书面答辩。原被两造的书状，双方的陈词，证人证言以及相关的物证、勘验笔录等均构成证据。在审理过程中，被告亦可提出反诉。

其四，在判决时，除引用法律条文外，更重视情理上的分析，就上述两个案例而言，身份并没有对审理和判决有所影响。

其五，民事案件在被告所在地官府起诉，原被告双方在诉讼过程中人身是自由的，审讯中也没有动用刑罚。

① 谢桂华等编：《居延汉简释文合校》，文物出版社1987年版，第371页。对此案的分析，参考张伯元：《张宗、赵宣赔偿纠纷案解说》，载《出土法律文献研究》，商务印书馆2005年版，第216—222页；张朝阳：《汉代民事诉讼新论》，载《华东师范大学学报》2013年第4期。

第四节 民事责任的追究

秦汉时期，总的说来纯粹的民事诉讼案件较为少见，更多的是刑事附带民事的案件。随着私有财产的发展与商品交易的流行，民事纠纷迅速增加，法庭受理的属于田土钱债或轻微侵权的民事案件也不断出现。对于民事案件责任的追究一般是以损害赔偿为主，为此契约文书之类的物证起着重要的作用。

根据秦律，秦时以“封”为田界的标志和法律对于产权确认的依据。至汉朝，土地买卖时以土地券为产权的凭证，发生纠纷时以土地券为据告官审理。东汉灵帝光和七年（184年）《樊利家买地铅券》具有以下内容：

> 光和七年九月癸酉朔六日戊寅，平阴男子樊利家从雒阳男子杜謌子、子弟□买石梁亭部桓千东比是陌北田五亩，亩三千，并直万五千，钱即日。田中根土著，上至天，下至黄，皆□□行。田南尽陌，北、东自比謌子，西比羽林孟□。若一旦田为吏民秦胡所名有，謌子自当解之。时旁人杜子陵、李季盛沽酒各半，钱千无五十。①

此买地券写明了交易姓名与地址，交易的时间与金额，交易地

① 该铅券原件现藏于日本中村书道博物馆。铅券图版可参看罗振玉编纂：《贞松堂集古遗文（下册）》卷十五《汉·铅券》，北京图书馆出版社2003年版，第348—351页。

产的四至，以及发生纠纷时如何解决，表明至东汉时期，地产权交易的程序不断严密，内容亦较全面，发生争讼时买地券具有很强的证明力。

在汉代贫苦的农民大多以租佃地主的土地维持生计，也须订立租佃契约。《汉书·食货志》载："或耕豪民之田，见税什五。（师古曰：'言下户贫人，自无田而耕垦豪富家田，十分之中，以五输本田主也。'）故贫民常衣牛马之衣，而食犬彘之食。"①

贫苦农民每遇天灾人祸，往往凭借贷存活；工商业者为了维持再生产和继续经营，也要依赖借贷度过一时的困难，所以借贷的法律行为日益流行，借贷契约成为主要的形式。

汉时，既有官贷也有私贷，法定"月息三分"，取息过律者依法制裁，实际上无论官贷私贷都高息取利。据《汉书·食货志》："当具有者半贾而卖，（师古曰：'本直千钱者，止得五百也。贾读曰价。'）亡者取倍称之息。（如淳曰：'取一偿二为倍称。'师古曰：'称，举也，今俗所谓举钱者也。'）于是有卖田宅鬻子孙以偿责者矣。"②

为了确保债务人履行义务，多经由中等殷实之家充当保人，《后汉书·桓谭传》载："今富商大贾，多放钱货，中家子弟，为之保役。"注曰："中家犹中等也。保役，可保信也。"③

发生在边塞地区的债务，由于地域辽阔以及戍卒的流动性较大，因此债权人也经常委托代理人催讨债务，代行债权人的权利。这一点在《居延汉简》中有确切的记载。如：

---

①（汉）班固：《汉书》卷二十四《食货四》，中华书局1962年版，第1137—1138页。

②（汉）班固：《汉书》卷二十四《食货四》，中华书局1962年版，第1132—1133页。

③（南朝）刘晔：《后汉书》卷二十八《桓潭传》，中华书局1965年版，第958—959页。

☑……十燧长张敞……粟□石八斗在部，收责，已得谷四石，为米☑燧少一石四斗，为谷二石四斗。燧长陈尚、焦永等贫困，请以二石□□□（新简 EPT 四〇・九）①

☑□二年二月丁酉朔丁卯，甲渠鄣候护敢言之。府书曰：治渠卒贾☑□自言责燧长孙宗等衣物凡八牒，直钱五千一百，谨收得。（新简 EPT 五二・一一〇）②

贷甲渠候史张广德钱二千，责不可得。书到，验问审如猛言，为收责，言。谨验问，广德对曰：迺元康四年四月中，广德从西河虎猛都里赵武取谷钱千九百五十，约至秋予。（新简 EPT 五九・八）③

以上第一条简牍大意是燧长张敞在部的粟米，是由“部”人代为收取债务。第二条则是甲渠候“护”代戍卒“贾”收取债务人孙宗偿还的债务。第三条则是张广德借了猛的钱，由猛所在的部门代猛收债。

至于民事侵权责任的赔偿问题，张家山汉简《二年律令・贼律》中引汉律明确规定：

贼燔城、官府及县官积冣（聚），弃市。贼燔寺舍、民室屋庐

① 李均明、刘军主编：《汉代屯戍遗简法律志》，载刘海年、杨一凡主编：《中国珍稀法律典籍集成》（甲编第二册），科学出版社 1994 年版，第 412—413 页。

② 李均明、刘军主编：《汉代屯戍遗简法律志》，载刘海年、杨一凡主编：《中国珍稀法律典籍集成》（甲编第二册），科学出版社 1994 年版，第 413 页。

③ 李均明、刘军主编：《汉代屯戍遗简法律志》，载刘海年、杨一凡主编：《中国珍稀法律典籍集成》（甲编第二册），科学出版社 1994 年版，第 414 页。

舍、积冣（聚），黥为城旦舂。其失火延燔之，罚金四两，责（债）所燔。乡部、官啬夫、吏主者弗得，罚金各二两。[1]

这里主要规定的是刑律中的纵火犯的处刑，但如果是失火侵害他人财产，则不需追究刑事责任，而按损害赔偿，处以罚金。所谓“责（债）所燔”，这是典型的民事责任追究的条款。

同样在该律中，又有一条：

船人渡人而流杀人，耐之；船啬夫、吏主者赎耐。其杀马牛及伤人，船人赎耐；船啬夫、吏赎𨙸（迁）。其败亡粟米它物，出其半，以半负船人。舳舻负二，徒负一；……罚船啬夫、吏金各四两。流杀伤人，杀马牛，有（又）亡粟米及它物者，不负。[2]

此案说的是由于船夫的原因造成人畜死亡，要追究船夫的刑事责任，给予耐、耐赎、赎迁等刑事制裁。如只是损失了粟米和其他物品，则不追究刑事责任，而只需要赔偿民事损害。至于赔偿多少，则视具体情况而定。

此外，如果动物伤人而非主人唆使，则只判主人承担损害赔偿责任，张家山汉简《二年律令·贼律》中如此规定：“因杀伤人畜产，犬主

① 张家山二四七号汉墓竹简整理小组：《张家山汉墓竹简》（释文修订本），文物出版社2006年版，第8页。

② 张家山二四七号汉墓竹简整理小组：《张家山汉墓竹简》（释文修订本），文物出版社2006年版，第8—9页。

赏（偿）之”[①]。另有《二年律令·田律》:“马、牛、羊、豮彘、彘食人稼穑，罚主金马、牛各一两，四豮彘若十羊、彘当一牛，而令挢（?）稼偿主。”[②]

在《敦煌汉简》的一枚残简（2011 简）中，载有一条实际断案时所引律文:“言律曰：畜产相贼杀，参分偿和。令少仲出钱三千及死马骨肉付循，请平。”[③]意为根据法律规定，当事人应赔偿三千钱及将死马骨肉给付于受害人（债权人）。

上述汉代简牍中的案例属于纯粹民事案件，故按民事损害赔偿审理。即便是“争罪”（刑事诉讼），如果案件是和赡养、抚养等家庭内部关系相关的，也还是倾向于用民事的方式解决。

秦朝明确规定了“非公室告”“家罪”，尤其以“三环”之制最为典型。

睡虎地秦简中“三环”之制如下：

> 免老告人以为不孝，谒杀，当三环之不？不当环，亟执勿失。[④]

张家山汉简《二年律令》也有类似的规定：

---

① 张家山二四七号汉墓竹简整理小组:《张家山汉墓竹简》（释文修订本），文物出版社 2006 年版，第 15 页。

② 张家山二四七号汉墓竹简整理小组:《张家山汉墓竹简》（释文修订本），文物出版社 2006 年版，第 43 页。

③ 甘肃省文物考古研究所编:《敦煌汉简》，中华书局 1991 年版，第 298 页。

④ 睡虎地秦墓竹简整理小组:《睡虎地秦墓竹简》，文物出版社 1990 年版，第 117 页。

年七十以上告子不孝，必三环之。三环之各不同日而尚告，乃听之。[①]

对于“三环”的解释，或理解为“宽宥三次”，或理解为“返还”三次。从秦汉对于与家庭关系相关的诉讼行为的规定来看，“返还”说是比较合理的解释。就是说七十岁以上的老人（免老）如果告子女不孝，需要告三次，官府才予以受理。这是因为所告为“家罪”。或因一时供养有缺，或因一时言辞不逊，很有可能自行缓解，有鉴于此，官府不立即受理。如“三环”之后，仍不能解决，官府再为受理。由于秦汉时官方对于民事纠纷还是倾向于“调解息争”的态度，“三环”可以放在这样的背景下来理解。

汉时对财产权的保护，不限于所有权人生前，也及于所有权人死后，以至在继承方面出现遗嘱继承。《太平御览》引应劭《风俗通》载：

沛中有富豪，家訾三千万。小妇子是男，又早失母，其大妇女甚不贤。公病困，恐死后必当争财，男儿判不全得，因呼族人为遗令云：“悉以财属女，但以一剑与男，年十五以付之。”儿后大，姐不肯与剑，男乃诣官诉之。司空何武曰：“剑，所以断决也。限年十五，有智力足矣。女及婿温饱十五年已幸矣！”议者皆服，谓武原情度事得其理。[②]

① 张家山二四七号汉墓竹简整理小组：《张家山汉墓竹简》（释文修订本），文物出版社2006年版，第13页。

②（宋）李昉等撰：《太平御览》卷八三六《资产部一六·钱下·赀财》，中华书局1960年版，第3736—3737页。

此案例不仅说明汉时宗祧继承并不像唐以后那样被强调，而且也反映了汉时已然存在着遗嘱（即遗令）继承，官府认定遗嘱的法律效力，有时基层官吏也参与遗嘱的订立。出土于江苏仪征市胥浦镇101号汉墓的汉平帝元始五年（公元5年）的《先令券书》，就是一封汉代遗嘱文书，其中反映了官吏在民间文书中承担的见证人或公证人的角色。该券书内容如下：

元始五年九月壬辰朔辛丑亥（？），高都里朱凌，［庐］居新安里，甚接（？）其死。故请县、乡三老，都乡有秩，左　里师，田谭等，为先令券书。凌自言：有三　父，子男女六人，皆不同父。［欲］（？）令子各知其父家次（？），子女以君、子真、子方、仙君，父为朱　孙弟公文、父吴衰近君。女弟弱君，父曲阿病长宾（？）。妪言：公文年十五去家，自出为姓，遂居外，未尝持一钱来归。妪予子真、子方自为产业。子女仙君、弱君等贫，毋产业。五年四月十日，妪以稻田一处，桑田二处，分予弱君。波田一处，分予仙君，于至十二月。公文伤人为徒，贫无产业。于至十二月十一日，仙君、弱君各归田于妪，让予公文。妪即受田，以田分予公文。稻田二处，桑田二处，田界易如故，公文不得移卖田予他人。时任知者：里师、伍人谭等，及亲属孔聚（？）、田文、满真。先令券书明白，可以从事。[1]

从这份券书中可知，立遗嘱人为朱凌，预感到将不久于人世，于

[1] 王勤金、吴炜、徐良玉、印志华：《江苏仪征胥浦101号西汉墓》，载《文物》1987年第1期。

是预先立遗嘱（先令），不仅请了亲属孔聚、田文、满真等作为见证人，而且请来了县乡三老及乡里小吏参与订立遗嘱的活动，“表明遗嘱执行将由乡里官吏及亲属族人监督进行，既表现了法定权力和习惯继承的结合，也体现了前者对后者的约束”[①]。

可见，这份有着官吏公证的遗嘱，在执行时，就是最为权威的依据。

第五节　民事调解

秦汉时期，对于民事纠纷，官方一般不鼓励诉讼。即便是“以法为教”“一断以法”的秦朝，也不主张百姓动辄进行民事诉讼。法家集大成者韩非就曾经提到：

> **狱讼繁则田荒，田荒则府仓虚，府仓虚则国贫，国贫则民俗淫侈，民俗淫侈则衣食之业绝，衣食之业绝则民不得无饰巧诈，饰巧诈则知采文，知采文之谓服文采。狱讼繁，仓廪虚，而有以淫侈为俗，则国之伤也，若以利剑刺之。**[②]

显然，韩非认为诉讼繁多会导致百姓不事生产，田地荒芜，会使国家粮食不足，甚至还会沾染上奢靡淫痴的习惯，会给国家带来极

① 徐世虹主编：《中国法制通史》（第二卷）“战国秦汉卷”，法律出版社 1999 年版，第 448 页。

②（清）王先慎撰，钟哲点校：《韩非子集解》卷六《解老》，中华书局 1998 年版，第 153 页。

大的危害，所以不鼓励诉讼。秦朝以法家思想立国，对于韩非这样的认识自然是认同的。至汉代，确立了儒家思想为主流意识形态之后，“必也使无讼乎”的儒家教条，更是为各级官员所贯彻。所以对于民间纠纷，官员们大都秉持教化为主的理念，调解息争。这方面的例子，史不绝书。

西汉韩延寿当地方官时，是调解息讼的典范：

> ［延寿］入守左冯翊，满岁称职为真。岁余，不肯出行县。丞掾数白：“宜循行郡中，览观民俗，考长吏治迹。”延寿曰：“县皆有贤令长，督邮分明善恶于外，行县恐无所益，重为烦扰。”丞掾皆以为方春月，可壹出劝耕桑。延寿不得已，行县至高陵，民有昆弟相与讼田自言，延寿大伤之。曰：“幸得备位，为郡表率，不能宣明教化，至令民有骨肉争讼，既伤风化，重使贤长吏、啬夫、三老、孝弟受其耻，咎在冯翊，当先退。”是日移病不听事，因入卧传舍，闭阁思过。一县莫知所为，令丞、啬夫、三老皆自系待罪。于是讼者宗族传相责让，此两昆弟深自悔，皆自髡肉袒谢，愿以田相移，终死不敢复争。延寿大喜，开阁延见，内酒肉与相对饮食，厉勉以意告乡部，有以表劝悔过从善之民。延寿乃起听事，劳谢令丞以下，引见尉荐。郡中歙然，莫不传相敕厉，不敢犯。延寿恩信周遍二十四县，莫复以辞讼自言者。推其至诚，吏民不忍欺绐。[①]

韩延寿将百姓间的民事诉讼视为自己行政不力的表现，甚至为此

① （汉）班固：《汉书》卷七十六《韩延寿传》，中华书局1962年版，第3213页。

自责不已，希望通过感化，使得辖区内讼简刑清。

东汉官员吴祐，注重宣明教化，并亲自调解民间纠纷：

> 祐政唯仁简，以身率物。民有争诉者，辄闭阁自责，然后断其讼，以道譬之。或身到闾里，重相和解。自是之后，争隙省息，吏人怀而不欺。啬夫孙性私赋民钱，市衣以进其父，父得而怒曰："有君如是，何忍欺之！"促归服罪。①

以上是说吴祐在当地方官时，强调以身作则，以德化民。希望通过道德感召，使得地方风俗醇厚，从而减少讼累，这是汉代"循吏"典型的做法，也是其司法价值观的体现。

此外，东汉和帝时，许荆任桂阳太守，在巡行过程中，看到蒋均兄弟争产，也将这个事件的出现归咎于自己没有教化好境内居民所致，于是要求把自己逮到廷尉处去受审，蒋均兄弟见状感动追悔不已，遂撤讼并保证不再争讼。

第六节　判决与执行

根据汉代司法制度，当司法官审案终结时，也要求遵循法律进行判决。但当时的立法状况使这项法治原则难以落实，正如《左传·昭公六年》的正义解所说："法之设文有限，民之犯罪无穷，为法立文，

① (南朝) 范晔:《后汉书》卷六十四《吴祐传》，中华书局 1965 年版，第 2101 页。

不能网罗诸罪，民之所犯不必正与法同，自然有危疑之理。”[①] 为此，秦时便延续两周时期的比附断案，睡虎地秦简《法律答问》载：“臣强与主奸，可（何）论？比殴主。| 斗折脊项骨，可（何）论？比折支（肢）。”[②] 至于比照廷行事（判例）断案，秦简中也有诸多规定。汉时，“比附类推”进一步发展，比成为一种通行的法律形式，所谓“律令科比”，据《汉书·刑法志》：“死罪决事比万三千四百七十二事。”颜师古注：“比，以例相比况也。”[③] 至儒家学说被确定为正统思想以后，董仲舒提倡的“春秋决狱”较之比附类推更增加了主观推论的色彩。

汉代在判决执行前先要向被告宣读判决书，即所谓“读鞫”。东汉郑玄在《周礼·秋官·小司寇》的注解中说：“读鞫已乃论之。”[④] 现存的材料大都是针对刑事案件而言，如《尚书·吕刑》正义中有“汉世问罪谓之鞫”[⑤]。读鞫又有“读书”之称，如《周礼·秋官·小司寇》载：“至于旬，乃弊之，读书则用法。”[⑥] 这里的“用法”，表示执行法律，而“读书”无疑是宣读判决。沈家本则在《历代刑法考》中，直接推断唐代判决中宣告之法，即汉代之读鞫。[⑦] 凡此种种，均证明在

---

① （清）阮元校刻：《春秋左传正义》卷四十三《昭公六年》，中华书局 1980 年版，第 2044 页。

② 睡虎地秦墓竹简整理小组：《睡虎地秦墓竹简》，文物出版社 1990 年版，第 111 页。

③ （汉）班固：《汉书》卷二十三《刑法志》，中华书局 1962 年版，第 1101 页。

④ （清）阮元校刻：《十三经注疏·周礼注疏》卷三十五《秋官·小司寇》，中华书局 1980 年版，第 873 页。

⑤ （清）阮元校刻：《十三经注疏·尚书正义》卷十九《吕刑》，中华书局 1980 年版，第 251 页。

⑥ （清）阮元校刻：《十三经注疏·周礼注疏》卷三十五《秋官·小司寇》，中华书局 1980 年版，第 873 页。

⑦ （清）沈家本撰，邓经元、骈宇骞点校：《历代刑法考》，中华书局 1985 年版，第 1493 页。

案件的执行前是有判决书作为执行的依据的。不仅刑事诉讼如此，民事诉讼同样如此。根据《汉代屯戍遗简法律志》中所载，可以看出端倪：

书到，愿令史验问收责，报，敢言之。（新简 EPT 五二·三一九）

一事，书□验问收责，有□▨（合校对二一四·一一）

▨□丑朔甲寅，居延库守丞庆敢言之。缮治车卒甯朝自言贳卖衣财物客民卒所各如牒。律▨□辞官移书人在所，在所以次，唯府令甲渠收责，得钱与朝，敢言之。（新简 EPT 五八·四五 A）[①]

以上均是关于诉讼执行阶段的内容。其中的“书”不一定是判决书，更像是官方出具的请人代为执行的司法协助请求书。可以推测，在司法协助请求书中，一定会附上审理衙门的判决书作为根据。

一般的民事案件，经县廷一审即告终结，但如果案情重大，当事人不服县道判决，法律允许当事人及其亲属在遵照法律规定的前提下提出复审要求，即所谓“乞鞫”。张家山汉简《二年律令·具律》中对乞鞫制度作了较为详细的规定：

罪人狱已决，自以罪不当，欲气（乞）鞫者，许之。气（乞）鞫不审，驾（加）罪一等；其欲复气（乞）鞫，当刑者，

① 李均明、刘军主编：《汉代屯戍遗简法律志》，载刘海年、杨一凡主编：《中国珍稀法律典籍集成》（甲编第二册），科学出版社 1994 年版，第 412—413 页。

刑乃听之。死罪不得自气（乞）鞫，其父、母、兄、姊、弟、夫、妻、子欲为气（乞）鞫，许之。其不审，黥为城旦舂。年未盈十岁为气（乞）鞫，勿听。狱已决盈一岁，不得气（乞）鞫。气（乞）鞫者各辞在所县道，县道官令、长、丞谨听，书其气（乞）鞫，上狱属所二千石官，二千石官令都吏覆之。都吏所覆治，廷及郡各移旁近郡，御史、丞相所覆治移廷。①

《二年律令·具律》说明“乞鞫”应由罪犯本人提起，但如判死刑者应由亲属代为请求复审，县法庭理应准许，而由上一级审判机关复审，甚至可以移送御史与丞相，最终上报皇帝。如果“乞鞫不审，驾（加）罪一等”。以上主要是针对刑事诉讼，作为民事诉讼案件，多为一审了结，除非案情重大，很少有经过“乞鞫”上诉至上一级法庭的。

另有甘谷出土的东汉桓帝时《宗正府卿刘柜奏书》中提到的一个案例：

乙酉示章诏书：“宗室圛诸侯：五属内，居国界，有罪请；五属外，便以法令治；流客虽五属内，不得行复除。”宗室刘槐、刘直，自讼为乡县所侵，不行复除。耤到官，劝农桑。槐、直等，骆驿愬讼。当如永和六年庚午诏书，谒以补正。②

① 张家山二四七号汉墓竹简整理小组：《张山汉墓竹简》（释文修订本），文物出版社2006年版，第24—25页。

② 甘肃省文物工作队、甘肃省博物馆：《汉简研究文集》，甘肃人民出版社1984年版，第87页。

这份简牍中，首先引汉桓帝的诏令，作为郡守管辖受理案件的根据。诏书规定：五服之内的皇族亲属，居住于封国界内有属籍的，如果犯法，享有“先请”特权；五服以外的，按正常法律论处；脱失属籍、不住在封国内的“流客”，不仅不能享受“有罪先请”特权，而且连更赋也不能豁免（“复除”，就是免除更赋）。宗室刘槐、刘直自诉于蜀郡太守，控告乡、县官吏侵犯他们的权益，不免除其赋役。太守植受理此案，认定刘槐等人不属于免除更赋之列，于是判决刘槐等败诉，依法应当补征他们的租谷赋税。刘槐等倚仗自己宗室地位不服判决，故又上诉于宗正府。[①]

此案件不以县廷为第一审，而以郡府为第一审，因为原告为宗室皇族，而控告的对象为乡县官吏，所以依法要由郡太守审理。故此案初审官为蜀郡太守植。

除此以外，有些特别重大的民事案件，比如大吏侵渔百姓，强占民产，百姓可以去州部刺史上控。汉武帝时期曾经颁布的《刺史六条》规定：

> 一条，强宗豪右田宅逾制，以强凌弱，以众暴寡。
>
> 二条，二千石不奉诏书遵承典制，倍公向私，旁诏守利，侵渔百姓，聚敛为奸。
>
> 三条，二千石不恤疑案，风厉杀人，怒则任刑，喜则淫赏，烦扰刻暴，剥截黎元，为百姓所疾，山崩石裂，祆祥讹言。
>
> 四条，二千石选署不平，苟阿所爱，蔽贤宠顽。
>
> 五条，二千石子弟恃怙荣势，请托所监。

① 冯卓慧：《汉代民事诉讼制度考略》，载《西部法学评论》2011 年第 1 期。

六条，二千［石］违公下比，阿附豪强，通行货赂，割损正令也。[①]

第一条是地方豪强势力占据的田地、所建造的房宅违反身份限制，并有以强凌弱，以众暴寡行为。第二条是二千石官（相当于郡守级别的官员）如果不听从朝廷命令，克己奉公，而以权谋私，侵害当地百姓的利益。第三条是二千石官在司法中有重大过错引发民愤。第四条是二千石官官官相护、任人唯亲。第五条是官员没有约束好自己的子弟，任凭“官二代”横行地方。第六条则是官员和地方豪强相勾结，鱼肉乡里。虽然刺史处理的都是官员的犯罪或重大违法、违纪问题，但在违法和违纪中，也有属于重大的民事侵权行为，是可以上诉到刺史那里的，但要在规定的时间内上诉。《周礼·秋官·朝士》中规定：“凡士之治有期日，国中一旬，郊二旬，野三旬，都三月，邦国期。”东汉郑玄对此注释说：“谓在期内者听，期外者不听，若今时徒论决，满三月，不得乞鞫。”[②]明确地表明汉代上诉的期限是三个月。也就是说一审判决宣布后三个月内，如果不去上诉，则丧失上诉权。

凡未在规定期限内上诉，民事判决即生效，进入判决执行环节。

民事判决的执行，限于材料缺乏，无从得知具体步骤。但从睡虎地秦简《封诊式》所载爰书，可略知，在民事财产查封的执行中，将查封的物证与之关系密切的人证、书证等紧密衔接，充分发挥在查封财产中的证据运用，原文如下：

---

①（汉）班固：《汉书》卷十九《百官公卿表》，中华书局1962年版，第742页。

②（清）阮元校刻：《十三经注疏·周礼注疏》卷三十五《秋官·朝士》，中华书局1980年版，第878页。

乡某爰书：以某县丞某书，封有鞫者某里士五（伍）甲家室、妻、子、臣妾、衣器、畜产。甲室、人：一宇二内，各有户，内室皆瓦盖，木大具，门桑十木。·妻曰某，亡，不会封。·子大女子某，未有夫。·子小男子某，高六尺五寸。·臣某，妾小女子某。·牡犬一。·几讯典某某、甲伍公士某某："甲党（倘）有［它］当封守而某等脱弗占书，且有罪。"某等皆言曰："甲封具此，毋（无）它当封者。"即以甲封付某等，与里人更守之，侍（待）令。[①]

爰书大意是，根据某县县丞某的文书，查封被告人某里士伍甲的房屋、衣物、牲畜。共计：堂屋一间、卧室二间，都有门，房屋都用瓦盖，木构齐备，门前有桑树十株。妻名某，已逃亡，查封时不在场。女儿大女子某，没有丈夫。儿子小男子某，身高六尺五寸。奴某，奴婢小女子某，及公狗一只。查问里典某某，甲的邻居公士某某："甲是否还有其他应加查封而脱漏未加登记的财产，如果有，将是有罪的。"某等都说："甲应查封的都在这里，没有其他应查封的了。"当即将封交付某等，要求他们和同里人轮流看守，等候命令。

上述案件的民事执行，首先，要求该乡负责人上交查封实录与书面检证报告，以便官府进一步查对。其次，要求里典某某、邻居公士某某作证，并强调作伪证应承担的法律责任。同时要求乡负责人正式办理移交手续，协同里人某等轮流看守封存物品，等候官府下达执行命令。

另从简牍中的相关规定，对于秦汉民事判决的执行，大体可以得

① 睡虎地秦墓竹简整理小组：《睡虎地秦墓竹简》，文物出版社 1990 年版，第 149 页。

出以下结论。

其一，民事执行一般不伴随人身强制，民事责任多以损害赔偿为主。正是由于秦汉不以人质作为履行债务的担保，起诉后，一般不控制债务人的人身自由。执行时，一般也不对人身加以执行，而只对财产执行。

其二，债权人如执行判决不便，可以请人代为执行。前引吐鲁番文书便是一例。

其三，民事执行要以权威的文书为凭据。前已述及，官府判决书自然是权威的执行凭据。其他如相关“爰书”“验问书”均可作为执行的依据。这类文书和民间私约一样，通常有“如律令”字样，意在表示必须遵守，例如：

> ☑皆不服，爰书自证。书到，如律令。（合校二〇六·三一）
>
> □□□吏验问，收责报。不服，移自证爰书，如律令。（新简 EPC·三九）
>
> 证书到，候身临以书一ㄴ二晓来。不服，遣吏将来，与市□是服言。●谨以府书。（新简 EPT 五六·七）[①]

第七节　司法官的责任

秦时选官以能力为首要考量，所谓“审民能，以赁（任）吏”[②]，

① 李均明、刘军主编：《汉代屯戍遗简法律志》，载刘海年、杨一凡主编：《中国珍稀法律典籍集成》（甲编第二册），科学出版社 1994 年版，第 355—357 页。

② 睡虎地秦墓竹简整理小组：《睡虎地秦墓竹简》，文物出版社 1990 年版，第 173 页。

“因任而授官，循名而责实”[1]，“明主听其言必责其用，观其行必求其功”[2]。睡虎地秦简《为吏之道》中记载了秦官员应该遵守的一般准则，颇具史鉴价值。

•凡为吏之道，必精絜（洁）正直，慎谨坚固，审悉毋（无）私，微密韱（纤）察，安静毋苛，审当赏罚。严刚毋暴，廉而毋刖，毋复期胜，毋以忿怒夬（决）。宽俗（容）忠信，和平毋怨，悔过勿重。兹（慈）下勿陵，敬上勿犯，听间（谏）勿塞。审智（知）民能，善度民力，劳以衛（率）之，正以桥（矫）之。反赦其身，止欲去顋（愿）。中不方，名不章；外不员（圆）。尊贤养孽，原壄（野）如廷。断割不刖。怒能喜，乐能哀，智能愚，壮能衰，恿（勇）能屈，刚能柔，仁能忍，强良不得。审耳目口，十耳当一目。安乐必戒，毋行可悔。以忠为干，慎前虑后。君子不病殹（也），以其病病殹（也）。同能而异。毋穷穷，毋岑岑，毋衰衰。临材（财）见利，不取句（苟）富；•临难见死，不取句（苟）免。欲富大（太）甚，贫不可得；欲贵大（太）甚，贱不可得。毋喜富，毋恶贫，正行修身，过（祸）去福存。[3]

此外，还对官吏的劝民、理政诸多方面提出了具体的要求：

---

①（清）王先慎撰，钟哲点校：《韩非子集解》卷十七《定法》，中华书局1998年版，第397页。

②（清）王先慎撰，钟哲点校：《韩非子集解》卷十八《六反》，中华书局1998年版，第423页。

③ 睡虎地秦墓竹简整理小组：《睡虎地秦墓竹简》，文物出版社1990年版，第167—168页。

•戒之戒之，材（财）不可归；谨之谨之，谋不可遗；慎之慎之，言不可追；綦之綦【之】，食不可尝（偿）。术（怵）悐（惕）之心，不可【不】长。以此为人君则鬼，为人臣则忠；为人父则兹（慈），为人子则孝；能审行此，无官不治，无志不彻，为人上则明，为人下则圣。君鬼臣忠，父兹（慈）子孝，政之本殹（也）；志彻官治，上明下圣，治之纪殹（也）。

•除害兴利，兹（慈）爱万姓。毋罪毋（无）罪，【毋（无）罪】可赦。孤寡穷困，老弱独传，均繇（徭）赏罚，勢（傲）悍亵暴……①

汉朝武帝时，为延揽治国理政的人才，下诏“令州郡察吏民有茂材异等可为将相及使绝国者”②。这种以贡士荐贤为目的的察举，对茂材的要求虽然很高，但可以不拘一格，面向一切吏民。元帝初元二年（公元前47年）诏：“丞相、御史、中二千石举茂材异等直言极谏之士，朕将亲览焉。”③ 丞相、御史、列侯和州郡长官都可以作为举主，每年由州郡长官依照较为固定的标准向中央举荐。随着定期定规格的察举办法的实行，茂材的选举渐次出现泛滥。东汉章帝于建初元年（76年）下诏，认为当时“选举乖实，俗吏伤人”，指出：“政无大小，以得人为本。夫乡举里选，必累功劳。今刺史、守相不明真伪，

① 睡虎地秦墓竹简整理小组：《睡虎地秦墓竹简》，文物出版社1990年版，第169—170页。

②（汉）班固：《汉书》卷六《武帝纪》，中华书局1962年版，第197页。

③（汉）班固：《汉书》卷九《元帝纪》，中华书局1962年版，第281—282页。

茂材、孝廉岁以百数，既非能显，而当授之政事，甚无谓也。”[①]

对于司法官的选任，既重视法律素养，又严定失职的惩罚。秦时以明法律令作为区分良吏恶吏的标准，所谓“良吏”明法律令，“恶吏”不明法律令。秦律确立了“不直”“纵囚”“失刑”等罪名，用以惩治司法官或故意或过失的失职行为。据睡虎地秦简《法律答问》：

论狱【何谓】“不直”？可（何）谓“纵囚”？罪当重而端轻之，当轻而端重之，是谓“不直”。当论而端弗论，及偒其狱，端令不致，论出之，是谓“纵囚”。[②]

凡是罪重而故意轻判，应轻判而故意重判，为“不直”；应论罪而故意不论，以及故意从轻认定案情，使其达不到判罪标准，为“纵囚”；至于失刑，则是因过失而处刑偏于从轻。犯此三种皆要“治以律”，即依法判罪。

为了使官吏准确地援法断案，秦统治者要求官吏熟悉法律，尤其要熟悉奉职范围内的法律。每年要向中央主管法律的官吏核对法律，所谓“岁仇辟律于御史”。已经废除的律令不得再执行，否则治罪。

汉朝在司法官的责任方面基本沿袭秦律，但在罪名的表述上更为准确。如司法官故意减轻罪犯的处罚，秦律为“故纵”，汉律改为“出罪为故纵”。法官故意加重罪犯的处罚，秦律为“不直”，汉律改为“入罪为故不直”。《汉书·功臣表》注曾载：“（戚圉侯季必）坐为

① （南朝）刘晔：《后汉书》卷三《章帝纪》，中华书局1965年版，第133页。

② 睡虎地秦墓竹简整理小组：《睡虎地秦墓竹简》，文物出版社1990年版，第115页。

太常纵丞相侵神道，为隶臣。”[①]“（商利侯王山寿）坐为代郡太守故劾十人，罪不直，免。”[②]

上述规定也适用于民事诉讼。秦汉对司法官的严格要求保证了判案的质量，也是中国古代司法文明的具体体现。

第八节　秦汉民事诉讼制度的基本特点

一、民事诉讼制度得到出土简牍的确证

对于秦汉民事诉讼制度，在秦汉的文献中虽有论述，但语焉不详，缺少确凿的物证。《睡虎地秦墓竹简》《里耶秦简》的出土，不仅确证了秦“莫不皆有法式”之说是可信的，而且也对秦司法制度中的许多环节，如有关民事诉讼当事人的资格限制，民事案件的取证与鉴别，判决的执行，等等，都提供了确证。

汉代的简牍较之秦简更为丰富，近年出土的简牍中，《候粟君所责寇恩事》等基本再现了汉代的诉讼程序和诉讼制度。

二、民刑诉讼的初步划分及在司法实践中的应用

汉儒郑玄对民事诉讼和刑事诉讼作了初步界定。如郑玄在为“以两造禁民讼”“以两剂禁民狱”作注时说：“讼，谓以财货相告

---

①（汉）班固：《汉书》卷十六《高惠高后文功臣表》，中华书局 1962 年版，第 611 页。

②（汉）班固：《汉书》卷十七《景武昭宣元成功臣表》，中华书局 1962 年版，第 667—668 页。

者。”“狱，谓相告以罪名者。”“争罪曰狱，争财曰诉。”[①] 这个界定虽然还不够科学，但以财产争讼作为民事诉讼的主要标志，无疑接触到了本质。这在两千多年以前的汉代的确是难能可贵的，而且这个初步界定也适用于民刑事诉讼之中。秦汉时期，纯粹的民事争讼案件较为少见，更多的是民事附带刑事案件。司法官对此类案件分别处理：民事争讼基本上按民事应负的责任处理，不动用刑责；但对刑事部分，则由法官按刑事诉讼处理，或动用刑责，或判处刑罚。这表现了中国古代司法的先进性。

三、司法指导思想上的共性与区别

秦是以法家学说为指导，强调“以法为教，以吏为师”；汉是以儒家学说为指导，强调“以德化民，明刑弼教”。因此，秦在司法实践中更尊重法律，依法断案，而汉虽也注意引律断案，但同时在儒家思想指导下“引经决狱”，法律成为经书的附庸。所以，秦汉司法官在审理案件时，都追求事实真相、公正判决，带有共性。但秦更强调依法判决，汉则提倡“引经决狱”、以礼断案，因而又有所区别。

①（清）阮元校刻：《十三经注疏·周礼注疏》卷三十四《秋官·大司寇》，中华书局1980年版，第870页。

第三章

唐朝的民事诉讼制度

唐朝是中国古代社会的盛世，政权建设、法制建设都达到了成熟和定型阶段，所谓“文物典章，莫备于唐”。传世的《唐律疏议》是古代最具代表性的法典，其影响远及于海外，成为中华法系的表征。除《唐律疏议》外，《唐六典》《唐令》以及格式也是唐代重要的立法成就，其内容广泛，涉及政治、经济、军事、司法、文教等各个方面。但就民事立法而言，在唐代的律令中，虽有一些纯粹的民事法律条款，但为数不多，更多的是民事附带刑事的条例，例如，《唐律·杂律》：

诸受寄财物，而辄费用者，坐赃论减一等。诈言死失者，以诈欺取财物论减一等；①

诸负债违契不偿，一疋以上，违二十日笞二十，二十日加一等，罪止杖六十；三十疋，加二等；百疋，又加三等，各令备偿；②

诸弃毁官私器物及毁伐树木、稼穑者，准盗论。即亡失及误毁官物者，各减三等；③

① (唐) 长孙无忌撰，刘俊文点校:《唐律疏议》卷二十六《杂律》“受寄财物辄费用”条，中华书局 1983 年版，第 484 页。

②《唐律疏议》卷二十六《杂律》“负债违契不偿”条，第 485 页。

③《唐律疏议》卷二十七《杂律》“弃毁器物稼穑”条，第 517 页。

诸毁人碑碣、石兽者，徒一年；即毁人庙主者，加一等。其有用功修造之物，而故损毁者，计庸，坐赃论，各令修立；①

诸于他人地内得宿藏物，隐而不送者，计合还主之分，坐赃论，减三等。②

又如，《唐律·厩库》：

诸官私畜产，毁食官私之物，登时杀伤者，各减故杀伤三等，偿所减价；畜主备所毁；③

诸故放官、私畜产，损食官私物者，笞三十；赃重者，坐赃论。失者，减二等。备偿所损。④

再如，《唐律·职制》：

诸贷所监临财物者，坐赃论。⑤

上述民事立法的状况影响了诉讼程序与制度的独立发展。

尽管如此，唐代由于社会的发展与法制秩序的追求，不仅完成了旷世法典《唐律疏议》的修撰，也推动了司法文明的不断进步。在这个大背景下，民事诉讼制度也较之秦汉有了明显的发展。如诉讼管辖

①《唐律疏议》卷二十七《杂律》“毁人碑碣石兽”条，第517页。

②《唐律疏议》卷二十七《杂律》“得宿藏物隐而不送”条，第520页。

③《唐律疏议》卷十五《厩库》“官私畜产毁食官私物”条，第283页。

④《唐律疏议》卷十五《厩库》“官私畜损食物”条，第287页。

⑤《唐律疏议》卷十一《职制》“贷所监临财物”条，第222页。

的规范化、审理案件的证据要求、援法断罪的法官责任、民事调解的提倡等，都起到了开司法风气之先的作用，并为唐以后民事诉讼制度的进一步发展奠定了历史基础。

第一节　司法机关

一、中央司法机关

唐代中央还没有严格意义上的管理民事诉讼的司法机关，民事案件与刑事案件不分，尚书省、中书省、门下省、御史台以及刑部、大理寺都按照管理刑事案件的程序受理民事案件。

刑部是中央最高司法行政机关，御史台虽为最高监察机关，但也参与重大案件的审判，并负责监督大理寺和刑部的司法活动。大理寺是最高司法机关，负责审理朝廷百官犯罪及京师徒刑以上案件，同时还复核地方徒刑以上案件。中央司法机关职权分散的目的在于相互制衡，便于皇帝对司法权的操控。

比较简单的民事案件大多在基层得到解决，上诉至中央的民事案件，只有涉及高级官员、皇族、贵族，或是由民事侵权上升到刑事大案才有可能上诉到中央。如唐德宗时，穆赞为侍御史分司东都，“时陕州观察使卢岳妾裴氏，以有子，岳妻分财不及，诉于官，赞鞫其事，御史中丞卢佋佐之，令深绳裴罪，赞持平不许”。此案本是妻妾争夺遗产，是典型的民事案件，因涉及官员，由东都御史台审理，御史中丞要治妾裴氏的罪，穆赞秉公执法，反被诬陷“受裴之金”，要治以重罪，其弟为兄鸣冤“驰诣阙，挝登闻鼓。诏三司复使理无验”[①]，方免于祸。但裴氏的诉求不了了之。

有的涉及高官的民事案件，最终却以行政处罚取代司法制裁，如高宗永徽元年（650年），中书令褚遂良压价买得房宅，遭到监察御史的弹劾，由大理寺审理。[②]按《唐律》规定：“若卖买有剩利者，计利以乞取监临财物论。强市者，笞五十；有剩利者，计利准枉法论。疏议曰：官人于所部卖物及买物，计时估有剩利者，计利，以乞取监临财物论。‘强市者笞五十’，谓以威若力强买物，虽当价，犹笞五十；有剩利者，计利，准枉法论。”

这显然是一件民事附带刑事的案例，最终褚遂良只受到迁官的行政处分，未按照唐律处罚。但有的涉及高官的民事案件经朝廷法司审理，最后按民事处理者亦不乏见。如文宗时唐扶为福建团练观察使，身殁之后，仆妾争财上告到朝廷，法庭判决“家财十万贯，归于二妾”[③]。

以上可见，民事诉讼也可上诉到朝廷最高司法审级甚至由皇帝亲决。在处理上，或按照刑事制裁，或按民事原则判决，或以行政处分了结。缺乏确定的法律规范，这是民事诉讼制度尚未定型的一种表现。

---

①（后晋）刘昫等撰：《旧唐书》卷一百五十五《穆宁附子赞传》，中华书局1975年版，第4115—4116页。

②（宋）王溥撰：《唐会要》卷六十一《御史台中·弹劾》，中华书局1955年版，第1067页。

③《旧唐书》卷一百九十下《文苑下·唐次传附唐扶传》，第5063页。

二、地方司法机关

唐代的地方司法机关仍沿袭行政与司法不分的秦汉旧制，以地方长官为司法官，地方行政区划为地方司法审级。按唐制，地方政权分为州、县二级，州设刺史，首都及陪都所在之州一律称府，设府尹。由于州是最重要的一级政权，因此州刺史也握有重要的司法权。遇有重大的刑事案件和重大的民事案件，州刺史往往亲自审理。例如，张九皋的曾孙张仲方为金州刺史时，“郡人有田产为中人（宦官）所夺，仲方三疏奏闻，竟理其冤”①。因为此案涉及宦官，刺史不仅亲自过问，而且三次上奏皇帝取旨之后，才得以审决。

州刺史下设司户参军事，“掌户籍、计账、道路、逆旅、田畴、六畜、过所、蠲符之事，而剖断人之诉竞。凡男女婚姻之合，必辨其族姓，以举其违。凡井田利害之宜，必止其争讼，以从其顺。凡官人不得于部内请射田地及造碾硙，与人争利”②。

唐高祖时拟授李素立一七品“清要官”，而有司却授为雍州司户参军，高祖认为司户参军“要而不清”③，驳回有司的意见。说明州司户参军确实事务烦琐，其职虽要而不清。

州以下设县，以县令为长官，兼理司法，是重要的亲民之官。县设有县尉为判官，主管诉讼，一般的县置、县尉二人，分判六曹之

①《旧唐书》卷九十九《张九皋曾孙仲方传》，第3100页。

②（唐）李林甫等撰、陈仲夫点校：《唐六典》卷三十《三府督护州县官吏·上州中州下州官吏》，中华书局1992年版，第749页。

③（宋）欧阳修、宋祁撰：《新唐书》卷一百九十七《循吏·李素立传》，中华书局1975年版，第5619页。

事，“一判户、功、仓，其署曰东厅；一判兵、法、士，其署曰西厅”[①]。主管东厅的县尉实际上就是分管民事诉讼的判官，其下有司户佐和司户史，“佐”（左）“史”（使）为低级吏（往往是杂任），没有独立判案的权力，他们根据判官的指示，具体管理民事诉讼事务，他们经手的事务很杂，包括催征钱物、分配田地、统计数目、调查情况、办理入侍免役等各种手续，并且还要管理档案、处理公文、书写符牒等。“佐”又在“史”之上。“佐”“史”之吏在吐鲁番文献中有较多的体现，69TKM39:9/6(b)[②]《唐永徽二年（651年）后某乡户口帐（草）（二）》：“口一佐史，口三里正；口廿一，侍丁。”[③]LI.4.38《唐龙朔三年（663年）范隆仁墓志》：“一县铨擢，任为百家之长。乡闾叹其平恕，隣里赞其无私，驱役数年，选任高昌县佐使。”[④]“佐使”实即“佐史”。72TAM187:194(b)《唐天宝三载（744年）西州高昌县勘定诸乡品子、勋官见在、已役、免役、纳资诸色人名籍（一）》：“一人县佐史。”[⑤]64TAM5:99《唐残户籍一（二）》（3-176）“□[廿][里]□ □园宅□卫士队正□卫士軄资妻□小男□佐史。”[⑥]考《释名·释言语》：“佐，左也，在左右也。”《唐六典》卷三十“三府督护州县官吏”之“州县官吏功曹司功参军”注：“佐史通取六品以下子及白丁充之。”王梵志诗第28

① （宋）李昉等编：《文苑英华》卷八百六《记十·同州韩城县两尉厅壁记》，中华书局1966年版，第4260页上栏。

② 吐鲁番出土文献表达方式。

③ 图版见唐长孺主编：图录本《吐鲁番出土文书》第三册，文物出版社1996年版，第60页。以下引用吐鲁番文献，均出于此，为节省篇幅，只出现该著图版的册数和页码。

④ 图版见侯灿、吴美琳：《吐鲁番出土砖志集注》，巴蜀书社2003年版，第507页。

⑤ 图版见唐长孺主编：图录本《吐鲁番出土文书》第四册，第212页。

⑥ 图版见唐长孺主编：图录本《吐鲁番出土文书》第三册，第176页。

首《佐史非台补》云:“佐史非台补，任官州县上。未是好出身，丁儿避征防。”[1]《太平广记》卷二百五十二“山东佐史”(出《启颜录》)载:“唐山东一老佐史，前后县令，无不遭侮，家致巨富。令初至者，皆以文案试之，即知强弱。有令初至，因差丁造名簿，将身点过。有姓向名明府者，姓宋名郎君者，姓成名老鼠者，姓张名破袋者，此佐史故超越次第，使其名一处，以观明府强弱。先唤张破袋、成老鼠、宋郎君、向明府，其县令但点头而已，意无所问。佐史出而喜曰，帽底可知，竟还即卖之。”《资治通鉴》卷二百一十三“唐玄宗开元二十一年”载:“是时，官自三师以下一万七千六百八十六员，吏自佐史以上五万七千四百一十六员。”以上均为其证。总之，在唐代，县尉及司户佐、史是主管一般民事诉讼活动的官吏，其上有县令总其成。

唐高宗时，苏珦为鄠县县尉，雍州长史李义琰召见时称赞:“鄠县本多诉讼，近日遂绝，访问果由明公为其疏理。”[2]可见县尉承担诉讼方面的日常事务性工作。

遇有重大疑难案件，县令也要亲自审理，如卫州新乡县县令裴子云审理一件属于孳物案件。

部民王敬戍边时，留下六头母牛寄养在舅父李进家。李进养牛五年，生下了三十头牛犊，每头都价值十贯钱以上。王敬戍边归来索牛，其舅云两头母牛已死，只归还四头母牛。其余牛犊非汝牛所生，不肯归还。王敬忿而告官。县令子云先拘押王敬，然后令追捕“盗牛贼”李进，李进惶恐至县衙，县令子云叱之曰:“贼引汝同盗

① 引用文字参考项楚:《王梵志诗校注》，上海古籍出版社1991年版，第118页。
②《旧唐书》卷一百《苏珦传》，第3115页。

牛三十头，藏于汝家。”唤贼共对。乃以布衫笼敬头，立南墙之下。进急，乃吐款云：“三十头牛，总是外甥牸牛所生，实非盗得”云。遣去布衫，进见是敬，曰：“此是外甥也。”云曰：“若是，即还他牛。”进默然。云曰：“五年养牛辛苦，与数头，余并还敬。”[1]令与数牛作为补偿。

各州、县还均设有市令，市令有丞、佐、史等属吏，“掌市廛交易、禁斥非违之事”[2]，即主管市场交易、债权债务纠纷、订立买卖契约、维持市场秩序等事。市令之设不是偶然的，是和唐朝商品经济非常发达、对外贸易空前繁荣、市场经济活跃密切相关的。为了加强市场管理，唐律严格规定商品的规格和质量标准，控制物价的稳定及度量衡器的准确，并维护市场交易的正常秩序，违反者依法制裁。

这一方面的记载，广泛见于吐鲁番文献。这一时期的吐鲁番文献中反复出现了“市司”“市令”“市丞”一类的词语，“市司”即官府掌管市场交易方面的机构，除了管理市场、查处非法交易之外，市司还掌握市场上各类商品的价格，及时为有关部门提供物价信息；“市令”即市司的长官（唯一的流内官，西州市令品秩从九品上），掌管市场交易（五谷时价）、禁止纠察非伪、通判市事的官吏，唐时各都督府、州及三千户以上的县均置市令；“市丞”即掌管市场交易方面的

① 张鷟撰、赵守俨点校：《朝野佥载》卷五，中华书局 2008 年版，第 108 页。

② 《唐六典》卷三十《三府督护州县官吏·上州中州下州官吏》，第 750 页。

副职佐贰（无品秩）[①]。例见：

“□□□□［得］银钱陆文，□□□□［银］钱肆文□□□□，□□□□得银钱壹拾［文］，□□□□被曹［司］帖称□□□□［疋］出卖。市司□□□□□，□□□□［当］马

---

①《唐律疏议》卷二十六《杂律》“市司评物价不平”条：

诸市司平物价不平者，计所贵贱坐赃论，入己者以盗论。其为罪人平赃不实，致罪有出入者，以出入人罪论。疏议曰：谓公私市易若官司遣平物价，或贵或贱，令价不平，计所加减之价坐赃论。“入己者”，谓因平物价，令有贵贱，而得财物入己者以盗论，并依真盗除、免、倍赃之法。“其为罪人平赃不实”，亦谓增减其价致罪有出入者。假有平盗赃，应直上绢五疋乃加作十疋，应直十疋减作五疋，是出入半年徒罪，市司还得半年徒坐，故云“以出入人罪论”。若应直五疋评作九疋，或直九疋平作五疋，于罪既无加减，止从贵贱不实坐赃之法。

《唐六典》卷三十《三府督护州县官吏》：

市令、丞掌市鄽交易，禁斥非违之事。根据同卷记载，大都督府置市令一人，从九品上，丞一人；中都督府置市令一人，从九品上，丞一人；下都督府置市令一人，从九品上，丞一人；上州置市令一人，从九品上，丞一人；中州置市令一人，丞一人；下州置市令一人；京兆、河南、太原诸县市令一人；诸州上县市令一人；诸州下县市令一人。《旧唐书》卷四四《职官三》：“京都市令掌百族交易之事，丞为之贰。”

《旧唐书》卷四十四《职官三》：

京都市令掌百族交易之事，丞为之贰。

又考《新唐书》卷四十九下《百官四下》：

司录参军事二人，正七品上。录事四人，从九品上。功曹、仓曹、户曹、田曹、兵曹、法曹、士曹参军事各二人，皆正七品下。参军事六人，正八品下。六府录事参军事以下减一人。录事参军事，掌正违失，莅符印。原注：“武德初，改州主簿曰录事参军事，开元元年，改曰司录。”

又比较《册府元龟》卷五百四《邦计部·酤》：

中县户满三千以上，置市令一人，史二人，其不满三千户以上者，并不得置市官，若要路须置，旧来交易繁者，听依三千户法置，仍申省，诸县在州郭下，并置市官。

详参王启涛主编：《吐鲁番出土文献词典》，巴蜀书社2012年版，第914—915页。

主帅相监卖▭□尾还付主帅▭心等自▭，▭七日行判无［稽］▭，▭无稽失▭死，付市相监出卖▭得价直判▭。”（72TAM209：72-76《唐军府文书为卖死马得价直事》）①

市司状上，户曹为报米估事。令：阴善珍。［64TAM29：11/8(a)《唐市司上户曹状为报米估事》］（3-354）②

三月廿一日，盐池戍守捉押官健儿吕楚珪勘过。琛。作人康禄山，石怒忿，家生奴移多地，驴拾头沙洲市勘同，市令张休。［73TAM509:8/13(a)之一《唐开元二十年（732年）瓜州都督府给西州百姓游击将军石染典过所》］③

“▭［官］兵破除，见▭　▭人▭　▭独孤酉丰▭　▭市丞。史行▭　▭年六十老史［君］▭　▭冯卖德，白奴▭。”（67TAM83:8《唐独孤酉丰等官兵破除残文书》）④

至唐宪宗时，随着政治的松弛腐败，市场秩序也难以维持。如权相李逢吉之友张又新等，号为“八关十六子”，皆身居要职，“有求于

---

① 图版见唐长孺主编：图录本《吐鲁番出土文书》第三册，第330页。

② 图版见唐长孺主编：图录本《吐鲁番出土文书》第三册，第354页。

③ 图版见唐长孺主编：图录本《吐鲁番出土文书》第四册，第276页。

④ 图版见唐长孺主编：图录本《吐鲁番出土文书》第四册，第13页。

逢吉者，必先经此八人纳赂，无不如意者”[1]。正是这个张又新，“尝买婢迁约，为牙侩搜索陵突，御史劾举”[2]，受到法律的制裁。牙侩是市令所管辖的负责买卖的中间人，凡买卖交易，“约钱为率算之”，即每贯纳税五十钱，“市牙各给印纸，人有买卖，随自署记，翌日合算之”[3]。牙侩既是交易的中间人，也是税收的征管者，若发生交易纠纷，牙侩也可居间调解。唐昭宗《改元天复赦》载：

旧格：买卖奴婢，皆须两市署出公券，仍经本县长吏，引检正身，谓之过贱。及问父母见在处分，明立文券，并关牒太府寺。兵戈以来，条法废坏，良家血属，流落佗门。既远家乡，或遭典卖。州府曾不寻勘，豪猾得恣欺凌，自此准京兆府并依往例处分。两市立正印委所司追纳毁弃改给朱记行用。其传典卖奴婢，如勘问本非贱人，见有骨肉，证验不虚，其卖主并牙人等，节级科决，其被抑压之人，便还于本家。[4]

县以下的里正、坊正、村正、乡正等基层组织，可对一般的婚

---

①《旧唐书》卷一百六十七《李逢吉传》第 4366 页。

②《新唐书》卷一百七十五《张又新传》，第 5247 页。

③《旧唐书》卷四九《食货志下》。

④（宋）宋敏求编：《唐大诏令集》卷五《帝王部·改元下·改元天复赦》，学林出版社 1992 年版，第 29 页。

姻、田土等民事纠纷进行调解或提供证明[①]，但不具有司法功能，故不属于诉讼机关。按刑事诉讼，则不须经相关调解而直接起诉于县，由县审理。

---

① 请比较 73TAM509:8/16(a) 之三《唐开元二十一年（733 年）西州都督府案卷为勘给过所事》（图版见唐长孺主编：图录本《吐鲁番出土文书》第四册，第 286 页）：

又问里正赵德宗，款：上件人户当第六。其奴婢先来漏藉，已经州司首附下乡讫。在后虽有小男二人，并不堪祗承弟六户。有同藉弟嘉瓒见在，请追问能代兄承户否？

另考，杜佑《通典》卷三《食货》三“乡党”载唐《户令》：

诸户以百户为里，五里为乡，四家为邻，五家为保。每里置正一人，掌按比户口、课植农桑、检察非违，催驱赋役。

《唐会要》卷六十九《丞簿尉》：

开元十六年五月二十五日敕：州府及县仓督，府司佐史、县录事、里正等，若有景行，明闲案牍，任经十年，不在解限。

《唐律疏议》卷六《名例》“称反坐罪之”条疏议曰：

以枉法论者，《户婚律》云：里正及官司，妄脱漏增减以出入课役，赃重入己者，以枉法论。

《唐律疏议》卷三十《断狱》“监临自以杖捶人”条：

答曰：里正、坊正、村正等，唯掌追呼催督，不合辄加笞杖，其有因公事相殴击者，理同凡斗而科。主典检请是司，理非行罚之职，因公事捶人者，亦与里正等同。

《太平广记》卷二百六十“梁士会”条（出《朝野佥载》）：

唐滑州灵昌尉梁士会，官科乌翎，里正不送。举牒判曰：“何物里正，不送乌翎？”佐使曰：“公大好判，乌翎太多。”

又请比较王梵志诗：

里正追役来，坐著南厅里。广设好饮食，多酒劝遣醉。追车即与车，须马即与马。须钱便与钱，和市亦不避。索面驴驮送，续后更有雉。官人应须物，当家皆具备。（第 269 首《富饶田舍儿》）

里正追庸调，村头共相催。……租调无处出，还须里正陪。（第 270 首《贫穷田舍汉》）

第二节 告诉与受理

一、诉讼管辖

民事案件的告诉与受理在唐律中也有较为明确的规定。民事案件的管辖分为地域管辖和级别管辖。地域管辖是指民事诉讼案件须向被告住所地县衙告诉，如因路途遥远或案情需要，也可就近向当地衙门告诉。《唐六典》卷六《尚书刑部》：

告密有不于所由，掩捕则从近也（原注：谓告密人皆经当处长官告，长官有事，经佐官告，长官、佐官俱有事者，经比界论告。若须有掩捕应与余州相知者，所在准法收捕）。

这在吐鲁番文献中也有如实的记载。72TAM204:18《唐贞观二十二年（648年）洛州河南县桓德琮典舍契》：

［贞］［观］廿二年［八］月十［六］日，河南县张□□［索］法惠等二人，向县诉桓德、［琮］□宅价钱，三月未得。今奉明府付坊正［追］向县。坊正、坊民令遣两人和同，别立私契。其利钱，限至八月卅日付了。其赎宅价钱，限至九月卅日还了。如其违限不还，任元隆宅与卖宅取钱还足。余乘任还桓琮。两共和可，［画］指为验（引者按：下面有画指）。负钱人桓德琮琮（引者按：有画指符号），男大义义（引者按：有画指符号），

同坊人成敬嗣嗣（引者按：有画指符号），坊正李差经（？）。[①]

当地衙门决定受理后，发牒传唤有关当事人，称为“执牒追摄”[②]，俗称“帖子”，相当于今天的传票。“帖”是官府公文，一般是上级发给下级的文书（包括官府传唤属下、捉拿人犯的文书，官家发放物料的通知或凭据）。“帖”的特点是带有强制性，且限期执行。一般只具月、日，不加纪年，且言简意赅，便于执行。吐鲁番文献中保存了原汁原味的“帖”，64TAM35:16《唐西州高昌县追人勘问帖》：

高昌县。帖。大女阿鞏奴磨旺，令狐醜仁□□人▭，匡海洛奴守仁，奴巷々三人挫皮（？）□上明▭。右今须上件人勘问。帖▭五月廿七日佐张文欢帖。即追过。高昌县。帖。廿▭康海进礼、李才达。右今须上件人勘问，帖▭仍限今日平旦将过，明［知］▭日佐张文欢帖。并付玄政即□▭白。”[③]

可与66TAM61:21(a)《唐麟德二年（665年）坊正傅某牒为追送畦海员身到事》“右被帖追上件人送者，依追身到”相比较[④]，另有：

---

① 图版见唐长孺主编：图录本《吐鲁番出土文书》第二册，第152页。

②《稽神录》记载：“潘袭为建安令，遣一手力赍牒下乡，有所追摄。”参见（五代）徐铉：《稽神录》卷三“潘袭”条，载（宋）李昉等编：《太平广记》卷三百五十五“潘袭”条，中华书局1961年版，第2813页。

③ 图版见唐长孺主编：图录本《吐鲁番出土文书》第三册，第545页。

④ 图版见唐长孺主编：图录本《吐鲁番出土文书》第三册，第236页。

牒件状如前，谨牒。天授二年一月十一日知水人康进感等牒。付司杰示。十一日。一月十一日录事使博士捡录事仁付。连。感白。仓曹十二日。唐建进。右件人前后准都督判，帖牒，天山并牒令阳悬，令捉差人领送。虽得县申及令通状称：追访建进不获。又判牒县令依前捉送。捡今未申，奉都督处分，令追建进妻儿及建进邻保赴州，并牒县，令依前捉［建］［进］□。［72TAM230:73(a)，71(a)《武周天授二年（691年）知水人康进感等牒尾及西州仓曹下天山县追送唐建进妻儿邻保牒》］①

户曹得帖，通诸县欠上件稽逋，如Ｖ具脚注者。"② 又考《太平广记》卷二百八十一"薛涛"条（出《广异记》）："自言初逢一吏，持帖云：王使追。（73TAM224:080/2《唐西州高昌县户曹牒为催征逋悬事（一）》）

如案件涉及两个同级司法机关，一般按照刑事诉讼所采取的"轻从重，少从多，后从先"的原则处理。

除地域管辖之外，还有级别管辖。民事案件以县为第一审。若当事人对第一审衙门的判决不服，可以向原审衙门申请发给"不理状"，并以此为凭向上级衙门上诉。第二审衙门应作"不服之状，更为审详"。当事人对第二审衙门的判决不服，在"请给不理状"后，可"至尚书省左、右丞为申详之"。又不服，复给"不理状"，"经三司

① 图版见唐长孺主编：图录本《吐鲁番出土文书》第四册，第70页。其中的武周新字均统一转写为现代汉字。

② 图版见唐长孺主编：图录本《吐鲁番出土文书》第四册，第388页。

陈诉”。这是唐代规定的级别管辖。若再不服者，可上表向皇帝披陈。接受上表的官员若扣押，不上奏皇帝，则许挝登闻鼓直诉。此类案件多属贵族高官或重大案件，一般民事案件在县判决后即告结案。《唐律疏议》卷三十《断狱》“狱结竟取服辩”：

诸狱结竟，徒以上各呼囚及其家属具告罪名，仍取囚服辩。若不服者，听其自理，更为审详。违者笞五十，死罪杖一百。疏议曰：“狱结竟”，谓徒以上刑名，长官同断案已判讫，徒、流及死罪，各呼囚及其家属，具告所断之罪名，仍取囚服辩。其家人、亲属，唯止告示罪名，不须问其服否。囚若不服，听其自理，依不服之状，更为审详。若不告家属罪名，或不取囚服辩及不为审详，流、徒罪并笞五十，死罪杖一百。

由于规定了级别管辖，所以不得越诉，否则治罪。《唐律·斗讼》规定：“诸越诉及受者，各笞四十。”疏议曰：“凡诸辞讼，皆从下始，从下至上，另有明文，谓历经县而越向州、府、省之类，其越诉及官司受者，各笞四十。”事实上，民事案件经过县判决后即告结案，很少有上诉审。

在武则天统治时期，鼓励告密，动辄告御状，破坏了级别管辖的诉讼程序。至玄宗时，重申“诉事先经州县”的规定，开元十年(722年)，颁敕曰：

六卿分设。诸郡咸理，在于人下，合免冤滞。如闻越局侵务。背公向私，其伤则多，为政必紊，宜今天下州县百司寮案，俱守乃曹，各勤所职。或有身名尚屈。刑罚不平，赋役未均，征差无次，爰及侵夺，亦兼违负，凡人所诉，大略如斯。若县不为申，州必须举；州不能理，府必为裁。上下相持，冤讼可息。自今以后，诉事人等，先经县及府州并尚书省披理，若所由延滞，不为断决，委御史采访奏闻，长官以下，节级量贬。①

至唐朝中后期，政治腐败，法制秩序紊乱，司法机关多不按司法程序受理案件，因此大臣们迭次上奏，请求整顿司法程序。

大历十四年（780 年）七月，理匦使崔造奏："亡官失职、婚田两竞、追理财物等，并合先本司，本司不理，然后省司，省司不理，然后三司，三司不理，然后合报投匦进状。如进状人未经三处理及事非冤屈，辄妄来进状者，不在进限。如有急切须上闻，不在此限。其妄进状者，臣今后请并状牒送本司及台府处理。"敕旨："依奏。"②

上述奏议是针对民事案件在诉讼程序问题上的混乱现象，提出的及时纠正的措施。而皇帝颁发的"敕旨依奏"，表现了最高统治者对于民事诉讼告诉与受理如何程序化、制度化的重视。

---

①《唐大诏令集》卷八十二《政事·刑法·诉事先经州县敕》，第 429 页。

②《唐会要》卷五十五。一些民事诉讼如果动辄惊动各级长官或上级机关，往往增加行政和司法成本，这在当时已有怨言，吐鲁番出土《唐年次未详（8 世纪前期）西州寡妇梁氏辞（付判）》（图版见黄文弼：《吐鲁番考古记》，线装书局 2009 年版，第 26 页；录文见［日］池田温：《中国古代籍帐研究》，龚泽铣译，中华书局 2007 年版，第 232 页）：

"府司。阿梁前件萄，为男先安西镇，家无手力，去春租与彼城人卜安西佃。准契，合依时覆盖如法。其人至今不共覆盖。今见寒冻。妇人既被下脱，情将不伏。请乞商量处分。谨辞。付识□勒藏盖分□重□。诸如小事，便即与夺讫申。济示。十三日。"

此件文书中的"诸如小事，便即与夺讫申。济示"正好体现了长官"济"希望下级对诸如此类的普通民事案件果断处理的愿望。

二、告诉人身份的限制

民事案件的当事人必须按照律令规定的程序告诉，司法机关方能受理外，但由于诉讼当事人的身份、生理等具体情况，司法机关亦可不予受理。如在重伦常关系的历史背景下，严禁子孙告发祖父母、父母。《唐律·斗讼》规定："诸告祖父母、父母者，绞。"疏议曰："父为子天，有隐无犯。如有违失，理应谏诤，起敬起孝，无令陷罪。若忘情弃礼而故告者，绞。"奴婢由于在法律上"律比畜产"，不具备独立的人格，因此严禁奴婢告主，否则重罪。此外，规定："年八十以上，十岁以下及笃疾者，听告谋反、逆、叛、子孙不孝及同居之内为人侵犯者，余并不得告。"由于年八十以上、十岁以下及笃疾之人，已经丧失或不具备独立的行为能力，因此不得作为民事案件的告诉人。

三、"务限"期内不得受理民事诉讼

唐代司法机关对于民事诉讼案件是否受理还受到"务限法"的限制。所谓"务限法"就是农忙季节，为了不误农时，保护农业生产，凡司法机关对于一般民事告诉不予受理的法律规定，此项规定带有深刻的国情烙印。

中国古代是以农立国的国家，农业丰欠是关系到国计民生的大事，因此，利民劝农是国家的一项根本国策。就法律而言，有关保护农业生产的法令，或与农业攸关的如土地法、水利法、赋税法等，构成了中国古代法律体系的基本内容。表现在司法上，务限法就是一个突出的例证。务限法始于唐朝，据唐《杂令》规定："谓诉田宅、婚姻、债负，起十月一日，至三月三十日检校，以外不合。若先有文案，交相侵夺者，不在此例。”[①]

据此，每年从十月一日起受理有关土地、房宅、婚姻、债权债务的案件，称为“务开”，至次年三月三十日结束。由三月三十日至十月一日称为“入务”，不再受理一般民事案件。“务限法”一直延续到清朝。

为了保护农业生产和土地所有权的利益，打击非法侵权，如因诉讼不能及时收割农作物，唐律有如下规定：

> ［准］田令：诸竞田判得已耕种者，后虽改判，苗入种人。耕而未种者，酬其功力。未经断决，强耕者，苗从地判。……
>
> ［准］唐宝应元年四月十七日敕节文：诸百姓竞田，如已种者，并据见佃为主，待收了断割。其盗种者，任地主收苗，所用人功，不在论限。[②]

四、已过诉讼时效不得受理

在民事诉讼中，无论是田宅、债负、婚姻案件都存在时效问题，有关时效的规定散见于律令和皇帝的制敕当中。以土地所有权时效为例，唐初实行均田制，计口授田，受田人身殁之后由国家收回土地，所以没有对土地所有权的时效进行规范。中唐以后，均田制瓦解，又由于战乱不断，赋税繁重，民多逃亡，土地荒芜，生产凋敝，统治者为恢复生产，鼓励无地农民开垦荒地，武宗会昌元年（841 年），颁敕

① （宋）窦仪等撰，薛梅卿点校：《宋刑统》卷十三《户婚律》“婚田入务”门，法律出版社 1999 年版，第 232 页。

②《宋刑统》卷十三《户婚律》“占盗侵夺公私田”门，第 230 页。

重新认定开荒农民的土地所有权：

自今以后，应州县开成五年（840年）已前逃户，并委观察使、刺史差强明官，就村乡诣实检勘桑田、屋宇等，仍勒长令，切加检较，租佃与人，勿令荒废。据所得与纳户内，征税有余，即官为收贮，待归还给付。如欠少即与收贮，至归还日，不须征理。自今年以后，二年不归复者，即仰县司召人给付承佃，仍给公验，任为永业。[①]

此敕确定逃户以二年为时效期，逾期不归即以土地归现田承佃人为永业。

又据宣宗大中二年（848年）颁制：

从今以后，如有此色，勒乡村奉人与所由邻近等同简较勘分明，分析作状，送县入案，任邻人及无田产人，且为佃事与纳税。如五年不来复业者，便任佃人为主，逃户不在论理之限。其屋宇、桑田、树木等权佃人，逃户未归，五年不得辄有毁除斫伐。如有违犯者，据限口量情科责，并科所由等不简较之罪。[②]

---

①（宋）王钦若等编纂，周勋初等校订：《册府元龟》（校订本）卷四百九十五《邦计部·田制》，凤凰出版传媒集团、凤凰出版社2006年版，第5625—5626页。

② 吐鲁番出土文献有真实的反映。OR.8212/479 T.XLIV.d.015《唐西街检逃户阚希庄状》（图版见沙知、吴芳思：《斯坦因第三次中亚考古所获汉文文献（非佛经部分）》第1册，上海辞书出版社2005年版，第22页）：

西街。状上。逃户阚▭厅堂一口，东行房一口，西行厨一口，小马坊一口。右□▭逃经今七载已上，蒙判付坊，具［捡］，有何男女亲情，具实▭等，其宅主阚希庄▭▭［主］□无男女▭。”（后缺）

懿宗咸通十一年（870年）又颁敕：

诸道州府百姓，承佃逃亡田地，如已经五年，须准承前赦文，便为佃主，不在论理之限。仍令所司准此处分。[①]

以上制敕，正式确定逃户在外五年不归复业，即失去对原有土地的所有权，所谓“不在论理之限”，土地归承佃人所有。但五年之内，承佃人不得毁伐屋宇、桑田、树木，否则量情科罚。

中唐以后，田宅典买卖开始流行，赎回的时效成为突出的问题。据《宋刑统》引唐元和六年（811年）以后所颁时效的敕文：

应田土、屋舍有连接交加者，当时不曾论理，伺候家长及见证亡殁，子孙幼弱之际，便将难明契书扰乱别县，空烦刑狱，证验终难者，请准唐长庆二年八月十五日敕：“经二十年以上不论”，即不在论理之限。有故留滞在外者，即与出除在外之年。违者，并请以“不应得为”从重科罪。[②]

据此敕文，典买卖田宅的实效为二十年，即“经二十年以上不论”。如当事人滞留在外，可暂停法定时效的计算，但停止前的时效仍然有效，待当事人返回后，继续合并计算时效。此项规定是针对当时存在的实际情况作出的。

①《册府元龟》卷四百九十五《邦计部·田制》，第5626页。

②《宋刑统·户婚律》卷十三“典卖指当论竞物业”门，第232页。

对于债权债务纠纷的诉讼时效，穆宗长庆四年（824年）所颁制书之节文规定：

> 契不分明，争端斯起，况年岁浸远，案验无由，莫能辩明，祇取烦弊。百姓所经台、府、州、县论理远年债负，事在三十年以前，而主保经逃亡无证据，空有契书者，一切不须为理。①

按此规定，凡是债契不明，以三十年为最高时效，逾期虽有书契，“一切不须为理”。

在婚姻方面，凡已订婚约，而无故不娶，过三年，女方可以改嫁且不返还聘礼。白居易在任上曾审理此类案件，他在判词中判曰：

> 义敦好合，礼重亲迎。苟定婚而不成，虽改嫁而无罪。景谋将著代，礼及问名：二姓有行，已卜和鸣之兆；三年无故，竟愆嬿婉之期。桃李恐失于当年，榛栗遂移于他族。既闻改过，乃诉纳徵：揆情而嘉礼自亏，在法而聘财不返。女兮不爽，未乖九十之仪；夫也无良，可谓二三其德。去礼逾远，责人斯难。②

此判本着订婚后，“三年无故”不娶者，女“虽改嫁而无罪”，“在法而聘财不返”。说明唐代对婚约的保护期不超过三年。

以上可见，民事诉讼中如管辖不合，告诉当事人的身份不合，或者务限期内，或者已失时效，司法机关均不予受理。除此之外，无故不受理，则治罪。

---

①《宋刑统·杂律》卷二十六“受寄财物辄费用”门，第470页。

② 顾学颉校点：《白居易集》卷六十七，《判·得景定婚，讫未成，而女改嫁不还财。景诉之。女家云：无故三年不成》，中华书局1979年版，第1419页。

第三节　民事案件的审理

一、司法官的回避制度

民事诉讼在唐代还没有形成单独的诉讼程序和制度，通常是同一个法庭、同一个法官、同一种程序，审理的却是不同性质的案件。

司法机关受理之后，首先要审查司法官与诉讼当事人有无需要回避的关系。据《唐六典》卷六“刑部”规定：“凡鞫狱官与被鞫人有亲属、仇嫌者，皆听更之。”注云：“亲谓五服内亲，及大功以上婚姻之家，并授业经师为本部都督、刺史、县令，及府佐于府主，皆同换推。”所谓“换推”，即换人推鞫，回避制度的目的在于防止徇私枉法，保证审判公正。

二、纠问式的审讯方式

开庭审理以后，司法官在问讯方式上沿袭了西周时期的“五听”。关于“五听”，《尚书·吕刑》中称为“五辞”，《周礼·秋官·司寇》中称为“五声”“五听”。《唐六典》卷六所注“五听”为：“一曰辞听，二曰色听，三曰气听，四曰耳听，五日目听。”“五听”不仅适用于被告，而且适用于原告及其代理人、证人等。它是根据诉讼当事人心理变化的外在表现作出的判断，是司法官认定案件事实、判断证据真伪及其证明力的重要方式、方法。这一方面的典型记载见于敦煌变文

P.2653《燕子赋》。《燕子赋》虽然是文学作品，但忠实而生动地反映了唐代原告、被告、证人以及具体办案人员的“五听”，是我们研究当时纠问式的审讯方式的珍稀史料。

民事案件的被告可以自我申辩，其书面申辩称为“辩辞”，敦煌吐鲁番文书中保存有大量的此类辩辞，往往以“谨审”开头，其结尾一般有“被问，依实谨辩”[①]等字样。如：

知是辩：被问陌墙入盗张逸之物，今见安［　　　　］仰答所由者。谨审：但知是长患，比隣具□［　　　　］陌墙盗物，所注知是盗，此是虚注。被问依［　　　　］式。麟德二年五月日，更问，式示。”［66TAM61:24(a)《唐麟德二年（665年）知是辩辞为张玄逸失盗事》］[②]

康进感年卅九［　　　　］，进感［辩］［　　　　］［　　　　］。谨审：但进感去年知水已［　　　　］注检校主薄高祯城南，城北见［　　　　］□余亩，借问并称是自家职田［　　　　］又无田埊、倾亩、埊段、四至人名，无凭［　　　　］种埊，请捡验即知。被问依实，谨辩。［　　　　］日。（72TAM230:75,76《武周天授二年（691年）康进感辩辞》）[③]

谨审：但益谦从四镇来，见有粮马递。奴典信、奴归命，先

---

① 参见《吐鲁番文书》第六册，《阿斯塔那六一号墓文书》之《唐麟德二年（公元六六五年）畦海员辩辞》《唐麟德二年（公元六六五年）张玄逸辩辞为失去盗事》，第460、462页。同类辩辞在其他墓葬中很多。

② 图版见唐长孺主编：图录本《吐鲁番出土文书》第三册，第239页。

③ 图版见唐长孺主编：图录本《吐鲁番出土文书》第四册，第74页。其中的武周新字均统一转写为现代汉字。

有尚书省过所，其婢失满儿、绿叶两人，于此买得。马四疋，并元是家内马，其奴婢四人，谨连元赤及市券白如前。马四疋，如不委，请责保入案。被问依实。谨牒。元。开元廿一年正月日，别将赏绯鱼袋唐益谦牒。连元白。十一日。［73TAM509:8/4-1(a)8/4-1(b)《唐开元二十一年（733 年）唐益谦、薛光泚、康大之请给过所案卷》］①

三、证据的举证作用

在民事审判中，证据对于定案有着非常重要的作用。唐《狱令官》要求司法官定案时要“验诸证信”。在必要的情况下，也可以根据司法官掌握的证据直接判案。《唐律·断狱》规定：“若赃状露验，理不可疑，虽不承引，即据状断之。”即所谓“据众证断谳”，显示了证据的价值。

民事诉讼证据以书证为主，包括契纸、婚书、契约、债券等。吐鲁番出土了一件有关私契没被执行而凭此打官司的文书，64TAM19:36《唐咸亨五年（674 年）高昌王文欢诉酒泉城人张尾仁贷钱不还辞》：

□［酒］泉城人张尾仁，□件人去咸亨四年正月内立［契］□□银钱二十文，准乡法和立私契。□拾文后□□钱二文。其人从取钱已来，□□索，延引不还，酒泉去［州］□□［来］去常日空归。文欢□□急，尾仁方便取钱，

① 图版见唐长孺主编：图录本《吐鲁番出土文书》第四册，第 268 页。

[人] □。[1]

我们注意到，此件诉状明言“准乡法和立私契”，可见私契是根据“乡法”确定的，是两方协商而定的，具有当然的法律效力，是打官司时重要的依据。

在吐鲁番出土的一件书信中，也反映了凭私契打官司的情形，72TAM184:9(a)，11(a)《唐开元十二年（724年）残书牍》：

□二年八□安[惠]□负粟□□□人去开十一[年]于玄忠□取钱陆伯文，□作前件□准契至十月合[还]，比日从索，□人推避，既被方便下[脱]，钱将□还粟，请处分。今见负王隆□请便付，仰收。开元十二年八日芬（？）付□。分付家人收子（此行倒写），书至高□。[2]

唐《杂令》明确认定私契作为证据的证明力。

又条：诸公私以财物出举者，任依私契，官不为理……若违法积利，契外掣夺，及非出息之债者，官为理。

又条：诸以粟麦出举，还为粟麦者，任依私契，官不为理。仍以一年为断，不得因旧本更令生利，又不得回利为本。

又条：诸出举，两情和同，私契取利过正条者，任人纠告，本及利物，并入纠人。[3]

---

① 图版见唐长孺主编：图录本《吐鲁番出土文书》第三册，第269页。
② 图版见唐长孺主编：图录本《吐鲁番出土文书》第四册，第132页。
③《宋刑统》卷二十六《杂律》“受寄财物辄费用”门，第469页。

以上所举说明了私契在债权债务纠纷中的举证价值。凡利率在法定范围以内，国家承认“私契”的效力；超过者，“官为理”；甚至鼓励告发，纠告者可获得放债人的本钱及利息所得为奖金。这在敦煌吐鲁番文献中有生动的反映，最典型的契约术语就是“官有政法，人从私契”。64TAM4:34《唐龙朔元年（661 年）龙惠奴举练契》：

龙朔元年八月廿三日，安西乡人龙惠奴于崇化乡人右左憧憙边举取练三十疋，月别生利练四疋。其利若出月不还，月别罚练一疋入左。如憧憙须须练之日，并须依时酬还。若身东西无，仰妻儿收后者偿。人（官）有正法，人从私契。两和立契，获指为信。练主左，举练人龙惠奴，保人男隆绪，知见人魏氾，知见人樊石德，保人康文憙。[①]

64TAM4:39《唐乾封元年（666 年）郑海石举银钱契》：

乾封元年四月廿六日，崇化乡郑海石于左憧憙边举取银钱十文，月别生利钱一文半。到左须钱之日，嗦即须还。若郑延引不还左钱，任左牵掣郑家资杂物，口分田菌，用充钱子本直取。所掣之物，一不生庸，公私债负停征，此物不在停限。若郑身东西不在，一仰妻儿及收后保人替偿。官有政法，人从私契。两和立契，画指为信。钱主左，举钱郑海石（画指），保人宁大乡张海欢

① 图版见唐长孺主编：图录本《吐鲁番出土文书》第三册，第 211 页。

（画指），保人崇化乡张欢相（画指），知见人张欢德（画指）。[①]

P.3441 号背《康富子雇工契（样式）》：

厶年厶月厶日，百姓康富子，为缘欠少人力，遂雇厶乡百姓厶专甲男，雇使一周年，断作雇价每月多少，临事酌度。立契已后，便须入作。所有笼具什物等，一仰受雇人收什（拾），若是放畜牧，畔上失却，狼咬煞，一仰售（受）雇人祇当与充替。若无替，尅雇价物。一定已后，彼年限满，中间不得抛直。若有抛直五日已外，便竿日尅勿，若有年未满蕃悔者，罚在临时，入不悔人。官有政法，人从私契。两共对面平章，书纸为记，用为后凭。[②]

“官有政法，人从私契”的类似套语还见于 S.1475 背《未年（827 年？）上部落百姓安环清卖地契》、S.3877 背《唐天复二年（902 年）赤心乡百姓曹大行回换舍地契》（习字）、P.4053 背《唐天宝十三载（754 年）龙兴观道士杨神岳便麦契》（稿）、P.3643P15《唐咸通二年（861 年）齐像奴出租地契》等。

除书证外，人证也是重要证据。这就是保证人的作用。特别是保人，往往要担保。如 60TAM317:30/6(a)，30/10(a)《唐赵荫子博牛契》：

______][卫]士赵荫□______]。一头牛八岁，

① 图版见唐长孺主编：图录本《吐鲁番出土文书》第三册，第 216 页。

② 图版参看唐耕耦、陆宏基主编：《敦煌社会经济文献真迹释录》（二），全国图书馆文献缩微复制中心 2008 年版，第 66 页。

［　　　］用［　　　］［　　　］后有人寒盗识［　　　］［　　　］内不食水草，任还本［　　　］［　　　］保集日，别立市劝。两和［　　　］［　　　］两本，捉V各一本。博牛人赵荫子（画指），［　　　］王胡子E、□□人汜玄亮（画指）、［　　　］张相信（画指）、［　　　］□□绪（画指）、［　　　］［人］赵慈恩（画指）、［　　　］人同開（？）城人［赵］［　　　］（画指）。①

73TAM509:8/16(a) 之三《唐开元二十一年（733 年）西州都督府案卷为勘给过所事》：

准状责问，得保人麴忠诚等五人款：麹琰所将人畜，保并非寒盗讵诱等色者。又问里正赵德宗款，上件人户，当第六。其奴婢先来漏籍，已经州司首附下乡讫。②

64TAM4:53《唐麟德二年（665 年）张海欢、白怀洛贷银钱契》：

麟德二年十一月廿四日，前庭府卫士张海欢于左憧憙边贷取银钱四十八文，限至西州十日内还本钱使了。如违限不偿钱，月别十钱后生利钱一文入左。若延引注讬不还钱，任左牵掣张家资杂物口分田桃用充钱直取。若张身东西没洛者，一仰妻儿及收后保人替偿。两和立契，画指为信。同日，白怀洛贷取银钱二十四

① 图版见唐长孺主编：图录本《吐鲁番出土文书》第三册，第 92 页。

② 图版见唐长孺主编：图录本《吐鲁番出土文书》第四册，第 286 页。

文，还日，别部依上券同。钱主左。贷钱人张海欢（画指），贷钱人白怀洛（画指），保人张欢相（画指），保人张怀德（画指）。海欢母替男酬练，若不上，依月生利。大女李台明（画指），保人海欢妻郭如连（画指），保人[阴]致德（画指）。[①]

《唐律》从证人必须承担法律责任的原则出发，规定老、幼、残疾在诉讼中属于减免刑罚的对象，又不具有独立的行为能力，因而不得为证人。证人如作伪证则处以刑罚。

在司法实践中，司法官基于确凿的证据，作出的令人信服的裁判，在当时及其后的民事诉讼中，产生了积极的影响。

四、审理中的法律适用

在民事案件审理过程中，法律适用是一个非常重要的问题。据《唐律·断狱》规定："诸断罪皆须具引律、令、格、式正文。"疏议对此做了解释："犯罪之人，皆有条制。断狱之法，须凭正文。若不具引，或致乖谬。"唐律此项规定既适用于刑事案件，也适用于民事案件。

唐高宗永徽元年（650年），中书令褚遂良压低价格购买中书省译语人（翻译）的房宅，遭到揭发，由大理寺审理，根据《唐律》规定：

若卖买有剩利者，计利，以乞取监临财物论。强市者，笞

① 图版见唐长孺主编：图录本《吐鲁番出土文书》第三册，第214页。

五十；有剩利者，计利，准枉法论。疏议曰：官人于所部卖物及买物，计时估有剩利者，计利，以乞取监临财物论。“强市者笞五十”，谓以威若力强买物，虽当价，犹笞五十；有剩利者，计利，准枉法论。[1]

但大理寺丞张山寿却“断以褚遂良当征铜二十斤”，相当于徒刑一年的赎金，大理寺少卿张睿册也根据张山寿的断决为褚遂良辩护。但监察御史韦仁约弹劾，认为此案不应以铜赎罪，他在上奏中说：“官市依估，私但两和耳。园宅及田，不在市肆，岂用应估？睿册曲凭估买，断为无罪。大理之职，岂可使斯人处之。”[2]最终，褚遂良与张睿册都被迁官，受到行政处分。[3]

由于唐朝的民事立法还较为粗疏，需要其他的法律形式，如令、格、式作为补充，特别是皇帝有针对性地颁发的敕制更具有权威性和指导性意义。除此之外，习惯礼俗、乡约私契等也适用于民事诉讼，具有一定的法律效力。《吐鲁番文书》咸亨五年（674 年）高昌县人王文欢诉酒泉城人张尾仁贷钱不还的诉状，内有“准乡法和立私契”[4]句，除了前引吐鲁番出土文献 64TAM19:36《唐咸亨五年（674 年）高昌王文欢诉酒泉城人张尾仁贷钱不还辞》中有“准乡法和立私契”一类的套语外，还有“依乡法”，例见 64TAM4:36《唐麟德二年赵丑奴贷练契》：

---

①《唐律疏议》卷十一《职制》“贷所监临财物”条，第 223 页。

②《唐会要》卷六十一《御史台中·弹劾》，第 1067 页。

③（宋）司马光撰：《资治通鉴》卷一百九十九《唐纪十五》“唐高宗永徽元年九月己未”条，中华书局 1965 年版，第 6273 页。

④《吐鲁番文书》第六册《阿斯塔那一九号墓文书一三》，64TAMt9:36，第 527—528 页。

其练迴还到西州十日内，还练使了。到过其月不还，月别依乡法酬生利。[①]

64TAM35:15《武周长安三年（703）曹保保举钱契》：

长安三年二月廿七日，顺义乡曹保々并母目于史玄政边举取铜钱三百二十文，月别依乡法生利入史。月满依数送利。[②]

又有“乡例”，即乡规、成规、惯例。2001SYMX1:1-5《唐吕豉德租葡萄园契》：“契有两本，各捉一本，其▭□穗随乡例，两主和合，获指为▭。”[③]

又有“匕列（匕烈）”“大例”一类的术语，它们都是指成例、通例，即普遍的、一般的惯例[④]。64TAM10:33《唐永徽四年（653年）傅阿欢夏田契》：

若风破水□□［大］匕列。[⑤]

OR.8212/910Kao.092《唐西州佃田契》：

---

① 图版见唐长孺主编：图录本《吐鲁番出土文书》第三册，第213页。

② 图版见唐长孺主编：图录本《吐鲁番出土文书》第三册，第524页。

③ 图版见荣新江、李肖、孟宪实主编：《新获吐鲁番出土文献》，中华书局2008年版，第372页。

④ 参看王启涛：《吐鲁番出土文献词典》，巴蜀书社2012年版，第53页。

⑤ 图版见唐长孺主编：图录本《吐鲁番出土文书》第二册，第210页。

> □不得田佃［者］□□［所］有租殊百役，一仰田□□上。所有税子，一看大例□。①

无论是“乡法”还是“乡例”，都与具体的行政乡无关，而是一种地方习惯和传统。关于乡约，最典型的就是社条。S.2041《唐大中某年儒风坊西巷村邻等社约》：

> 若右赠孝家、各助麻一两。如有故违者，罚酒一胜。右上件村邻等众，就翟英玉家结义相和，赈济急难，用防凶变，已后或有诟歌难尽，满说异论，不存尊卑，科税之艰，并须齐赴。巳年二月十二日为定，不许改张。②

这说明他们的借贷利息是按当地“乡法”所定，乡法即适用于该乡的习惯法。

还需指出，唐朝是当时世界贸易的中心，丝绸之路的开通，使得长安城内的外国商人经常不下十万人。为了调整中外商人之间的民事纠纷，唐律还对涉外民事案件的法律适用作了专门规定：“诸化外人，同类相犯者，各依其本俗法；异类相犯者，以法律论。”这就是说，同国籍的化外人相犯者，须问其本国之制，依其本国法作为审判适用

① 图版见沙知、吴芳思：《斯坦因第三次中亚考古所获汉文文献（非佛经部分）》第2册，上海辞书出版社2005年版，第19页。

② 录文参考唐耕耦、陆宏基主编：《敦煌社会经济文献真迹释录》（一），全国图书馆文献缩微复制中心2008年版，第270页。

的实体法。不同国籍的化外人相犯者，包括中国人与外国人相犯者，则适用唐律。

这一方面最典型的案例见于吐鲁番出土文献，73TAM509：8/1（a）之一、之二《唐宝应元年（762年）六月康失芬行车伤人案卷》：

（前缺）男金儿八岁（画指）。牒：拂郍上件男在张鹤店门前坐，乃被行客靳嗔奴家生活人将车辗损，腰已下骨并碎破，今见困重，恐性命不存，请处分。谨牒。元年建未月日，百姓史拂郍牒。追问铮示。四日。铮。元年建未月日，百姓曹没冒辞。女想子八岁（画指）。县司：没冒前件女在张游鹤店门前坐，乃被行客靳嗔奴扶车人，将车辗损，腰骨损折，恐性命不存，请乞处分。谨辞。付本案。铮。示。四日。舒。靳嗔奴扶车人康失芬，年卅（画指）。史拂郍男金儿，曹没冒女想子。问：得史拂郍等状称上件儿女并在门前坐，乃被靳嗔奴扶车人碾损，腰胯折，见今困重。仰答虚实。但失芬身是处蜜部落百姓，靳嗔奴雇使年作，今日使将车牛，向城外般墼，却迴行至城南门口，遂辗前件人男女，损伤有实。被问依实谨辩。舒。元年建未月日。康失芬年卅（画指），问：身既扶车牛行，劈路见人，即合唱唤，何得有此辗损良善？仰答。有情故具吐（状？）。但失芬为是借来车牛，不谙性行，拽挽不得，力所不逮，遂辗前件人男女，损伤有实。亦更无情故。所有罪愆，伏听处分。被问，依实谨辩。舒。元年建未月日。舒。靳嗔奴扶车人康失芬年卅（画指）。问：扶车路行，辗损良善，致令困顿，将何以堪？款占损伤不虚，今欲科断，更有何别理，仰答。但失芬扶车，力所不逮，遂辗史拂郍等男女，损伤有实。今情愿保辜，将医药看待。如不差身死，情求准法科断。所答不移前欵，亦无人抑塞，更无别理。被问依实谨辩。元年建未月日。（中缺）捡诚白，十九日。靳嗔奴并作人康失芬。右得何伏昏等状称：保上件人在外看养史伏郍等男女，仰不东西。如一保已后，忽有东西逃避，及翻覆与前状不同，连保之人情愿代罪。仍各请求受重杖廿者。具捡如前，请处分。牒件捡如前，谨牒。建未月日，史张奉庭牒。靳嗔奴并作人责保到，随案引过，咨（谘？）取处分讫。[各]牒所由，咨（谘？），诚白。十九日，依判，咨（谘？）。曾示。十九日。放出，勒保辜，仍随牙，余依判。铮示。廿二日。①

这是一件涉及昭武九姓人（粟特人）官司的案卷。此案卷说的是粟特百姓史佛郍、曹没冒控告行客靳嗔奴的雇工康失芬辗伤史拂郍之子金儿、曹没冒之女想子，最后县令判康失芬保辜治疗。全卷从原告递交诉状，到执法者向被告问话及被告的辩词以及保人之辞，最后是判决，整个过程记录得非常完整。从此件文书可知：这些粟特人侨居唐土，所以必须遵守唐帝国的法律。这件文书涉及唐帝国的保辜制度以及在边地的贯彻实施情况，正好可以与《唐律疏议》中的两条律文相比较，一是交通事故的处理，《唐律·杂律》“街巷人众中走车马”：

诸于城内街巷及人众中无故走车马者，笞五十。以故杀伤人者，减斗杀伤一等（原注：杀伤畜产者偿所减价，余条称减斗杀伤一等者，有杀伤畜产并准此）。疏议曰：有人于城内街衢巷衖之所，若人众之中，众谓三人以上，无要速事故走车马者，笞五十。

① 图版见唐长孺主编：图录本《吐鲁番出土文书》第四册，第329—330页。

以走车马唐突杀伤人者，减斗杀伤一等。注云“杀伤畜产者偿所减价，余条称减斗杀伤一等者，有杀伤畜产并准此”，谓下条“向城及官私宅，若道径，射、放弹及投瓦石”“施机枪、作坑阱”，杀伤人者，减斗杀伤一等，若以故杀伤畜产，并偿减价之类。

二是保辜制度，检《唐律·斗讼》“保辜”：

诸保辜者，手足殴伤人，限十日，以他物殴伤人者，二十日。以刃及汤火伤人者，三十日。折跌支体及破骨者，五十日（原注：殴、伤不相须。余条殴伤及杀伤各准此）。疏议曰：凡是殴人，皆立辜限。手足殴人，伤与不伤，限十日。若以他物殴伤者，限二十日。“以刃”，刃，谓金铁，无大小之限，“及汤火伤人”，谓灼烂皮肤，限三十日。若折骨跌体及破骨，无问手足、他物，皆限五十日。注云“殴、伤不相须”，谓殴及伤，各保辜十日，然伤人皆须因殴，今言不相须者，为下有僵仆或恐迫而伤，此则不因殴而有伤损，故律云“殴、伤不相须”。“余条殴伤及杀伤各准此”，谓诸条殴人或伤人，故斗、谋杀、强盗，应有罪者保辜并准此。

又同条：

限内死者，各依杀人论。其在限外及虽在限内以他故死者，各依本殴伤法（原注：他故，谓别增余患而死者）。疏议曰：“限内死者，各依杀人论”，谓辜限内死者，不限尊卑、良贱及罪轻重，各从本条杀罪科断。“其在限外”，假有拳殴人，保辜十日，计累千刻之外，是名“限外”。“及虽在限内”，谓辜限未满，“以他故死者”，他故谓别增余患而死，假殴人头伤，风从头疮而入，因风致死之类，仍依杀人论。若不因头疮得风，别因他病而死，是为“他故”，各依本殴伤法。故注云“他故，谓别增余患而死”。其有堕胎、瞎目、毁败阴阳、折齿等，皆约手足、他物、以刃、汤火为辜限。

由此可见，唐帝国的保辜制度在边地得到了执行，即使是来唐的胡人，也享受到唐帝国赋予百姓的合法权益。

唐代的保辜制度也影响到了吐蕃统治敦煌时期的民事诉讼调解，敦煌文献为我们提供了这一方面的具体信息。S.5816《寅年（公元834年?）八月十九日李条顺打伤杨谦让为杨养伤契》：

寅年八月十九日，杨谦让共李条顺相诤，遂打损。经节儿断，令杨谦让当家将息。至廿六日，条顺师兄及诸亲等，迎将当家医理。从今已后，至病可日，所要药饵当直及将息物，亦自李家自出，待至能行日，算数计会，又万日中间，条顺不可，及有东西营苟破用，合着多少物事，一一细算打牒，共乡闾老大计算收领，亦任一听。如不稳便，待至营事了日都算，共人命同计会，官有政法，人从此契，故立为验，用为后凭。僧师兄惠常，僧孔惠素，见人薛卿子。[1]

[1] 图版见唐耕耦、陆宏基主编：《敦煌社会经济文献真迹释录》（二），全国图书馆文献缩微复制中心2008年版，第198页。

第四节 民事诉讼的调解、判决与执行

一、调解

唐朝延续汉代调解结案的遗风，提倡用调解的方式解决一般的民事纠纷。许多官员由于善于运用调解解决民事纠纷而获得“良吏”“循吏”的声誉，如韦景骏调解母子相讼案：

开元中，为贵乡令。县人有母子相讼者，景骏谓之曰：“吾少孤，每见人养亲，自恨终天无分，汝幸在温凊之地，何得如此？锡类不行，令之罪也。”因垂涕呜咽，仍取《孝经》付令习读之，于是母子感悟，各请改悔，遂称慈孝。①

此类事例在唐代不胜枚举。即使休致返乡官员，因其身份地位特殊及个人的道德信誉，百姓有纠纷，不去官府，而是找他们调解、评理。如唐高宗时，元让以太子右内率府长史任满还乡，“乡人有争讼，不诣州县，皆就（元）让决焉”②。阳城以其道德文章，“隐于中条山，远近慕其德行，多从之学。闾里相讼者，不诣官府，诣（阳）城请决”③。

在调解息讼蔚然成风的影响下，基层从里正、坊正、村正以至乡里老人也都积极参与排难解纷的行列，他们还承担起公证甚至保

①《旧唐书》卷一百八十五上《良吏上·韦机附孙景骏传》，第4797页。

②《旧唐书》卷一百八十八《孝友·元让传》，第4923页。

③《旧唐书》卷一百九十二《隐逸·阳城传》，第5132页。

证的作用。例如，60TAM325:14/2-1(b)，14/2-2（b），14/3-1（b），14/3-2(b)《唐书牍判牒范本》:“汉帝尊［圣］，▭［关］山之日▭右耆老当今［继］［取］□□□□无▭任取从兄男为嗣。”[①]72TAM230：66《武周天授二年（691年）安昌合城老人等牒为勘问主簿职田虚实事》:“问合城老人、城主、渠长、知田人等，主簿去年实种几亩麦？建进所注虚实？连署状通者。”[②]乡里老人的这种作用，早在高昌国时代就已经如此，2006TZJ1:138《麴氏高昌延和八年（609）十二月二十二日绍德遗书》:“自邻比旧老，告男女大小及▭ ▭［年］老悉命，兼疹患日集，谨及▭ ▭□欲令没后上下不诤。”[③]这里的“邻比旧老”，即街坊邻居，乡里耆老，他们在绍德立遗嘱时，起到公证的作用。在唐代，“耆老”往往由德高望重者担任，考《通典》卷三十三《职官》十五“州郡下”之“乡官”:“大唐凡百户为一里，里置正一人，五里为一乡，乡置耆老一人，以耆年平谨者，县补之，亦曰父老，贞观九年，每乡置长一人，佐二人，至十五年省。”

二、判决

民事诉讼的判决多采取文书的形式。按唐代科举制度，进士及第后还需经吏部面试，面试的内容为“身、言、书、判”，判就是拟写判词，因此文人多谙此道。对判词不仅要求法条明确，而且还要“文

① 图版见唐长孺主编：图录本《吐鲁番出土文书》第三册，第106页。

② 图版见唐长孺主编：图录本《吐鲁番出土文书》第四册，第75页。

③ 图版见荣新江、李肖、孟宪实主编：《新获吐鲁番出土文献》，中华书局2008年版，第287页。

理优长”。著名的如白居易著《甲乙判》，《文苑英华》中辑有五十卷判词，以及为应付吏部的试“判”而由张鷟虚拟的拟判《龙筋凤髓判》。敦煌吐鲁番文献中不仅保留了许多实判，还有一些文人判集的残卷，如P.3813《文明判集》残卷、P.2754《麟德安西判集》残卷、P.2593《开元判集》残卷、73TAM222：56（1）—（10）《唐西州残判集》断片等。在敦煌变文中，也有判词展示，如P.2653《燕子赋》（二）：“凤凰语雀儿：‘急还燕子窠，我今已判定，雀儿不合过。朕是百鸟主，法令不阿磨。理列合如此，不可有偏颇。’”“判”在语言风格上首先是雅，庄重严肃，一些很有文采的判常常用四字格以体现其权威、正式和优雅。[①] 这一语言特点从P.2979《唐开元廿四年（公元736年）九月岐州郿县尉囗勋牒判集[②]、67TAM380:02《唐拟判》[③] 等敦煌吐鲁番文献中鲜明地体现出来。

无论是法司的实判，还是文人的拟判，都为研究唐代的司法审判活动留下了宝贵的资料，《朝野佥载》中记载了以下案例：

> 国子进士（原注：一作“祭酒”）辛弘智诗云：“君为河边草，逢春心剩生。妾如堂上镜，得照始分明。”同房学士常定宗为改“始”字为“转”字，遂争此诗，皆云“我作”。乃下牒见博士。罗为宗判云：“昔五字定表，以理切称奇；今一言竞诗，取词多为主。诗归弘智，‘转’还定宗。以状牒知，任为公验。”[④]

---

① 参看王启涛：《敦煌西域法制文书语言研究》，人民出版社2016年版，第104—105页。

② [日] 池田温：《中国古代籍帐研究》，龚泽铣译，中华书局2007年版，第230—231页。

③ 图版见唐长孺主编：图录本《吐鲁番出土文书》第四册，第364页。

④ （唐）张鷟：《朝野佥载》卷二。参看张鷟撰，赵守俨点校：《朝野佥载》（与刘餗《隋唐嘉话》合刊），中华书局2008年版，第49页。

此判颇类似于今之知识产权之判，诗中以词多者为主，将全诗的著作权归于辛弘智，并将此判作为“公验”，书面告知本人，判词文理优长，诙谐有趣。

另据《文明判集残卷》所载，有因租马招致马死亡引起的诉讼，奉判如下：

> “选人忽属泥涂，赁马之省。泥深马瘦，因倒致殂。马主索倍，选人不伏。未知此马合倍已不？”所拟判词如下：“但选人向省，远近易知，平路虽泥，艰危可见。向使扬鞭抗策，故事奔驰，马倒制不自由，取毙似如非理。披寻状迹，悬亦可知。折狱片言，于兹易尽。向若因奔致倒，明知马死因人。马既因倒致殂，人亦无自由制。人乃了无伤损，马倒既是闲乘。计马既倒自亡，人亦故无非理。死乃抑惟天命，陪则窃未弘通。至若马倒不伤，人便致死，死状虽因马倒，马主岂肯当辜？倒既非马之心，死亦岂人之意。以人况马，彼此何殊。乌不合倍，理无在惑。①

吐鲁番出土的唐代 P.3818《文明判集残卷》和 P.2754《麟得安西判集残卷》两卷判词中收集的部分民事案件判词，不仅通顺耐读，而且通过具体案例反映了唐代的民事诉讼制度与民事诉讼程序的概况。下举两例。

① 《文明判集残卷》，载杨一凡、徐立志主编：《历代判例判牍》第一册，中国社会科学出版社 2005 年版，第 124 页。

例一：

奉判：黄门缪贤，先娉毛君女为妇，娶经三载，便诞一男。后五年，即逢恩赦。乃有西邻宋玉，追理其男，云与阿毛私通，遂生此子。依追毛问，乃承相许未奸。验儿酷似缪贤，论妇状似奸宋玉。未知儿合归谁族？阿毛宦者之妻，久积标梅之叹。春情易感，水情难留，眷彼芳年，能无怨旷？夜闻琴调，思托志于相如；朝望垝垣，遂留心于宋玉。因兹结念，夫复何疑。况（宋）玉住在西邻，连瓦接栋，水火交贸，盖其是常；日久月深，自堪稠密。（缪）贤乃家风浅薄，本阙防闲，恣彼往来，素无闺禁。（宋）玉有悦（阿）毛之志，（阿）毛怀许（宋）玉之心，彼此既自相贪，偶合谁其限约。所款虽言未合，当是惧此风声。妇人唯恶奸名，公府岂疑披露。未奸之语，寔此之由。相许之言，足堪明白。（缪）贤既身为宦者，理绝阴阳。妻诞一男，明非己胤。设令酷似，似亦何妨。今若相似者例许为儿，不似者即同行路，便恐家家有父，人人是男，诉父竞儿，此喧何已。宋玉承奸是实，（阿）毛亦奸状分明，奸罪并从赦原，生子理须归父。儿还宋玉，妇付缪贤。毛、宋往来，既宜断绝。

此判不仅判决“儿还宋玉”，而且确认缪贤与阿毛的婚姻关系，即所谓“妇付缪贤”，同时还判决“毛、宋往来，既宜断绝”。可见此判决涉及较为复杂的法律事实和法律关系，其中包括以自然血亲关系作为未成年人身份与抚养权归属的法律依据。

例二：

奉判：妇女阿刘，早失夫聟，心求守志，情愿事姑。夫亡数年，遂生一子，款亡夫梦合，因即有娠，姑乃养以为孙，更无他虑。其兄将为耻辱，遂即私适张衡。已付娉财，尅时成纳。其妹确乎之志，贞固不移。兄遂以女代姑，赴时成礼。未知合为婚不？刘请为孝妇，其理如何？阿刘夙钟深置，早丧所天。夫亡愿毕旧姑，不移贞节。兄乃夺其永志，私适张衡。然阿刘固此一心，无思再醮。直置夫亡守志，松筠之契已深；复兹兄嫁不从，金石之情弥固。论情虽可嘉尚，语状颇欲生疑。孀居遂诞一男，在俗谁不致惑？款与亡夫梦合，梦合未可依凭。即执确有奸非，又无的状。但其罪难滥，狱贵真情。必须妙尽根源，不可轻为与夺。欲求孝道，理恐难从。其兄识性庸愚，未闲礼法。妹适张衡为妇，衡乃剋日成婚。参差以女代姑，因此便为伉俪。昔时兄党，今作妇翁；旧日妹夫，翻成女聟：颠倒昭穆，移易尊卑。据法法不可容，论情情实难恕。必是两和听政，据法自可无辜；若也罔冒成婚，科罪仍须政法。两家事状，未甚分明，宜更下推，待至量断。

此判决较之前判的法律关系同样是复杂的，而且是两个以上之诉的合并审理与判决。不仅如此，由于“两家事状，未甚分明”，因此仍需调查取证，继续审理，待一切清楚再作出终审判决。可见此判决是中间审的判决，也是针对两项不同的诉讼请求，作出合并审理的判决，表现了唐代司法制度的进步。

有的婚姻家庭案件，虽系民间“细事”，但因事涉伦常，竟然上诉至朝廷。如永徽二年（651 年），御史大夫李承佑奏称，郑州人郑宣道先聘少府监李元乂妹为妻，元乂妹即宣道堂姨，元乂情不合，请罢婚。宣道经省陈诉。尚书省认为法无禁止者即为合法，判决郑宣道不得以此为理由而悔婚。御史台复核认为时人合乎礼法。奏报请议，纪王李慎议曰："堂姨母之姑姨及堂姨母父母之姑姨、父母之姑舅姊妹婿、姊妹堂外甥，虽并外姻无服，请不为婚。"得到高宗"诏可之"[①]。李慎此议在永徽修律时正式纳入律文："其父母之姑、舅、两姨姊妹及姨、若堂姨，母之姑、堂姑，己之堂姨及再从姨、堂外甥女，女婿姊妹，并不得为婚姻，违者，各杖一百，并离之。"对于外姻无服者，"于身虽并无服，据理不可为婚，并为尊卑混乱，人伦失序"；对外姻有服者，"其外姻虽有服，非尊卑者为婚，不禁"。[②] 由此，对于外姻之间的通婚，关键不在于有服、无服，而在于维护尊卑之序。

唐朝奉行"德礼为政教之本，刑罚为政教之用"的法制原则，表现在司法上就是"于礼以为出入"。此案的最后判决以及由此增补的律文与疏议都充分说明了这一点。著名的《唐律疏议》就是礼法互补互用，体现中华法系内在精神的伟大成果。

三、执行

对于已经生效的民事判决，一般由当事人自觉执行，如当事人拒不执行，司法官可以强制执行，主要以拘禁的方式要求败诉一方履行义务。

以债权债务的民事案件为例，如系单纯的违契，欠债不还，主要

①《唐会要》卷八十三《嫁娶》，第 1528 页。

②《唐律疏议》卷十四《户婚律》"同姓为婚"条，第 263 页。

还是依据民事责任处理。但有些刚直不阿的官吏常常借豪强不履行还债义务而加以拘押，沉重打击了他们不可一世的气焰。例如，唐宪宗元和四年（809年），许孟容为京兆尹，有神策军史李昱借贷长安富人钱八千贯，超过三年仍不还，许孟容派遣吏卒将李昱收捕关押，限期命还，“不及期当死”。神策军是皇帝的禁军，又有宦官为后台，遂向皇帝诉冤。皇帝命中使宣旨，令许孟容将其送还本军。许孟容奏称：“臣诚知不奉诏当诛，然臣职司辇毂，合为陛下弹抑豪强。钱未尽输，昱不可得。”最终皇帝称赞其“守正不阿”。“自此豪右敛迹，威望大震。”①

有些官吏还以自己的俸钱为困苦的农民了结债务。如段秀实为营田官时，“泾大将焦令谌取人田自占，熟归其半”。时值大旱，欠收，佃户请求减免地租，焦令谌说：“我知入，不知旱也。”仍催促农民交租。农民向主管屯田的营田官段秀实投诉。段秀实“署牒免之”。令谌恼怒，将牒置于农民的背上，“大杖击二十”，并用车将被打农民送至段秀实处。段秀实为农民疗伤并卖了自己的马替他交租，焦令谌因此受到舆论的指责，“自恨死”②。

第五节　司法官的责任

唐代为了保证司法权的合理运行，从违反司法程序和违反实体法规定两个方面，建立了司法官的责任制度。

①《旧唐书》卷一百五十四《许孟容传》，第4102页。

②《新唐书》卷一百五十三《段秀实传》，第4849—4850页。

一、关于违反诉讼程序的责任

《唐律·职制》规定，“公事应行而稽留及事有期会而违期”“稽缓制书”“诸制书有所施行而违者”“事应奏而不奏，不应奏而奏”以及不按规定滥施拷讯等，司法官要受到刑罚制裁。

诸徒、流应送配所，而稽留不送者，一日笞三十，三日加一等；过杖一百，十日加一等，罪止徒二年。疏议曰：“‘徒、流罪应送配所’，谓徒罪断讫，即应役身。准狱官令：‘犯徒应配居作，在京送将作监，在外州者供当处官役。’案成即送，而稽留不送；其流人，准令‘季别一遣’。若符在季末三十日内至者，听与后季人同遣。”违而不送者，一日笞三十，三日加一等；过杖一百，十日加一等，五十二日罪止徒二年。注云：“不得过罪人之罪。”罪人应徒一年者，稽留官司亦罪止徒一年之类。

上述规定主要是针对刑事诉讼案件，但其精神、原则同样适用于民事诉讼。《唐律》此项规定为后世所继承和发展。

从吐鲁番文书可知，唐代的官文书以及民间私契都非常强调时限，67TAM376:02(a)《唐开耀二年（682年）宁戎驿长康才艺牒为请追勘违番不到驿丁事》(3-289）中记载，长官收到牒后的批示是：“付怀感各取诸乡，即署专追，限明日平旦将过。”[①] 从这件文书可以看出，对于违番不到之人，今天下命令传唤，明天当事人必须到场。民事诉

① 图版见唐长孺主编：图录本《吐鲁番出土文书》第三册，第289页。

讼中的当事人接到帖（传票）后，也必须在第二天平旦（太阳升起）到场接受询问。64TAM35：16《唐西州高昌县追人勘问帖》：

> 高昌县。帖。大女阿羣奴磨旺，令狐醜仁□□人［　　　　］，匡海洛奴守仁，奴巷々三人挫皮（？）□上明［　　　　］。右今须上件人勘问。帖［　　　　］五月廿七日佐张文欢帖。即追过（后有签名，字难识）；高昌县。帖。廿［　　　　］康海进礼、李才达。右今须上件人勘问，帖［　　　　］仍限今日平旦将过，明［知］［　　　　］日佐张文欢帖。并付玄政即［　　　　］白。①

这一时限要求在敦煌文献中也有记载，如P.2653《鷰子赋》（一）："你是王法罪人，凤凰命我责问。明日早起过案，必是更着一顿。杖十已过关天，去死不过半寸。"有的文献甚至出现了"火急""立待""立即"一类刻不容缓的催促之词，OR.8212/1513M.Tagh.0134《唐牒残判》："今更有前［　　　　］依捡［前？］［　　　　］火急□［　　　　］什物□［　　　　］［当？］日□［　　　　］。"②73TAM222：1(b)《唐中军左虞候帖为处分解射人事》："帖至，仰营所有解射人立即具录姓名通送，待拟简定，仍准人数差解射主帅押领。限今日午时到者。火急，立待（引者按：此四字后面有四点，可能是着重号）。五月四日典徐豪帖。并弓箭自随。兵曹训。惣管左金吾卫郎将韩欢。"③从吐鲁番文书可知，当时往往当日行判或次日行判，效率是

① 图版见唐长孺主编：图录本《吐鲁番出土文书》第三册，第545页。

② 图版见沙知、吴芳思：《斯坦因第三次中亚考古所获汉文文献（非佛经部分）》第2册，第194页。

③ 图版见唐长孺主编：图录本《吐鲁番出土文书》第三册，第372页。

非常高的。如73TAM221:61(a)《唐永徽元年（650年）安西都护府承敕下交河县符》："二月九日受，即日行判，无稽。"[①]73TAM509: 8/8(a)之一《唐开元二十一年（733年）西州都督府案卷为勘给过所事》："户曹参军元。史。正月廿四日受，廿五日行判。录事元宀＋月捡无稽失，功曹摄录事参军思，勾讫。下高昌县为勘麴嘉琰去后何人承后上事。"[②]即使是民间私契，也非常强调执行时限，过期必有惩罚。如64TAM4:53《唐麟德二年（665年）张海欢、白怀洛贷银钱契》："如违限不偿钱，月别拾钱后生利钱壹文入左。"[③]72TAM184:6《唐开元八年（720年）麴怀让举青麦契》："其麦限至来年五月卅日付了。"[④]

宋朝为了提高司法效率，规定了审判期限。凡大理寺审判的案件，大事不过25日，中事不过20日，小事不过10日。审刑院详符（复核），大事不过15日，中事10日，小事5日。所谓大事、中事、小事，哲宗时曾经具体规定，凡20缗以上为大事，10缗以上为中事，不满10缗为小事。

元时，著名的司法官提刑按察使胡祇遹在《杂著·稽迟违错之弊》中说：

违错之奸易见，稽迟之奸难明。格例虽立小事、中事、大事之限，府州司县上至按察司皆不举行。纵有依格欲举行者，多不通吏事。奸吏倒提月日，补贴虚检，行移调发，文饰捏合，弥缝完备，应对支吾，恣为欺谩，苦虐军民。小民所争，不过土

① 图版见唐长孺主编：图录本《吐鲁番出土文书》第三册，第311页。

② 图版见唐长孺主编：图录本《吐鲁番出土文书》第四册，第281页。

③ 图版见唐长孺主编：图录本《吐鲁番出土文书》第三册，第214页。

④ 图版见唐长孺主编：图录本《吐鲁番出土文书》第四册，第310页。

田、房舍、婚姻、良贱、钱债而已，是数者皆非难问难断可疑之大事。有争田一二亩而稽迟不断，受赂枉法，巧文佞说，直至三月务革，十月务开，又复如前，动经一年二年不决。按察之于司县，钓卷求奸，不亦悚乎？所争之物不直数贯，随衙经年累岁，一家起讼，连累数家，妨废生理农功，破家坏产，冤抑百端。然则稽迟之祸民，岂为细过？有司恬然不问，纵遇鞫问明白者，不过笞县吏一二十下，不满奸顽之一笑。虽立按察司，与无何异？又且动经二年，不行照刷，虎狼蛇虺，何所畏惧？朝廷仁爱，问民疾苦，使诉陈官吏奸弊，每人每月每年须上陈若干款项及断讫情由，牒司申台呈省。”

胡文显然也指向民事诉讼，虽然具体针对元朝的司法弊政，实际上也是适用古代司法的一般情况。

民事诉讼案件一般不动用刑罚，但对于民事附带刑事的案件，司法官可以自主地动用刑罚，这是法律允许的。但如任意滥刑，则要受到刑责。

二、关于违反实体法的行为

首先，是断案不如法。按《唐律》，断案不依律令正文的司法官，要处笞三十的惩罚。

其次，受财枉法。唐律以受财枉法为六赃之一。“监主受财枉法”条规定：“受绢一尺杖一百，每一匹加一等，十五匹处绞刑”。即使“诸有事先不许财，事过之后而受财者，事若枉，准枉法论；事不枉者，以受所监临财物论”，如果“诸主守受囚财物，导令翻异，及与通传言语，有所增减者，以枉法论，十五匹加役流，三十匹绞”。如武则天时，薛讷为蓝田县县令，“有富商倪氏于御史台理其私债，中丞来俊臣受其货财，断出义仓米数千石以给之”。薛讷认为，义仓米属国库粮，不应用于偿还私人债务：“义仓本备水旱，以为储蓄，安敢绝众人之命，以资一家之产？”最终“竟报上不与”①。

最后，请托枉法。所谓请托枉法，系指以私事相托，通关节，以求曲法减免罪犯的处刑。为杜绝此种现象发生，《唐律·职制》“有所请求”条规定：“诸有所请求者，笞五十；谓从主司求曲法之事。即为人请者，与自请同。主司许者，与同罪。主司不许及请求者，皆不坐。已施行，各杖一百。”对此，疏议解释为：“凡是公事，各依正理。辄有请求，规为曲法者，笞五十。即为人请求，虽非己事，与自请同，亦笞五十。‘主司许者’谓然其所请，亦笞五十，故云‘与同罪’。若主司不许及请求之人，皆不坐。‘已施行’谓曲法之事已行，主司及请求之者各杖一百，本罪仍坐。”

唐宣宗大中四年（850年），鉴于“刑狱之内，吏得使情，推断不平，因成冤滥。”令“无问有赃无赃，并不在原免之限”。②唐德宗年间（780—805年），陕州观察使卢岳之妾裴氏有子，卢岳之妻在分家产时没有分给他们母子。裴氏不平，告到官府。侍御史穆赞受理此案后，御史中丞卢佋要他袒护卢妻，判裴氏无理。穆赞坚持此案应公正审理，不能偏袒任何一方。宰相窦参与卢佋关系密切，二人皆恃权专断，对穆赞十分恼怒，于是诬以罪名，将穆赞下狱，命侍御史杜伦审理此案。杜伦秉承二人旨意，诬称穆赞收受了裴氏的贿赂，曲法偏袒。按唐律，官吏受财枉法是重罪之一，处刑严厉，满十五匹即绞。

---

①《旧唐书》卷九十三《薛讷传》，第2983页。

②《全唐文》卷八十《宣宗二·敕狱吏推断不平诏》，中华书局1983年版，第840页上栏。

依杜伦的构陷，穆赞将被判处死刑。而且杜伦对穆赞的属吏用刑，逼其证明穆赞受贿属实。由于情形危急，穆赞之弟穆赏急驰入京，至宫阙击登闻鼓鸣冤，德宗诏三司使复审穆赞受财枉法案，结果查明穆赞并无受贿实据，于是将他释放，左迁为彬州刺史。至于裴氏的诉讼，最终以败诉告终。

民事诉讼中官吏的执法是否清廉，一直是古往今来人们关注的重心。唐代对执法者索贿受贿的打击力度非常大，甚至对行贿者也严惩不贷，这可以从《唐律疏议》看出[①]。《唐律·职制》“受人财为请求”：

诸受人财而为请求者，坐赃论加二等。监临势要，准枉法论，与财者，坐赃论减三等。疏议曰：“受人财而为请求者”，谓非监临之官。“坐赃论加二等”，即一尺以上笞四十，一疋加一等，罪止流二千五百里。“监临势要，准枉法论”，即一尺以上杖一百，一疋加一等，罪止流三千里。无禄者减一等，“与财者坐赃论减三等”，罪止徒一年半。若受他人之财，许为嘱请，未嘱事发者，止从“坐赃”之罪。若无心嘱请，诡妄受财，自依“诈欺”科断。取者虽是诈欺，与人终是求请，其赃亦合追没。其受所监临之财，为他司嘱请，律无别文，止从坐赃加二等，罪止流二千五百里，即重于“受所监临”，若未嘱事发，止同“受所监临财物法”。若官人以所受之财分求余官，元受者并赃论，余各依己分法。疏议曰：谓有官之人初受有事家财物，后减所受之物转求余官，初受者并赃论，余官各依己分法。假有判官，受得枉

① 张家山汉简《二年律令·盗律》中就有这样的法律（见张家山二四七号汉墓竹简整理小组：《张家山汉墓竹简（二四七号墓）》，文物出版社 2006 年版，第 142 页）：受赇以枉法，及行赇者，皆坐其臧为盗。罪重于盗者，以重者论之。

法赃十疋，更有两官连判，各分二疋与之，判官得十疋之罪，余官各得二疋之坐。二人仍并为二疋之从。其有共谋受财，分赃入己者，亦各依己分为首从之法。其中虽有造意及以预谋不受财者，事若枉法，止依曲法首从论，不合据赃为罪。如曲法罪轻，从"知所部有犯法不举劾"，减罪人罪三等科之。

敦煌吐鲁番文献不乏执法者贪赃枉法的告诫和案例记载，S.1441+S.5763《励忠节钞》："知为吏者，奉法以临人；不知为吏者，枉法以侵人。理官莫如平，临财莫如廉，廉平之德，吏之宝也。"[①]S.1441+S.5763《励忠节钞》："使嘱讬不行，货赂不至。"[②]在敦煌文献王梵志诗中，对当时的执法者所犯官罪进行了全面的叙述，对他们罪行败露、身败名裂祸及妻儿的结局也描述得淋漓尽致，如P.3418、P.3724《当官自慵懒》：

当官自慵懒，不勤判文案。寻常打酒醉，每日出逐伴。衙日唱稽逋，佐史打脊烂。更兼受取钱，差科放却半。枉棒百姓死，荒忙怕走散。赋敛既不均，曹司即潦乱。啾唧被人言，御史秉正断。除名仍解官，告身夺入案。官宅不许坐，钱财即分散。路人见心酸，傍看罪过汉。一则耻妻儿，二则羞同伴。无面还本乡，诸州且游观。[③]

① 录文参考郝春文、赵贞编著：《英藏敦煌社会历史文献释录》（第六卷），社会科学文献出版社 2009 年版，第 253 页。

② 录文参考郝春文、赵贞编著：《英藏敦煌社会历史文献释录》（第六卷），社会科学文献出版社 2009 年版，第 252 页。

③ 录文参考项楚著：《王梵志诗校注》，上海古籍出版社 2010 年版，第 666—667 页。

第六节　唐朝民事诉讼制度的基本特点

唐朝是一个典章制度“莫备于唐”的盛世，民事诉讼程序与制度均已基本定型，唐以后历代不过是因时立制，不断完善而已。本节将唐代民事诉讼制度的基本特点概述如下。

一、一准乎礼，于礼以为出入

经过两汉的引礼入法和魏晋的法律儒家化，至唐代，礼法结合已有可能进入一个密不可分的新阶段。如同《唐律疏议》所载：“德礼为政教之本，刑罚为政教之用，犹昏晓阳秋相须而成者也。”由于“礼”的基本规范入律，使得三纲五常的伦理道德法律化了，而礼的推行又得到了法的强制性保证，即“出礼而入刑”。《唐律》虽然规定了断罪引律令的专条，但在司法实践中法无明文规定时，允许司法官循礼断案。即使是法有明文，但发生在贵贱尊卑之间的案件，也可以于礼以为出入，或减刑，或免刑。例如，长庆年间，某姑鞭打其媳致死，京兆府断以偿死，刑部尚书柳公绰以礼改判。《册府元龟》记载其事如下：

柳公绰，长庆中为刑部尚书。京兆人有姑以小过鞭其妇至死，府上其狱，郎中窦某，断以偿死，公绰曰：“尊殴卑，非斗也。且其子在，以妻而戮其母，非教也。”竟从公绰所议。[①]

①《册府元龟》卷六百一十六《刑法部·议谳第三》，第7125页。

著名的《唐律疏议》贯穿了以礼释法的原则和精神，使得唐律成为一部礼教大法。因此，引唐律断案和循礼断案并不矛盾，遵守法律的义务与遵守礼的义务是统一的。

唐朝统治者非常重视用德礼教化百姓，使之远恶迁善。即使是动用刑罚，也是以明刑弼教为目的，而非以刑罚为目的。贞观盛世的出现，就是和统治者善于运用以德化民、以法治国这两手分不开的，这在民事诉讼中也多有体现。在敦煌吐鲁番文献中，反复强调“礼”在民事诉讼的重要性。S.5588《求因果》：“大家处分便须行，每事莫相争。喏喏齐恭礼莫亏，一一惧严威。”[①] 在敦煌私契中，“一准乎礼”的色彩同样非常浓重，特别是儒家文化的忠孝节义，是私契各方必须遵守的准则。S.5647《养男契样文册子》载：

> 百姓吴再昌先世不种，获果不圆，今生孤独一身，更无子息，忽至老头，无人侍养。所以五亲商量，养甥甥某专甲男，姓名为如。自后切须恭勤，孝顺父母，恭敬宗诸，恳苦力作。侍奉六亲，成竖居本，莫信闲人构闪，左南直北。若不孝顺者，仰至亲情，当日趁却，更莫再看。两共对面平章为定，更无改亦（易）。如若不凭言约，互生翻悔者，便招五逆之罪。恐人无信，故勒私契，用为后凭。△年月日△专甲养男契。

无论谁违反了儒家文化的忠孝礼仪，都得不到大家的同情和理解。有一件宋代的敦煌休妻书（P.3220《宋开宝十年（977 年）放妻

① 任半塘编著：《敦煌歌辞总编》，上海古籍出版社 2006 年版，第 778 页。

书》)，陈述妻子被休的原因是“六亲聚而成怨，九族见而含恨”。既然女方无法融入男方的大家庭，无孝德可言，离异也就是必然的了。

二、民事审级管辖较为松弛

唐朝明确规定了审级制度，一般民事诉讼以县审为第一审，也即为终审。但在司法实践中上诉至三司，甚至诣阙上诉至皇帝的案件，依然是所在多有。但须指出，此类案件多涉豪门贵族、宦官亲军，不仅地方司法机关难于审断，即使是三法司也无能为力，只好由皇帝亲自裁断。也只有皇帝亲断，才最终获得解决，如唐宪宗时有一个案例如下：

> 贾人张陟负五坊使杨朝汶息利钱潜匿，朝汶于陟家得私簿记，有负钱人卢载初，云是故西川节度使卢坦大夫书迹，朝汶即捕坦家人拘之。坦男不敢申理，即以私钱偿之。及征验书迹，乃故郑滑节度使卢群手书也。坦男理其事，朝汶曰：“钱已进过，不可复得。”御史中丞萧俛及谏官上疏陈其横暴之状，（裴）度与崔群因延英对，极言之。宪宗曰：“且欲与卿商量东军，此小事我自处置。”度奏曰：“用兵小事也，五坊追捕平人大事也。兵事不理，只忧山东；五坊使暴横，恐乱辇毂。”上不悦。帝久方省悟，召杨朝汶数之曰：“向者为尔使我羞见宰相。”遽命诛之。[①]

至唐中期后，一般民事案件越级上诉者日益增多，以致大臣们不断上书皇帝，请求按审级受理。唐代宗大历十四年（779 年），理匦使

①《旧唐书》卷一百七十《裴度传》，第 4420 页。

崔造上奏：

亡官失职，婚田两竞，追理财物等，并合先本司；本司不理，然后省司；省司不理，然后三司；三司不理，然后合报投匭进状。如进状人未经三处理，及事非冤屈，辄妄来进状者，不在进限。如有急切须上闻，不在此限。其妄进状者，臣今后请并状牒送本司及台府处理。①

唐宣宗大中元年（847 年）四月，御史台奏：

伏以御史台监制百司，纠绳不法，若事简则风宪自肃，事烦则纲纪转轻。至如婚田两竞、息利交关，凡所陈论，皆合先附府县，如属诸军诸使，亦合于本司披论。近日多便诣台论诉，烦亵既甚，为弊颇深。自今已后，伏请应有论理公私债负及婚田两竞，且令于本司、本州府论理，不得既诣台论诉。如有先进状，及接宰相下状，送到台司勘当审知，先未经本司论理者，亦且请送本司。如已经本司论理不平，即任经台司论诉，台司推勘冤屈不虚，其本司本州元推官典，并请追赴台推勘，量事情轻重科断。本推官若罪轻，即罚直书下考；稍重，即停任题降，以此惩夷，庶免旷官。臣今月三日已于延英面奏，令臣将状来。

为了提高诉讼效率，严格审级制度，皇帝敕旨：“依奏。”②

---

①《唐会要》卷五十五《省号下·匭》，第 957 页。

②《唐会要》卷六十《御史台上·御史台》，第 1046—1047 页。

三、重视证据的证明作用

唐朝法制比较完备，而以太宗为代表的唐初期的几位皇帝都非常重视以法为治，因此在司法实践中非常重视证据的证明作用。例如，被告人的口供固然是定罪的基本依据，但如“赃状露验，理不可疑，虽不承引，即依状科断”①，在这里物证起了决定性的作用。除口供、物证外，有些案件也要求有证人。如《唐律疏议》所云：“三人以上，明证其事，始合定罪。”但犯罪者的家属（即长幼得相容隐者），不得为证，以防止曲意偏袒。此外，“诸年八十以上、十岁以下，及笃疾，皆不得令其为证”，因其缺乏作证的能力。证人如作伪证，则治罪，“诸证不言情，……致罪有出入者，证人减二等”。②检验伤害不实者，也予以处罚。“诸有诈病及死伤，受使检验不实者，各依所欺，减一等。若实病死及伤，不以实验者，以故入人罪论。”③

在民事诉讼中，书证的种类繁多，表现出了多样性的时代特点。此外，证据也被司法官充分运用于解决物权、债权以及婚姻继承方面的各种争端。司法官在这方面的能力也较之两汉大为提高。

四、过失毁损器物只负民事责任

在唐代的律条和司法实践中，过失毁损他人财物的案件按民事赔

①《唐律疏议》卷二十九《断狱》“讯囚察辞理”条疏议，第552页。

②《唐律疏议》卷二十五《诈伪》“证不言情及译人诈伪”条，第475页。

③《唐律疏议》卷二十五《诈伪》“诈病死伤检验不实”条，第473页。

偿责任处理，因为此类案件数量众多。如《唐律·杂律》“诸水火有所损毁”条规定：“故犯者，征偿；误失者，不偿。”毁人“用功修造之物”，如属“误毁损者，但令修立，不坐”。“诸弃、毁、亡及误毁官私器物者，各备偿。”

此项原则在吐鲁番文献中也有明确体现。73TAM221:62(b)《唐永徽三年贤德失马陪征牒》：

> 边州□□□□月廿九日，在群夜放，前马疋阑失，□［被］府符徵马，今买得前件马，付主领讫。谨以牒［陈］□。永徽三年五月廿九日□□□□贤德失马，符令陪备，今状虽称付主领讫，官人见领时，此定言注来了，即依禄（录）牒岸头府，谨问文达领得以不？具报。①

马匹在唐代边州的重要性是不言而喻的，但牧马人贤德丢失官马，属于“误毁损”，所以判令赔偿。

以上数条，说明了唐代独立的民事责任的存在，是民事诉讼制度不断发展的反映，并为唐以后民事诉讼制度的完善提供了基础。

① 图版见唐长孺主编：图录本《吐鲁番出土文书》第三册，第 313 页。

第四章

宋朝的民事诉讼制度

宋朝是继唐朝之后法制成就斐然的时代。

宋初，采取“不立田制”“不抑兼并”的政策，使得土地的转移速度空前加快，中小地主与自耕农数量迅速增加，佃农也成为国家编户，从而普遍地刺激了生产的积极性，推动了农业的恢复与发展，而农业的发展又为手工业、商业的发展提供了物质基础，宋朝成为当时世界上著名的贸易大国。不仅如此，在较为宽松的政治环境中，学术思想也十分活跃，既有代表宋学的程朱理学，也有以陈亮、叶适为代表的重商学派。传统的重义轻利的义利观，也在商品大潮的冲击下走向义利并重。所有这一切都对民事诉讼制度的发展有着重要的影响。

宋初，为了避免五代十国的分裂与藩镇割据局面的再现，统治者加强中央集权，重视法制建设，法律被看作“理国之准绳，御世之衔勒”[①]。只有“法制立，然后万事有经，而治道可必”[②]。陈亮曾就汉唐宋三朝法制进行比较，他说：“汉，任人者也；唐，人法并行者也；本朝，任法者也。”[③]

---

①（清）徐松辑：《宋会要辑稿·选举》（以下简称《宋会要》）一三之一一，中华书局1957年版，第4473页上栏。

②（宋）李焘：《续资治通鉴长编》（以下简称《长编》）卷一百四十三，“庆历三年九月丙戌”条，中华书局2004年版，第3455页。

③（宋）陈亮：《陈亮集》卷十一《人法》，中华书局1987年版，第124页。

由于宋朝重视以法为治，科举中设刑法科，无论中央官还是地方官都以明法相尚，在士大夫中间形成了读书读律的风气。苏轼曾在赠（弟）子由诗中说："读书万卷不读律，致君尧舜知无术。"在君臣重法、习法、明法的背景下，"断罪引律"的贯彻取得了新的发展，而且也扩展到民事诉讼当中。两宋是民事诉讼制度的重要发展阶段，由于专制主义中央集权大为强化，使得行政对司法的干预比前代加强，因此要求州县官能够自主地进行审判活动，在判例的文献中频频出现"按法""在法"的字样不是偶然的。

第一节　司法机关

一、中央司法机关

（一）大理寺

宋初，大理寺为审刑机关，只负责对各地上报的案件进行书面审理，然后送审刑院复审，并与审刑院同署上报。大理寺正副长官不设专职而由朝官兼任，宋神宗元丰元年（1078 年）改制，恢复大理寺原有的审判职能，流罪以下的案件，大理寺有权断决；死罪断决后再报御史台复核；重大案件，听取皇上的旨意审判。大理寺设置大理寺卿一人为长官，总理寺事；少卿二人，分领左断刑和右治狱两个系统，其下设有正、推丞、断丞、司直、评事、主簿等官职。

（二）刑部

刑部主管复核全国死罪已断案件，以及官员的行政诉讼案件。元丰五年（1082 年）定刑部主管全国刑狱之政令。以尚书一人、侍郎二人为正副长官，下设郎中、员外郎各二人，分率左右厅，左厅负责复核狱案，右厅专掌对官员的行政处理等事。

（三）户部

户部在元丰改制之前，只是一闲置机构，“无职掌，止置判部事一人”①，改制之后，户部的机构和事权扩充，设户部左、右曹，左曹有审理户婚、田债等民事上诉的职责。南宋时期，户部左曹分三案：户口案、农田案、检法案。民间立户、分财、典卖物业、陈告户绝、索取妻男之讼等由户口案掌管；田讼、务限之讼由农田案管理；检法案则负责“凡本部检法之事”。②户部受理民事上诉之后，大都转送非原审机构的地方监司，或州郡审理。对所转送的案件，户部还时加稽考。宋宁宗嘉定六年（1213年）户部侍郎李钰曾云：“近因置籍稽考，诸路监司并州郡承受本部委送民讼，截止九月终，未结绝者亦二百四十余件，其间盖有经数年尚未结绝。近而两浙运司，未结绝者亦二百四十余件，是致人户不住经部经台催趣。”③另外，一部分民事立法也是由户部拟定并提请皇帝以敕令的形式颁发的。由于户部在民事立法与司法实务中的重要地位，宋代官文书将户部与刑部并提，有“户、刑两司”之称。④

（四）御史台

御史台作为宋代最高监察机构，具有司法监督与审判疑案、大案的职能。御史台还是法定的一级上诉机构，神宗元丰五年（1082年）五月规定：“诉讼不得理，应赴省诉者，先诣本曹。在京者，先所属寺

---

①（元）脱脱撰：《宋史》卷一百六十三《职官三》，中华书局1977年版，第3846页。

②《宋史》卷一百六十三《职官三》，第3848页。

③《宋会要·刑法》三之四一，第6598页上栏。

④《宋会要·刑法》三之三八，第6596页下栏。

监，次尚书省本曹，次御史台。”[①] 南宋时，御史台的司法职能有所增强，宋孝宗乾道元年（1165 年）三月十七日，御史台官员曾言及其职掌：“本台系掌行纠弹百官稽违，点检推勘刑狱，定夺疑难刑名，婚田钱谷并诸色人词讼等，事务繁重。”[②] 现存的南宋司法判词中就有御史台审理民事上诉的记录，《名公书判清明集》（以下简称《清明集》）中所载绍定六年（1233 年）余自强盗卖生父田业引致争讼即是一例，此案经县、经州、经监司论诉，一直告到御史台方才结案。[③]

（五）登闻鼓院与登闻检院

登闻鼓院的前身是宋初的鼓司，登闻检院的前身是宋初的登闻院。地方上经转运使未能公正结绝的案件，可以通过鼓司与登闻院进御状。至道二年（996 年）七月诏：“诸州吏民诣鼓司、登闻院诉事者，须经本属州县、转运司，不为理者，乃得受。”[④] 景德二年（1005 年）七月十三日诏：“自今诣厥论事人，须具州县施行不当曾经转运使披诉日月，鼓司、登闻院乃得受之，越诉虚妄，论如法。”[⑤] 次日又下诏：“近日诣厥进状人多称转运司不为收接……须诣厥披陈者，并具曾经转运陈诉日月因依，方许诣鼓司、登闻院进状。”景德四年（1007 年）五月，鼓司改为登闻鼓院，[⑥] 登闻院改为登闻检院。[⑦] 两院职事相

---

①《宋会要·刑法》三之一九至二十，第 6587 页。

②《宋会要·刑法》五之二三，第 6681 页上栏。

③ 中国社会科学院历史研究所宋辽金元史研究室点校：《名公书判清明集》（以下简称《清明集》）卷九《户婚门·违法交易·出继子卖本生位业》，中华书局 1987 年版，第 297—298 页。

④《宋会要·职官》三之六三，第 6609 页上栏。

⑤《宋会要·刑法》三之一三，第 6583 页上栏。

⑥《宋会要·职官》三之六四，第 6609 页下栏。

⑦《宋会要·职官》三之六二及六四，第 6608 页下栏至第 6609 页下栏。

近，人不能辨。宋仁宗天圣八年（1030 年），鼓院与检院职事始有明确划分，婚田公事只能由鼓院进状，检院不得过问，是年八月一日诏："登闻检院，今后诸色人投进实封文状，仰先重责结罪状，如委实别有冤枉沉屈事件，不系婚田公事，即与收接投进。如折开却夹带婚田公事在内，其进状人必当勘罪，依法断遣。所有争论婚田公事，今后并仰诣登闻鼓院投进。"①

（六）京师司法机构

北宋时期，京畿地区开封府兼理司法，"掌正畿甸之事"，"中都之狱讼皆受而听焉"②。长官为尹、牧。开封府下属司法机构有左、右厅，左、右军巡院，府院等。其中府院又称司录司，置司录参军一人，专门审理民事诉讼。此外，开封府下设功、仓、户、兵、法、士六曹，皆可审理与本曹有关的民事诉讼，宋徽宗大观元年诏："开封六职闲剧不同，如士曹之官，唯主到罢批书，而刑、户事繁，自今凡士之婚田斗讼皆在士曹，余曹仿此。"③

开封府所辖诸县，与京畿之外的县级政权一样，皆有权审理民事诉讼。但开封府诸县军、民之间的诉讼，则由军事管理机构和地方行政机构共同审理。宋真宗大中祥符五年（1012 年）诏："开封府，诸县军民相殴讼者，令知县、都监同议断。"④

京师府下设厢，相当于府下所属各县。⑤厢级政权亦有审理民事

---

①《宋会要・刑法》三之一七，第 6586 页上栏。

②（宋）马端临：《文献通考》卷六十三《职官一七・京尹》，中华书局 2011 年版，第 1890—1891 页。

③《宋史》卷一百六十六《职官六》，第 3943 页。

④《长编》卷七十七，"大中祥符五年二月癸丑"条，第 1756 页。

⑤《宋会要・刑法》四之八八有开封府"四厢、赤县"、"四厢、十六县"的提法，参见第 6665 页下栏。

诉讼之责，宋神宗熙宁三年（1070年）五月诏："以京朝官曾历通判、知县者四人，分治开封府新旧城左、右厢，凡斗讼，杖六十已下情轻者得专决，及逋欠、婚姻、两主面语对定，亦委理断。"①

南宋京城临安府设知府一人，通判二人。府下仍仿北宋旧制设厢一级公事所，"分掌讼谍"②，临安府所辖各县，皆有权审理民事诉讼，临安府则受理本府所辖属县的民事上诉案件。如南宋绍定年间，临安府所属昌化县民妇阿章将住房两间并地基卖与徐麟，两年后，阿章的小叔徐十二援引亲邻条法赎为己有，再过九年之后，阿章又向昌化县提起民事诉讼，昌化县判阿章胜诉。徐十二不服，于是提起申诉，便由临安府受理此案。③

二、地方司法机关

（一）县

县是宋朝的基层地方行政机构，也是受理民刑事诉讼案件的一审司法机构。所有的民刑诉讼，首先都必须在县衙起诉。④县长官为知县或县令，职责是"掌治民治赋，平决狱讼之事"⑤，既是一县的行

①《长编》卷二百十一，"熙宁三年五月庚戌"条，第5135页。

②（宋）李心传编撰，胡坤点校：《建炎以来系年要录》卷一百七十五，"绍兴二十六年闰十月乙卯"条，中华书局2013年版，第3354页。

③《清明集》卷六《户婚门·赎屋·已卖而不离业》，第164—165页。

④ 宋代法律规定县为一审司法机构，州一级为民事上诉机构。"人户讼诉，在法先经所属。"（《宋会要·刑法》三之三一，第6593页上栏。）有的著作中认为宋代的州、县均为民事诉讼案件的一审司法机构。如上海人民出版社1993年出版的《中国民法史》即持此说（见该书第439页），这是对宋代制度的误解。

⑤《宋会要·职官》四八之二五，第3468页上栏。

政之长，又是县衙的主要司法官。在宋朝以前，州县民刑案件一般是由佐官或胥吏审理，尤其在中唐以后至五代时期，更多的是武人掌司法，长官甚至不加过问，由此而造成了司法的黑暗。宋代建立之后，进行了一系列的政治体制和司法制度的改革，其中一项重要的内容就是规定地方长官要亲临听讼，以杜绝胥吏徇情枉法的弊端，“在法，鞫狱必长官亲临”[①]。“州县官不亲听囚而使吏鞫讯者，徒二年。”[②]地方长官躬亲听讼并负有相应责任的制度，与以前胥吏掌司法相比，显然是历史的进步。但是，县令既要负责境内各种政务，又要处理民刑诉讼，事务繁杂，时人评论说：“县令之任最为繁重，催税劝率，民讼刑禁，凡朝廷所行之政多在焉。”[③]南宋时刘克庄曾做过建阳县县令，据他说：“宝庆初元，余有民社之寄，平生嗜好，一切禁止，专习为吏，勤苦三年。”[④]刘氏是南宋后期的著名诗人，因在县令任上勤于政事，以至于多年来养成的写诗爱好都只能暂时中止。这种情况下，即便是县令之中强敏者，欲在审理民事诉讼时做到吏不敢欺、民不被害，已是十分难得，就更不用说那些昏聩无能、贪赃枉法之辈了。对此，宋高宗时的刘行简认识颇为深刻，他说：“今所谓县令者，旦朝受牒诉，暮夜省案牍。牒诉之多，或至数百，少者不下数十。案牍之繁，堆几盈格，期间名为强敏者，随事剖决，不至滞淹，已不可多得，偿复责其余力，足办狱事，讯鞫得情，吏不敢欺，民不被害，诚恐百人之中

① （宋）胡太初撰：《昼帘绪论·治狱篇》，载《丛书集成新编》第三十二册，台湾新文丰出版公司1985年版，第35页。

②《文献通考》卷一百六十七《刑考六·刑制》，第5011页。

③《宋会要·职官》四八之三二，第3471页下栏。

④（宋）刘克庄撰：《后村先生大全集》卷九十四《序·陈敬叟集》，叶四，载张元济主编：《四部丛刊初编》第1311册，商务印书馆1929年重印本。

未必有一也。"① 正因为事务太多，所以有的知县也未必都躬亲诉讼，委吏人审案亦不少见，胡太初在其著述中指出："在法鞫勘，必长官亲临。今也令多惮烦，率令狱吏自行审问，但视成款佥署，便为一定，甚至有狱囚不得一见知县之面者。"② 致使胥吏因缘为奸，枉法行私，赇赂公行，成为司法中一个难以避免的弊端。

知县或县令的主要属官有县丞、主簿和县尉。县丞协助县令处理该县县务，并且也"受接民讼"③。据《清明集》记载，南宋时期范西堂在审理一起继承纠纷的上诉案时，曾提到县丞断案的实例："县丞所断，不计其家业之厚薄，分受之多寡，乃徒较其遗嘱之是非，义利之去就，却不思身为养子，承受田亩三千，而所拨不过二百六十，遗嘱之是非何必辨也。"④ 在另一起民事纠纷中，当事人徐文举亲自到县丞处提起民事诉讼："徐文举萌意觊觎，辄经丞厅，告论妻族不容次子为戴盛之嗣。"⑤

主簿的主要职责是"理簿，课农事，供赋调，求考绩"。同时协助县令处理县政，也要参与对民事诉讼的审理，"其间有斗讼相高、婚田未决、畜产交夺、契券不明者，在乎察其情伪、正其曲直，助令长详而决之"⑥。南宋后期发生过一件财产纠纷，原告王方经县论诉堂

①（明）黄淮、杨士奇编：《历代名臣奏议》卷二百十七，载刘行简：《乞令县丞兼治狱事》，上海古籍出版社 1989 年版，第 2851 页。

②《昼帘绪论·治狱篇》，第 35 页。

③《宋会要·职官》四八之五八，第 3484 页下栏。

④《清明集》卷八《户婚门·遗嘱·女合承分》，第 291 页。

⑤《清明集》卷七《户婚门·立继·婿争立》，第 212 页。

⑥（宋）王禹偁：《小畜集》卷十六《单州成武县主簿厅记》，叶十，载（清）永瑢、纪昀等撰：《钦定四库全书》第 1086 册《集部·别集类》，台湾商务印书馆 1986 年影印版，第 1086-150 页上栏。

弟王子才，即由主簿审理此案，作出拟判云："案具定夺事理申县，或恐以各人情理未实，更取自县衙详审断遣施行。"知县在判词中批语："主簿所拟当矣。"① 以上两例表明主簿在民事诉讼中起到审理与拟判的作用，但最后的判决则仍须由知县本人作出。

县尉的职责主要是维护地方治安，但在民事诉讼中，也可参与一些事务性的工作。如刘克庄任县令时，在审理一件争山地的诉讼时，考虑到当事人所言或许有假，"遂委县尉定验"，县尉遵令"亲至地头"调查。② 有的民事判决虽在执行中，仍继续"帖委建阳县尉从公检校申，限十日"。③

（二）州（府、军、监）

州（府、军、监）是县以上的行政机构，也是民事诉讼的第二审。经县衙审判的民事案件，如果当事人不服所判，便可上诉到州。"人户讼诉，在法先经所属，次本州。"④ 州长官为知州，其职责是"赋役、钱谷、诉讼之事，兵民之政皆总焉"⑤。知州以下又设通判州事一人，"掌倅贰郡政、凡兵、民、钱谷、户口、赋役、狱讼听断之事，可否裁决，与守臣通签书施行"⑥。知州、通判以下属官有判官、推官、兵马都监、录事参军、司理参军、司户参军、司法参军等职。其中录事参军主要负责审理民事案件，兼管审理刑事诉讼。司法参军掌"议法断刑"，即根据对案情的审理结果，选择有关适用的法条，提供判

---

①《清明集》卷十三《惩恶门·诬赖·假为弟命继为词欲诬赖其堂弟财物》，第 514 页。
②《清明集》卷五《户婚门·争业下·争山妄指界至》，第 158 页。
③《清明集》卷八《户婚门·立继类·命继与立继不同（再判）》，第 267 页。
④《宋会要·刑法》三之三一，第 6593 页上栏。
⑤《宋史》卷一百六十七《职官七》，第 3973 页。
⑥《宋史》卷一百六十七《职官七》，第 3974 页。

决的依据。根据宋朝“鞫谳分司”的制度，州以上的审理机构与检法机构各司其职，不得沟通，违者处刑，“录问、检法与鞫狱官吏相见者，各杖八十”[①]。

另外，司户参军、判官、推官也可以参与对民事上诉案件的审理。

（三）监司

宋太宗至道十三年（997年）分天下为十五路，神宗元丰八年（1085年）增至二十三路。各路先后设转运司、提点刑狱司、提举常平司等机构，称为监司，监察州、县地方官员并分别负责该路某一方面的政务。监司之间互不统属，事权分散，不易形成割据势力，便于中央对地方的控制。监司虽职掌不同，但全都有受理民事上诉的司法职能。绍兴二十三年（1153年）宋高宗宣谕：“自来应人户陈诉，经县结不当，然后经州，由州经监司。”乾道二年（1066年）七月九日臣僚上言：“缘在法：县结绝不当，而后经州，州又不当，而后经监司。”[②]宋代法制资料中不乏监司受理民事上诉的实例，如嘉泰三年（1203年）宁都县谢文学诉嫂黎氏立继一案，长达五年之久，曾先后经提刑司、转运司审理，“复经转运使台，必欲争立，且法令以为不当立，两知县以为不当立，本州佥厅以为不当立，提刑司委送赵司法亦以为不当立”[③]。又如嘉泰元年（1201年）郭氏、刘拱礼诉刘仁谦等冒占田产一案，先后经提刑司、安抚司审理，“又三诉之宪台（提刑

① （宋）谢深甫等修，戴建国点校：《庆元条法事类》卷九《职制门六·馈送·断狱敕》，载杨一凡、田涛主编：《中国珍惜法律典籍续编》（第一册），黑龙江人民出版社2002年版，第168页。

② 《宋会要·刑法》三之二八，第6591页下栏。

③ （宋）黄榦：《勉斋集》卷三十三《判语·谢文学诉嫂黎氏立继》，载（清）永瑢、纪昀等撰：《钦定四库全书》第1168册《集部·别集类》，台湾商务印书馆1986年影印版，第1168-382页上栏。

司)，又两诉之帅司（安抚司)”，帅司赵安抚曾就本案作出定判。[1] 再如端平元年（1234 年）湖北通城县民妇毛氏在夫亡之后，收养黄臻为子，十八年后，黄氏族人为此立继之事兴讼，本案曾经提举司受理，“章提举有并立之判”[2]。可见，监司实际上是地方上最高的民事审判机构。

第二节　起诉与受理

一、民事诉讼管辖

两宋的民事诉讼管辖，大致可划分为级别管辖、地域管辖与移送管辖。

（一）级别管辖

两宋的民事诉讼管辖，在地方上可分为三级。第一审级是县衙。地方上所有的民事诉讼的起诉必须首先向县衙陈告，《宋刑统》卷二四准后周广顺敕，民间词诉必须“先经本县”。第二审级是州（府、军、监)。如果当事人不服县衙的判决，可以向县的上级机关即州（府、军、监）提起上诉。“在法：县结绝不当，而后经州。”[3] 北宋京师开封府及南宋京师临安府所属各县受理民事起诉，至于开封府或临安府则受理民事上诉，与地方级别管辖相同。两宋均在京师设厢级公

①《勉斋集》卷三十三《判语・郭氏刘拱礼诉刘仁谦等冒占田产事》，第 1168-382 页下栏。

②《清明集》卷七《户婚门・立继・双立母命之子与同宗之子（提举判)》，第 223 页。

③《宋会要・刑法》三之三二，第 6593 页下栏。

事所，厢与县的行政级别相当，也可以受理民事起诉。但南宋绍兴年间，于临安府城外设立南北厢公事所，[①]城内设立左右厢。[②]临安府每日词讼，十之七八由城内左右厢审理，出现临安府与厢之间互相推诿的现象，以致造成“人户怨嗟”。绍兴二十六年（1156年）依御史周方崇所请，废罢城内左右厢，所有城内词诉，由临安府直接审理。[③]第三审级是路。如果当事人不服州级审判机构的判决，可以向路一级的监司系统提起上诉，监司是地方民事上诉的最高审级。当事人若仍不服监司所判，即可向户部提起上诉，如仍不服，还可依次向御史台、尚书省、登闻鼓院上诉。此类上诉，没有审级的限制，但是法律严格规定当事人必须逐级上诉，不得越诉。

（二）地域管辖

民事诉讼，还要按照行政管辖的区域和当事人的户籍所在地确定管辖，可以称之为地区管辖。民事诉讼一般由纠纷发生地官府审理，即“皆于事发之所推断”[④]。如果原告与被告不在同一州、县，按照原告就被告原则，由被告户籍所在地的审判机构管辖。《清明集》所载案例中，许奉家居安庆府之怀宁县，置有田业，其子许多才从怀宁徙居光州，后来许多才之子许德裕对许国盗耕怀宁之田，提起诉讼，便是由光州“入状怀宁”审理。[⑤]

---

①（宋）周淙撰，（清）钱保塘札记：《乾道临安志》卷二《城南北两厢》，叶六，光绪四年重刊本，载台湾成文出版社编：《中国方志丛书·华中地方·浙江省》第四八号，成文出版社1968年影印版，第38页。

②《建炎以来系年要录》卷一百七十五，“绍兴二十六年闰十月乙卯”条，第3354页。

③《文献通考》卷六十三《职官一七·都厢》，第1893页。

④《庆元条法事类》卷七十三《刑狱门三·决遣·断狱令》，第744页。

⑤《清明集》卷四《户婚门·争业上·漕司送许德裕等征田事》，第117页。

（三）移送管辖

移送管辖是审判机构受理案件之后，发现本机构没有管辖权，应移送给具有管辖权的机构处理。受移送的审判机构，不得无故拒绝接受。宋仁宗宝元元年（1038年）规定："诸路提点刑狱巡所部内，民有诉冤枉者，许受理之。诏听受词状，送转运司施行。"① 神宗熙宁十年（1077年）五月规定："诸路监司、提举司……所至有词诉及官司违法，虽非本司事，并听关送案治。"② 从南宋书判中可以看到移送管辖实施的案例。如淳祐元年（1241年）二月，平江府民妇阿常丧夫，不及半年，改嫁外州人氏张巡检。两年之后阿常前夫的母亲病故，阿常到平江府"兴讼以取其遗资"。知府胡颖审理此案，认为阿常之诉是意在骗财，同时认为阿常与张巡检系违法婚姻，应"合五等论罪"，但平江府对此却无管辖权，"张巡检既非本府所辖，难以将阿常遽行取断"。于是将此案移送有管辖权的机构处理，"牒所属径自照条施行，其可其否，听其区处"。③

二、起诉的有关规定

民事起诉，主要是由当事人及其家属为维护自己权益，而直接向司法机构提起请求。为了保障民事诉讼的正常运行，尽量减少对生产与社会秩序以及伦理道德的不利影响，宋朝制定了一系列有关民事起诉的规定。

①《续资治通鉴长编》卷一百二十二，"宝元元年八月癸酉"条，第2877页。
②《续资治通鉴长编》卷二百八十二，"熙宁十年五月戊午"条，第6903页。
③《清明集》卷十《人伦门·夫妻·妻已改适谋占前夫物业》，第377—378页。

（一）原告人的条件

1. 宋代民事诉讼的原告人，必须是本案的直接利害关系人，法律禁止非直接关系人提起诉讼。景德二年（1005年）六月十三日诏："诸色人自今讼不干己事，即决杖、枷项令众十日。情理蠹害屡诉人者，具名以闻，当从决配。"[①]南宋绍兴三年（1133年）八月诏：上书言事者，"惟不许因书告讦他人过矣"[②]。南宋地方官的司法文告中，也常常对此加以申戒。如朱熹知潭州时所发布的《约束榜》规定："如告论不干己事，写状书铺与民户一等科罪。"[③]黄震在《词诉约束》中也强调："事不干己者不受。"[④]之所以禁止"不干己事"者妄诉，目的在于防止形成告讦之风。

2. 老人、病残及妇女提起的诉讼，可以由家人代理。乾德四年（966年）六月诏："七十以上争讼婚田，并令家人陈状"[⑤]。宋若无家人代理，则"当令宗族中一人同状，官乃得理"[⑥]。宋真宗大中祥符四年（1011年）九月重申上项规定："自今诉讼，民年七十已上及废疾者，不得投牒，并令以次家长代之。"[⑦]如孤老无宗族者，不受以上规定限制，即依《宋刑统》的规定："或虑有悼耄笃疾之人，同居更无骨肉，

①《宋会要·刑法》三之一二，第6583页下栏。

②《建炎以来系年要录》卷六十七，"绍兴三年八月己酉"条，第1320页。

③（宋）朱熹撰：《晦庵先生朱文公文集》卷一百《公移·约束榜》，载朱杰人、严佐之、刘永翔主编：《朱子全书》第二十五册，上海古籍出版社、安徽教育出版社2002年版，第4631页。

④（宋）黄震撰：《黄氏日抄》卷七十八《公移一·绍兴府·词诉约束》，叶十六，乾隆三十二年刻本。

⑤《宋会要·刑法》三之一〇，第6582页下栏。

⑥《宋会要·刑法》三之一一，第6583页上栏。

⑦《长编》卷七十六，"大中祥符四年九月庚辰"条，第1734页。

被人侵损，须至理诉者，请今后官司亦须受理。”[1]

妇女的起诉，一般由父兄或子孙代理，无亲属代理时，才由妇女本人陈告。《黄氏日钞》卷七八《诉讼约束》中说：“非单独、无子孙孤孀，辄以妇女出名，不受。”

3. 亲属之间发生的民事纠纷可以互相论告。中国古代的礼制和法律都着力维护家族的和谐、宗法的统治，亲属之间一般不得互相控告。《宋刑统》卷二四《斗讼律·告论周亲以下》条，载有惩治亲属之间相互控告的种种规定，不仅卑属告论尊长、妻告夫之类要惩治告者之罪，即使尊长告论卑幼（父祖告论子孙除外）也要治告者之罪，只是比卑幼告论尊长的处罚为轻。但必须着重注意的是，以上规定只适用于刑事诉讼，而不适用于民事诉讼。在上引《宋刑统》“告论周亲以下”条中同时规定：“其相侵犯，自理诉者听。”该条规定的疏“议”中说：“其相侵犯，谓周亲以下，缌麻以上，或侵夺财物，或殴打其身之类，得自理诉，非缘侵犯，不得别告余事。”注云：“下条准此，谓下条告缌麻以上卑幼，虽有罪名，相侵犯亦得自理。”法律明白地规定因民事纠纷，“或侵夺财物，或殴打其身之类”，尽管是亲属之争，当事人仍然可以向官府告论。这是中国古代司法制度中，民事诉讼与刑事诉讼制度的显著差别之一。

此后又制定新法令，规定家长若任意处分家产而侵害法定继承人的合法财产权益时，卑属成员也可以向官府告论：“在法：分财产满三年而诉不平，又遗嘱满十年而诉者，不得受理。”[2] 即卑幼告论尊长处分家产不公的诉讼时效为三年，告论遗嘱处分家产不平的诉讼时效为

①《宋刑统》卷二十九《断狱律》“不合拷讯者取众证为定”门，第537页。

②《清明集》卷五《户婚门·争业下·侄与出继叔争业》，第135—136页。

十年。真德秀在南宋嘉定年间出知泉州时发布司法文告说："如卑幼诉分产不平，固当以法断，亦须先喻尊长，自行从公均分，或坚执不从，然后当官监析。"① 这段资料表明官府承认家庭中的卑属成员有告论尊长分产不公的权利，而且并未将尊长区分为"直系尊属"和"旁系尊属"。从现存的宋代案例来看，家庭中的卑属成员告论尊属分产不平的诉讼，绝非个别现象。卑幼可对家长任意处分家产提起告论，是中国古代民事诉讼的一大变化。

（二）民事起诉的时间

在中国古代社会，以农立国是历朝统治者的基本国策之一。不误农时，促进农业生产的发展，成为统治者必须考虑的重要问题。民间的民事纠纷及诉讼过程，必然会对农业生产与社会安定造成一定的负面影响，特别是农忙时节更是如此。为了减少民事诉讼活动对农业生产的不良影响，在唐律中便有了"务限"的规定，即民事诉讼的提起只能在每年十月一日以后至三月三十日之间的农闲时节。

《宋刑统》沿用唐律的这一规定，并且更为详细："所有论竞田宅、婚姻、债负之类（原注：债负，谓法许征理者），取十月一日以后，许官司受理，至正月三十日住接词状，三月三十日以前断遣须毕。如未毕，具停滞刑狱事由闻奏。如是交相侵夺及诸般词讼，但不干田农人户者，所在官司随时受理断遣，不拘上件月日之限。"② 根据这一规定，民事起诉的时间是每年的十月一日以后至次年的正月三十日之前，官府必须在三月三十日之前审理完毕，但与农业生产无关的民事诉讼仍可随时起诉，"所在官司随时受理断遣，不拘上件月日之

①《清明集》卷一《官吏门·申儆·劝喻事件于后（崇风教）》，第10页。

②《宋刑统》卷十三《户婚律》"婚田入务"门，第233页。

限”。遇有蝗旱之类灾情时，也可暂时将提起民事诉讼的时间延长。宋真宗大中祥符九年（1016 年）九月十六日诏：“昨缘蝗旱，今始得雨，诸处务开公事比常年更延一月。”[①] 但这只是权宜之计。务限的规定，虽然可以减少追证理讼所造成的农业生产上的损失，但是豪右之家往往利用这一规定故意拖延至务限，以侵害贫穷户的权益。宋高宗绍兴二年（1132 年）三月十七日，两浙转运司向皇帝奏明：“准绍兴令，诸乡村以二月一日后为入务，应诉田宅、婚姻、债负者勿为理，十月一日后为务开。窃详上条入务不受理田宅等词诉，为恐追人理对妨废农业。其人户典过田产限满备赎，官司自当受理交还，缘形势豪右之家交易，故为拖延至务限，便引条法又贪取一年租课，致细民受害。”[②] 对此，高宗下诏：“应人户典过田产，如于务限内年限已满，备到元钱收赎，别无交互不明，并许收赎。如有词诉亦许官司受理，余依条施行。”[③] 根据以上新规，典田赎还可以不受务限法的限制，这是对务限法很大的改动，因而是年八月十五日，大臣对此提出异议：“法之有务限，要所以大为之防，今若一决其防，不免于争竞。但既在务限前投状，自可申饬有司严行理赎，或寄钱在官，给据为凭业，今若改法，恐有其弊，至于害民。”[④] 事下户部商讨，户部认为：“人户典田年限已满，于务限前收赎，自有现行条法，若于务限内年限已满或未满，钱、业主两情愿收赎，自听从便。若有论诉，自合依绍兴务限条法。”[⑤] 从而使得务限法对典田仍然适用。隆兴元年（1163 年）又规定：

①《宋会要·刑法》三之四三，第 6599 页上栏。
②《宋会要·刑法》三之四六，第 6600 页下栏。
③《宋会要·刑法》三之四六，第 6600 页下栏。
④《宋会要·刑法》三之四六，第 6600 页下栏。
⑤《宋会要·刑法》三之四六，第 6600 页下栏。

如“是豪强侵夺下户，官司在务限期内亦得受理”，“应婚田之讼，有下户为豪强侵夺者，不得以务限为拘。如违，许人户越诉”①。其后又有新规，严禁典主故作迁延占据，“在法：诸典卖田产，年限已满，业主于务限前收赎，而典主故作迁延占据者，杖一百”②。这条规定有助于抑制豪强，维护了穷苦农民的利益。

（三）书写诉状

民事起诉的形式主要是用起诉书呈控，法律对诉状的书写有一定的要求。宋初规定：第一，在起诉状中，“皆须注明年月，指陈事实，不得称疑”③。第二，“其所陈文状，或自己书，只于状后具言自书；或雇请人书，亦于状后具写状人姓名、居住去处。如不识文字，及无人雇请，亦许通过白纸”④。可见，宋初对书写诉状的手续要求尚不严格，自书、雇人书，甚至用白纸起诉亦可。后对诉状书写的要求逐渐严格，并出现了经官府批准设立的代写诉状的书铺，人户陈状需经书铺代写诉状。诉状书写符合规定的起诉，官府才受理。为了能够使起诉得以受理，书铺在代写诉状时，“先须子（仔）细审问，不得添借语言，多入闲辞，及论诉不干己事，若实有合诉之事，须是分明指定，某人行打或某人毁骂之类，即不得称疑，及虚立证见，妄攀人父母妻女赴官，意在凌辱，若勘见本情，其写状人亦勾勘”⑤。总之，诉状的内容和要求，主要有原告人和被告人的姓名、年龄、住址与诉讼请求的事项等。宋人李元弼《作邑自箴》卷六存有当时诉状格式：

①《宋会要·刑法》三之四八，第6601页下栏。

②《清明集》卷九《户婚门·取赎·典主迁延入务》，第318页。

③《宋刑统》卷二十四《斗讼律》“犯罪陈首”门，第426页。

④《宋刑统》卷二十四《斗讼律》“越诉”门准后周广顺二年敕文，第432页。

⑤（宋）李元弼：《作邑自箴》卷八《写状钞书铺户约束》，叶四十，淳熙己亥中元浙西提刑司刊本。

状式

某乡某村、耆长某人、耆分、第几等人户、姓某，见住处，至县衙几里（原注：如系客户，即云系某人客户），所论人系某乡村居住，至县衙几里。右某，年若干，在身有无疾、荫（原注：妇人即云有无娘孕及有无疾、荫），今为某事，伏乞县司施行。谨状。年月日姓某押状。[①]

书铺代写诉状必须严格据实，对于当事人所叙述情节要仔细甄别，若出现不符实之处，则要受到官府的追究。

三、民事诉讼的受理

（一）应受理而不受理者治罪

根据宋律的规定，对于符合起诉条件的民事诉讼，有管辖权的机构必须受理。应受理而不受理者治罪："若应合为受，推抑而不受者，笞五十，三条加一等，十条杖九十。"[②] 宋哲宗元祐四年（1089 年）八月，诏刘淑特罢祠部郎中、莫君陈罢两浙提刑与知州差遣，原因就是刘淑知苏州时与莫君陈"不受理章淳强买昆山民田事"。对于不合起诉条件的民事诉讼，则不允许官司受理。不应受而受理者，也要治罪。

（二）不得受理证佐不明之诉

宋律规定，对于民事纠纷所争之客体年代久远，或因有关当事

①《作邑自箴》卷六《劝谕民庶榜》，叶三十四。

②《宋刑统》卷二十四《斗讼律》"越诉"门，第 431 页。

人已死亡而无法取证的诉讼不得受理。天禧元年（1017 年）十月诏：“自今后所诉事并须干己，证佐明白，官司乃得受理，违者坐之。”[1]又据宋律，禁止收养年三岁以上异姓养男，然而这一规定往往成为被继承人的宗族人等在被继承人亡殁之后，欺压养男的借口。宋仁宗景祐三年（1036 年）七月，淮南转运副使吴遵路言：“民被骨肉指论，本父亡殁，元是异性养男，夺却田业。年岁既远，事理不明，欺罔幼孤，规图贿财。”朝廷根据吴遵路反映的情况立法：“自今论伯叔以上尊亲是违律养男，其被养本身所养父祖并已亡殁，官司不在受理之限。”[2]哲宗元祐六年（1091 年）十二月规定：“应自陈是别宅所生子，未尝同居，其父已死，无案籍及证验者，不得受理。”[3]以上二立法例的依据，便是考虑到年岁既远，事理难辨，证佐不明等原因。

（三）从不得受理越诉到渐开越诉之禁

按宋律，民事起诉必须从县衙开始，然后可以经本州、转运司、提点刑狱司、户部、御史台、尚书省逐级上诉，禁止越诉。宋太祖乾德二年（964 年）正月十八日诏：“自今应有论诉人等，所在晓谕，不得蓦越陈状，违者先科越诉之罪，却送本属州县依理区分。如已经州县论理不为施行，及情涉阿曲，当职官吏并当课罪，仍令于要路粉壁揭诏书示人。”[4]宋真宗咸平六年（1003 年）规定：“其越诉状，官司不得与理，若论县许经州，论州许经转运使，或论长吏及转运使，在京臣僚，并言机密事，并许诣鼓司、登闻院进状。若夹带合经州县转运论诉事件不得收接，若进状内称已经官司断遣不平者，即别取事状与

①《长编》卷九十，“天禧元年十月丙子”条，第 2083 页。

②《宋会要·刑法》三之一八，第 6586 页下栏。

③《长编》卷四百六十八，“元祐六年十二月戊午”条，第 11183 页。

④《宋会要·刑法》三之一〇，第 6582 页下栏。

所进状一处进内。"并要求州县"录此诏，当厅悬挂，常切遵禀"[1]。对于越诉者要治罪："其有蓦越词讼者，所由司不得与理，本犯人准律文科罪。"[2]

官府虽然于法律上禁止越诉，但实际情况是，自北宋至南宋，国家渐开越诉之禁。北宋末年对于越诉的开禁主要集中在官吏犯罪上，是在所谓"公"的领域之内，而对于"私"，则未见松动的迹象。

南宋肇始，宋高宗考虑到安抚民心的重要性，同时为了整饬吏治的需要，多次颁布越诉条法，广开越诉之禁。如绍兴二十三年（1153年）颁布的诏令："民户典卖田地，毋得以佃户姓名，私为关约；随契分付得业者，亦毋得勒令耕佃。如违，许越诉……"[3]

在宋代，尤其是南宋，其法律渊源是复杂多样的，除皇帝颁布的诏令外，还有律、敕、例、指挥等。因此，南宋时期有关越诉的立法有相当一部分散见于各种法律形式及渊源之中。在各衙门编纂的指挥中保存了很多未编入全国性诏令集的越诉立法。

《宋会要》有以下记载："民间词讼，必有次第经（曰）[由]：若浇妄蓦越，则坐之以罪。苟情理大有屈抑，官司敢为容隐，乃设为越诉之法，而敕令该载者止十数条。比年以来，一时越诉指挥亡虑百余件。"[4]

高宗一朝，见于全国通行敕令的越诉条款不过十余条，而累计于各指挥中的越诉条款至少百余条。可见指挥会随着时间的推移不断编纂，越诉指挥数量不断增多。

---

①《宋会要·刑法》三之一二，第6583页下栏。

②《宋刑统》卷二十四《斗讼律》"越诉"门准后周广顺二年敕文，第432页。

③《建炎以来系年要录》卷一百六十四，"绍兴二十三年六月庚午"条，第3127页。

④《宋会要·刑法》三之二九，第6592页上栏。

越诉的范围也日渐扩大。至南宋中期，越诉已经成为平常之事。特别是《庆元条法事类》载："诸奉行手诏及宽恤事件违戾者，许人越诉。"于是，官员们但凡政务上有所疏失，即被认为有违体恤仁恕的原则，民众即可行使越诉之权。越诉行为不再被视为特殊事件，反而合法化了。为了及时结绝田土、户婚等案件，官府允许当事人越诉。

对越诉的认可也体现在司法实践中。如"使州索案为吴辛讼县抹干照不当"一案中，当事人吴辛因为其土地元契被县府衙门不当销毁，因而绕过县一级衙门而直接向州起诉，其诉求得到了州法官范应玲的认可。①

（四）不得受理因诉事而自毁伤者之诉

在古代的司法诉讼中，时有当事人因冤抑不能自伸而自残其躯，以求直于官府。但也有一种嚣讼之人为胁迫官府，自假毁伤，撼动舆论。②《宋刑统》规定对当事人自毁伤者处以责罚："自毁伤者杖一百，虽得实而自毁伤者笞五十。"后补充规定："先决臀杖十下，然后推鞫。"③宋真宗大中祥符七年（1014年）九月，"忻州民诣登闻检院钉手诉田"，官府处以"妄自伤残，当先决杖"④，决杖之后，再行审理，后又定"诉事而自毁伤者，官不受理"⑤。

（五）不得受理超过法定时效之诉

宋时，民事诉讼中的时效制度，较之前代有了很大的发展，凡超过法定时效之诉，官府不再受理。宋初，建隆三年（962年）曾一度规

①《清明集》卷四《户婚·争业上·使州索案为吴辛讼县抹干照不当》，第109—110页。

②《清明集》卷十三《惩恶门·妄诉·钉脚》，第503页。

③《宋刑统》卷二十四《斗讼律》"邀车驾挝鼓上表自诉事"门，第429—430页。

④《长编》卷八十三，"大中祥符七年九月癸巳"条，第1895页。

⑤《宋会要·刑法》三之二一，第6588页上栏。

定，典及倚当庄宅、物业的诉讼时效为三十年："典、当限外，经三十年后，并无文契，及虽执文契，难辨真虚者，不在论理收赎之限，见佃主一任典卖。"建隆四年（963年）颁定的《宋刑统》将上项诉讼时效改为二十年："'经二十年以上不论'，即不在论理之限"。但"有故留滞在外者，即与除在外之年。违者，并请以'不应得为'从重科罪。"[①]

南宋时期，对于理诉田宅之诉的时效，又具体划分为几种不同的情况，因而更具可操作性。

1. 田宅典买卖的诉讼时效仍为二十年："又准法：诸理诉田宅，而契要不明，过二十年，钱主或业主死者，官司不得受理。"[②]

2. 论诉交易田宅以有利债负准折的时效为三年："应交易田宅，过三年而论有利债负准折，官司并不得受理。"[③]

3. 典卖田宅适用亲邻法的诉讼时效为三年："诸典卖田宅满三年，而诉以应问邻而不问者，不得受理。"[④]

4. 诉分产不平的时效为三年，诉遗嘱不平的时效为十年："在法：分财产满三年而诉不平，又遗嘱满十年而诉者，不得受理。"[⑤]

5. 对祖父母、父母亡后子孙典卖众分田宅私辄费用者诉讼时效的规定更为细致："准法：诸祖父母、父母已亡，而典卖众分田宅私辄费用者，准分法追还，令元典卖人还价。即典卖满十年者免追，止偿其价，过十年典卖人死，或已二十年，各不在论理之限。"[⑥]

①《宋刑统》卷十三《户婚律》"典卖指当论竞物业"门，第232页。

②《清明集》卷四《户婚门·争业上·吴肃吴镕吴桧互争田产》，第112页。

③《清明集》卷四《户婚门·争业上·游成讼游洪父抵当田产》，第104页。

④《清明集》卷九《户婚门·取赎·有亲有邻在三年内者方可执赎》，第309页。

⑤《清明集》卷五《户婚门·争业下·侄与出继叔争业》，第135—136页。

⑥《清明集》卷四《户婚门·争业上·漕司送许德裕等田事》，第117页。

6 诉尊长盗卖卑幼产业没有时效的限制:“卑幼产业为尊长盗卖,许其不以年限陈乞。”①

(六)受理民事起诉的程序

原告人起诉程序的第一步是在“务开”期间,将状纸递交县衙,当事人的条件及状纸书写的内容,都必须符合法律规定。县衙接受词状的吏人可以首先“开折”取阅原告人的词状,对于明显的不合法律规定的词状,有权拒收,或对原告人加以劝阻。南宋时洪迈曾提到余杭县吏人何押录即兼领“开折”之职,“每遇受讼牒日,拂旦先坐于门,一一取阅之。有挟诈奸欺者,以忠言反复劝晓之曰:‘公门不可容易入,所陈既失实,空自贻悔,何益也?’听其言而去者甚众”②。《清明集》判词中也说到,如果起诉不合乎规定,“开折司并不收受”③。接收词状的吏人将合乎规定的词状呈交县令,县令经审查认为词状合乎起诉的有关规定,即可开始审理。

第三节　民事审判的各种规定

一、法官回避制度

按照宋律,州、县长官必须躬亲审理刑、民诉讼,所以,县衙受理民事起诉之后,县令即应亲自审理。县令的属官主簿或县丞虽可代

①《清明集》卷九《户婚门·违法交易·卑幼为所生父卖业》,第 299 页。

②(宋)洪迈撰:《夷坚志·支志癸》卷一《余杭何押录》,中华书局 1981 年版,第 1228 页。

③《清明集》卷十四《惩恶门·奸恶·一状两名》,第 524—525 页。

为审理拟判，但最后的判决仍须由县令本人作出，并须对错判承担责任。这对中唐及五代以来，司法审判由佐官、狱吏，甚至牙校负责，以致造成无数冤狱的弊政，起到了积极的遏制作用。

为了使民事案件得到客观公正的处理，保障当事人的合法权益，宋初沿用唐律中的法官回避制度。“诸鞫狱官与被鞫人有五服内亲，及大功以上婚姻之家，并受业师，经为本部都督、刺史、县令，及有仇嫌者，皆须听换推。”① 之后又有发展，上下级之间“诸职事相干或统摄有亲戚者，并回避”②。宋真宗景德二年（1005 年）九月诏：“应差推勘、录问官，除同年同科目及第依元敕回避外，其同年不同科目者，不得更有辞避。”③ 南宋后期，黄榦任县令，接受知州交发审理曾潍、赵师渊互论置曾挺田产一案，黄榦因与曾潍系 20 年故旧，“恐有妨嫌，遂申乞回避”④。回避作为一项由来已久的司法制度，对于防止徇私枉法具有一定的意义。

二、民事审决的期限

为了防止因民事诉讼长期拖延不绝，妨碍社会生活与农业生产，宋朝注意提高司法效率，针对审理民事诉讼制定了“词诉结绝”的时限，以保障民事诉讼及时结案。孝宗乾道二年（1166 年）规定，民事诉讼在州县半年之内未结绝者，即可上诉。“比来民讼，至有一事经涉岁月，而州县终无予决者。缘在法：县结绝不当，而后经州，州又

①《宋刑统》卷二十九《断狱律》“不合拷讯者取众证为定”门，第 539 页。

②《庆元条法事类》卷八《职制门五 · 亲嫌 · 职制令》，第 149 页。

③《宋会要 · 刑法》三之五五，第 6605 页上栏。

④《勉斋集》卷三十二《判语 • 曾潍赵师渊互论置曾挺田产》，第 1168-361 页下栏。

不当，而后经监司。乞自今词诉，在州县半年以上不为结绝者，悉许监司受理。”[①] 宁宗庆元年间规定："诸受理词诉，限当日结绝，若事须追证者，不得过五日。州郡十日，监司限半月，有故者除之，无故而违限者，听越诉。"[②] 朱熹知潭州时发布《约束榜》，规定经县起诉的民事诉讼，两月之内必须结断："今立限约束，自截日为始，应诸县有人户已诉未获，盗贼限一月，斗殴折伤连保辜通五十日，婚田之类限两月，须管结绝。”[③]

三、民事审理中的强制措施

官府受理民事起诉之后，便要传唤双方当事人出庭。通常是将传唤文牒交给保正，令保正通知当事人。当事人被传唤之后，就应出庭受审。若当事人拒绝到庭，传唤当事人的保正要受责罚。若当事人仍然躲避不出，使民事诉讼无由结案，官府可以采取强制措施，缉捕当事人到官。《清明集》所载陈旸叔讼龚仪建房侵占坟地一案中，龚仪为被告，县衙令其出庭供对，龚仪躲避不出。州县官黄榦指出："人户词诉，官司追逮，虽曲直未可知，自当应时出官供对，今乡村豪民遇有词诉追逮，率是累月以致年岁不肯出官，保正虚受杖责，使人户词诉无由结绝，官吏文移日见壅滞。……使人人皆如龚仪，则国家守令、条法皆为无用矣。”遂采取了强制措施，迫使龚仪出庭受审。[④]

强制措施主要有缉捕与关押。南宋后期王方告论王子才一案中，

① 《宋会要·刑法》三之三二，第 6593 页下栏。

② 《宋会要·刑法》三之四〇，第 6597 页下栏。

③ 《晦庵先生朱文公文集》卷一百《约束榜》，第 4630 页。

④ 《勉斋集》卷三十三《判语·龚仪久追不出》，第 1168-379 页上栏。

当事人王方本当出官供对，但他躲闪不出，令其子王用之出庭，官府监追王方正身，采取缉捕的强制措施，“多方差人缉捕，获到王方出官。若非绣使之严明，几为之漏网矣”[①]。拒绝到庭、妨害诉讼秩序的行为，虽然违法，但并不构成犯罪，所以对当事人的强制措施与缉捕盗贼有区别，官府禁止轻易缉捕当事人或知证人，以免骚扰百姓，危害地方。据《清明集》，州县官胡颖曾对一民事诉讼案件中巡检、县尉轻易差派土军勾追证人的做法，严加斥责：“弓手、土军等人，自非缉捕盗贼，追捉凶强，及干当紧切事务，巡、尉司皆不应辄差下乡，骚扰百姓。今陈世华等所争，特田业耳，罗闰不过知证人耳。此等词讼，州县之间，无日无之，若合追对，但以文引付之保正足矣。”[②]拒绝到庭而被缉捕到官府的当事人，官府可以将其关押，以便随时审问，谓之“寄收”。“寄收”者一般是“两争追会未园”，即民事诉讼尚未结案的当事人。州县吏人往往利用职权，滥禁无辜，对于并未妨害诉讼秩序的当事人或干连人滥加收禁，以便敲诈勒索。绍熙元年（1190 年）七月，有官员对此情况加以揭发：“公事到官，付之吏手，不问曲直，将下连无辜之人，一例收禁，狱犴常满，不止禁历，号为寄收，乞取压足，旋行疏放。”[③]

宋朝民事诉讼中采取强制措施，使拒不到官应诉的当事人及不愿作证的干证人到庭应诉，以便迅速解决民事纠纷是必要的。但“寄收”之类的规定，将民诉当事人或干证人收系于狱的做法，尤其是吏

①《清明集》卷十三《惩恶门·诬赖·假为弟命继为词欲诬赖其堂弟财物（王方再经提刑司钉锢押下县）》，第 516 页。

②《清明集》卷十一《人品门·军兵·弓手土军非军紧切事不应辄差下乡骚扰》，第 438 页。

③《宋会要·刑法》六之七一，第 6729 页上栏。

人利用寄收之名，行敲诈勒索之实的做法，表现了司法的黑暗。

四、对事实的审理过程

官府在传唤当事人及其他诉讼参与人后，便进行开庭审理，在法庭上对案件进行全面审查，这是民事诉讼程序中的一个主要环节。案件经官府审理后作出裁判，解决纠纷。

当事人出庭时须带上可以说明其主张的证据，以备审查。在审理中，主要是采取纠问式的方式，“当厅诘问供对”，由司法官就两造所争向当事人问询，当事人就官府所问作出回答和供述。《清明集》中“妄赎同姓亡殁田业”一案的判词，概括反映了庭审时的情形：“帖县追两名，索帖基簿及元典契解来，词人召保听候。续建阳县解到江文辉、刘大乙赴府，唤上词人干人陈吉，各赍干照、帖基、支书、契照，当厅诘问供对。”①

法官对案件事实的审理，也是对诉讼证据的收集与认定，以便根据事实作出正确的判决。所以，凡是能够证明案件真实情况的，都具有诉讼证据的价值。

由于许多的民事行为是做成文书的，当事人的权利义务往往通过文书的形式加以确定，是当事人意志的体现，最能直接反映真实的法律关系。宋朝商品经济发展，土地所有权转移频繁，物业交易增加，与此相适应的契约、契券制度日益完善。土地买卖与典卖都要订立契约，并到官府输钱印契，交纳交易税。分家析产也要订立分析文书，民间婚姻也要有定亲帖子等。所以官府在审理民事诉讼时，非常重视

①《清明集》卷九《户婚门·取赎·妄赎同姓亡殁田业》，第320页。

书证的作用，常常是根据书证作出判决。“交易有争，官司定夺，止凭契约。”[①]“大凡官厅财物勾加之讼，考察虚实，则凭文书。”[②]因此，对于事实的审理过程，也就是对各种证据、证言的审理过程，这二者基本上是一致的。

第四节　证据的认定、辨析与勘查

宋朝是中国古代商品经济陡起的一个高峰，海外贸易更是空前绝后的繁荣。不仅如此，在唐朝法制详备的基础上，宋朝的法制建设也日趋成熟，民事立法显著增加，民事诉讼不断改进和制度化，其中一个突出的进步，就是证据的形式多样化，在民事诉讼中的证明力得到广泛的认可。

随着民事诉讼制度的日益增多，司法官吏在“揆之法意，合之人情”[③]的司法理论指导下，更为关注民事证据的应用，口供不再是“证据之王”，民事证据呈现出多样化的形式。

一、民事证据的种类

民事证据，主要包括言词证据和实物证据两种。

（一）言词证据

言词证据是指以人的陈述形式表现案件事实的各种证据，如原告

①《清明集》卷五《户婚门·物业垂尽卖人故作交加》，第153页。

②《清明集》卷九《户婚门·库本钱·质库利息与私债不同》，第336页。

③《清明集》卷四《户婚门·争业上·随母嫁之子图谋亲子之业》，第125页。

的陈述、被告的供述和辩解，证人证言以及鉴定结论等。

由于原告是诉讼案件的直接当事人，对案件事实的了解详细具体，而且印象深刻，所以原告的陈述对于判断案件的性质、收集其他核实资料、揭露官府不法行为等，都有着重要的作用。官府一直允许和提倡被害人、被害人亲属及其他知情人控告违法犯罪的真相。宋太宗淳化四年（993年）十月，乡民牟晖击登闻鼓，诉家人丢失了一头小猪，太宗下诏赐千钱偿其值，并对宰相说："似此细事悉诉与朕，亦为听决，大可笑也，然推此心以临天下，可以无冤民矣。"可见宋代统治者是鼓励民众告发不法的。

（二）实物证据

实物证据是指以客观存在的物作为事实表现形式的证据。就宋代而言，主要包括书证、物证、鉴定结论等。

1. 书证

书证是以文字、符号、图画等所记载的内容来证明案件的书面文件。两宋商品经济和契约关系的发展，使得民事诉讼中文契、簿历、税丁籍等形式书证的证明力，越来越受到重视。宋太宗规定，买卖、典当庄宅必须有文契，以备发生诉讼纠纷的时候有据可查。"庄宅多有争诉，皆由衷私妄写文契，说界至则全无丈尺，昧邻里则不知闻知，欺周肆行，狱讼增益。请下两京及诸道州府商税院，集庄宅行人众定割移典卖文契各一本，立为榜样，违者论如法。"[①]南宋时，随着诉讼活动的增多，田契、税籍等在案件审理中使用更加广泛。"交易有争，官司定夺，止凭契约。"[②]"凡人论诉田业，只凭契照为之定

①《长编》卷二十四，"太平兴国八年三月乙酉"条，第542页。

②《清明集》卷五《户婚门·物业垂尽卖人故作交加》，第153页。

夺。”[①]“大凡田婚之讼，惟以干照为主。”[②]《清明集·户婚门》中许多田宅纠纷案件，都是以税籍、田契等作为最关键的证据。此外，宋代的书证还包括书信、定亲帖子、离婚书、族谱、遗嘱、初审判决所发“断由”及墓志铭等。书证之所以在民事诉讼中极为重要，是因为书证是在诉讼之前形成的，是对案件事实的历史记载，只要不是伪造，或经过篡改，其真实性毋庸置疑，而且所记载的内容可以相对保持长久。书证的证明力也有一定期限，宋律对此作了具体规定：

> 准法：诸典卖田宅，已印契而诉亩田步不同者，止以契内四至为定；其理年限者，以印契之日为始，或交业在印契之日后者，以交业日为始。又准法：诸理诉田宅，而契要不明，过二十年，钱主或业主死者，官司不得受理。[③]

2. 勘验、检查笔录

勘验、检查笔录是指在诉讼过程中，司法官员对与案件有关的场所、物品进行实地勘验、检查所作的记录。与书证、物证不同之处在于，勘验、检查笔录是案件调查过程中对调查所得的客观记载，而非原始的书证、物证。在《清明集·户婚门·田邻侵界》中，有受理官员为查清事实真相，带领田宅牙人、邻保等，亲自到地头勘查丈量，“得见其地头田段，疆画翼翼，殊不般杂”，从而确定是被告欲无理侵占原告田地。再参之以双方陈述及证人证言，最后判决两人依未争前疆界管佃，不得妄有争讼，并将勘查所画地图附在判

①《清明集》卷九《户婚门·取赎·伪作坟墓取赎》，第318页。
②《清明集》卷六《户婚门·争田业·争田业》，第179页。
③《清明集》卷四《户婚门·争业上·吴肃吴镕吴桧互争田产》，第112页。

词之前，呈交御史台。

二、民事证据的效力

现有案例显示，书证尤其是契约文书，对案件事实的认定，往往具有决定性的意义。官府出于经济管理的需要，将大宗交易，尤其是田宅等不动产交易，规定为要式行为，均须订立契约，并经官府投印过割始得有效。这给日后的诉讼提供了重要证据。很多判词都有关于书契效力优先的表述：

凡人论诉田业，只凭契照为之定夺。①

夫岂知民讼各据道理，交易各凭干照。②

在法：典田宅者，皆为合同契，钱、业主各取其一。③

殊不知交易有争，官司定夺，止凭契约。④

官司理断交易，且当以赤契为主。⑤

则官司只当以契据为证。⑥

大凡婚田之讼，惟以干照为主。⑦

交争田地，官凭契书。⑧

①《清明集》卷九《户婚门·取赎·伪作坟墓取赎》，第318页。
②《清明集》卷四《户婚门·争业上·吴肃吴镕吴桧互争田产》，第112页。
③《清明集》卷五《户婚门·争业下·典卖园屋无契据难以取赎》，第149页。
④《清明集》卷五《户婚门·争业下·物业垂尽卖人故作交加》，第153页。
⑤《清明集》卷六《户婚门·抵当·以卖为抵当而取赎》，第169页。
⑥《清明集》卷六《户婚门·争田业·争田业》，第179页。
⑦《清明集》卷六《户婚门·争田业·争田业》，第179页。
⑧《清明集》卷六《户婚门·争田业·王直之朱氏争地》，第185页。

理诉田产，公私惟凭干照。[①]

大凡官厅财物勾加之讼，考察虚实，则凭文书，剖判曲直，则依条法。[②]

值得提出的是，经官投印的“赤契”效力优于“白契”。如经过官府投印，白契即成为赤契，其证据效力可与正式的官府文书相同。虽然官府也认可私人间所订立的白契，但是，一旦出现证据矛盾，或证据链不完全等情况，白契往往不能单独成立，其证明力远不及经过官府认证的赤契。黄榦曾说：“私家非理之文约，而可以责人之必不背约邪？”[③]此处的“私家非理之文约”即是白契，对于白契要求当事人必须要遵守，是很难做到的。这也从反面说明其效力不及赤契，而在通常情况下，后者是必须遵守的。如“漕司送许德裕等争田产事”案，该案中，由于涉案证据前后历经五十七年之久，已经无法完全查证，而当事人所执之契约又为白契，故司法官范应玲对此不予认定。判曰：“纵有私约，非官文书，更历年深，何可照据？”[④]可见，与官方文件相比，白契的证明力较弱，如果没有其他证据与之相辅，很难单独定案。

《清明集》辑录的以下案例，从不同方面说明了证据的效力。

例一：原告莫如山称莫如江之父于分析家产时也分与自己一份，后来莫如江将其物业擅自出卖与王行之，属于“卖过已分卑幼物业”，

①《清明集》卷九《户婚门·取赎·过二十年业主死者不得受理》，第313页。

②《清明集》卷九《户婚门·库本钱·质库利息与私债不同》，第336页。

③《勉斋集》卷三十三《判语·客户杨三十四等论谢知府宅强买砖瓦》，第1168-369页上栏。

④《清明集》卷四《户婚·争业上·漕司送许德裕等争田产事》，第117页。

为此向官府呈告。官府经过调查，发现莫父分家时制作的文书内根本没有莫如山之名，而莫如江出卖物业的契约两年前已于官府投印，契内声明所卖物业“仍与房亲外人即无交加”，只不过该契内有原告莫如山知押而已。又因莫如山自己出示的田契系未经投印的白契，故司法官据此推断，此案系莫如山与莫如江合谋图赖王行之的物业。莫如山出示的白契，一方面与莫如江所执赤契发生矛盾，另一方面又没有分家关书给予相关证明。因此，司法官认为不足采信：“况其录白干照，既非经官印押文字，官司何可信凭？”① 该案凸显了白契在证据效力上的软弱性。

例二：赵焕将其兄赵宏托其照管的田业擅自献给县学及郡庠，既属无权处分，又反复献田。后赵宏之子赵永执安庆官府颁发的公文“干照”，主张该田业系其祖业，要求返还。范应玲审理此案时，面对的是：一方面，赵焕已将田产献出，并记录在案，不便轻易更改，“今田在官司，庄名贡士，其事已久，似未易动”；另一方面，赵永也持有安庆的公文“干照”，能够证明其所有权，而且其主张已经得到前审官员的认可。范氏经过权衡，认为“彼（赵永）执安庆公文，非无所据”，从而承认了“干照”优先效力于官府（献田）记录的效力，确定该田业为私人所有，当“给还原主”，同时也肯定了前审官员的意见。

此案反映了官府对于私人所有权的尊重：“既是祖业分明，官司难以拘执，使府照行，给付管业，可谓用意之厚，施行之当。”② 正是这种对私人所有权的尊重，使范应玲判决给还原主，同时也表现了官府

---

① 《清明集》卷五《户婚门·争业下·物业垂尽卖人故作交加》“物业垂尽卖人故作交加”条，第153页。

② 《清明集》卷四《户婚门·争业上·使州宋宜黄县张椿与赵永互争田产》，第101页。

的“干照”优先于同是官府公文的“献田记录”。

另外，书契的优先效力还表现在，如果没有相反的证据，则推定其真实有效。如《清明集》中“罗琦诉罗琛盗卖田产案”：罗琛将田产典卖与他人，“既有契字，又缴到受分关书”，属于“交易已正”，符合法定的交易要件。而罗琦则主张该田已由自己买断，系其弟罗琛盗去“干照”，而后又行典卖。但罗琦“并无片纸执手”，司法官“考之省簿，又是兄弟合为一户”，“复无稽考”，因此，无法确定罗琦所述是否属实。虽然司法官亦认为（罗琛）“盗卖之事，理或有之”，但因为没有确实证据，只能承认罗琛卖田契约的效力，判决“其田合与照契为业”。只不过，司法官考虑到罗氏兄弟二人系为一户的事实，最后判决于罗琛名下追讨一定的价钱给罗琦作为补偿，以示公平。[①]

三、书证的辨析与运用

宋代司法官员强调田契、税契等书证是民事诉讼尤其是田宅诉讼的关键。“契之不明，讼所出生……凡田讼，傅别、约剂不具者，一切不受。”[②]“凡人诉论田业，只凭契照为之定夺。”[③]各种文书，特别是各种买卖契约，如实反映了双方当事人成交时的情况，具有较强的证明力，所以在田宅等诉讼中，如果没有契约，一般不予受理。即使双方持有田契、税契等书证，也还需要辨别它的真伪。因为“利之所

①《清明集》卷四《户婚门·争业上·罗琦诉罗琛盗去契字卖田》，第102页。

②（宋）张方平撰：《乐全集》卷三十六《宋故龙图阁学士傅公神道碑》，载（清）永瑢、纪昀等撰：《钦定四库全书》第1104册《集部·别集类》，台湾商务印书馆1986年影印版，第1104-413页上栏。

③《清明集》卷九《户婚门·取赎·伪作坟墓取赎》，第318页。

在，虽微必争”[①]。为了一己之利，不法之徒“多用奸谋，规图昏赖，虽系至亲，不暇顾恤”，“或浓淡其墨迹，或异同其笔画，或隐匿其产数，或变易其土名，或漏落差舛其步亩四至”，[②]总之是想方设法让书证变得于己有利。这就促使司法官员在审理案件时针对各种不合规定的书契，采用不同的方法去辨析、核查，以求弄清事实。

（一）根据书契的签订背景及制作程序辨别

首先，要弄清楚双方在制定契约时是否都出于自愿，如果是一方明显以势胁迫另一方签订的契约，则不能作为证据使用。如《清明集》所载宋有论谢知府宅侵占坟地一案：宋有、宋朝英都是在谢知府的淫威下被迫画押立契的，并非自愿，所以契约内容“不可凭借”。

其次，分析书契内容是否详备。一般典卖契约均要写明立契人姓名、典卖顷亩、田色、四邻界至、产业来历、典卖原因、原业税钱、交易钱额、追夺担保及悔契惩罚等。如果上述内容有缺漏者，则该契约往往不实。如《清明集》所载高七一状诉陈庆占田一案：高七一所示干照，“内既无号数亩步”，又以白纸写单状于前，且无缝印。按官府规定，“凡立契交易，必书号数亩步于契内，以凭投印”。所以其干照只作空头契书，“非惟税苗出入可以隐寄，产业多寡皆可更易”，显是欺诈。[③]

最后，分析契约内容是否与事实相符。如《清明集》所载寡妇阿宋讼黄宗智占其产业一案：黄宗智等以嘉熙元年（1237 年）契约作为买得阿宋产业的证据，该契内无牙人，无阿宋知押，只有阿宋的两个儿子黄宗辉、黄宗显的签名，但黄宗辉系端平二年（1235 年）身死，

①《清明集》卷六《户婚门·争田业·陆地归之官以息争竞》，第 188 页。
②《清明集》卷五《户婚门·争业下·物业垂尽卖人故作交加》，第 152 页。
③《清明集》卷四《户婚门·争业上·高七一状诉陈庆占田》，第 103 页。

死者岂能立契？很明显契书是黄宗智伪造。[①]又如，程颢任泽州晋城知县时，富民张氏死未久，有一老翁来认领张氏之子，声称是其生身父亲。因无法辨认真假，张氏子随老翁一同至官府，老翁称子生时正好外出不在，妻贫无以养，某年某月张氏抱去，某人见之。程颢令其出示证据，老翁取来一药书，书后写有“某年月日某人抱儿与张三翁”。颢问张氏之子年龄，曰三十六，又问其父年龄，曰七十六。程颢反问老翁：“是子之生，其父年四十，人已谓之张三翁乎？”老翁骇然服罪。[②]无论伪造、变造契书的手段如何狡诈，终有思虑不周之处，总有与事实不符之处，只要司法官员认真分析，完全能找出其间不实之处。

（二）根据契约的外表辨别

由于年代久远，契约的外表如纸张颜色、墨迹等会发生变化，如果是模仿别人的字迹，也一定会有不同之处。司法官员如细心观察，从这些方面可以找到突破点。例如，江镐在审理一桩田讼案时，很快便发现一方当事人的契券系伪造，因为“若远年纸，里当白”，而这张契券“表里一色，伪也”。伪造者一讯即服，供认用水染纸伪作年代很久的契券。[③]再如，郎简知窦州时，“县吏死，子幼，婿伪作岳父契冒占其资，及子长，屡诉不直，乃讼于朝廷”。皇帝派郎简审理。郎简拿出县吏以前的旧牍问婿：“此尔翁书耶？”婿曰：“然。”又取伪券示之，两种字迹明显不同，婿服罪。[④]这是根据字迹断案的一个典型案例。

①《清明集》卷九《户婚门·违法交易·买主伪契包并》，第305—306页。

②（宋）郑克：《折狱龟鉴》卷六《核奸·程颢》，商务印书馆1937年版，第87页。

③（宋）李觏：《李觏集》卷三十《墓碑·宋故朝散大夫守尚书屯田郎中上轻车都尉赐绯鱼袋江公墓碑铭并序》，中华书局1981年版，第349页。

④《宋史》卷二百九十九《郎简传》，第9927页。

一般而言，文契内容填写无误，最后加盖印章。如果墨迹浮在印之上，则是先盖印然后再书写内容，这种契约往往不实。例如，侍御史章频知彭州九陇县时，眉州大姓孙延世作伪券骗夺族人田，久不能辨，转运使委派章频审理此案，章频发现墨迹浮于印上，“是必先盗印然后书”，以此审问，孙延世服罪。[①] 类似的案例还有元绛知永新县时所断土豪龙幸安占周整田一案。其所示契书上有周整母亲的手印，所以周整母屡告屡败，皆不得直。元绛到任后，整母又告龙幸。元绛视契，认为“日月在母氏印上，是必得母他牍尾印以续伪契”。据此审问，龙幸承认是伪造。[②]

有的伪造契书极为逼真，一般非专业人士无法确定，这就需要由公证机构——书铺来辨别。宋时有两种职能不同的书铺：一种专以刊书售书为业，另一种则专门承办各种公证事务。书铺始设的确切年月因无记载不得而知。据《作邑自箴》所言，至迟在宋徽宗政和年间地方书铺已经普遍设置。至于京城书铺，据《宋会要·选举》记载，至迟在宋仁宗庆历八年（1048 年）已经出现，此后历代用而不废。与司法诉讼有关的书铺的职能，主要表现在三个方面：其一，代人起草诉讼状及证明案件当事人供状；其二，验证田产买卖契约、定亲帖子等各种书证；其三，为各种书证的真实性提供证明。[③] 这里只论述其验证书证的职能。如在陈安节告陈安国伪造契约盗卖田地案中，司法官

---

①《宋史》卷三百一《章频传》，第 9992 页；又见《折狱龟鉴》卷五《察奸·章频》，第 78 页。

②（宋）苏颂著，王同策等点校：《苏魏公文集》卷五十二《碑铭·太子少保元章简公神道碑》，中华书局 1988 年版，第 786 页；相似记载又见《宋史》卷三百四十三《元绛传》，第 10906 页。

③ 参见戴建国：《宋代的公证机构——书铺》，载《中国史研究》1988 年第 4 期。

黄榦就是通过书铺辨验，判决陈安国伪写其弟之名着押，盗卖田产。为了进一步证实，黄“又映上书铺辨验”，亦肯定“供契上陈安前三字皆陈安国写”。[1] 得到书铺的确认后，黄榦判决陈安国瞒着母亲及弟陈安前伪写契约，盗卖田产。再如方伯达、徐应辰争山一案中，司法官翁甫将徐应辰所示契约“当厅令书铺辨验”，发现徐将祖上买契擦掉一行，填入“二保土名”四字，欲图包占方伯达已赎山地。但其“揩擦改写，字迹晓然”，此案遂顺利判决。[2]

宋代开设书铺须有保人，经官府籍定入册，由官府发给官印，受官府监督，而且在鉴定书证前需立赏罚状。这在一定程度上可以保证他们据实鉴定。所以司法官在无法确定书证外表的真伪时，往往由书铺进行鉴定，既可以保证案件审理的正确，又可以缩短审理时间。

以上简单论述了辨别真伪契约的几个方面，这是最常见、最容易发现的。司法官员在鉴别书证时往往不是只从一个方面着手，而是从不同的角度互相参见验证，以得出正确结论。如吴五三（即吴富）的父亲吴亚休将田典卖与陈税院之父，年岁久远，吴五三在其兄弟皆死后，妄造批约称先父已赎回田地。秋收时，吴强割禾稻，且反告陈税院不该告其强割禾稻，欲以此告陈税院强占田之罪。叶岩峰在审理此案时，发现吴五三所持砧基“止一幅，无头无尾”，不知为何人何时之物，一般砧基应首尾全备，此其一。其二，吴五三所执此约二纸，“烟尘薰染，纸色如旧，字迹如新”。而一般说来，“历年虽久，纸与墨常同一色”，故吴五三批约不可凭信。其三，陈税院拿出当年吴亚休所典契约和官府所发赤契，典卖田地乃嘉泰二年（1202 年）所为，

① 《勉斋集》卷三十三《判语・陈安节论陈女国盗卖田地事》，第 1168-375 页下栏。
② 《清明集》卷五《户婚门・争业下・揩擦关书包占山地》，第 159 页。

并于当年按印管业，割税，入户已有三十余年。吴五三称其父吴亚休已于嘉泰元年（1201年）赎回，并拿出陈税院父陈解元退赎所立两批约，皆是嘉泰元年八月二十日书押，“岂有二年方交易，元年预先退赎”之理？其四，吴五三与其兄弟们于嘉定八年（1215年）将上项田根并卖与陈解元，印契分明，“契内之兄弟商议卖故父亚休所典之田领钱尤分晓”。可见是父典于先而子卖于后，吴五三称其父于嘉泰元年就已赎回，荒谬至极。叶岩峰对书证的内容、外观等一一作了分析，互相参验，断定是吴五三欲诬赖诈谋陈税院，妄图重新占有田地。①

再如嘉熙三年（1239年）吴革判俞百六娘赎取其父俞梁生前出典田案，因契书真伪难辨，吴革遂托书铺辨验：

> 今索到戴士壬原典卖俞梁田契，唤上书铺，当厅辨验，典于开禧，卖于绍定，俞梁书押，复出两手，笔迹显然，典契是真，卖契是伪，三尺童子不可欺也。作伪心劳，手足俱露……所有假伪卖契，当官毁抹。②

又如建阳县民谢迪将女儿许配刘颖，已写定亲帖子，然谢家欲悔亲。刘颖告论到县衙，以谢家所写定亲帖子为凭，谢迪否认是谢家所写。县令刘克庄乃将定亲帖子交书铺鉴定，“谢迪虽不肯招认定亲帖子，但引上全行书铺辨验，见得上件帖子系谢迪男必洪亲笔书写”。刘颖主张成立。

①《清明集》卷六《户婚门·争田业·伪批诬赖》，第181—183页。
②《清明集》卷九《户婚门·取赎·孤女赎父田》，第315—316页。

书证属于实物证据的一种，但和物证仍有区别。前者是以物体上所记载的文字或者符号所表达的思想内容来证明案件的事实，后者是以物件的外形、质量、规格、特殊标志等来证明案件的真实。在宋代民事诉讼中，实物证据也是官府判断曲直的重要依据。如端平年间，杨迪功伪作坟墓取赎田产案中，杨迪功称所争田业有杨氏祖坟，欲赎回田业，所执伪契为官府识破。杨迪功又称土内有石碑可证。为了辨明杨迪功所举物证的真伪，官府派人亲到现场勘验，“见田蹊上有数块石聚其畔，称有墓铭。当问杨迪功，乃云已经年载，土内有石碑可照。渠令其仆人自掘入一尺土余，见石一片，约长尺四五许，凿数字其上。又无支书具载，土内有石，何缘而知之，此人情之不能无疑也”[①]。后查明，杨氏所提供的物证实际是“暗入石碑”，据此官府判杨迪功败诉。

为了查明事实真相，当事人的陈述，以及知情人、见证人所提供的与本案有关联的证词，都不应忽视。北宋时，某州豪吏李甲在兄亡之后，逼嫂改嫁，并诬告侄儿是其兄收养的异姓子，企图夺取全部家产。其嫂多次上告皆未获申。其后韩亿为该州知州，受理此案，派人找到以前的乳医，证明孩子绝非收养子，李甲败诉。[②]本案就是根据证人乳医证词定案。宋时证人称为“干证人”，或“干连证佐”。证人出庭作证，必须要作真实的客观陈述，如故作伪证，要承担法律责任，所以证人作证之前要在法庭立“罪赏状”。

在民事诉讼的审理过程中，对当事人双方争议的标的物——山林、土地、房屋、宅基等，可以进行测绘、丈量、勘验、检查。这在司法实践中是常见的，一般是委派主簿或者县尉负责。勘验官员到达

①《清明集》卷九《伪作坟墓取赎》。

②《乐全集》卷三十七《韩公神道碑铭》，第1104-422页上栏。

现场后，往往召集保正、乡邻以及当事人的宗族人等，与双方当事人一起当面查证。《清明集》有较详细的记载：

至正月二十二日，躬亲前去定验，得见其田头田段，疆画翼翼，疏不淆杂，仍与多方询访，得之众论，皆曰聂忠敏祖聂仕才元有田三段，计三号，自北而南，上流下接，总而言之，东至普门院山，西至黄推官及阿廖与张大宗、嗣宗田，南至阿黄田，北至车言可元买车迪功田，上件四至分明，但内有南畔一至，本是聂仕才田与阿黄田相抵。缘经界之初，聂家开垦土力不具，为西向田邻张大宗、嗣宗兄弟侵占耕作，后来张家兄弟相继倾亡，其家将所侵占田并己田同立契出卖，凡经数年，而后归诸蒙彦隆、韩国威之家。目今与阿黄田相抵者，乃蒙彦隆、韩国威之田也。当遂唤上田宅牙人陈达，同邻保等人，将车言可、聂仕才、蒙彦隆、韩国威四家毗连之田，对众从头打量。①

本案经过审判官员的实地勘察及听取证人提供的证词，而后作出了正确的判决。

由于宋代实行“不抑兼并，土地得自由买卖”政策，所以“人户交易田土、投卖契书及争讼界至，无日无之”②。司法官理断大量民事纠纷，尤其是户婚案件时，书证是其参用的主要证据，当务之急就是辨别书证的真伪，而“伪券之奸，世多有之，巧诈百端，不可胜察”。但是，“凡为巧诈，必有缺漏，推核已至，奸欺自露”。为此司法官对

①《清明集》卷五《户婚门·争业下·田邻侵界》，第155—156页。

②《宋会要·食货》三之一八，第4844页下栏。

于当事人提供的各种材料进行鉴定、分析，甚至亲自到田间地头实地调查、丈量，广泛听取知情人的意见，这对于案件的正确判断，无疑起到了重要的作用。

第五节 调解与判决

一、调解

宋代官府在审理民事诉讼的过程中，非常重视调解结案，调解在宋代司法术语中称为“和对”。一方面，调解可以避免当事人因卷入诉讼而必须付出额外的费用和耽误农业生产。正如黄震所说：“讼乃破家灭身之本，骨肉变为冤仇，邻里化为仇敌，贻祸无穷，虽胜亦负，不祥莫大焉。”[①] 胡颖也曾训诫小民：“且道打官司有甚得便宜处，使了盘缠，废了本业，公人面前陪了下情，着了钱物，官人厅下受了惊吓，吃了打捆，而或输或赢，又在官员笔下，何可必也。”[②] 另一方面，也是重要的原因，乃是出于儒家传统的“无讼”理想，词讼之兴有损封建伦理道德，伤风败俗。而“布宣德化，训迪人心”[③]，正是地方官员所承担的职责之一。所以，官员们在审理民事诉讼时，往往力劝当事人调解结案，“不宜再又纷争，以伤风教”[④]，并以此作为教化的一种方式。宋代的调解方式主要有以下几种。

①《黄氏日抄》卷七十八《公移一・绍兴府・词诉约束》，叶十六，乾隆三十二年刻本。
②《清明集》卷十《人伦门・乡里・乡邻之争劝以和睦》，第 394 页。
③《清明集》卷十《人伦门・兄弟・兄弟侵夺之争教之以和睦》，第 370 页。
④《清明集》卷十《人伦门・兄弟・兄弟侵夺之争教之以和睦》，第 371 页。

（一）官府调解

官府在审理民事诉讼的过程中，对于亲属之间的纠纷，尤其强调劝之以睦族之义，如胡颖在审理奉琮兄弟争论田产诉讼的书判中写道：“大凡宗族之间，最要和睦，自古及今，未有宗族和睦而不兴，未有乖争而不败。盖叔伯兄弟，皆是祖先子孙，血气骨脉，自呼一源。若是伯叔兄弟自相欺凌，自相争斗，则是一身血气骨脉自相攻尅。一身血气骨脉既是自相攻相尅，则疾痛病患，中外交作，其死可立而待矣。故圣贤教人，皆以睦族为第一事。”[①] 因此他力劝当事人和解：“请推官更加开譬折衷，在前如果有侵夺，私下各相偿还，自今以后，辑睦如初，不宜再又纷争，以伤风教。”[②] 又如沈百二、傅良两家原本邻里关系甚好，彼疆此界，初不计较，后因地界起争引起诉讼。官府在查明是非之后，告诫双方“邻里之间贵乎和睦”，并为之和解：“若沈百二仍欲借赁，在傅良亦当以睦邻为念。却仰明立文约，小心情告，取无词状申。”[③]

（二）乡曲亲戚宗族调解

在更多的情况下，官府并不直接调解，而是令双方当事人的亲戚、邻里、宗族人等从中劝和。刘克庄在德兴县董党诉立继事一案中，经过审理，查明本案曲直是非，虽则曲在董党养母一方，但因是继母与养子之间的争讼，事关伦常，“当以恩谊感动，不可以讼求胜”。所以劝令董党“亦宜自去转恳亲戚调停母氏，不可专靠官司”。[④]

---

①《清明集》卷十《人伦门·兄弟·兄弟侵夺之争教之以和睦》，第 369 页。

②《清明集》卷十《人伦门·兄弟·兄弟侵夺之争教之以和睦》，第 371 页。

③《清明集》卷六《户婚门·争界至·争地界》，第 199 页。

④（宋）刘克庄撰：《后村先生大全集》卷一百九十二《书判·德兴县董党诉立继事》，叶十一至十二，载张元济主编：《四部丛刊初编》第 1336 册，商务印书馆 1929 年重印本。

胡颖审理的李茂森赁人屋而擅自改建案中，李茂森租赁蒋邦先店舍，而遽行撤旧造新，蒋邦先有词到官。官府经审理查明情况后，劝告双方和解："两家既是亲戚，岂宜为小失大，押下本厢，唤邻里从公劝和，务要两平，不得偏党。"①

调解结案之后，双方当事人要写立"和对状"或"无词状"，即调解书，并要将"和对状"申官存案。双方当事人和对结案规定有期限，一般是五日左右，以避免出现久调不决。

（三）民间自行调解

有时，双方当事人发生纠纷之后，并不到官府起诉，而是由乡党宗族自行调解，官府亦承认调解的效力。如朱司户与族人朱元德因立继之事起争，在族人劝和下调解，订立和议状，并有一状申官保存。"朱司户在苫块之中，不欲争至讼庭，竟从族人和义，捐钱五百贯足与朱元德。此与可谓无名，其意盖图安静耳。朱元德已立领钱文约，又责立罪罚二千贯，文墨显然，合族乃朱修炳等一一签押于其后，亦有一状申缴在官矣。"事后朱元德悔约，又到官府起诉，官府认为："却谓亲约文书不可照用，有此理否？"故驳回朱元德的诉讼请求，判令"今后朱元德再词，定照和议状，追入罚钱断罪"②，从而肯定了协议的法律效力。但如果协议内容不合法，或恃强凌弱所订立的协议，官府不承认其法律效力。如叶岩峰判涂适道谋诈屋业案，乡村教师陈国瑞家贫无屋，典到沈姓房屋三间，有涂适道者欲诈取此屋业，引致纠纷，有乡邻亲戚为之调解，但调解之人"皆涂（适道）之党，阳与和对，阴行倾陷"，协议内容明显不公。陈国瑞父子柔懦，"似不能言

---

①《清明集》卷九《户婚门·赁屋·赁人屋而自起造》，第 335 页。

②《清明集》卷七《户婚门·立继·下殇无立继之理》，第 213—214 页。

者，一时为涂之亲戚所迫，竟侥首从和”。事后陈国瑞父子因“无所棲止”，遂不肯退赎离业。涂适道经县投词，官府认定协议内容“显见违法背义之甚”，判涂适道败诉，所订协议无效。[①]

官府在劝喻和对时，一般都强调“务要两平，不得偏党”，说明调解的基础，一是不得违背礼与法的要求，以维护封建的伦理道德与法律的权威，二是必须公平。所以协议须是双方当事人同意。不然，便只得以法判决，如以下判词所云，即调解不成则依法处断：

> 以两词人乃手足至爱，理为欲昏，特适然耳，便分曲直，恐至伤恩，未免力谕之和协。今两词坚执，王方又复屡经县催论，官司只得公心予决。[②]

二、判决

官府对民事诉讼双方当事人的权利争议进行审理之后，如果当事人不愿调解，官府便根据所查明的是非争议，依法进行判决。

（一）检详法条

民事诉讼的判决，是司法机关对案件审理后的判断与决定，是司法机构行使审判权的重要表现。宋律要求各级司法审判机关在对案件作出判决时，必须要根据和引用法律条文。为了做到正确适用法律，宋朝在司法制度上确立了“鞫谳分司”的原则，即负责审问案情的官员，只能对诉讼中的证据进行收集与判断，查明案件的事实，另由专

---

①《清明集》卷六《户婚门·争屋业·谋诈屋业》，第192—194页。

②《清明集》卷十三《户婚门·诬赖·假为弟命继为词欲诬赖其堂弟财物》，第512页。

门负责检详法律条文的官员，查出与案件有关的法律条文，提供给长官作为判决的依据。这种“审”与“断”由不同的官员负责的做法，对于保证判决的客观公正，起到了积极的作用。“鞫谳分司”的原则，对刑、民诉讼皆适用。南宋绍定元年（1227 年），平江府学田被人盗耕，平江府审理结束之后，检法官查出适用本案的法律条文如下：

律：诸盗耕种公私田者，一亩以下笞三十，五亩加一等；过杖一百，十亩加一等，罪止徒一年半。荒田减一等，强者各加一等，苗子归官主（原注：下条苗子准此）。

律：诸妄讼公私田，若盗贸卖者，一亩以下笞五十，五亩加一等。过杖一百，十亩加一等，罪止徒二年。

敕：诸盗耕种及贸易官田（原注：泥田、沙田、逃田、退复田同官荒田，虽不系籍亦是）各论如律。冒占官宅者，计所赁坐赃论，罪止杖一百（原注：盗耕种官荒田、沙田罪止准此），并许人告。

令：诸盗耕种及贸易官田（原注：泥田、沙田、逃田、退复田同）若冒占官宅，欺隐税租赁直者，并追理，积年虽多至十年止（原注：贫乏不能全约者每升理二分），自首者免，虽应召人佃赁仍给首者。

格：诸色人告获盗耕种及贸易官田者（原注：泥田、沙田、逃田、退复田同）准价给五分。

令：诸应备尝而无应受之人者，理没官。[1]

---

①（清）缪荃孙辑：《江苏金石志》目十五《给复学田公牒记一》，叶三十二至三十三，载《石刻史料新编》（第一辑第十三册），新文丰出版社 1977 年版，第 9822 页下栏至第 9823 页上栏。

负责检法的官员查出与案情有关的法律条文之后，如何判决仍需长官亲自判定。如《清明集》卷七《立继有据不为户绝》中，司法参军就一继承案检出有关的法律条文并拟出判决意见后称："所有案官引用户绝分拨女分之拟，本司难于检断，仍乞备申仓台照应。管见如此，取台判。"由于县级司法机构简单，并无严格的"鞫谳分司"，主簿或县丞审理并拟判后，必须报请县令定判。如《清明集》卷九《主佃争墓地》案，便是由主簿拟判呈请县令定判，"案具定断事理申，更取自县衙斟酌施行"。知县根据主簿的拟判作出判决："主簿言之详矣。阑丧、殴人之罪，合与科断，吴春、吴辉从轻勘杖六十，余照主簿所拟行。"长官不仅亲自决断，并且须承担错判的责任。

（二）断由制度

官府作出民事判决之后，要制作"断由"（判决书）发给当事人，断由中要说明案情的缘由，诉讼请求、争议的事实和理由，判决认定的事实和适用的法律条文等内容。实行断由制度的最初用意，在于防止人户轻易越诉。宋高宗绍兴二十二年（1152 年）五月七日臣僚言："今后民户所讼，如有婚田差役之类，曾经结绝，官司须具情与法，叙述定夺因依，谓之断由，人给一本，如有翻异，仰缴所给断由于状首，不然不受理。使官司得以参照批判，或依法移索，不失轻重。将来事符前断，即痛与惩治。"高宗还宣谕宰臣："自来应人户陈诉，自县结断不当，然后经州，由州经监司，以至经台，然后到省。今三吴人多是径至省，如此则朝廷多事，可依奏。"①

断由制度仅适用于"婚田差役之类"的民事诉讼，其立法之用

①《宋会要·刑法》三之二八，第 6591 页下栏。

意，最初虽主要是为了防止人户越诉，其后更起到防止官员舞弊、保障民事诉讼正常进行的作用。宋光宗绍熙元年（1190 年），臣僚奏言将断由制度的作用说得非常明白：

州县遇民讼之结绝必给断由，非固为是文具，上以见听讼者之不苟简，下以使讼者之有所据，皆所以为无讼之道也。比年以来，州县或有不肯出给断由之处，盖其听讼之际不能公平，所以隐而不给。其被冤之人或经上司陈理，则上司以谓无断由而不肯受理。如此则下不能申其理，上不为雪其冤，则下民抑郁之情皆无所而诉也。①

为此立法重申，作出民事判决之后，必须当场出具断由：

诸路监司郡邑，自今后人户应有争讼结绝，仰当厅出给断由，付两争人收执，以为将来凭据。如元官司不肯出给断由，许令人户经诣上司陈理。其上司即不得以无断由不为受理，仍就状判索元处断由，如元官司不肯缴纳，即是显有情弊，自合追上承行人吏，重行断决。②

宋宁宗庆元三年（1197 年）三月规定，民事诉讼在判决之后三日内，必须发给断由：

①《宋会要·刑法》三之三六至三七，第 6595 页下栏至第 6596 页上栏。

②《宋会要·刑法》三之三六至三七，第 6595 页下栏至第 6596 页上栏。

限三日内即与出给断由。如过限不给，许人户陈诉。[①]

在南宋的司法实务中，断由制度基本上为各级官府所执行。《清明集》中，有不少案例是二审或三审的民事诉讼，其中多处提到断由之制，如：

卷四《吕文定诉吕宾占据田产》案："当厅读示，给断由为据。"

卷八《嫂讼其叔用意立继夺业》案："瓯宁县寡妇张氏论叔范遇争立继夺业事，看详诸处断由。"

卷一三《挟雠妄诉欺凌孤寡》案："合给断由付陈兴老收执，以为永远之照。"

卷一三《以累经结断明白六事诬罔脱判昏赖田业》案："陈铁虽经运司番诉，而未有明证，宜谯运使皆依赵知县所断，给据断由，与黄清仲为业也。"

断由制的实行，对于维护民事诉讼当事人的诉讼权利，无疑具有积极作用。

第六节　民事上诉制度

依照宋律，当事人对一审的民事判决不服，有权向上一级司法机构提起上诉。上诉权是民事诉讼当事人的一项重要诉讼权利，官府必须依法保障当事人行使上诉权。

① 《宋会要·刑法》三之三七至三八，第6596页。

一、上诉的程序与方式

（一）逐级上诉

民事起诉以县为第一审，所以上诉是从州（府、军、监）衙开始，然后是监司，再次是户部、御史台、尚书省和登闻鼓院。按宋律，民事上诉必须根据此顺序进行。“人户讼诉，在法：先经所属，次本州，次转运使，次提点刑狱，次尚书本部，次御史台，次尚书省。”①如果轻易越诉，官府不予受理。经过以上上诉程序案情仍未解决，当事人还可以诣登闻鼓院进御状。北宋前期，当事人已可通过鼓司与登闻院进御状，至道三年（996 年）七月已有“诸州吏民诣鼓司、登闻院诉事”的规定。②宋仁宗天圣八年（1030 年）八月一日诏：“所有争论婚田公事，今后并仰诣登闻鼓院投进。”③根据宋代史料，有的民事上诉至皇帝后，仍批示有关机构审理，如太宗时，“开封女子李尝击登闻鼓，自言无儿息，身且病，一旦死，家业无所付”。太宗诏：“本府随所欲裁置之。”④此例是当事人亲自击登闻鼓上诉。另据宋代史料，民事纠纷财产标的数额巨大的，由皇帝亲自“当奏听裁”。如仁宗天圣中期，“雄州民妻张氏户绝，有田产于法当给三分之一与其出嫁女，其二分虽有同居外甥，然其估缗钱万余，当奏听裁。仁宗曰：‘此皆细民自营者，无利其没入，悉以还之。’”⑤。由皇帝直接过问民

①《宋会要·刑法》三之三一，第 6593 页上栏。

②《宋会要·刑法》三之一三，第 6584 页上栏。

③《宋会要·刑法》三之一七，第 6586 页上栏。

④《宋史》卷一百九十九《刑法志》，第 4969 页。

⑤（宋）范镇撰，汝沛点校：《东斋纪事》卷一，中华书局 1980 年版，第 5 页。

事案件，实属少见，但也反映了皇帝对民事诉讼的重视，同时也说明随着宋代君主专制主义中央集权体制的强化，皇权对司法权的控制也进一步强化。

由于宋代民事诉讼没有设定审级的限制，民事当事人有很多上诉的机会，这对减少冤抑起到了很好的作用。但因之而又生出另一弊端，即有的当事人明知理屈，仍然希图侥幸，任意上诉，甚至无理缠讼，以致有的民事案件经多次上诉仍未能结案，严重影响了对方当事人的正常生活，对社会的安定极为不利。

（二）上诉方式

民事上诉的方式，主要是由当事人向上级司法机关提起。提起上诉并须提供上诉状。朱熹知潭州时发布司法文告《约束榜》，规定上诉到潭州必须持有书状，“官人、进士、僧道、公人（原注：谓诉己事，无以次人，听自陈）”等，可以“听亲书状”，其余民户则“并各就书铺写状投陈”。上诉书状与原告向第一审司法机关提起诉讼的起诉状相似，其目的同样是行使诉讼上的权利，以维护自己的合法权益。不同之处在于：上诉人要求的不但是对自己的权利加以确认，而且是变更原审司法机关的裁判。所以，上诉状的内容要写明上诉人的姓名、年龄、地址，已是第几次起诉，上诉的理由等。如朱熹《约束榜》对上诉到潭州的诉状格式及内容规定：

> 状式：某县某乡某里姓名；一、年几岁，有无疾荫，合为状首，堪任杖责，系第几状；一、所诉某事，合经潭州；一、即不是代名虚妄，无理越诉，或隐匿前状，如违，甘伏断罪号令。右某（原注：入事。明注年月，指涉某人某事尽实，限二百字）。

须至具状披陈，伏候判府安抚修撰特赐台旨。[①]

按照宋代法令，各级司法机关审理的民讼案件结绝之后，要发给当事人断由（判决书），当事人上诉时要附上断由，否则不受理。但有的民事纠纷起诉到县衙以后，已过审判期限而县衙仍未结案，当事人亦可到上级司法机构提起上诉。宋孝宗乾道二年（1166年）规定，民事诉讼“在州县半年以上不为结绝者，悉许监司受理”[②]。宋宁宗庆元年间规定，县衙审理民事诉讼的时间不得超过五天，过时未予结绝，当事人即可上诉。在县衙未能结绝的民事诉讼，自然没有断由附同上诉状一齐递交上诉审。朱熹《约束榜》规定，此类上诉状中必须说明经县未予结绝的原因、经过等情况，不然要予以惩治：

今仰民户经由书铺依式书状，仍于状内分明声说的于某年月日经县陈诉，已经几日，本县不结绝，以凭行遣。如不明注经县月日，或不候限满，妄称已过所立日限陈述。致追承行人到州，见得元经月日未及，其人户连书铺并行收坐，仍毁劈书铺名印。[③]

在递交上诉状时，如有“干照契据”等书证也要连状递上，新的事实和证据“未尽因依”，应在上诉状中说明，“听录白连粘状前”。[④]

对于初审判决的再次审理纠错，在当时多称为“翻诉”。

①《晦庵先生朱文公文集》卷一百《约束榜》，第4633页。

②《宋会要·刑法》三之三二，第6593页下栏。

③《晦庵先生朱文公文集》卷一百《约束榜》，第4630页。

④《晦庵先生朱文公文集》卷一百《约束榜》，第4631页。

二、上诉案件的审理

上级司法机关受理民事上诉案件之后，首先要对案情进行分析，凡事实清楚、适用法律有错误的案件，即由上诉衙门直接作出裁判。对于疑难或事实不清的案件，往往委派所管辖的下属官司审理。上诉审在开庭审理前，往往会提前三日，贴出开庭通知，上诉人必须按时出庭受审，在规定期限不出庭则视为自动放弃上诉。“省、台、部耳以及所在诸司，凡送下州县词诉，必待词主出官而后施行。门示三日，词主不到，则徼回元牒，此定格也。”①

在宋代司法制度中，有一条非常值得赞扬的举措，就是民事上诉案绝不能交由原审司法机关审理，以防止官员徇私舞弊。如果违反这一规定，当事人可以向上级越诉，“诸受诉讼应取会与夺而辄送所讼官司者，听越诉，受诉之司取见诣实，具事因及官吏职位姓名、虚妄者具诉人，申尚书省”②。违法官吏要“重行黜责”。

上诉到州（府、军、监）级司法机关的民事案件，按法由知州指派属官审理，“诣州诉县理断事不当者，州委官定夺”③。根据这一规定，知州或是委派州的民事审理机构即州院审理，或是将案件委送非原审县衙的另一属县的县令审理，令其审理之后拟出判决意见再申报知州。如《勉斋集》所载曾潍、赵师渊两家田产纠纷案，告论到官府后，官府判赵师渊胜诉，曾潍不服所断，提起上诉，知州将此上诉案

①《黄氏日抄》卷七十五《申明·申诸监司乞给照由付词人赴所属官司投到理对公事理对状》，叶十一，乾隆三十二年刻本。

②《宋会要·刑法》三之二六，第6590页下栏。

③《宋会要·刑法》三之二六，第6590页下栏。

发下属县审理，受命审理此上诉案的是县令黄榦。在查明案情作出拟判后，又“备申使州”。[1]按法，不论是州院的录事参军，还是本州辖县县令所作的拟判，最终都由知州本人决定如何裁判，并承担民事审判的责任。

上诉到监司的民事案件，须送交邻州审理：“若诣监司诉本州者，送邻州委官。”李光在《庄简集》卷二八《靖州通判胡公墓志铭》中，提及南宋初年在宜春发生的一起民事案件，因县断不当，当事人上诉于州，被州驳回，又向宪台（提刑司）上诉。提刑司受理此案后，移送邻州临江军审理。当时任临江军司法参军的胡份，“得宪台移文，取读之，则宜春县断牛讼未直也”。最后由胡份对此案公正地进行审理和判决。

户部受理民事上诉之后，一般也是转送非原审机构的地方监司或州郡审理。宋宁宗时期的户部侍郎李珏，曾说起“置籍稽考诸路监司并州郡承受本部委送民讼”的情况：[2]上诉审在审理民事上诉案件时，适用第一审的审理程序。在审理的过程中，也可以调解结案。上诉审终结后，如认为原判事实清楚，适用法律正确，当即判决驳回上诉，维持原判。认为原判有错误者，依法作出变更的判决。

①《勉斋集》卷三十二《判语·曾潍赵师渊互论置曾挺田产》，第1168-363页上栏。

②《宋会要·刑法》三之四一，第6597页下栏。

第七节　民事执行制度

一、执行的机构

当县衙作出一审判决以后，即可由县令委派主簿、县尉等属吏通知败诉当事人应当自动履行义务，对于无故而违者，官府依法采取强制执行措施，以维护胜诉一方的合法权益。《清明集》有云："本县虽曾委主簿摽迁，以桑地还朱氏，以屋基还王直之。"① 上诉审判决后，既可委派一审司法官员执行，也可由上诉审机构直接委派官佐执行。如南宋后期建阳县民人江瑞、江禧因继承纠纷引致诉讼，上诉到知府衙门，审理后作出判决，准备让建阳县尉执行，"帖委建阳县尉从公检校申，限十日"。但知府衙门经过再三考虑，认为"照得上件事争诉日久，今若委县尉检校，或有差出，恐致拖延，又惹词诉"。最后决定由府衙委派官员执行："欲就府委官一员前去，唤上江宅干人，取索砧基簿，集本族尊长，从公点对，从条检校，径行均作三分，就县厅同所委官及房长捻拈开具供申，照限十日。"②

二、执行的方式

一般的做法是，比较简单的民事案件，官府作出判决后，如能

① 《清明集》卷六《户婚门·争田业·王直之朱氏争地》，第 186—187 页。

② 《清明集》卷八《户婚门·立继类·命继与立继不同（再判）》，第 267 页。

当堂解决即当堂结绝。涉及比较复杂的财产关系，以及当事人故意拒绝，或逃避履行义务时，官府往往是派出官佐约集当事人及其乡保、宗族、邻人等，共同强制执行。在《清明集》中有如下两案：其一，龚敷与游伯熙争地案，官府判定“是则游伯熙用意包占龚敷地段分明”，并决定强制执行，“合押两争人到地头，集邻保从公照古来堑界摽迁，付两家管业。今据龚敷所陈，乃称古来活树篱堑，已被游伯熙锄斫，然亦须有锄斫踪迹可考，并仰从公指定摽迁，不得观望。如再惹词诉，定追邻保勘断”。[1] 其二，翁甫判何德懋家产分析之讼：“案即今监族长并监乡司根刷何氏见在物业，索出产簿参对，与作两分均分，置立关书，析开户眼，当官印押，以绝两家之讼。”[2]

根据判决，败诉人应赔偿胜诉方钱财而不履行时，官府要强制追索，如当事人没有偿付能力，牙人、保人要共同承担责任。如《清明集》中魏峻典卖众分田宅案，官府判：“如魏峻监钱不足，照条监牙保人均备。”[3] 没有偿付能力，也无保人可以承担者，可改判以刑惩：“在法：债负违契不偿，官为追理，罪止杖一百，并不留禁。”刑惩之后，即予释放。在执行过程中，如发现欠负人根本没有财产可以清偿债务，官府可以决定终止执行，如以下案例：

李五三兄弟欠负主家财本，官司固当与之追理，但其家既素无生业，其父因饥荒而投托于公才之家，恐黄公才未必遽然以数百千付于其手。必是逆料其如饥鹰附人，饱则扬去，故邀其假立文约领钱，以为羁縻之术耳，不然，则不应如是之轻率也。今本

---

①《清明集》卷五《户婚门·争业下·揩改文字》，第154页。

②《清明集》卷五《户婚门·争业下·僧归俗承分》，第139页。

③《清明集》卷九《户婚门·违法交易·母在与兄弟有分》，第302页。

府押其兄弟下县监纳，已数阅月，更无一钱以偿之，啼饥号寒，死已无日，纵使有欠负，亦已无可责偿，况未必是实乎！在法：债负违契不偿，官为追理，罪止杖一百，并不留禁。今观其形容憔悴如此，不惟不当留禁，杖责亦岂可复施？合免监理，……[①]

经上诉审改判后的执行，需要根据具体情况处理。如果改判前尚未执行判决，即按照新的判决执行，如原判决已经执行，则通过执行回转程序进行处理。如《清明集》中胡应卯、曾爚互论赎园及争采桑叶案，胡应卯向县衙起诉，要求赎回典给曾知府的萧屯园屋，但并无一字干照，县判胡应卯收赎，“与之出据管业”。曾爚不服上诉，上级审判机构审理后，认定县判有误，作出改判：

所有胡应卯所论曾爚赎萧屯园屋，既无契据，难以收赎。县司先来所给无凭公据，合缴回县案收毁。……所争桑叶，据供系胡应卯父子带领裴丙子等采去，今园既还曾知府，则地利合入有理之家，案后追裴丙子供对，理还曾知府宅。[②]

民事诉讼中的强制执行，主要是对司法判决不能落实而采取的措施，一般不采用刑罚手段。但如当事人涂改、伪造契据，尤其是执行程序中，败诉当事人拒不履行判决，恣行强横者，官府亦可处以刑罚。如刘克庄判桂节夫、周氏、阿刘诉潜彝侵占田产案，潜彝父子骗人田产，巧取豪夺，经官府判决之后，不肯履行义务。

①《清明集》卷九《户婚门·争财·欠负人实无从出合免监理》，第338—339页。
②《清明集》卷五《户婚门·争业下·典卖园屋既无契据难以取赎》，第150—151页。

如挟取周氏、阿刘孤儿寡妇之业，已经官司定夺，尚执契书，不肯还人，及送有司鞫实，仅还两契，犹有还不尽者。当职所至，未尝罪一士人，然潜彝倚赦拒追，三两月而后出，其收执违法契字。不伏赍出。

此案判处“勘断枷项，押下本县号令”。虽因发生在赦前，照规定应“引赦免断”，即应该处刑的部分可以免除，但民事部分则坚决执行，“所买无上手，不可行用，契二纸拘毁入案。桂节夫照砧基管业，放，仍榜贵溪县市”[①]。

又如黄清仲昏赖田业案，“自此部断、府断、西通判审断，转运司、本司结绝，皆断田还陈氏，而治黄清仲等之强割田苗矣”。黄清仲恣行强横，仍然强占已断之田，“佃户来耕，则聚众而打散之，或布种既熟，则聚众而强割之。县司行下椿留，则保甲不敢收；行下供对，则保甲不敢近；委县尉勾追，则聚众打损其承人。强割他人布种田苗四年，虽曰监还，其颗粒不复纳还”。黄清仲的作为骚扰善良，紊烦官府，诬罔上司，判处“勘杖一百”（但照赦免断）。“如日后再敢强割田苗，定照律条计脏决配施行”。以上两案，是用非常程序排除执行中的障碍。

宋代的民事执行制度，起到了保障判决得以履行的积极作用。

①《清明集》卷十三《惩恶门·诬赖·以累经结断明白六事诬罔脱判昏赖田业》，第509—511页。

第八节　宋朝民事诉讼制度的基本特点

一、重视依法判决民事案件

宋朝为了在司法中做到准确地适用法律，创造了“鞫狱分司”的制度，此项制度也适用于民事诉讼。在《名公书判清明集》所载的民事诉讼判词中，首列“按法、在法”，并引用法律条文，而后才是判词，以显示本案是依法判决的。此种判决体例仅见于宋朝，说明了《唐律疏议》所规定的“断罪引律令”在宋朝的司法实践中得到进一步落实。

二、保护私权益，卑幼可以控告尊长

宋朝商品经济的发展，也带动了意识形态的变化，出现了功利主义的思潮，提倡义利并重，反对重义轻利。尽管宋朝总体上仍然是重公权轻私权，但在义利并重的风气影响下，也重视保护普通老百姓合法的财产权益。民事诉讼中允许卑幼对于尊长分产不公之类的行为上诉官府，对簿公堂。官府根据法律作出判断，这是唐朝所没有的。

三、总结审判与勘验的经验

两宋法制建设的成就不仅表现为制定了具有时代特色的《宋刑统》和《庆元条法事类》，而且提倡总结司法实际经验，出现了《折狱龟鉴》《棠阴比事》《名公书判清明集》和《洗冤集录》等著作。

郑克撰《折狱龟鉴》，该书对中国历史上有关决狱和司法检验的案例作出分析评述与总结，表达了作者“尚德缓刑”、严防枉滥的主张，以及对于昏官酷吏“深文峻法，务为苛刻”的痛斥，是研究中国古代司法的重要参考资料。在《折狱龟鉴》的基础上，桂万荣编著的《棠阴比事》“凡一百四十四条，皆古来剖析疑狱之事”。该书从执法、断狱、量刑、司法检验等各方面总结历代司法审判的经验与教训，受到理宗皇帝的褒奖，因而流传广泛，很早就被翻译成日文出版。

《名公书判清明集》是一部民事判牍汇编，辑录朱熹、真德秀等28人所作的判词。现仅存“户婚”一门，判词不仅反映了依法判案的实际情况，同时也表现了遵法、明理、原情三者的统一观点。

宋慈撷前人著作中有关法医检验的案例，结合自己的实践经验，编成《洗冤集录》，共五卷，五十三目。它是对中国古代法医学的全面总结，既是中国最早的一部比较完整的法医学著作，也是世界上第一部法医学专著。其书一出，立即由钦命颁行全国，成为南宋办理命案官员必读之书，而且被后世奉为“金科玉律”。

第五章

元朝的民事诉讼制度

元朝是蒙古贵族联合汉族地主阶级及其他少数民族上层分子共同建立起来的封建王朝。这个王朝是以军事征服的手段建立的，因而带有军事专政的色彩。并且，由于在蒙古贵族掌握下，并以蒙古族为主体，因而又带有鲜明的民族色彩。

经过两宋与辽金的长期对峙、交战，最终由元朝实现了统一，形成了疆域空前辽阔，民族关系、阶级关系十分复杂的国家。元朝统一国家的出现，使得被战乱破坏的凋敝的社会经济，有了走向恢复与发展的客观条件。尽管元初将落后的生产方式推行到广大中原地区，并通过大量括田、括马、括户，使农业经济遭受严重的破坏，自耕农的数字也急剧下降，但至世祖、成宗时期，社会经济仍然沿着迂回曲折的道路，取得了新的发展。尤其是商品经济与财产关系呈现出复杂化的趋势，从而推动了民事关系的进一步法律化。

不仅如此，在蒙古贵族的统治下，内迁的少数民族增多，各民族在经济、文化、宗教上的交流空前活跃，生活上的接触也日益密切，以至在婚姻、田宅、钱债各方面产生了新的民事法律活动，并不可避免地发生民事法律纠纷。元代史书所载“诸民讼之繁，婚田为甚”①，反映了元朝真实的社会状况。为了解决民间的大量民事纠纷，统治者

① 陈高华等点校：《元典章》卷五十三《刑部十五 · 诉讼 · 听讼 · 至元新格》刑 526，中华书局 2011 年版，第 1748 页。

力图运用法律的手段加强调整，以建立起必要的法律秩序，于是又推动了民事诉讼法律的发展。在元朝的法典中，第一次出现了“诉讼”专篇，这不仅是法律编纂体例上的进步，也是元朝所处的时代特点加给法制的明显烙印，这在中国古代法制史上无疑是一个重要的发展。

元初，“百司断理狱讼，循用金律”①，至世祖时，鉴于统治全国的需要，采纳汉官提出的“遵用汉法”“附合汉法”的建议，开始编纂以唐宋法律为基础，并参用蒙古习惯法的元朝法律。至元二十八年（1291 年）颁行的《至元新格》，是元朝统一后颁行的第一部法典。元英宗至治三年（1323 年）制定的《大元通制》，是元朝最重要的立法成果，其主要内容保留在《元史・刑法志》中。此外，还颁行了《大德律令》《通制条格》《赃罪十二章》《风宪宏纲》等重要法规。保留至今的《元典章》《通制条格》，也含有一些元朝后期的法律。

元朝法律的形式以条格、断例为主，内容庞杂。对于民间民事行为的调整，除法律外，多依据流行于民间或各族间的习惯法。

第一节　司法机关

自 1206 年成吉思汗建立蒙古汗国起，有元一代的司法官统称为断事官，分为断事官、大断事官和最高断事官。其执掌在不同时期虽有所变动，但理狱断刑之职是不变的。断事官的制度也适用于军事、宗教以及贵族封地以内。

在军队中设于蒙古军、探马赤军、汉军中的奥鲁官，也负责决断

① (明) 宋濂等撰:《元史》卷一百二《刑法志一》，中华书局 1976 年版，第 2603 页。

军户的狱讼。

随着蒙古汗国疆域的扩大，原有的旧例已不适应调整广大中原地区诉讼的需要，因而采取蒙汉分治，即以蒙例治蒙人，以汉法治汉人的政策，由此而形成了多重管辖的司法体制。

元世祖忽必烈建立元朝以后，开始倚重汉族地主阶级及其谋士，积极推行“汉法”，并在充分保障蒙古贵族特权地位与“本朝旧俗”的前提下，创建适应蒙汉地主阶级联合专政的中央集权的行政体制，以及与此相适应的司法机关与管辖制度。元朝的司法机关基本上仿宋制，但由于元朝统治的民族特点而有所调整。

一、中央司法机关

（一）大宗正府

大宗正府设于至正二年（1342年），以亲王为府长，即大断事官，以下所属断事官多达数十人，主要执掌蒙古人尤其是蒙古上层人士与色目人的诉讼案件。据《元史·百官志》，大宗正府“会决庶务，凡诸王驸马、投下蒙古色目人等，应犯一切公事，及汉人奸盗诈伪，蛊毒魇魅，诱掠逃驱，轻重罪囚及边远出征官吏，每岁从驾，分司上都存留，驻冬诸事悉掌之”。大宗正府审断的人命重案，“必以汉字立案牍，以公文移宪台，然后监察御史审覆之”[①]。至元中叶以后，大宗正府的部分审判权转归刑部和地方官府，其只负责审理上都、大都所属蒙古人、怯薛（宿卫）、军站、色目与汉人相犯的案件，执掌的范围较元初缩小，反映了司法分工的发展。

①《元史》卷一百三《刑法志二·职制下》，第2632页。

（二）刑部

刑部是中书省下辖的机构，元初于中书省设断事官执掌行政与司法，后以刑部为最高司法行政与最高审判机关，设尚书、侍郎、郎中、员外郎等官职。“掌天下刑名法律之政令。凡大辟之按覆，系囚之详谳，孥收产没之籍，捕获功赏之式，冤讼疑罪之辩，狱具之制度，律令之拟议，悉以任之。”[①] 刑部职权的扩大和元朝废置大理寺有关，如同沈家本所说：“元不设大理寺，始于刑部置狱。”[②] 其主要职能虽在审核重罪，解答疑案，拟颁法律，而很少审理案件，但民事纠纷案也可能会转到刑部。一如地方官在审理民事案件中，有疑难或无可引用之法律和先例时，将申报刑部，再按刑部所作法律解释或颁布新法律后判决。另如诉讼者对判决不服可能上诉至刑部。元代审判权限虽然有分，但却可以一直上诉至皇帝：“诸陈诉有理，路府州县不行，诉之省部台院，省部台院不行，经乘舆诉之。”[③]

在民族统治与军事专政的政治背景下，有关蒙古贵族、僧侣、军官的犯罪案件，刑部不得审理，而移其权于大宗正府及有关的审判机关。此外，户部对民事案件也有一定的审理权，但由于民事诉讼常常附属于刑事诉讼，因此涉及刑事部分需会同刑部共同审理。又据《元史·百官志》，礼部有“婚姻继续之辨”，在涉及婚姻家庭及继承的民事案件处理时，礼部也拥有较大的法律解释和裁决权力。

（三）御史台

御史台始建于元世祖至元五年（1268 年），为中央监察机关，其

---

①《元史》卷八十五《百官志一·刑部》，第 2142—2143 页。

②（清）沈家本撰，邓经元、骈宇骞点校：《历代刑法考·历代刑官考下·元》，中华书局 1985 年版，第 2002 页。

③《元史》卷一百五《刑法志四·诉讼》，第 2671—2672 页。

主要职责是“为天子耳目，凡政事得失，民间疾苦，皆得言；百官奸邪贪秽不职者，即纠劾之”[①]。御史台设殿中司，执掌朝廷礼仪制度；设察院，充当皇帝耳目；设肃政廉访司，督察地方官府的违法行为。同时还复按各路已结案件中的有疑问题，受理基层官民依理陈告的案件。元朝在御史台下设置派出机关行御史台，并将全国划分为二十二道监察区。临近“腹里”地区又划分内八道监察区。御史台的地位是与中书省、枢密院并列的。据《元史·百官志》所载：“总政务者曰中书省，秉兵柄者曰枢密院，司黜陟者曰御史台。”元世祖忽必烈说：“中书朕左手，枢密朕右手，御史台是朕医两手的。”[②]

（四）枢密院

枢密院是元朝最高军事机关，在军政合一、军民共管的体制下，除主管军机大事外，还兼理狱讼。枢密院设断事官八人，“掌处决军府之狱讼”[③]。同时还参与有关军民、军政诉讼案件的“约会”。

（五）宣政院

宣政院是最高宗教审判机关，由帝师兼领主管之职，有权直接参与和管理僧侣的狱讼，以及僧俗刑民案件的“归问”与裁断。“皇庆二年，省官、宣政院一同商量了，帝师根底听过，上位根底奏，奸盗诈伪致伤人命，但犯重刑，管民官问者。其余和尚自其间，不拣什么相争告的勾当有呵，本寺住持的和尚头目结绝者……依着皇庆二年众人商定，皇帝根底奏了行来的圣旨体例决断。”[④]

由于元朝统治者崇奉宗教，因此佛道首领也参与某些司法审判

①《元史》卷一百六十三《张雄飞传》，第3820页。

②（明）叶子奇撰：《草木子》卷之三下《杂制篇》，中华书局1959年版，第61页。

③《元史》卷八十六《百官志二·枢密院》，第2156页。

④《元典章》卷五十三《刑部十五·诉讼·问事·僧俗相争》，第1759页。

活动。如“诸僧道儒人有争，有司勿问，止令三家所掌会问”，即所谓“儒道僧官约会”。如诸僧人自相争告，“从各寺院住持本管头目归问”。若僧俗相争田土，由“有司约会，约会不至，有司就便归问”。另据《通制条格》，僧俗相争的田土案件，由“管民官与各寺院里住持的和尚头目一同问了断者”①。

二、地方司法机关

（一）肃政廉访司

肃政廉访司是由提刑按察司发展而来的，以廉访使为长官，其职能除监督、监察外，也兼理司法，所谓“专治刑狱，颇得刑政分离之意”②。廉访司官员在巡按期间，有权“接受词状”，受理“随路京府州军司狱”③案件。其监察职责广泛，“民事、钱谷、官吏奸弊，一切委之”④。黑水城出土汉文文献中有“河西陇北道肃政廉访司”“河西陇北道肃政廉访亦集乃分司”⑤等称。“诸系囚听讼事理，当该官司自始初勾问，及中间施行，至末后归结，另置簿朱销。其肃政廉访司专以照刷，无致淹滞。”⑥“照刷”为肃政廉访司司法监察的重要形式，廉访

① 郭成伟点校：《大元通制条格》卷二十九《僧道》“词讼”，法律出版社2000年版，第339页。

②（清）沈家本撰，邓经元、骈宇骞点校：《历代刑法考·历代刑官考下·元》，中华书局1985年版，第2003页。

③《元典章》卷六《台纲二·体察·察司体察等例》，第158页。

④《元史》卷十六《世祖本纪十三》，至元二十八年二月丙戌诏，第345页。

⑤ 塔拉、杜建禄、高国祥主编：《中国藏黑水城汉文文献》第七册，国家图书馆出版社2008年版，第1411页。

⑥《元典章》卷五十三《刑部十五·诉讼·听讼·至元新格》，第1749页。

司官吏照文卷时，一般将照刷意见用朱笔写于刷尾纸[①]上，明确标写“稽迟”“违错”“照过”“照讫”“已绝”“未绝”等字样，加盖肃政廉访司的刷讫印和司印，并有书吏签押。黑水城出土的元代词讼文书中，M1·0623 [F245:W15][②]号文书为诸色人户土地案卷末尾，有“照讫”二字，M1·0682[F 116:W602][③]号文书残存“照讫”二字，这些均为肃政廉访司照刷文卷的记录。

（二）行省

元时，行省“掌国庶务，统郡县，镇边鄙，与都省为表里。……凡钱粮、兵甲、屯种、漕运、军国重事，无不领之”[④]，其虽并未被定为“牧民”机构，[⑤]但却在民事审判中具有重要的司法功能。

首先，对地方审理的民事案件，因无先例和法律规定而作的拟判由行省审查，同意后申报中书省，再由中书省转给相关部门裁定。《元典章》载，皇庆二年（1313 年）五月“江浙行省准中书省咨：礼部呈：‘奉省判：本部元呈：晋宁路申：准本路总管石（加）〔嘉〕议关：切闻男女婚姻，五常之始……今晋宁路石（加）〔嘉〕议所言，诚为中理。如蒙准呈，本部为例遵守，遍行照会相应。具呈照详。批

① 孙继民、郭兆斌：《从黑水城出土文书看元代的肃政廉访司刷案制度》，载《宁夏社会科学》2012 年第 2 期。

② 塔拉、杜建禄、高国祥主编：《中国藏黑水城汉文文献》第四册，国家图书馆出版社 2008 年版，第 766 页。

③ 塔拉、杜建禄、高国祥主编：《中国藏黑水城汉文文献》第四册，国家图书馆出版社 2008 年版，第 905 页。

④《元史》卷九十一《百官志七·行中书省》，第 2305 页。

⑤《元史》卷八十五《百官志一》载：“其总政务者曰中书省，秉兵柄者曰枢密院，司黜陟者曰御史台。体统既立，其次在内者，则有寺，有监，有卫，有府；在外者，则有行省，有行台，有宣慰司，有廉访司。其牧民者，则曰路，曰府，曰州，曰县。”（第 2119—2120 页。）

奉都堂钧旨：送礼部，约会刑部官一同议拟施行。’”[①]。其以“某某行省准，中书省咨，某某路申”为格式，并与民事案件有关者，大都属于此类。

其次，地方州县因无例无律难以作判的案件，也可呈报至行省，由行省作拟判后呈报中书省，经相关部门裁定后，行省再回札咨呈的地方州县。大德元年（1297 年）：“江西行省：拟龙兴嘱申：‘范大鼎告翟镇抚占住房屋，虚钱实契，不肯回赎公事。’省府议得……中书省咨：‘送礼部照拟得：合从行省所拟相应。都省准拟，合下。’”[②]

最后，对于特定案件，经行省议论后，可径直断决。大德四年（1300 年）四月：“江浙行省省掾石仲宝承行札付：来呈；‘邵武路许惠，至元二十五年凭媒说合黄三七女鹤姐为妻，后因许惠出外，至元二十八年黄三七主婚，又将女出嫁与朱阿老为妻，经今九年，已有所生男六岁……’”此案送到行省的拟判是维持改嫁后的婚姻关系，申报到中书省，最后，“今据见呈相度，许惠告黄三七将女黄鹤姐改嫁与朱阿老为妻，即与陆千五告杨千六将女杨福一娘改嫁事理相同。省府合下，仰照验，更为详审明白，中间别无争差，依例施行”。[③]于是，因行省发现有先例可行，此案在行省便径行断决。

从上述诸多案例可以看出，元代行省在民事审判上虽然没有明确的审判权，但却拥有审查和拟判的重要职责。

（三）路、府、州、县四级司法机关

元朝继续沿袭地方行政长官兼理司法事务的体制。由于元朝地

---

①《元典章》附《大元圣政典章新集至治条例·户部·婚姻·嫁娶·定婚不许悔亲别嫁》，第 2124—2125 页。

②《元典章》卷十九《户部五·田宅·房屋·多年宅院难令回赎》，第 680—681 页。

③ 以上均见《元典章》卷十八《户部·婚姻·嫁娶·领讫财礼改嫁事理》，第 628—629 页。

方机关分为路、府、州、县四级，因此地方司法机关也分为路、府、州、县四级。元代诉讼案件："诸杖罪五十七以下，司县断决；八十七以下，散府州军断决；一百七以下，宣慰司总管府断决；配流死罪，依例勘审完备，申关刑部待报，申札鲁火赤者，亦同。"元人胡祗遹论述："推原立法本意，司县者亲民之官，日与小民相亲，情伪易见，不能欺蔽，责任不可不专。不专则怠惰推递，纷乱繁冗，久不能决。故罪有五十七十以下，司县决之。小民所争讼，不过婚姻、债负、良贱、土田、房舍、牛畜、斗殴而已，所犯若无重罪，司县皆当取决，不合申州，申府，申总府，申提刑司。"①

路，设达鲁花赤、总管等官。其职掌广泛，但以司法审判为重要的内容。据《元典章·台纲二》载："达鲁花赤长官，掌切禁约（诸事），若有违犯之人，断罪。"另据《元史·百官志》："大都路管领诸色人匠，提举司……掌大都诸色匠户，理断婚田词讼等事。"路所属兵马都指挥使司"掌京城盗贼奸伪鞫捕之事"。各路总管府所设推官是执掌推鞫刑狱、平反冤滞、管理州县刑名的专职司法官。

府，设达鲁花赤为监临官，与知府共同兼理本府司法，以推官和司狱官为专职司法官。

州，设达鲁花赤总管州务，与知州共同兼理本州司法，以司吏和典史为专职司法官。

县，设达鲁花赤为长官，与县尹或县令共同兼理本县司法，以县丞、典史、承史为辅。

地方长官虽无亲理狱讼的规定，但需对案件的判决负法律责任。

---

①（元）胡祗遹：《紫山大全集》卷二十三《县政要式》，载（清）永瑢、纪昀等撰：《钦定四库全书》第1196册《集部·别集类》，台湾商务印书馆1986年影印版，第1196-412页。

（四）录事司

录事司，据今人考证，源于宋代的厢制，“它是把相当于路、府的治所县城内的街市区域从县里分离开，使之直属路、府”，“录事司与县并列，屡屡被称为司县”。[①]《元史》记载：“录事司，秩正八品。凡路府所治，置一司，以掌城中户民之事。”[②]黑水城出土的元代词讼文书中多次出现“甘州路录事司”，其主要职责为“掌钱粮捕盗等事”[③]，也逐渐掌握了一定的审判权。黑水城出土的元代词讼文书中，有4件涉及甘州路录事司的文书。以M1·0595 [F193:W12] 文书为例，其所载为被告孙直拖欠甘州路陈礼货钱，逃回亦集乃路躲债，债主上告到甘州路录事司，甘州路录事司受理后向甘州路汇报，于是，甘州路向亦集乃路发出关文，亦集乃路总管府随即派差役将孙直押来审问。其内容与形式如下：

皇帝圣旨里甘州路录事司照得至顺四年

　　正月至六月终上半年不兰奚人口头疋

　　已行具申

　　总府照验外据七月至十二月终

　　下半年照勘得本司并无拘收到不兰奚

　　人口头疋如申已后却有隐漏拘收到

　　不兰奚人口头目依例当罪无词卑司官

　　吏保结合行具申伏乞

---

①［日］宫崎市定：《宋元时代的法制和审判机构》，载《日本学者研究中国史论著选译》（第八卷法律制度），中华书局1992年版，第293、294、309页。

②《元史》卷九十一《百官志七·诸路总管府·录事司》，第2317页。

③《元史》卷八十二《选举志二》，第2052页。

照验者[①]

（五）奥鲁

奥鲁本是元代的军户管理官，后成为一种管理军户的机构。元代民事纠纷往往根据职业或民族分别由本管上司审理，因此奥鲁有审理本管辖下民事诉讼的权力。至元十年（1273年），“枢府议得：军人所犯重刑，各令总府归断完备，结案申部。其余杂犯事理，从诸军奥鲁总府归结。仰依上施行”[②]。可证奥鲁有审理军户民事诉讼案的权力。至元十二年，“蒙古军人自行相犯，婚姻、良贱、债负、斗殴词讼，和奸杂犯，不系官军捕捉者，合从本奥鲁就便归断。其余干碍人命重刑、利害公事、强窃盗贼、印造伪钞之类，即系钦奉圣旨定立罪赏、管民官应捕事理，合令有司约会，归问完备，从有司结案”[③]。可知，蒙古军人间刑事案件诉讼确归“有司”审理，但民事诉讼由奥鲁审理，足见元代刑事与民事诉讼有所区分。

另有大都奥鲁提领所“掌理人匠词讼”，[④]可推知元代涉及奥鲁管辖的案件绝大多数是民事诉讼案件。

综上所述，可见元朝司法机关重叠设置、统摄不明，每逢涉及交叉领域的案件，便不得不由各部、府、台、院长官约会公审。而会审又常常是虚调文务，迁延不决，严重影响了司法权的统一行使，这在

① 塔拉、杜建禄、高国祥主编：《中国藏黑水城汉文文献》第四册，国家图书馆出版社2008年版，第676页。

②《元典章》卷三十九《刑部一·刑制·刑名·军户重刑总府归结》，第1342页。

③《元典章》卷三十九《刑部一·刑制·刑名·蒙古人自相犯重刑有司约会》，第1342—1343页。

④《元史》卷八十九《百官志五·储政院·随路诸色人匠都总管府》，第2256页。

封建司法制度史上是少有的。

元朝的司法统属混乱，再加上官吏特权所带来的政治腐败，使得法典所规定的种种程序大都流于形式。

第二节　民事诉讼的管辖与受理

一、管辖

元朝民事诉讼的审判管辖，实行属人主义、政教合一与约会联审的原则。所谓属人主义，就是根据民族与身份的不同，适用不同的法律，形成不同的管辖，以确保蒙古族的特权统治和官僚贵族至尊无上的地位。

所谓政教合一，就是僧侣的案件由执掌全国宗教事务的宣政院审理。僧俗之间的案件，由宗教首领与司法机关联合审理，最后由司法机关判结。

所谓约会联审，就是不同民族、不同户籍、不同身份之间的民事诉讼，由相关的机关联合审理。

根据以上民事管辖原则，而又派生出一般管辖、地区管辖与特殊管辖。

一般管辖是指汉民之间发生的有关田土、家财方面的诉讼，由设在地方上的各级政府管辖。根据案情的大小，或由本县断决，或由散府州郡断决，或由宣慰司总管府断决，并明确规定："逐级上告，不得越诉。"如发生越诉，则将原告人转发原审机关审理，并对越诉者笞五十七。但"诸诉官吏受赂不法，径赴宪司者，不以越诉论"，甚至可以逐级陈诉，直到告御状，所谓“诸陈诉有理，路府州县不行，诉之省部台院，省部台院不行，经乘舆诉之”。但如“未诉省部台院，辄经乘舆诉者，罪之”[①]。

地区管辖沿袭宋朝旧制，民事案件一般“皆于事发之所推断”。如原、被告分属不同州县，则采取“原告就被告”的原则，而不论其身份与民族归属。《元典章·刑部·诉讼》“原告就被论问”条规定：“至元六年十二月，御史台奉中书省札付来呈山东东西道提刑按察司申：各州县军民相关词讼，合无依旧例元告就被论官司陈告等事，省府相度，邻近州县与本管司县军民户计相关词讼，拟就被论官司归对，仰照验施行。”

特殊管辖是基于元朝统治的历史特点而形成的专属管辖。元朝统治者为了实行以蒙古贵族为主宰的民族压迫政策，将各族人民强制分为四个等级，即蒙古人、色目人、汉人（北方汉人、契丹人、女真人和高丽人统称作汉人）、南人（南方汉族和其他各族人）。其中蒙古人地位最高，色目人次之，南人最为低下。除民族区分外，还按照身份的不同划分成不同的等级，以官吏最尊，僧道次之，医儒农工商又次之，奴婢最为低下。根据民族和社会身份、职业的不同，而形成了专属管辖：在元统一以前，凡诸王驸马、蒙古、投下、色目人之间的婚姻、驱口、良人等户籍争讼，由大宗正府管辖。至元统一以后，随着民族交错杂居，大宗正府的管辖有所变化。按《元史·百官志》所载：“以上都、大都所属蒙古人并怯薛军站色目与汉人相犯者，归宗正府处断。其余路府州县汉人、蒙古、色目词讼，悉归有司刑部掌管。”另据《元典章》，蒙古人自行相犯，各从本管奥鲁归断，或由当地官

①《元史》卷一百五《刑法志四·诉讼》，第2671—2672页。

府依蒙古习惯法审断。[1]

至于回回[2]人之间的民事诉讼，在元统一前，由元朝廷任命的回回“哈的”大师依本俗回回法处断；元统一以后，一度归都护府受理。至仁宗时，为了加强法律的统一适用，于皇庆元年（1312年）下诏：“诸哈的大师，止令掌教念经，回回人应有刑名、户婚、钱粮、词讼并从有司问之。”[3]但在实践中，回回人之间的民事诉讼，仍经常由哈的大师按传统的回回习惯法处理，而不经过地方官府。

僧侣之间的民事案件及轻微刑事案件，由本寺院主持或和尚头目审理。只有严重的刑事犯罪，才交由地方官府审理。按《元典章》规定：“奸盗诈伪、致伤人命，但犯重刑，管民官问者。其余和尚自其间不拣什么相争告勾当有呵，本寺里主持的和尚头目结绝者。”[4]这种反映僧侣法定特权的宗教专属管辖，滋纵了僧侣的不法行为。《元史·刑法志》说：“西僧岁作佛事，或恣意纵囚，以售其奸宄。”

军民之间的婚姻、钱债等民事案件，由管理军户的机构奥鲁处理。关于奥鲁的民事案例管辖问题，可参见上一节相关内容。

---

①《元典章》卷三十九《刑部一·刑制·刑名·蒙古人自相犯重刑有司约会》，第1342—1343页。

② 关于“回回”一词的概念，学界尚存争议。《中国历史大辞典》（辽夏金元史）将“回回”一词解释为“元代对中亚和西亚信奉伊斯兰教诸国各族人的泛称。……有时也用以泛称其他西域人，如称也里可温（基督教徒）爱薛为回回，称术忽（犹太教徒）为‘术忽回回’。”参见中国历史大辞典辽夏金元史卷编纂委员会编：《中国历史大辞典》（辽夏金元史），上海辞书出版社1986年版，第150页。《中国历史大辞典》（音序本）将“回回”一词解释为“泛指回族，或信奉伊斯兰教的人和国家，亦指伊斯兰教。……《元史》及《元典章》则主要指伊斯兰教和伊斯兰教徒，如回回法、回回寺、回回令史、回回人等。”参见郑天挺等主编：《中国历史大辞典》（音序本），上海世纪出版股份有限公司、上海辞书出版社2007年版，第1091页。

③《元史》卷一百二《刑法志二·职制上》，第2620页。

④《元典章》卷五十三《刑部十五·诉讼·问事·僧俗相争》，第1760页。

为了解决不同管辖对象之间发生的民事案件，元朝实行“约会”制度。凡不同户籍间发生的婚姻、钱债诉讼，由相关户籍的直属上司，共同审断。具体如下：

军户与民户之间的民事争讼，由地方管民官约会管军头目审问，并从管民官追逮。如管军头目“约会不至”，由管民官自行审断。《元典章·刑部·诉讼》“约会”条记载：“据刑部呈议得湖南省咨禀军民相关词讼除犯奸盗、诈伪、刑名重事例从有司归断外，争地土、斗殴、婚姻良贱、家财债负、宗族继绝等事合行约问。倘三遍不到来，管民官归断，已有钦奉。”

蒙古人与民户之间的民事争议，由地方管民官约会蒙古奥鲁头目审断。①

僧俗相争案件，由地方官府约会有关寺院住持至衙门问断，如寺院主持不赴约会，由地方官府依例断处。②道俗相争按同一原则处理，由地方官府约会道观掌门，一同审断。③但如僧、道、儒三方争讼，则由三家所掌会问，官府无权处断。

医户、乐户、诸色人户之间的争讼，由本处达鲁花赤管民官约会本管官审断，如约会不至，即行断遣。④

畏兀儿、哈迷里人与民户百姓的民事争讼，由地方官府约会部落头目审断。⑤

综括以上，元朝统治时期的特定历史条件，造成了司法机构的重

---

①《元典章》卷五十三《刑部十五·诉讼·约会·诸色户计词讼约会》，第1780页。

②《元典章》卷三十九《刑部一·刑制·刑名·蒙古人自相犯重刑有司约会》。

③《元典章》卷五十三《刑部十五·诉讼·问事·僧俗相争》，第1760页。

④《元典章》卷五十三《刑部十五·诉讼·约会·儒道僧官约会》，第1780页。

⑤《元典章》卷五十三《刑部十五·诉讼·约会·诸色户计词公约会》，第1780页。

叠与管辖制度的复杂。即使在正常情况下，也难避免有司推诿，积案不决，更何况元朝始终存在着吏治败坏的弊端。由此可以想见元朝司法权的分散与司法实际的昏暗。唐宋时期的法治秩序在元朝从未出现过。

二、受理

（一）诉状的要求

根据元律，书状是提起民事诉讼的首要条件。为了使诉讼当事人知悉“不应告而告”与“告而不实”的法律责任，以减少诉讼，并革除泛词滥文之弊，元成宗时期在全国各地遍置书铺，由官府认定的书状人代写民间词讼。元朝在唐宋律关于诉状等规定的基础上，对书状的格式作出具体的、严格的规定。

首先，要求书状的格式整齐划一。作为民事诉讼书状应包括以下内容：告状人的姓名、年龄、籍贯、身体状况，状告的对象与事由、诉讼请求、有无证验，呈送诉状的司法机关，告状人所具甘结，告状的年月日等。现举《事林广记·公理类》所载民事诉状格式二例如下：

应立嗣承继状式[①]

告状人周友

右友、年几岁，无病，系某乡某村籍民，伏告：有某广下田

①（宋）陈元靓编：《新编纂图增类群书类要事林广记·别集》卷四《公理类》，中华书局1963年影印版。

产苗（黄）米，见（现）应当某站马首是役，缘某见今年老，别无亲生男子承继户业，今得本族房长周公推选，得房弟某第二周，名周全，见几岁，过房与某为子，承继广下田产，应当差发，委是昭穆相当，理合立为后嗣，若不告讫出给合据付男周全执照为凭，诚恐向向后妄行争继。烦挠官司不便。有此事因，谨状上告某县司状乞。

详状施行所告执结是实伏取　裁旨

年　月　日　告状人　周友状

地主归收地土告状式

×村×人

右×人壮无病，伏为×年上缘为某事将家小在逃逐处迩熟住坐，抛下本户桑土若干顷亩。今来×复业，却见×处×人将×地抛下地土为主种佃。其本人言称自×年上经官立租税清列上件地土，私下不肯吐退，今具状上告伏乞某官详状勘会诣实，勒请佃地人吐退上件地土付×，依归主户供纳承佃，施行执结。

详状施行所告执结是实伏取　裁旨

年　月　日　告状人×人状

其次，“注明年月，提陈事实，不得称疑”。在《元典章·刑部·诉讼》“告事”与《元史·刑法志》中均规定：“诸告人罪者，皆须注明年月，指陈事实，不得称疑。”词状中“不许口传言语”，不得“以直作曲”，“以后为先”。

再次，对于诉讼请求要书写明白，凡是诉讼请求不明确的书状，司法机关可要求具状人补写明白，然后方予受理。对此，《至正条格》解释如下："诸狱讼元告明白易为穷治，其当该官司凡受词状即须仔细详审，若指陈不明及无证验者，省会别具的实文状以凭勾问，其所告事急应掩捕者，不拘此例。"

复次，一状不得告二事。《至正条格》规定："诉讼人等于本争事外，不得别生余事。及被论人对证元告事理未经结绝，其间若被论人却有告论元告人公事，指陈实迹，官司虽然受理，拟候元告被论公事结绝，至日举行。"[①]《元史·刑法志》也规定："诸诉讼本争事外，别生余事者，禁。"如果原告人"有急告公事"，也要在"候见（现）告公事结绝了毕，受理官司再令具状陈告"。

最后，在诉讼请求中，"若重事得实，轻事虚招"者免罪，"轻事若实，重事诬者，依条反坐"，目的在于"庶望少革侥悻之弊"。《元史·刑法志》也有类似规定："诸告言重事实，轻事虚，免座；轻事实，重事虚，反坐。"

元初，书铺中代写词状的书状人，多为不谙吏事、蝇营狗苟之徒，官府也没有明确书状人的法律责任与要求，以致书铺成为赢利之所。"有钱告状者，自与妆饰词语，虚捏情节，理虽曲而〔亦〕直。无钱告状者，虽有情理，或与之削去紧关事意，或（之与）〔与之〕减除明白字样。百般调弄，起灭词讼。"[②]

为了防止书状人营私舞弊，从大德十一年（1307 年）起，书铺从民办转为官立，严格规定了书状人应负的法律责任，并派出吏员加强

①《元典章》卷五十三《刑部十五·诉讼·告事·状外不生余事》，第 1754 页。

②《元典章》卷五十三《刑部十五·诉讼·书状·籍记吏书状》，1745 页。

管理。据《元典章·刑部·籍记吏书状》所载:“今后举会有司于籍记吏员内遴选行止谨慎，吏事熟娴者轮差一名专管书状，年终更换，果无差错，即便收补，仍先责书状人甘结状。”

根据加强书状人法律责任的要求，书状人代写诉状时，先要询问所争之事有无明白验证，是否应告，是否属于代书的职责范围，然后“依例书写”词状，“当日须要了毕”，不得“故作停难”。书状人所写词状“并宜短简，不可浮语泛词”。书状人须写立甘结文状，以示负其责任。如“妄行刁蹬，取受钱物，……朦胧书写，调弄作弊，许令告人径赴所属官司陈告”，经查属实，“当该书状人等（黜）〔断〕罢”①。但是在元朝，法律的文字规定是与实际状况脱节的，法条上对书状人的要求虽很具体，而在实践中却是另行其道。书状人往往不问事之大小，不论贫富之别，一律额外榨取，即所谓“费钞”，或四五两，或一锭半锭，而后得状，以致成为平民告诉的一大难关，完全丧失了建置书铺欲“使官府词讼静简，易于杜绝”②的初衷。

（二）起诉人资格限制

在元朝成年男子具有完全的告诉权。随着纲常名教影响的深入，妇女在民事纠纷中的告诉权逐渐被剥夺。皇庆二年（1313年）以后，禁止妇女告官申理。其缘起是皇庆二年彰德路申报：当地积年未决的“告争田土、房舍、财产、婚姻、债负”等案，往往是一些“自嗜斗争、妄生词讼、捏合装饰”“不畏公法、素无惭耻”的妇人，“代替儿夫、子侄、叔伯、兄弟，赴官争理”。有些纠纷尽管“对证明白”，但却“无理倚赖”，“侥悻不肯供说实词”。为此提议:“今后不许妇人告

①《元典章》卷五十三《刑部十五·诉讼·书状·籍记吏书状》，第1746页。

②《元典章》卷五十三《刑部十五·诉讼·书状·籍记吏书状》，第1745页。

事，若或全家果无男子，事有私下不能杜绝，必须赴官陈告，许令宗族亲人代诉。”对此，刑部表示同意，认为：“妇人之义，惟主中馈，代夫出讼，有违理法。”决定：“妇人代替男子经官告办词讼，……通行禁止。”只有在“寡居无依，及虽有子男，别因他故妨碍，事须论诉者”，才“不拘此例”。[①]除《元典章·刑部·诉讼》明确记载“妇道有伤风化”“今后不许妇人告事”外，《元史·刑法志》也有类似内容：“诸妇女辄代男子告辨争讼者，禁之。”

元朝对于血亲关系人之间的告诉，以及奴婢告主都有严格的限制。据《元史·刑法志》载：“诸子证其父，奴讦其主，及妻妾弟侄不相容隐，凡干名犯义为风化之玷者，并禁止之。”《元典章》也记载了刑部与礼部共同商定的条画：“人伦之大，莫大于君臣、父子、夫妇、兄弟之叙。至如刑法之设，正为裨补教化，当以人伦为本。”[②]

奴婢也不得擅行告主，而应为主容隐。至正三年（1343年）四月，刑部就福建廉访司关于奴婢告主一事，作出如下决定：“刑部议得：奴婢告主，以卑凌尊，以贱犯贵，甚伤风化，大失人伦，如准御史台所呈，遍行禁治。”《元史·刑法志》也载有以下内容：“诸奴婢告其主者，处死。本主求免者，听减一等。”但是亲属间的容隐和奴婢为主隐，均限于一般犯罪，反逆重罪除外。

一般民事诉讼由地方机关受理。“听令百姓赴有司从实陈告”[③]，禁止越诉。据《元史·刑法志》：“诸告人罪者，自下而上，不得越诉。”至元二十四年（1287年），江西行省针对各路争告户婚、田产、家财、债负、强窃、盗贼等事，规定如下：“若各路偏徇，理断不公，许令直

①《元典章》卷五十三《刑部十五·诉讼·代诉·不许妇人诉》，第1776—1777页。
②《元典章》卷五十三《刑部十五·诉讼·折证·词讼不指亲属干证》，第1779页。
③《元典章》卷五十三《刑部十五·诉讼·听讼·词讼不许里正备申》，第1750页。

赴上司陈告。”另据《元史·刑法志》:“诸陈诉有理，路府州县不行，诉之省部台院；省部台院不行，经乘舆诉之。”但大德十一年（1307年）圣旨中强调:“……越诉的人每，依体例要罪过者。”[①]以示对越诉行为的嫌恶和制裁。

据《元典章·刑部·听讼》，如下地方官吏被禁止处理民事诉讼：一是军官。“至元二十一年五月，承奉福建行省劄付该：本省所设各路镇守并省都镇抚衙门，止是专一提调军马，镇遏地面勾当，其余事务合从有司承管。今体知遇有往来诸色经商买卖客旅人等，镇守司并省都镇抚司往往自出给差引文凭，及接受民间一切词讼理断，其间不无违错，深为未便。仰行下各司，今后除（名）〔各〕奕交替还家军人，许令本司出给文引外，据诸人告给文引及一切民词，从本路总管府依理施行。”[②]二是巡检。“各处巡尉司职专捕盗，例禁不许接受民讼。今各处捕盗司、巡检司，除额设司吏、弓手外，又行将引泼皮、无名弓手、提控人等，将带空头文引，与里正、主首、局干人等捏合事端，私受白状。……仍严切禁治捕盗官司受理白状。若是依前违犯，严行治罪。”[③]三是站官。“站户词讼，自是有司之责，不应站官私受词状。”[④]另外，也不许里正备申词讼。[⑤]

官府在受理民事诉状时，要审查诉状是否符合法定的格式，证验是否齐全，如不合要求则不予受理。如应受理而不受理者，主管官吏也要受到惩罚。元代对官府受理词讼的指导见于《元典章·听讼·至

①《元典章》卷五十三《刑部十五·诉讼·越诉·越诉的人要罪过》，第1774页。
②《元典章》卷五十三《刑部十五·诉讼·听讼·军官不许接受民词》，第1749页。
③《元典章》卷五十三《刑部十五·诉讼·听讼·巡检不得接受民词》，第1750页。
④《元典章》卷五十三《刑部十五·诉讼·听讼·站官不得接受民词》，第1753页。
⑤《元典章》卷五十三《刑部十五·诉讼·听讼·词讼不许里正备申》，第1749—1750页。

元新格》：

诸狱讼，原告明白，易为穷治。其当该官司，凡受词状，即须仔细详审。若指陈不明，及无证验者，省会别具的实文状，以凭勾问。其所告事重急应掩捕者，不拘此例。

又诸民讼之繁，婚田为甚。其各处官司，凡媒人各使通晓不应成婚之例，牙人使知买卖田宅违法之例，写词状人使知应告不应告言之例。仍取管不违甘结文状，以塞起讼之源。

又诸论诉婚姻家财田宅债负，若不系违法重事，并听社长以理谕解，免使妨废农务，烦紊官司。

又诸词讼若证验无疑，断例明白，而官吏看循，故有枉错者，虽事已改正，其原断情由仍须究治。

诸系囚听讼事理，当该官司自始初勾问，及中间施行，至末后归结，另置簿朱销。其肃政廉访司专以照刷，无致淹滞。

元朝对老弱废疾的民事案件优先受理。根据《元典章·刑部·诉讼》“老疾合令代诉”所载：“至元九年八月，中书兵刑部承奉中书省判送御史台呈。陕西、四川道按察司申：该争告户婚、田宅、债负、驱良，差役之人于内有一等年老、笃废残疾人等具状陈诉。其官府哀怜此等之人，恐有冤抑，多为受理。”

（三）“务限”的规定

从唐朝起便规定了民事诉讼的受理时间。《宋刑统》中所列“婚田入务”，则是宋代受理民事诉讼的时限，又称“务限法”。按宋制，田宅、婚姻、债负之类的民事案件，于每年十月一日以后，至来年正月三十日以前，为受理审判期间，以保证不误农时，有利于农业生产。元袭宋制，《元典章·诉讼》所载“停务”，就是元代受理民事诉讼的时限规定。具体说来，有关婚姻、良贱、家财、田宅案件，于“三月初一日住接词状，十月初一日举行。若有文案者，不须追究。及不关农田户计，随即受理归问。”①为了在时限内结案，元时严格规定：“诸婚田诉讼，必于本年结绝，已经务停而不结绝者，从廉访司及本管上司，正官吏之罪。”②“本年农隙必要结绝，不许更入务停。”③

但在务限期内完成全年的民事案件的审理，给司法机关造成极大的压力，而贪官污吏又借此勒索民财，以致“调弄淹延……积久不决，冤民受害”④。因此大德三年（1299年）八月“都省议得：今后应告上项公事，须自下而上，先从本处官司归理，彼及务停，须要了毕。若事关人众，依例入务，才至务开，即便举行。如地远事难，又复不能了毕，明立案验，要见施行次第所以不了情节，再许务停一次。本年农隙必要结绝，不许更入务停。……若事可归结，不应务停，及多经入务，而不了，本管上司、廉访司官随事治罪。”⑤

上述关于务限的规定是较为合理的，而且严肃了官吏的责任。能否于务限内完成民事纠纷的审判，是监察官考查官僚治绩的一项内容。

三、诉讼代理

早在《周礼·秋官·小司寇》中，已有“凡命夫命妇，不躬坐狱

---

①《元典章》卷五十三《刑部十五·诉讼·停务·年例停务月日》，第1787页。

②《元史》卷一百三《刑法志二·户婚》，第2642页。

③《元典章》卷五十三《刑部十五·诉讼·停务·年例停务月日》，第1788页。

④《大元通制条格》卷四《户令》“务停”，第59页。

⑤《大元通制条格》卷四《户令》“务停”，第59—60页。

讼”的规定，但迄至唐宋两代，律文中一直没有更为详细的内容。至元朝，根据《元典章·刑部·诉讼·代诉》《元史·刑法志》及《事林广记》的记载，民事代理制度已经定型和趋于法律化。

（一）代理主要适用于民事案件

根据元代诉讼史料，代理诉讼已由主要适用于刑事而发展为主要适用于民事。以《元典章·刑部·诉讼·代诉》“闲居官与百姓争论子侄代诉”条为例，其文如下：“大德七年（1303年）十月二十一日江西行省准中书省咨：除犯取受侵欺私罪或干涉指证拟合照依至元二十五年十一月十二日呈准都省定例施行外，据争讼田土、婚姻、钱债等事，合令子孙弟或家人代诉。”为此，都省议得：“致仕得代官员即同见任，凡有追会公事，依例行移……。其争讼婚姻田宅等事合令子孙弟侄或家人陈诉。”《元史·刑法志》也有以下记载：“诸致仕得代官，不得已与齐民讼，许其亲属家人代诉，所司毋侵扰之。”

上述条目，清楚地表明了代理的范围只限于田土、婚姻、钱债等民事诉讼。此外，从《元典章·代诉·不许妇人诉》中，也可以看出妇人代理诉讼的标的是“告争田土、房舍、财产、婚姻、债负积年未绝等事”。

（二）代理范围的扩大

代理诉讼适用于已经致仕的官吏，可以和现任官吏一样由家属或家人代理，从而反映了代理范围的扩大。“致仕得代官员，即同见任，凡有追会公事，依例行移。事关侵欺、取受私罪，自有应问官司。其争讼婚姻、田债等事，合令子孙弟侄或家人陈诉。”①

---

①《元典章》卷五十三《刑部十五·诉讼·代讼·闲居官与百姓争讼子侄代诉》，第1776页。

由于元朝民事诉讼急遽增多，一些特定人群如年老、废疾、笃疾等也都卷入诉讼的涡流。为了保护他们的利益，也可以请人代理诉讼。至元九年（1272 年），地方提出老疾人陈告户婚、田宅、债负、驱良、差役等案，多属倚赖年老笃疾“诬妄陈诉”，“若便反坐抵罪，争奈逐人不任刑责”。为此，省部议定：“年老、笃疾残废人等，如告谋反、叛逆、子孙不孝，及同居之内为人侵犯者，听。其余公事，若许陈告，诚恐诬枉，难以治罪，合令同居亲属代诉。若有诬告，合行抵罪反坐原告之人。”①

至于妇人，元朝认同妇人“代夫出讼，有违礼法……不加禁约，败俗弥深”。故而严令“今后不许妇人告事”。但是，“若或全家果无男子，事有私下不能杜绝，必须赴官陈告，许令宗族亲人代诉，所告是实，依理归结；如虚不实，止罪妇人，不及代诉……”，并允许“寡居无依，及虽有子男，别因他故妨碍，事须论诉者，不拘此例”。②

综上所述，元朝民事代理制度日趋定型，并得到法律形式的确认，这在中国民事诉讼制度史上具有重要意义，为明清时期民事代理制度的进一步发展，奠定了历史的基础。近人徐朝阳说：“一般人民许与代理诉讼者，盖自元代始。”③这绝不是偶然的，其基础是民事法律关系的复杂化和民事诉讼的增多，以及对于运用法律解决民事争讼的重视。但是需要指出，元朝法律在一定条件下赋予年老笃疾残废等人以及妇女的民事代理权利，并不是出于对妇女、老弱残疾之人诉讼权利的保护，而是为了严肃告诉者应负的法律责任，如有不实则反坐代理人。此外，统治者也有意借此标榜恤老怜弱的仁政。

---

①《元典章》卷五十三《刑部十五·诉讼·代诉·老疾合令代诉》，第 1774 页。

②《元典章》卷五十三《刑部十五·诉讼·代诉·不许妇人诉》，第 1777 页。

③ 徐朝阳：《中国诉讼法溯源》，商务印书馆 1933 年版，第 60 页。

第三节　民事案件的审理

一、正职官推问

司法官受理民事诉状以后，随即传唤原告、被告及有关证人开庭审理。在元朝法庭上需由正职官审理推问，地方路以达鲁花赤、总管、同知、治中、推官、断事官为正官；府以达鲁花赤、知府（府尹）、同知、判官、推官、断事官为正官；州以达鲁花赤、州尹、同知、判官、断事官为正官；县以县尹、县丞为正官。正官在元朝法典中统称为“各该当官司”“受理（词讼）官司”，握有司法审判权。非正职官不得审理词讼，特别是强调“人吏不得问事”。大德六年（1302年）以前，已有禁止委派廉访司书吏、奏差审理词讼的规定。同年省台再次下令，“各衙门辄差令史、宣使人等”审理词讼之事，“一体禁止”，[①] 以防止书吏擅权，玩法行私。

对于特定诉讼主体，如回回人、儒、道、僧、医、户、乐人、军、民、灶户之间的争讼，或由管民官审理，或由管民官约会各有关主管头目联合审理。

唐宋以来有关司法官回避的制度，元朝继续袭用：“诸职官听讼者，事关有服之亲并婚姻之家，及曾受业之师与所仇嫌之人”，例应退避，“应回避而不回避者，各以其所犯坐之”[②]。此外，凡曾经控告官

①《元典章》卷五十三《刑部十五·诉讼·问事·人吏不得问事》，第1757页。

②《元史》卷一百二《刑法志一·职制上》，第2619页。

吏不公之人，如有所犯，该官吏“并合回避”[①]，避免乘机报复。

二、证据

在民事案件的审理过程中，证据具有重要意义。而民事证据中最重要的是登记每户居民的丁口、资产与标明户等的“鼠尾簿”，它不仅是元朝政府科征赋役的凭证，也是勘验婚姻田宅等民事诉讼的重要证据。元律规定：“凡遇差发丝银、税粮、夫役车牛，造作、起发当军、检点簿籍，照各家即目增损气力分数科摊。”“至于土田、婚姻、驱良、头匹、债务一切词讼，一一凭籍照勘。”[②]

除“鼠尾簿”外，各种形式的契约也是解决民事纠纷的重要证据。元朝商业的发展，使得田宅的买卖与典当十分活跃，从而推动了债的发展，出现了买卖、典当、借贷、租佃、运输等各种形式的契约，内容也进一步规范。现举以下契纸为例。

至正二十七年（1367 年）二月，泉州地区卖地契：[③]

晋江县三十七都东塘头庙西住人薄阿友，父祖在日，买得麻合抹荔支园及山地，坐落本处。今来闻银用度，就本山内拨出西畔山地，连荔枝树及六角亭一座、并门屋等处。东至自家花园，西至墙，南至姐姐住小屋，北至后山墙及路为界。欲行出卖，经官告给日字三号半印勘合公据。为无房亲立帐，尽问乡邻。不愿

---

①《元典章》卷五十三《刑部十五·诉讼·被告·被告官吏回避》，第 1763 页。

②（元）胡祗遹：《紫山大全集》卷二十三《县政要式》，载（清）永瑢、纪昀等撰：《钦定四库全书》第 1196 册《集部·别集类》，台湾商务印书馆 1986 年影印版，第 1196-410 页。

③ 张传玺主编：《中国历代契约会编考释》（上），北京大学出版社 1995 年版，第 583 页。

承买，托得本处庙东保住人徐三叔作中，引至在城南隅潘五官前来承买，三面议定价钱花银六十两重，随立文契日交领足讫。当将上项山地连荔枝园、六角亭等处、交付买主，照依四至管业为主。其山园内系阿友承祖物业，与房亲、伯叔、兄弟并无干预，亦无重张典挂他人财物。如有此色，卖主抵当，不干买主之事。其园该载产钱苗米五升，自卖过后，从买主津贴阿友抵纳。父祖原买祖契，干碍坟山，难以分析，就上批凿。今恐无凭，立此卖契一纸，缴连公据，付买主收执，印税管业，永为用者。

至正二十七年二月　日

立卖山地荔支园人　薄阿友

知见人　吴　仔

作中人　徐三叔

致和元年（1328 年）徽州郑升甫典桑地契：[1]

十六都郑升甫与兄震甫，共有桑地一段，坐落本都保土名樵潭本家住前园，原系迩字号，经理系大字四百六十三号上地一亩二角四十八步。东至大路，西至屋前篱堑横过为界，南至坑，北至仉云卿田。其地三分中升甫合得一分。今为无钱用度，奉父亲传翁指令，情愿将前项四至内合得桑地尽数立契出典与十五都郑廷芳名下为主，面议典去中统价钞五十七贯文。

致和元年八月十五日父传翁　郑升甫

代书人　王舜民

① 张传玺主编：《中国历代契约会编考释》（上），北京大学出版社 1995 年版，第 638 页。

至正五年（1345 年）徽州郑安卿等分产文书：[1]

十五都郑安卿、荣卿、椿卿、廷芳，共有本都七保康家园高门山桑地并山共三段，今为管业不便，将前项地段肥瘦品搭，分为十五段，立仁、义、礼、智、信五张，各据一筹管业为主。其山内除生坟茔二所，并柿木二根、株木四根、楮木一根，并系众存，同共为主，不在标分之内，如各人分地内及众存山内日后有迁造风水，并系众存，不许私自迁造。其余桑拓苗竹杂木等物，各据所分四至管业。自今抽分之后，各据所分四至埋石，永远管业为主，不许翻悔，如悔者，罚中统钞一百贯与不悔人用，仍依此文书为准者。

至正五年乙酉二月二十二日

郑安卿　郑荣卿　郑椿卿　郑廷芳

元雇船夫契式：[2]

某州某县某处船户姓某

右某今托得某乡某里船牙姓某保委，揽载得某处某官行李几担，前到某处交卸。当三面言议断得工雇水脚钞若干贯文，当已借讫几贯为定，余钞候载到彼岸交卸了当，尽数请领。自装载后，须用小心看管，不敢上漏下湿。如有损坏，甘伏一一偿还不词。谨契。

年　月　日船户姓某号契

船牙姓某号

① 张传玺主编：《中国历代契约会编考释》（上），北京大学出版社 1995 年版，第 674 页。
② 张传玺主编：《中国历代契约会编考释》（上），北京大学出版社 1995 年版，第 664 页。

由于契约是确认民事法律关系变动的凭证，因而在发生民事争讼时具有重要的证据价值。大德十年（1306年）五月规定："今后质典交易，除依例给据外，须要写立合同文契贰纸，各各画字，赴务投税。典主收执正契，业主收执合同，虽年深，凭契收赎，庶革侥幸争讼之弊。"[①] 正因为如此，在民事审判中，要对书证进行查验，如系买卖文契则需核查其公据、问账、正契和税契的契本。对于证人则要追问与原、被告有无亲戚、故旧、钱物交往关系，借以衡量其举证的效力。

在提供证人的问题上，元律规定凡经审判已经承服者不许别勾证佐。至元二十八年（1291年）条例规定："今后诸人告状，受理官司披详审问，所告之事有理而实，先将被告人勾唤到官，取问对证。若已承服，不须别勾证佐；若被告人不伏，必须证佐指说，然后将紧关干连人指名勾摄。无得信从司吏一概呼唤（勿须呼唤过多的并且无干连之人），违者痛断（其罪）。"[②]

此外，至元九年（1272年）的一道圣旨中指出，不许以"大名字折证"，即不得以居于"上位的大名字"作为人证，防止以势压人。

大德十年的另一则条例还指出，"亲属许相容隐者，旧例也"，如果问事官为了取证而"不以纲常为重"，使"有罪者子证其父，弟证其兄，妇证其夫，奴证其主"，"今后犯者以违例坐罪"。[③]

①《大元通制条格》卷十六《田令》"典卖田宅事例"，第206页。
②《元典章》卷五十三《刑部十五・诉讼・折证・不须便勾证佐》，第1778页。
③《元典章》卷五十三《刑部十五・诉讼・折证・词讼不指亲属干证》，第1778—1779页。

三、黑水城文献记载的审理过程[①]

伴随审判过程的是诸多相应的文书，元代传世文献中少有相关的具体记载，黑水城汉文文献的出土弥补了这一缺失。其中的元代词讼文书，保留了审判过程中各种文书的原貌，成为复原元代民事案件受理、审判过程的重要史料。

1. 传唤贴和信牌

官府在受理案件后，首先需要传唤被告及相关人员，这一任务往往由一路吏员、巡检进行，而他们将被告等传唤到官的凭证便是信牌与传唤贴。在黑水城出土的元代词讼文书中，M1-0616[Y1:W64] 号文书（图 5–1）为一件信牌。

图 5–1　信牌

① 本小节主要参考侯爱梅：《黑水城所出元代词讼文书研究》，中央民族大学 2013 年博士学位论文。

其录文为：

奉

总府官台旨据撒兰伯告李典病故伊□□抵奴将

赡站地典与阔阔歹耕种，将站□□□□应当事凭

今发信牌壹面仰□□□□抵奴限十一月初九日早赴

□□□□奉此

右行

忙不及印

至元三年十一月初七日发行[①]

M1·0633[F116:W237] 号文书或为传唤贴，内容如下：

皇帝圣旨裹亦集乃路总管府麦足

朵立只答状告云云为此总府今

差人前去勾返状内一干人等

押来赴府照输施行

亦称布汝真布

干速人

梁汝中玉　　也火答合兀

廿六日（八思巴文印章）[②]

① 塔拉、杜建录、高国祥主编：《中国藏黑水城汉文文献》第四册，国家图书馆出版社2008年版，第759页。

② 塔拉、杜建录、高国祥主编：《中国藏黑水城汉文文献》第四册，国家图书馆出版社2008年版，第788—789页。

可见，传唤贴与信牌的信息包括：发信牌官府及相关旨判，如“路总管府台旨”“亦集乃路总管府”；所涉官司；传唤人名及应赴官府时间；发行日期及印章。

2. 取状、承管状

在审案时，官府除寻求物证外，还需原告、被告和证人等审讯、推鞫后的供词、证词等，由办案吏员详细记录，即为取状。黑水城出土的元代词讼文书中，取状数量较多，有近30件，与民事诉讼相关者也为数不少。M1・0594[234:W9][①] 号文书为官府对僧人任义儿状告罗信甫租赁王豚月土房事的取状；M1・0598[F79:W41] [②] 号文书为官府对朵立赤等赶走一只黑花牛案件的取状；M1・0599 [F111:W70][③] 号文书为也火都丁与本管百户吾即合招认在行省宣使乌麻儿等处买讫和来小麦的案件取状。以《失林婚书案文卷》为例，M・0677[F116:W106] 号文书是对证人史外郎贴木儿的取状，如下：

取状人史外郎名贴木儿

右贴木儿□

寿寺僧人户计□

状依实供说至正廿二年十一月廿□

以来贴木儿在家坐间有今□

① 塔拉、杜建录、高国祥主编：《中国藏黑水城汉文文献》第四册，国家图书馆出版社2008年版，第734页。

② 塔拉、杜建录、高国祥主编：《中国藏黑水城汉文文献》第四册，国家图书馆出版社2008年版，第738页。

③ 塔拉、杜建录、高国祥主编：《中国藏黑水城汉文文献》第四册，国家图书馆出版社2008年版，第739页。

前来本家于伊怀内取出文字□

贴木儿看这个甚磨文字□

前去东街等柴去来捡的这□

二帋贴木儿接在手内看觑□

置到驱妇倒刺卖契一帋阿兀□

人失林合同婚书一帋贴木儿向本人□

说这文字二帋你那里拾来的呵只过□

子上挑着有人寻来时要他□

他是人家中用的文字休毁坏□

蒙取问所供前词是的实并

无虚诳所供执结是实伏取

（八思巴印章）

台旨

至正廿二年十二月　取状人□

初二日

（八思巴印章）①

M-0677[F116:W185] 号文书（图 5–2）是对证人徐典明善的承管状，即官府在案件审理过程中责付相关人员看管被告、证人、证物等，负责人所写下的“保证书”。

① 塔拉、杜建录、高国祥主编:《中国藏黑水城汉文文献》第四册，国家图书馆出版社 2008 年版，第 897—898 页。

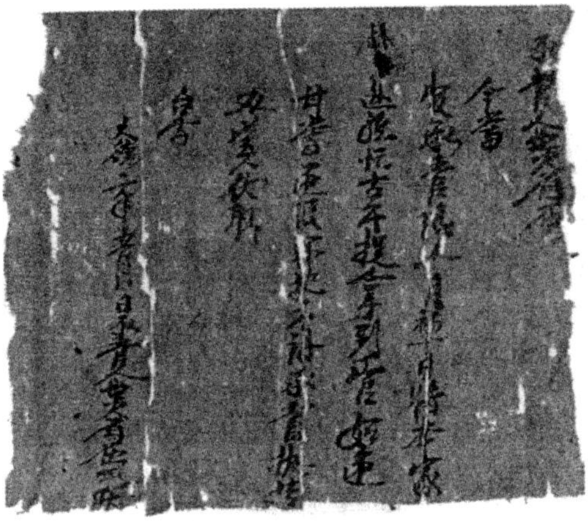

图 5-2　承管状

录文为：

承管人也火着屈

今当

官承管限今月初十日将本家

逃驱忙古歹捉拿到官如违

甘当违限罪犯不词承管执结

是实伏取

台旨

大德二年五月日　承管人也火着屈状

M1・0679[F116:W206] 号文书为原告阿兀对自己的承管状，保证自己在案件审理中随叫随到，内容如下：

取承管元告人阿兀

今当

总府承管委得每须要赴府

不致远离一时唤脱如违当罪承

管是实伏取

台旨

至正廿二年十二月取承管元告人阿

3. 识认状

审讯完毕，办案吏员对供词和审讯记录整理后，形成对被告的识认状，即结论，以此作为归断定罪的依据。识认状的内容包括识认人姓名、对事情经过的叙述、确认叙述真实无虚的话语、时间及识认人签字画押四部分。识认状与取状一样，由官府吏员书写，但必须由被告本人签字画押方具法律效力。失林婚书案中，有被告妇人失林的识认状和被告闫从亮的识认状。MI-0668[FII6:W188] 号文书为闫从亮的识认状，内容如下：

取藏甜状人闫从亮

今富

总府官识认得兑到官阿

男木八剌并兄答孩元买驱

书式纸委系失林元偷递与

字中间并无诈冒识认是实（伏取）

台旨

至正廿二年十二月　取认识状人闫从亮[1]

[1] 塔拉、杜建录、高国祥主编：《中国藏黑水城汉文文献》第四册，国家图书馆出版社 2008 年版，第 899 页。

第四节 调解、判决与执行

一、调解

(一)民间调解广泛适用

民事调解在中国历史悠久，源远流长。至元代，由于田宅典当盛行，各族间财产转移增多，使得民间婚姻田土的争讼大量增加。为了减少地方司法机关所承受的压力，并通过各种渠道疏导矛盾，化解争讼，以增强亲族和邻里间的和睦，稳定社会秩序和国家统治，官府倡导经由民间调解解决民事纠纷。曾任堂邑县尹和监察御史、颇有政声的张养浩，在总结审理民事纠纷经验的基础上写成的《三事忠告》中，强调“凡不切之讼，听其从宜谕遣之，谕之而不服，乃达于官”[①]。又说：“亲族相讼，宜徐而不宜亟，宜宽而不宜猛。徐则或悟其非，猛则益滋其恶，第下其里中开谕之，斯得体矣。”[②]另有一位叶姓官员在审理一件兄弟争产案时，也以兄弟之情对当事人进行调解，他说：“汝姑退，归而自思。兄弟钱财，孰轻孰重？……其人愧谢，雍睦如初。”[③]在他们看来，调解“则讼源可清，而民间浇薄之俗庶几乎复

①(元)张养浩撰：《三事忠告·牧民忠告》卷上《听讼·弭讼》，商务印书馆1936年版，第11页。

②(元)张养浩撰：《三事忠告·牧民》卷上《听讼·亲族之讼宜缓》，商务印书馆1936年版，第11页。

③(元)黄溍撰：《金华黄先生文集》卷二十九《墓碑·华府君碑》，叶七，元刻本。另可参见(元)黄溍著，王颋点校：《黄溍集》卷二十九《碑·华府君碑》，浙江古籍出版社2013年版，第1055页。

归于厚矣”。①

根据现有的元代法律史料，可以看出元代调解适用的范围，主要是民事案件和部分轻微的刑事案件。例如，《至元新格》规定：“诸论诉婚姻、家财、田宅、债负，若不系违法重事，并听社长以理谕解，免使妨废农务，烦挠官司。”②另据《元史·刑法志》所载：“诸蒙古人斫伤他人奴，知罪愿休和者听。”“诸戏伤人命，自愿休和者听。”元朝民间调解的成效颇为显著，其经验对后世亦有影响。

（二）民事调解的方式

元代民事调解，分为民间调解与司法机关调解两种。民间调解是由设立在农村的基层组织——社的社长负责。按元制“诸县所属村疃，凡五十家立为一社，不以是何诸色人等，并行（立）〔入〕社。令社众推举年高、通晓农事、有兼丁者立为社长。……增至百家者，另设社长一员。”③社长除主要负责“劝课农桑、诫饬游荡、防奸察非”外，并依法对发生在家庭、邻里之间的民事纠纷，负有“以理喻解”的责任。但社并非元朝的一级司法机关，社长只有调解权而无审判权。《山右石刻丛书·霍邑县杜庄碑》的碑文，为村社之长调解民间民事纠纷提供了确切的物证。该碑文详细记录了因侵害饮水权所发生的民事纠纷，经过社长的调解取得了圆满的结果，并写立私约，最后申请县衙备案。碑文如下：

霍邑县　给

据庄（疑为社）村马　高移、成贵、惠吉祥连各状告：伏

①（元）张养浩撰：《三事忠告·牧民》卷上《听讼·弭讼》，商务印书馆1936年版，第11页。

②《大元通制条格》卷十六《田令》“理民”引《至元新格》，第190页。

③《元典章》卷二十三《户部九·农桑·立社·劝农立社事理》，第916—917页。

为东城村东有淋浸水九十六眼，次下合流一处。其水自来止是本村食用，其余村庄人户并不得洗裳、淘菜、饮牛秽污等事。却为泉水微小及渠道上下远寓，水流不到，以上本村众人户将宋壁村涧北古旧泊池一个淘开足水，逐旅放流本村使用。至元十年四月十八日，有宋圣村任二妻、赵三妻斫讫上项泊池根底石麦，又被宋圣村赵一赶牛五支，赵大赶牛一支，相水渠内饮牛抛粪、秽污。以此情等具状经霍邑县衙陈告，蒙受理施行间，有宋圣村赵一、赵大、任三、王林、贾称、赵三托令东城村靳荣北、杜壁村王立等社长，石鼻村梁社长，其皋靳圣村苏乡老和写立私约：该今后除宋壁村食用人户食用外，不取相社庄村古旧有例食用水内及足水泊池，并上下渠内饮孳，淘菜洗衣裳等事，及任二妻、赵三妻将元斫讫泊池根底石依旧垒了当，如今后但违犯之人，情愿准罚米三十石，充本村衹应用度，及有依时耕种过往牛畜及上秋后撒放大倒。

至在科罚之限。立讫。如此私约合同收执具一同拦状抄连私约赴官告拦了当。今事情等忖得在手无系官勘信凭据，切恐已久致昏昧，据此合行陈告，伏乞霍邑县详酌给据，各行事县衙，为此照勘，得此宗无行文案并取赍的本私约，并与所告相同，据公凭合行出给者。

右给付杜庄村马清等收执照准此。

至元十二年三月初七日给司吏马泽民主薄兼尉李

主簿兼尉　李

将士郎霍邑县平高（押）

达鲁花赤　斡几鲁阿思兰（押）

本村人户、金田院（下列人名省略）

从碑文中可以看出社长调解的步骤：首先，由当事人委托调解，然后由社长以理晓喻双方当事人，取得双方自愿接受调解的承诺，并将调解成果写成书面文字，作为凭证，由当事人向所在地司法机关申请备案，再由官方发给公据，以示认可。

《山右石刻丛书·霍邑县杜庄碑》虽只是元朝基层村社调解民间纠纷的千百个案例之一，但却反映了民间调解的普遍性和一定的规范性。以至民事纠纷的当事人，很自然地寻求调解的途径来解决纠纷。至于充当调解人的社长，或主动出面调解，或受委托调解，成为他所掌管职务的重要内容之一。

社长在调解民事纠纷的过程中，切身感觉到“诸狱讼之繁，婚田为甚”，为此纷纷要求媒人应该“通晓不应成婚之例”，牙人应“知买卖田宅违法之例”，借以减少民间婚田纠纷。至于写状人更须“知应告不应告之例，……以塞起讼之源”。

民间调解除“社长”主要负责外，各奥鲁官和宗教头目也负有调解所属民事纠纷之责。据《元史·刑法志》:“蒙古人相犯者，婚姻、债负、斗殴、私奸、杂犯，不系官军捕捉者。”由奥鲁官调解，调解不成再归司法机关审断。至于佛教徒、道教徒、伊斯兰教徒之间，因“取受不公，不法勾当多有”，不能只靠宣政院官员“问呵”，而应由各教的首领负责调解一些较小的刑事和民事争端。

司法机关的调解，多由司法官当堂进行。由于调解息讼被看作为官的一种政绩，因此，司法官员在审判实践中，十分重视和推行民事调解。张养浩在《三事忠告·牧民·听讼》中说:“书讼者，诚能开之以枉直，而晓之以利害，鲜有不愧服两释而退之。”司法机关当堂调解的主要依据是元朝的法律，但同时也注意“以理喻之”。这个“理”

就是封建的伦理道德，它和国家制定法不仅无违，而且相通。以理调解更容易被当事人所接受，心悦而诚服。据《金华黄先生文集》卷二十九《叶府君碑》记载，叶姓长官在处理斗讼案件时，“必喻以理，启其良心，俾悟而止”。只有当以理调解无效，才以法治之。但由于元朝统治时期吏治败坏，司法黑暗，以致司法官常常借和解为名，勒索原、被告双方的财物。胡祗遹在《官吏稽迟情弊》一文中指出：“元告、被论两家公共贿赂，又不决断，岁月既久，随衙困苦，破家坏产，废失农务岁计，不免商和。商和之心，本非得已，皆出于奸吏掯勒延迟之计。”

（三）调解的效力

经过调解结案的民事诉讼，对于当事人具有法律上的约束力。在《山右石刻丛书·霍邑县杜庄碑》的碑文中特别注明：“如今后但有违犯之人，情愿准罚米三十石，充本村祗应用度。”凡是经过调解结案的诉讼当事人不得就同样理由和同一事实重新提起诉讼。可见，调解结案和民事审判结案具有同等效力。《元典章·刑部·诉讼》中“告拦·田土告拦”条，针对乡民王成与祁阿马互争田土自愿休和一案所记录的行省、礼部、都省的批示中，都证明了调解所具有的必须强制执行的效力。原文云：“有原告人王成、被告人祁阿马及干证人等连名状告：缘为成等递相赴上司陈告，见争田地一倾一十六亩半，蒙中书省委官前来归断，将成等勾到。官欲行归结间，在外省有知识人郑直等将成劝和……”因此，成等自愿商议休和，议将见争田地各除地段，对众另立私约合同文字。“如此拦告以后，各不翻悔，如有翻悔之人，成等情愿甘当八十七以下，更将前项土地尽数分付与不悔之人永远为主，再不争官赴告。”

对此，当事人所在行省批示：“凡告婚姻、田土、家财、债负不违法者，若已拦告，所在官司不许轻易再接词状归问，如违，从廉访司照刷究治”。礼部参详云：“今后凡告婚姻、土地、家财、债负，如原告被论人等自愿告拦休和者，准告之后，再兴讼端，照勘得别无违错事理，不许受状。”都省也批示：“今后凡告婚姻、田宅、家财、债负，若自愿告拦，详审别无违法，准告以后，不许妄生词讼，违者治罪。”文中所谓“告拦”就是通过非诉讼程序解决纠纷的方式，调解当为告拦的重要方式之一。黑水城出土的元代词讼文书中，也有完整的拦状样式，见 M1 · 0603[F116:W98] 号文书：

甘肃等处管军万（户府）▪

万户府委差镇▪

旧处将各人劝说休▪

扰乱官司李文通众人等商量告栩文状以（中缺）情愿当官告拦休和将上项

元争地土一石均分三分内分与孙占住二分陈伴旧分与一分意愿将孙占住元种地小麦三斗

陈伴旧收持碾

到市斗小麦一石六斗就交付与孙占住了富如蒙准告于民相□告拦休和之后占住永无再行

经官隙

告争竞如后不依告拦却有二人争竞之日占住情愿当官罚骟马三疋白米一十石充本

管官司会

用更甘当重罪不词执结是实得此，

告栩状人陈伴旧等

一名被告人陈伴旧年四十三岁无病

一名被人陈育狗年三十八岁无病

一名孙占住年三十一岁无病

告拦劝和人

一名李文通年五十五岁无病

一名闵用年六十三岁无病

▪年三月　　日

廿七日（八思巴文印章）。[①]

总括以上，元朝的民事调解制度确实达到了相当可观的水平，不仅有利于当时民事纠纷的解决，也对后世有着深远的影响。明朝的调解制度就是对元朝调解制度的继承、扩大和发展。

二、判决与执行

司法机关接受诉状以后，即须开庭审理，不得无故拖延。由司法官传唤两造，取问对证，分析证据，如需人证则勾摄到官，如证人与被告有亲戚、故旧、钱物交往关系则不得作证。对于书证，文契也须查核清楚。如被告虽理屈而坚不招认，承审官则与连职官员立案同署，依法拷问，以获取口供。在审理过程中对争议标的物田土收入，可以采取类似强制“保全”的措施，以维护被侵权人的利益。《元史·刑法志》有以下记载：“其所争田内租入、纳税之外，并从有司收

① 塔拉、杜建录、高国祥主编：《中国藏黑水城汉文文献》第四册，国家图书馆出版社2008年版，第745页。

贮，断后随田给付。”

对于民事纠纷的判决，常常受到封建纲常伦理道德的影响而加重惩罚。侵犯官田、官物也较之侵犯私人财物加重。

民事案件的判决，由司法官在出具的合同公据执照上，写明经过查验的事实与判决的依据，交付原、被告收执。判决书如用蒙文、波斯文书写，根据审级的要求，需要用汉字标译。在宣告判决书时，须将原、被告及证佐相干人等传唤到庭，也可“委付”有关官吏向原、被告宣布判决的结果。如当事人不服，可以上诉，由受理上诉的司法机关负责审查一审判决，如需改判，也要出具公据执照，说明原判的错失。

对于判决的执行，凡是纯粹的民事案件一般按民事制裁手段处理。但如“隐占系官田土”、排斥嫡亲继承、偷换文契，多取利息、卑幼在外借债及典卖田宅以及亏损名教，乱人伦，败风俗之类的民事案件，除民事处置外，还附以刑罚制裁。

一般民事案件，由所受理的官司审结。确属疑难案件，则须于依例定拟以后，将两造陈述与证人证词一并申呈上司。法律规定可以申呈的情况有：(1) 凡遇案件，若圣旨条画和省部格例中缺乏明确规定及相关断例时，重要案件须查明案情，定拟罪名，向上级官府提出咨呈。(2)“事干通例”之案件，也可“具呈，乞照详”。(3)“官僚执见不同者，具各所见申闻上司详断”。(4) 各官府中的经历、知事等首领官如果认为正官所断不当，处决偏枉，可“从正执覆”，执覆三次正官不从，首领官可“具由直行申部”。[①] 上级司法机关对申报来的疑难案件或上诉案件，根据事实与适用法律的情况，作出不同的处理。“如紧关情节未问便行拟断，可取元问官吏招状，别听委官推

① 《元典章》卷十三《吏部七・公规一・公事・首领官执覆不从许直申部》，第 509 页。

理。"[①]凡事实清楚的案件，上级断事官须亲自复审，不得虚调文移，委官定夺。

总括以上，元朝的民事诉讼制度在承袭唐宋旧制的基础上，有所创新，成为元朝法制建设史上重要的一页，对于继起的明朝有着直接的影响。元朝作为蒙古少数民族领导下的政权，在入主中原之后，为了适应统一中国的需要，积极吸收先进的汉族政治、经济、文化方面的成就。与此同时，为了保护蒙古贵族的特权，又提倡蒙古、回回、汉法，三者并用，各依本俗，这种属人主义的立法原则，造成了法律构成上的多元性和民族性，使得法律形式杂乱，内容抵牾冲突，必然导致司法权的分散，而宗教与世俗权力并行，更加强了这种情况。

元朝统治中国以后，虽然带有落后性的一面，对社会经济、文化的发展造成了不利的影响，但仍然沿承了两宋商品经济迅速发展的余绪，以至商品经济是元朝经济结构中最有活力的一部分。与此相联系的民事法律关系日渐复杂化，田产、婚继等民事争讼层出叠见，从而推动了民事诉讼制度的发展。有些民事诉讼程序已经写进了典章，显示了实体法与程序法分野的状况。

元朝民事诉讼中有关书状、代书、管辖、务限、代理、会审、调解等有关规定，充实和发展了唐宋以来民事诉讼制度的内容。

元朝实行的民族的与阶级的双重统治，使得贵族官僚们的特权无所约束，从而导致了迅速的腐败和权力的滥用，以致在司法中官员任意审断，有法而不依，造成了司法的昏暗。加上宗教官的横行无忌，终于陷入了严重的危机。一个赫赫不可一世的元帝国，在经历了九十余年岁月之后灭亡了。

---

①《元典章》卷五十三《刑部十五·诉讼·停务·年例停务月日》，第1788页。

第五节　元朝民事诉讼制度的基本特点

元朝并不是以法制相尚的王朝，但是作为以蒙古贵族为主体的政权，统治庞大的国家面临着十分复杂的社会矛盾与政治上的对立，为了维持国家的统治和必要的纲纪、秩序，元朝在法制建设上有两项重要建设：其一，加强了监察立法，严格管束汉官集团，并通过肃政廉访使（监察御史）巡视地方，及时解决地方上的各种矛盾，维持必要的社会秩序。为了使监察机关的活动有法律依据，元朝监察立法的发展，细密程度甚至超过了唐宋。由于监察立法不属于本书的范围，略而不述。其二，为了加强司法管理，使其活动程序化，在元朝的法典中，增设了“诉讼”一门。除规定了刑事诉讼程序制度外，也规定了民事诉讼的程序和制度，这是元朝诉讼法制建设上的一大特点。

根据《元朝典故编年考》记载：“至元初，作宪典，其篇二十有二。”其第十三篇为“诉讼”篇。这在中国古代立法史上是独辟蹊径的。“诉讼篇”是以唐宋律“斗讼”篇为基础，并将其中有关诉讼的内容分别编纂而成的。在中国古代，很长时间以“狱”“讼”“诉”来概括诉讼行为，显示刑事与民事诉讼的区别。元朝专列“诉讼”篇意味着立法者有意将实体法与程序法加以区分，以适应诉讼活动日益增多的形势需要。

对于“诉讼”篇成篇的年代，或者认为完成于《大元通制》颁行的至治三年（1323 年），或者认为完成于《经世大典・宪内》颁行的至顺二年（1331 年），无论是哪一种观点都承认它是构成元法典的专篇之一。稍后成书的《元典章・刑部》也专列《诉讼》，其内容与

《元史·刑法志》所载或相同，或近似，因此，可以和《大元通制》“诉讼”篇相互印证与补充。

《元典章·诉讼》所列之目为：书状、听讼、告事、问事、元告、被告、首告、诬告、称冤、越诉、代诉、折证、约会、停务、告栏、禁例。在这十六目中虽然不尽是民事诉讼之款，但民事诉讼的内容确实占有较大的比重。其中有的是唐宋旧律中相关内容的发展，如“停务”是对《宋刑统》“务限法”的继承与发展。有的是元朝的新改革、新创造，如“代诉”范围之扩大与“约会”制度的建立。

第六章

明朝的民事诉讼制度

明朝是中国古代社会后期著名的王朝，也是经济文化取得显著发展的王朝。在二百七十余年的统治期间，商品经济进一步发展，出现了资本主义生产关系的萌芽。与此相适应，民事权利主体通过编户齐民进一步扩大，享有相应的民事权利和民事诉讼权利。就立法而言，《大明律》是继《唐律疏议》之后又一部重要法典，其民事法律条款较唐宋律有所增加，因而影响深远。日本江户时代，曾经广求明律书籍作为参考。朝鲜王朝成立以后，太祖李成桂在即位诏书中明确指出："自今京外刑决官，凡公私罪犯，必该《大明律》。"[①] 在《朝鲜经国大典》中也记载："其议州断狱以辅其治者，一以《大明律》为据。""又虑愚民无知触禁，爰命攸司将《大明律》译以方言，使众易晓，凡所断决，皆用此律。所以上奉帝范，下重民命也。"[②] 太祖四年（1371 年）二月，将《大明律》译成《大明律直解》一书出版。由此可见《大明律》所代表的中华法制文明的历史价值。

在司法制度上，中央司法体制与地方司法体制均有所改革，而且会审制度开始制度化。民事诉讼制度方面，程序进一步严整，制度也较唐宋有所发展，民事立法的增加为民事诉讼的法律适用提供了重要

①《朝鲜王朝实录》卷一《太祖实录》，太祖元年七月丁未，叶四十四，首尔大学奎章阁本。

②（高丽）郑道传：《三峰集》卷八《朝鲜经国典・宪典总序》，载《韩国文集丛刊》第 5 辑，韩国民族文化推进会 1996 年版。

条件。凡此，都为继起的清朝民事诉讼制度的进一步发展提供了重要基础。

第一节　司法机关

一、中央司法机关

明朝沿袭唐朝三司推事的体制，发展成由刑部、大理寺、都察院组成的三法司，是最高的审级。

刑部是明代中央最高的审判机构，又称“法司”，京师词讼和全国各地上诉的案件都经通政司转达于刑部审理，所谓“民间词讼，非通政司转达于部，刑部不得听理”[①]。可见通政司是它的一个受理机关。刑部设尚书一人“掌天下刑名及徒隶、勾复、关禁之政令，侍郎佐之”。十三司各掌其分省及兼领所分京府、直隶之刑名。照磨、检校照刷文卷，司狱卒狱吏管理囚徒。其他五部（吏、户、礼、兵、工）的案件，也必须交由刑部审理。洪武十五年（1382 年），即“令吏、户、礼、兵、工五部，凡有应问罪人，不许自理，俱付刑部鞫问”[②]，其中户部发生的案件多属民事性质。按明制，户部掌管天下户

① (清）张廷玉等撰:《明史》卷九十四《刑法志二》，中华书局 1974 年版，第 2311—2312 页。亦可参见（清）龙文彬:《明会要》卷六十四《刑一·刑制》，中华书局 1956 年版，第 1235 页。

② (明）申时行等修:《明会典》卷一百七十七《刑部一九·问拟刑名》，中华书局 1989 年版，第 901 页下栏。

口、钱粮，同时也对民事违法行为具有一定的监督职权："凡田土之侵占、投献、诡寄、影射有禁，……继嗣、婚姻不如令有禁。皆综核而纠正之。"①但如果民事违法行为引起当事人起诉，或需要经过法庭审理时，则必须移送刑部，明代称为"参送"。如嘉靖三年（1524年）有令：地方拖欠田赋税粮者，"户部参送法司问罪"。②刑部规定："大小词讼，非经通政司准行，非由各衙门参送，不许听理。"③此外，刑部还设有漕运理刑官，"专理漕运词讼"，每当漕期，由刑部派主事一员或员外郎一员，处理军民交兑纠纷。④

明朝的大理寺已不是审判机构，而是复审机构。经刑部审理的民间词讼，一般也要经大理寺复审后才能结案："凡在京问刑衙门，大小词讼……非由本寺评允，不许发落。"⑤

都察院为洪武十三年（1380年）五月罢御史台而置，设左右都御史、左右副都御史、左右佥都御史及分辖各省的十三道监察御史。"都御史职专纠劾百司，辩明冤枉，提督各道，为天子耳目风纪之司。"⑥正因为都察院有这种"巡按"各道"辩明冤枉"的特殊职

---

①（清）张廷玉等撰：《明史》卷七十二《职官一·吏部》，中华书局1974年版，第1740页。

②（明）申时行等修：《明会典》卷二十二《户部九·预备仓》，中华书局1989年版，第153页上栏。

③（明）申时行等修：《明会典》卷二百十四《大理寺·详拟罪名》，中华书局1989年版，第1073页上栏。

④ 参见（明）申时行等修：《明会典》卷一百七十九《刑部二十一·漕运理刑》，中华书局1989年版，第914页上栏。

⑤（明）申时行等修：《明会典》卷二百十四《大理寺·详拟罪名》，中华书局1989年版，第1073页上栏。

⑥（清）张廷玉等撰：《明史》卷七十三《职官二·都察院》，中华书局1974年版，第1768页。

能，所以它成为明代民事上诉案的重要审理机关："凡有告争户婚、田土、钱粮、斗讼等事，须于本管衙门，自下而上，陈告归问。如理断不公，或冤抑不理者，直隶赴巡监察御史、各省赴按察司或分巡及巡按监察御史处陈告，即与受理推问。……如不系分巡时月，及巡历已过，所按地面却有陈告官吏不公不法者，随即受理追问。"① 可见，都察院及其分巡机构，既可受理民事上诉，又是民事案件的一个重要终审机关。

通政使司则是接受民事上诉或起诉的中央机构，但与刑部、都察院不同的是，它不能自己审理，而必须交由刑部，其任务仅是检查民事起诉是否合乎要求。

京师设顺天府，府尹一人，"掌京府之政令……疏理狱讼……治中参理府事……推官理刑名，察属吏。二县职掌如外县。"②

另于南京设应天府，其府属设施与北京同。顺天府、应天府及其所属县，是南北二京师地区的重要民事审理机构。

二、地方司法机关

洪武九年（1376 年）仿宋制，于省设置承宣布政使司、都指挥使司和提刑按察使司三个并列的省级机构，称作"三司"，是民事诉讼的第三审级，分别管理行政、军事和司法。

---

①（明）申时行等修：《明会典》卷二百十一《都察院三·追问公事》，中华书局 1989 年版，第 1055 页下栏。

②（清）张廷玉等撰：《明史》卷七十四《职官三·顺天府》，中华书局 1974 年版，第 1816 页。

承宣布政使司（布政司）总管各省行政、民政、钱谷等事，设左右布政使各一人为长官。布政司专设理问所，由理问一人、副理问一人、提控案牍一人组成，另设司狱司司狱一人，他们是省级民事上诉审的具体负责官员。[①]

提刑按察使司（按察司），设按察使一人掌一省刑名按劾之事，纠官邪，戢奸暴，平狱讼，雪冤抑，以振扬风纪，而澄清吏治。大者暨都、布二司会议，告抚按，以听于部、院。

在省级机关中，布政司偏重于民政和民事诉讼，按察司偏重于刑事诉讼和刑狱监察。正像沈家本所说：“明设布、按二司，分理政刑，其制颇善，与近日分别民事刑事之说甚近。”[②]但后来这种划分渐失意义，按察司实际上成为与布政司并列存在的一个受理与审判民事上诉案件的机构。

省以下设府，是民事诉讼的第二审机关。民诉繁多的府，多添设通判分理词讼。如嘉靖十八年（1539 年）添设浙江省湖州府通判一员，以“分理词讼、追征钱粮、弭捕盗贼”[③]。“严缉捕、听狱讼”[④]之职与县府相同。府州既是民事案件的上诉二审机关，又是直辖区域民事案件的一审机关，绝大部分民事案件都是在府州县解决的。所以明代统治者对地方长官的选任非常重视。洪武七年（1374 年）明太祖谕吏部曰：“古称任官惟贤材。凡郡得一贤守，县得一贤令，足以致

① （清）张廷玉等撰：《明史》卷七十五《职官四·承宣布政使司》，中华书局 1974 年版，第 1838 页。

② （清）沈家本撰，邓经元、骈宇骞点校：《历代刑法考·历代刑官考下·明》，中华书局 1985 年版，第 2010 页。

③ （明）申时行等修：《明会典》卷十七《户部四·农桑》，中华书局 1989 年版，第 117 页上栏。

④ （清）张廷玉等撰：《明史》卷七十五《职官四·县》，中华书局 1974 年版，第 1850 页。

治。如颍川有黄霸，中牟有鲁恭，何忧不治？”[①]

府、县之外，明代根据需要设置州。州是非常规的行政机构，每州设知州一人，掌一州之政令。府（州）以下设县，是民事诉讼的第一审级。其长官为知县，掌一县之政令，“凡养老、祀神、贡士、读法、表善良、恤穷乏、稽保甲、严缉捕、听狱讼，皆躬亲厥职而勤慎焉”[②]。知县是民事诉讼的第一审法官，凡里老未能解决的民事纠纷，都要先经知县审理后才能上诉。

县以下的基层社会组织：城中称“坊”，近城称“厢”，乡村称“里”。凡一百一十一户为一里，设里长；里下有若干甲，设甲首一人，里长和甲首负责乡里民政、教化、赋税、争讼等事，处理民事纠纷是其重要职责。洪武二十七年（1394年）四月，太祖鉴于“小民多越诉京师，及按其事，往往不实”之弊，下令各地州县官“择民间耆民公正可任事者，理听其乡诉讼。若户婚、田宅、斗殴者，则会里胥决之。事涉重者，始白于官”[③]，以减少民事纠纷对州县乃至中央机关的压力。正如洪熙元年（1425年）七月监察御史何文渊所言：“太祖高皇帝令天下州县，设立老人，必选年高有德，众所信服者，使劝民为善。乡闾争讼，亦使理断。下有益于民事，上有助于官司。”至洪熙时，州县官“不究年德如何，辄令充应。使得凭藉官府，肆虐闾阎”。有鉴于此，宣宗皇帝下令：“申明洪武旧制，选年高有德者充，

---

① 台湾“中央研究院”历史语言研究所校勘：《明实录·太祖实录》卷九十，洪武七年六月戊午，上海书店1982年版，第1585页。亦可参见（明）陈仁锡：《皇明世法录》卷三《太祖高皇帝宝训·任官》，洪武七年六月戊午，台湾学生书局1965年版，第67页下栏。

②（清）张廷玉等撰：《明史》卷七十五《职官四·县》，中华书局1974年版，第1850页。

③ 台湾“中央研究院”历史语言研究所校勘：《明实录·太祖实录》卷二百三十二，洪武二十七年四月壬午，上海书店1982年版，第3396页。

违者并有司皆置诸法。”[1]

里老在每个乡里专门设置的“申明亭”中受理词讼。宣德七年（1432年）正月，陕西按察佥事林时向明宣宗奏言：“洪武中，天下邑里皆置申明、旌善二亭，民有善恶，则书于此，以示劝惩。凡户婚、田土、斗殴常事，里老于此剖决。彰善瘅恶，最是良法。”[2]明律则以严法保护这一基层审理场所的安全：“凡拆毁申明亭房屋，及毁板榜者，杖一百，流三千里。”[3]

三、军事系统的民事审判机构

明代对军队的管理和建设，采用独特的卫所制度：“自京师达于郡县，皆立卫所。”[4]一般在重要的地方设卫，次要的地方设所。112人为一百户所，1120人为一千户所，5600人为一卫。卫所的长官称为卫指挥、千户和百户，这些卫所便成为明代军事系统的基层民事审判机构。在军事系统内之所以发生民事纠纷，是因为卫所的军人另立军户，一入军籍，便世代为业。他们有自己的产业和家园，与民户无异，不同之处仅在于他们有服兵役的义务。所以，在卫所管辖的众多军户中，民事纠纷不减于民户，军卫自然形成一级民事审理机关。在明代有关民事诉讼的法规中，往往都是“军卫有司”并提，“有司”

---

① 台湾“中央研究院”历史语言研究所校勘：《明实录·宣宗实录》卷四，洪熙元年七月丙申，上海书店1982年版，第122—123页。

② 台湾“中央研究院”历史语言研究所校勘：《明实录·宣宗实录》卷八十六，宣德七年正月乙酉，上海书店1982年版，第1990页。

③ 黄彰健编著：《明代律例汇编》卷二十六《刑律九·杂犯》，“拆毁申明亭”条，台湾“中央研究院”历史语言研究所1979年版，第949页。

④（清）张廷玉等撰：《明史》卷八十九《兵志一·序》，中华书局1974年版，第2175页。

即指府、州、县机关。

军卫的上级机关便是省级“三司”之一的都指挥使司。在中央，则有五军都督府，分别管理京师和各地卫所。

第二节　民事审判管辖

管辖是确定同级司法机关之间或上下级司法机关之间受理第一审案件的分工和权限，管辖不仅可以判定司法机关对某一案件的受理或不受理是否合法，而且也决定当事人的起诉行为是否属于“越诉”或者是“投别衙门”。

据明律规定，明代的民事审判管辖，大体上分为级别管辖、地域管辖、专属管辖和移送管辖四种。

一、级别管辖

明律对级别管辖有专条规定，如：“凡军民词讼，皆须自下而上陈告。若越本管官司，辄赴上司称诉者，笞五十。”[①]“凡负欠私债，两京不赴法司，而赴别衙门；在外不赴军卫有司，而越赴巡抚巡按三司官处，各告理，及辄具本状奏诉者，俱问罪，立案不行。”[②]按照这种级别管辖，民事案件的管辖权只能属于府、县和军卫等基层机关，省

① 黄彰健编著：《明代律例汇编》卷二十二《刑律五·诉讼》，“越诉”条，台湾“中央研究院”历史语言研究所1979年版，第853页。

② 黄彰健编著：《明代律例汇编》卷二十二《刑律五·诉讼》，“越诉”条附“弘治问刑条例（十一款）”第五款，台湾“中央研究院”历史语言研究所1979年版，第854页。

级三司和中央司法机关只能接受民事上诉。这是一种传统的级别管辖标准，目的是防止越诉。而且一般说来，民事纠纷案，只有基层机关最了解情况，把管辖权限制在基层机关，最有利于案件的正确与及时解决。

至洪武末年，为了更有效地避免百姓越诉，维护级别管辖，还采取了一种类似于现在级别管辖的分工与权限标准，即根据案件的难易程度来划分上下级管辖权限。洪武二十七年（1394 年）四月壬午，“择民间耆民公正可任事者，理听其乡诉讼。若户婚、田宅、斗殴者，则会里胥决之。事涉重者，始白于官”[①]。即轻微易解的民事纠纷由里老会里胥处理，稍重难的案子则由官府审理。这一管辖权限的划分终明不变。

两京的级别管辖有些特殊，明代规定：北京由中央刑部管辖，南京则由南京刑部管辖，而顺天府和应天府似乎被排除在外。嘉靖时，北京曾发生过顺天府与刑部争夺民讼管辖权的事件。当时顺天巡按御史郑存仁认为民间词讼应该按自下而上的原则逐级审理，法司（刑部）不应该直接插手，所以他命令顺天府、县：“凡法司有所追取，不得辄发。”刑部尚书郑晓则依据惯例“民间词讼非自通政司转达，不得听。而诸司有应问罪人，必送刑部”为由，上言：“刑部追取人，府县不当却。存仁违制，宜罪。”郑存仁则仍“执自下而上之律，论晓欺罔。”结果，还是由嘉靖皇帝最后定论：“乃命在外者属有司，在京者属刑部”。即京师管辖权属于刑部。但郑晓去位后，这种管辖权又被破坏，“民间词讼，五城御史辄受之，不复遵祖制矣”[②]。在南京，刑

① 台湾“中央研究院”历史语言研究所校勘：《明实录·太祖实录》卷二百三十二，洪武二十七年四月壬午，上海书店 1982 年版，第 3396 页。

② （清）张廷玉等撰：《明史》卷九十四《刑法二》，中华书局 1974 年版，第 2313 页。

部对京城民讼的管辖权也得到法律的一再肯定。宣德二年（1427 年），“令止理京城军民词讼，在外者不许准理”。弘治元年（1488 年）奏准，又扩大至附近常熟、镇江等府县和滁州等州卫。[①]《弘治问刑条例》则专门规定：“南京词讼，干系地方者，许内外守备官员受理。其余户婚田土斗殴人命一应词讼，悉遵旧制，赴南京通政使司，告送法司问理。”[②] 明代这种对京师民讼的特别管辖权的规定，是与前代大不相同的。

二、地域管辖

地域管辖是指按地域范围划分同级审判机构之间的管辖权限和分工的制度。明代民事诉讼的地域管辖有以下两条主要原则。

第一，同级审判机构之间，各自只能管辖本区域以内的民事案件。《大明律直引》载有这样一个问刑案例：巡抚江西等处地方右副都御史张本奏称，瑞州、吉安等府词讼，多有牵连隔别府县者，“看得府县官限于疆域，并不得管理隔别府县之事”。刑部见奏后也认为，为了“息健讼以安民生”，“今后法司遇有各处奏诉本状，除叛逆强盗及凡事干仓库等项重情，照例施行外，其余争竞户婚田土钱债，一切私事，有牵连至七八十人以上，及隔别府卫军民、并摭拾旁事者”，不许受理。并得到圣旨，“通行各该巡抚巡按，转行司府等衙门”，照

① （明）申时行等修：《明会典》卷一百八十《刑部二二·南京刑部》，中华书局 1989 年版，第 916 页上栏。

② 黄彰健编著：《明代律例汇编》卷二十二《刑律五·诉讼》，“告状不受理”条附“弘治问刑条例（一款）”，台湾“中央研究院”历史语言研究所 1979 年版，第 868 页。

此施行。[①] 这一立法例说明，地域管辖不适用强盗及钱粮方面的刑事案件，而仅适用于“私事”即民事纠纷。

第二，原告就被告原则。上文所述只管辖本区域以内的原则，仅限于牵连众多的民事纠纷案件。一般的民事案件，如果被告和原告不在同一府、县者，则以原告就被告为原则，即由被告所在地的审判机关管辖。一般来说，被告所在地便是他的户籍所在地。明律规定：“若词讼，元告被论在两处州县者，听元告就被论官司。”[②] 刑部在接到通政司转送的各地民事上诉案时，也是按照被告的户籍，分送所在省份的刑部清吏司审理：“凡通政司等衙门送到词讼，照被告名籍分送该司收问。若被告在逃不获，或病故，公差等项照原告分司收问。”[③] 即只有在被告因种种原因无法出庭受审时，才能按原告的户籍来决定其管辖。当被告居住地与其户籍所在地不一致时，则根据被告的现居住地来决定管辖，这一般是不涉及不动产的钱债方面的案件。《弘治问刑条例》规定：“内外放债之家，不分文约久近，系在京住坐军匠人等揭借者，止许于原借之人名下索取，不许赴原籍逼扰。”[④] 另有一款更明确规定：“江西等处客人，在于各处买卖生理，若有负欠钱债等项事

① 黄彰健编著：《明代律例汇编》卷二十二《刑律五·诉讼》，“越诉”条附“大明律直引所载问刑条例（二款）”第二款，台湾“中央研究院”历史语言研究所 1979 年版，第 859—861 页。

② 黄彰健编著：《明代律例汇编》卷二十二《刑律五·诉讼》，“告状不受理”条，台湾“中央研究院”历史语言研究所 1979 年版，第 867 页。

③（明）申时行等修：《明会典》卷一百七十七《刑部十九·问拟刑名》，中华书局 1989 年版，第 902 页上栏。

④ 黄彰健编著：《明代律例汇编》卷九《户律六·钱债》，“违禁取利”附“弘治问刑条例（五款）”第一款，台湾“中央研究院”历史语言研究所 1979 年版，第 571 页。

情，止许于所在官司陈告，提问发落。”[①]明代的这种原告就被告的地域管辖原则，既便于被告出庭应诉，免于官府千里追提费力费时之弊；又可以防止因原告滥诉而导致被告遭受损失，妨废农务之虑；而且还有利于审判机关及时查清案情和对判决的执行。

三、专属管辖

明代民事审理中的专属管辖，体现在对军户和民户的不同归属上，这也与明朝特有军事体制及最高统治者对军人的特别重视密切相关。明代百姓分为军户和民户，分别入于各自独立的户籍中。

如果发生民事纠纷，诉讼双方均为军户者，其管辖权只能属于军卫，且所有事涉军官的案件都应奏请皇帝定夺，即使交给指定司法机构（一般是都督府或三法司）审理的案件，“除笞罪收赎，明白回奏，杖罪以上，须要论功定议，请旨区处”[②]。《大明律》还规定：“凡军官犯罪，应请旨而不请旨及应论功上议而不上议，当该官吏处绞。”[③]这在明代历朝的诏令中也多有体现。明太祖朱元璋统治时期曾多次下诏强调对军官犯罪的司法管辖应奏请定夺。洪武三年（1370年）六月诏：“武官有犯，非奏请不得逮问。”[④]洪武三年十二月诏：“军官有犯必

① 黄彰健编著：《明代律例汇编》卷二十二《刑律五·诉讼》，“越诉”条附“弘治问刑条例（十一款）”第六款，台湾“中央研究院”历史语言研究所1979年版，第855页。

② 怀效锋点校：《大明律》卷一《名例律》“军官有犯”条，法律出版社1999年版，第5页。

③ 怀效锋点校：《大明律》卷二《吏律二·公式》“事应奏不奏”条，法律出版社1999年版，第38页。

④ 台湾“中央研究院”历史语言研究所校勘：《明实录·太祖实录》卷五十三，洪武三年六月戊辰，上海书店1982年版，第1040页。

奏请，然后逮问。”[①] 后来这一规定根据军官的品级而有所放宽，洪武十四年（1381 年）二月诏刑官：“自今武官三品以上有犯者，必奏请得旨，乃鞫之。四品以下有犯，所司就逮问定罪议功，请旨裁决。”[②] 但洪武十年（1377 年）颁行的《大明律》又取消了关于品级的规定：“凡军官犯罪，从本管衙门开具事由，申呈五军都督府，奏闻请旨取问。若六部、察院、按察司并分司及有司，见问公事，但有干连军官及承告军官不公不法等事，须要密切实封奏闻，不许擅自勾问。”[③] 以后的做法基本一致，并多次重申对军官犯罪案件的专属管辖。

诉讼双方为民户者，则由府、县管辖。“若管军官，越分辄受民讼者，笞五十。”[④] 如果是军户和民户之间发生诉讼，即诉讼双方当事人分别为军户和民户，则不适用原告就被告的原则，而只能由军卫和有司（府、县）共同组成法庭来审理，明代称为“约问”或“会同”。如明律规定：“凡军官军人，有犯人命……若奸盗诈伪，户婚田土，斗殴，与民相干事务，必须一体约问。与民不相干者，从本管军职衙门，自行追问。其有占吝不发，首领官吏，各笞五十。”[⑤]“占吝不发”即指军职衙门将涉及民户的案子独自自理而不约会府县共同审理，对此要追究刑事责任。正统四年（1439 年）进一步规定：“凡有军民相

① 台湾“中央研究院”历史语言研究所校勘：《明实录·太祖实录》卷五十九，洪武三年十二月戊辰，上海书店 1982 年版，第 1156—1157 页。

② 台湾“中央研究院”历史语言研究所校勘：《明实录·太祖实录》卷一百三十五，洪武十四年二月甲申，上海书店 1982 年版，第 2148 页。

③ 怀效锋点校：《大明律》卷一《名例律》“军官有犯”条，法律出版社 1999 年版，第 4—5 页。

④ 黄彰健编著：《明代律例汇编》卷二十二《刑律五·诉讼》，“军民约会词讼”条，台湾“中央研究院”历史语言研究所 1979 年版，第 887 页。

⑤ 黄彰健编著：《明代律例汇编》卷二十二《刑律五·诉讼》，“军民约会词讼”条，台湾“中央研究院”历史语言研究所 1979 年版，第 887 页。

干词讼等事，移文到日，应该会同官员随即前去。若无故不即会问及偏徇占吝者，从监察御史按察司官按问，应请旨者具奏。”[①] 也就是说，不但“占吝”的一方要追究责任，而且接到移文却不即时前去会同的一方也要追究其刑事责任，从两个方面同时加以约束和监察。

四、移送管辖

移送管辖指某一审判机构已经受理了某一民事案件后，经过审查，发现自己没有管辖权时，则移送给有管辖权的机关审理，受移送的机关不得拒绝接受。按照级别管辖，民讼案件只能先由府、县级机关管辖，依次才能由省级三司和巡抚、巡按官受理。如果巡按官在巡历时接到百姓词讼，必须首先审查该案是否已经过了以上诸官司的审理，如果没有，就必须移送给有权受理的机关。明律专款规定：“若都督府，各部监察御史，按察司及分司巡历去处，应有词讼，未经本管官司陈告，及本宗公事未绝者，并听置簿立限，发当该官司追问，取具归结缘由勾销。”[②] 洪武二十六年（1393 年）更详细规定：巡按监察御史及按察司分巡官在巡历州县时，“凡受军民词讼，审系户婚、田宅、斗殴等事，必须……立限发与所在有司追问明白，……若告本县官吏，则发该府；若告本府官吏，则发布政司；若告布政司官吏，则

① （明）申时行等修：《明会典》卷二百一十《都察院二·出巡事宜》，中华书局 1989 年版，第 1050 页上栏。

② 黄彰健编著：《明代律例汇编》卷二十二《刑律五·诉讼》，“告状不受理”条，台湾“中央研究院”历史语言研究所 1979 年版，第 867 页。

发按察司；……”[①] 分理各道钱谷的分守官也无管辖权，所以正德元年（1506 年）规定：“分守官受理所属所告户婚、田土等情，许行理问所，及各该府属问报。”[②] 即受理后须移送给该案所属府及布政司理问所审理。这种移送管辖，有利于案件的及时审结，免于当事人诸多不应有的诉累。它不同于上级机关把自己管辖的案件移交下级机关审理，或下级机关把自己管辖的案件报请上级机关审理等情况，前者是因管辖权而移送，后者则是审理程序上的问题。

第三节　起诉与受理

一、起诉的形式

民事起诉，是原告向有管辖权的审判机关提起诉讼，请求司法保护其民事权利的诉讼行为。为保证这种行为的正常合法进行，明代法律规定了民事起诉的形式——口头和书面两种。

口头形式的起诉明代又称“口告”，这种形式一般是那些没有文化不能书写的原告起诉时所使用的。由于口头起诉时没有书面依据，所以明代法律规定：原告口诉时，审判机关必须将口诉内容记录清楚，一般的审判机关内都设有专门人吏负责此项工作。“凡诉讼之人，

① （明）申时行等修：《明会典》卷二百一十《都察院二·出巡事宜》，中华书局 1989 年版，第 1049 页上栏。

② （明）申时行等修：《明会典》卷一百七十七《刑部十九·问拟刑名》，中华书局 1989 年版，第 902 页上栏。

有司置立口告文簿一扇，选设书状人吏一名。”[①]这种形式的起诉，在当时文化水平普遍较低的情况下，是必不可少的。

书面形式的起诉是明代统治者所提倡的，一般要求民事起诉要有起诉书，当时称为“词状”或“本状”，可以自己书写，也可以请人帮助书写。帮助书写词状的人叫“代书人”。明律虽三令五申要严惩那些教唆词讼之徒，但同时也规定：如果是“其见人愚而不能伸冤，教令得实，及为人书写词状，而罪无增减者，勿论”。也就是说，对于那些运用自己的法律知识和能力帮助冤民伸冤、代其书写词状的行为，承认其合法性，不属于“教唆词讼”罪的范围。词状除了要写明诸如诉讼缘由、要求等必要内容外，还“俱要后开代书之人的确姓名、贯址、身役、住处明白”。这一要求的目的是掌握代书人的基本情况，以便在必要时追究其责任。明律对代书人的责任有严格要求，“凡教唆词讼，及为人作词状，增减情罪，诬告人者，与犯人同罪”[②]；“代人捏写本状，……全诬十人以上者，俱问发边卫充军。”[③]

二、起诉的条件限制

为了使民事诉讼不至影响封建伦理道德，避免奸民滥诉而造成当事人不必要的诉累，影响生产与社会秩序，明代对民事起诉规定了一

---

①《大明令·刑令》“诉讼文簿”条，载刘海年、杨一凡总主编，杨一凡、曲英杰、宋国范点校：《中国珍稀法律典籍集成》乙编第一册《洪武法律典籍》，科学出版社 1994 年版，第 41 页。

② 黄彰健编著：《明代律例汇编》卷二十二《刑律五·诉讼》，“教唆词讼”条，台湾“中央研究院”历史语言研究所 1979 年版，第 883 页。

③ 黄彰健编著：《明代律例汇编》卷二十二《刑律五·诉讼》，“教唆词讼”条附“弘治问刑条例（二款）”第一款，台湾“中央研究院”历史语言研究所 1979 年版，第 883 页。

系列的条件限制。

（一）原告的条件

1. 原告必须是与本案有直接利害关系的个人，明代称之为“干己事情”。这一条件限制在明律有关民事诉讼的条文中多次严申，这是与刑事诉讼明显不同的一点。比如，通政司在接收词状时，就必须首先审查是否是“干己事情”，如果“并不干己事，及审出添捏等项虚情”者，则“立案不行”。① 也就是说，所告是否“干己”，与所告是否真实一样重要。弘治时，南京御史王良臣按劾南京指挥周恺，而周恺随即以他事攻讦王良臣。为此侍郎杨守随奏请孝宗：“自今以后，官吏军民奏诉，牵缘别事，摭拾原问官者，立案不行。” ② 嘉靖、万历时则进一步规定：“曾经考察考核被劾人员，若怀挟私忿，妄捏摭拾经该官员，别项赃私，不干己事，奏告以图报复者，不分现任致仕闲住，文官问发为民，武官问革差操。奏告情词，不问虚实，立案不行。” ③ “凡无籍棍徒，私自串结，将不干己事情，捏写本词，声言奏告，恐吓得财。计赃满贯者，不分首从，俱发边卫充军。” ④

2. 原告必须明确而真实。明朝法律对投匿名状或顶替他人告状或冒他人之名告状的人处刑极重。《大明律》明确规定：“凡投隐匿姓名文书，告言人罪者，绞。见者，即便烧毁。若将送入官司者，杖

① （明）申时行等修：《明会典》卷二百十二《通政使司·开拆实封》，中华书局 1989 年版，第 1059 页上栏。

② （清）张廷玉等撰：《明史》卷九十四《刑法二》，中华书局 1974 年版，第 2314 页。

③ 黄彰健编著：《明代律例汇编》卷二十二《刑律五·诉讼》，“越讼”条附“万历问刑条例（十六款）”第十三款，台湾“中央研究院”历史语言研究所 1979 年版，第 865—866 页。

④ 黄彰健编著：《明代律例汇编》卷二十二《刑律五·诉讼》，“诬告”条附“嘉靖问刑条例（五款）”第五款，台湾“中央研究院”历史语言研究所 1979 年版，第 879 页。

八十。官司受而为理者，杖一百。”[①] 另外，《明大诰》里记载了一个代人告状和一个冒名告状的案例：其一，江西省郭和卿告王迪渊等四十五人皆系害民吏、皂隶、豪民，经核查，其中二十名属实，十八名系虚告，而另外七名与原告对质时，原告竟然默然无对。原来郭和卿是根据周继奴给他的姓名数目代周继奴告状。最后，郭和卿因代人告状而被“枭令处决”。[②] 其二，处州松阳县民杨均育因与叶惟宗有仇，便冒充叶惟宗，“告其兄叶允名系积年老吏，弟叶允槐系逃军”。查清原委后，杨均育因诡名告状而被凌迟处死。[③]

3. 原告必须是有诉讼权利能力和行为能力之人。卑幼告尊长，奴婢、雇工告家长及家长亲，即为“干犯名义”，原告将根据其和被告的尊卑亲疏关系不同而受相应刑罚。另外，被囚禁之人犯不得告诉，“凡被囚禁，不得告举他事。其为狱官、狱卒非理凌虐者，听告。若应囚禁被问，更首别事，有干连之人，亦合准首。依法推问科罪。”[④] 而老人、儿童、病残人以及妇女等均属于无或者限制权利能力和行为能力之人，只有在确实没有亲人（民事代理人）的情况下，才能充当原告，否则要追究本应充当原告的有行为能力的家人，特别是那些故意指使老幼妇残人代替自己出庭诉告的“本身或壮丁”，犯者必加问

---

① 怀效锋点校：《大明律》卷二十二《刑律五・诉讼》“投匿名文书告人罪”条，法律出版社 1999 年版，第 174 页。

② 参见（明）朱元璋撰：《御制大诰三编・代人告状》，载刘海年、杨一凡总主编，杨一凡、曲英杰、宋国范点校：《中国珍稀法律典籍集成》乙编第一册《洪武法律典籍》，科学出版社 1994 年版，第 232 页。

③ 参见（明）朱元璋撰：《御制大诰三编・诡名告状》，载刘海年、杨一凡总主编，杨一凡、曲英杰、宋国范点校：《中国珍稀法律典籍集成》乙编第一册《洪武法律典籍》，科学出版社 1994 年版，第 233 页。

④ 怀效锋点校：《大明律》卷二十二《刑律五・诉讼》“现禁囚不得告举他事”条，法律出版社 1999 年版，第 179 页。

罪。“军民人等干己词讼，若无故不行亲赍，并隐下壮丁，故令老幼残疾妇女家人抱赍奏诉者，俱各立案不行，仍提本身或壮丁问罪。”[①]但如果是“谋反大逆、子孙不孝，或己身，及同居之内，为人盗诈侵夺财产，及杀伤之类，听告。”[②]即刑事重案或重大的民事案件（“侵夺财产”）案情比较紧急者，则不受这一条件的限制。妇人一般要由丈夫充当其民事代理人，其次是儿子，无夫无子者，才能亲自充当原告。《大明令》规定：“凡妇人，……一应婚姻、田土、家财等事，不许出官告状，必须代告。若夫亡无子，方许出官告对。或身受损伤，无子代告，许令告诉。”[③]

4. 官吏充当民事诉讼的原告时，有特殊的限制。明律“官吏词讼家人诉”条规定：“凡官吏，有争论婚姻钱债田土等事，听令家人告官理对，不许公文行移。违者，笞四十。”[④]这里一方面保留了官吏在民事诉讼中可以由家人代替出庭告官并受审的特权，另一方面也是为了防止官吏作为原告会导致司法官畏避曲法之弊。特别是禁止官吏利用职权以“公文”形式起诉，如犯更要追究其刑事责任，以保证民事诉讼公平合理解决。

5. 原告不得以伤残自己身体的办法来胁迫官府、图赖财物。明代

① 黄彰健编著：《明代律例汇编》卷二十二《刑律五·诉讼》，“见禁囚不得告举他事”条附“弘治问刑条例（一款）”，台湾“中央研究院”历史语言研究所1979年版，第882页。

② 黄彰健编著：《明代律例汇编》卷二十二《刑律五·诉讼》，“见禁囚不得告举他事”条，台湾“中央研究院”历史语言研究所1979年版，第882页。

③《大明令·刑令》“妇人不许出官”条，载刘海年、杨一凡总主编，杨一凡、曲英杰、宋国范点校：《中国珍稀法律典籍集成》乙编第一册《洪武法律典籍》，科学出版社1994年版，第44—45页。亦可参见（明）申时行等修：《明会典》卷一百七十七《刑部十九·问拟刑名》，中华书局1989年版，第901页下栏。

④ 黄彰健编著：《明代律例汇编》卷二十二《律五·诉讼》，“官吏词讼家人诉”条，台湾“中央研究院”历史语言研究所1979年版，第890页。

一方面在受理民诉时严加控制，对自我伤残者首先加以责罚；另一方面从最基层着手，要求原告的亲邻、里老等平时注意防范，并负连带责任。《嘉靖新例》载有嘉靖八年（1528 年）十二月的刑部题准："今后军民或因田土窃盗斗殴等情，许令里老邻族理论剖决，或经官告理。如有服毒自缢身死者，其同居亲属，俱坐以知情唆使重情。若该管里老邻佑，不行禁谕，纵有前项致死，及事发不行举首者，亦连坐罪。"① 因此，明代不少乡规民约中都严格约束乡民。《古今图书集成·乡里部汇考》载有明代《圣训释目》，告诫乡民："世之薄俗，有偶因争忿，或负欠钱谷，一家服毒图赖，一家亦服以相抵，两人俱死，及或兄弟夫妇争利亦然，又有或将老幼残疾之人服毒或投水或自缢，……图赖财物，烦扰官司。……今后凡有此者，约正副率同约验实，情轻责令自行埋葬，仍重加责罚。"② "约正副"即指乡约的约正和约副。

当然，上述对原告民事诉讼行为能力的限制不适用于重大的刑事案件，特别是事关谋反、大逆、窝藏奸细等重大的刑事犯罪。

（二）诉状内容的要件

在民事诉状的内容方面，明代规定了两条比较重要的条件：一是诉状内容必须真实，有事实根据，不能"添捏虚情"或"捏词妄诉"，以诬告陷害。"凡诬告人笞罪者，加所诬罪二等；流徒、杖罪，加所诬罪三等，各罪止杖一百，流三千里。……至死罪，所诬之人已决者，反坐以死。未决者，杖一百，流三千里，加役三年。"③ 并且，如

① 黄彰健编著：《明代律例汇编》卷二十二《刑律五·诉讼》，"教唆词讼"条附"嘉靖新例（二款）"第二款，台湾"中央研究院"历史语言研究所 1979 年版，第 885 页。

② （清）陈梦雷编纂：《古今图书集成》第三三三册，《明伦汇编·交谊典》卷二十七《乡部里汇考二·圣训释目·毋作非为》"毋图赖"条，中华书局 1985 年版，第 14 页下栏。

③ 怀效锋点校：《大明律》卷二十二《刑律五·诉讼》"诬告"条，法律出版社 1999 年版，第 176 页。

果被诬告之人已被施行了刑罚，或其家人因此而遭受了其他损失，则诬告者还须进行民事赔偿。二是诉状内容不能“摭拾旁事”以至事态扩大、牵连人众或隔别府卫军民。

这两方面限制条件的立法，是由江西瑞州、吉安等府词讼牵连众多导致官府处理困难，以致当事人“盘费艰难”“岁月淹滞”而引起的。皇帝亲自下旨：“捏词奏诉、牵连人众的，委的扰害地方”，要求刑部即时立法严加限制。刑部随即议定：“争竞户婚田土钱债，一切私事，有牵连至七八十人以上，及隔别府卫军民，并摭拾旁事者，不分虚实，即与立案不行，止将抱本人问罪，递回原籍收管。”并将这一立法推行全国，令地方司府衙门，凡遇此类词讼者，“不许准受，仍将本犯量情责治”，“讼诬及十人以上，悉照前例从重问结”。①

明人所著官箴书《居官必要为政便览·刑类》，记载了诉状内容与形式的要求以及如何有效处理状词：

> 放告任后出告示谕，知照依格式，每状不过三行，每行不过五十字，年月后无写状人姓名住址者不准，一状牵告二事者不准，其户婚田土等事许依告期，若人命强盗斗殴及土豪势要窝访重情，不拘期限。临期将告状尽行收完，省令众人次日听候，将状当晚看完，应准者标判，无理者将状后批写因何不准，次日俱贴于大门外，使各人知之安心休息，不致复行告扰。②

① 以上引文参见黄彰健编著：《明代律例汇编》卷二十二《刑律五·诉讼》，“越诉”条附“大明律直引所载问刑条例（二款）”第二款，台湾“中央研究院”历史语言研究所1979年版，第861页。

② （明）不著撰者：《居官必要为政便览·刑类》第一款，载官箴书集成编纂委员会编：《官箴书集成》第二册，黄山书社1997年版，第65页下栏。

明人吕坤曾在明神宗万历年间历任山东、山西、陕西各官，鉴于“刁风日甚，状中叙事仅数语，而形容彼罪，张大我冤，常居十六”①的诉状弊情，在出任提刑按察使司时，亲自拟定了各类诉讼状式，收于《实政录》中。现选其中民事诉讼状式列举如下：

告地土状式（田宅同卖过十年者不准）

某府某县人某人为地土事。某年月同中某人某人，买到某人（民、军、匠）地若干，价钱若干，（已、未。）经过割，被某人侵占，自量得几十几亩几分几厘，邻佑某人某人证。上告。

告婚姻状式（割襟换帽原无聘礼者不准）

某府某县人为婚姻事。某年月日，同媒某人，将第几男某人，用财礼或聘礼若干，定某人第几女小名为妻，一向（未曾行礼，行礼几次。）至某月日不行知会，用某人某人为媒，改定与某人为妻，（未曾，已经。）成婚。上告。

告凌夺状式（孤幼被人凌夺同此式）

某府某县某人为凌夺事。氏，某年月丧夫，（有子女，无子女。）遗下（房若干、地若干、头畜若干、粮食若干，衣服若干。）情愿守节，被某（伯叔兄弟。）上门打几次，骂几次，夺卖某物。又将氏暗许某人，强来逼取。某人某人证。上告。

---

①（明）吕坤撰，王国轩、王秀梅整理:《吕坤全集》上册，《实政录》卷六《风宪约·状式》，中华书局2008年版，第206页。

告土豪状式

某府州县某人为土豪事。某年月日，有某缺（用、食。）向某借（银若干两、粟若干石。）羔利过本几倍，伊将某私家拷打，逼将（妻妾子女、房地头畜。）准折，指某人证。上告。

告财产状式

某府州县某人为财产事。某（祖、父。）某故，遗下（房几所，地若干亩，资本银若干两，首饰，衣服若干件。）应该某与某（伯叔或兄。）照枝派均分。今某某倚恃尊长，尽行霸去不分，指遗约或亲邻某人证。上告。

告钱债状式

某府州县某人为钱债事。某人因缺用，于某年月日向某借去（银若干两，粟若干石。）加三出利，指中人某人并借约证。今某人至今几年，本利分文不还，或止还本利若干，尚欠若干，屡讨延调不与。上告。

告欺害状式

某府州县某人为欺害事。被某与某素有某隙，今某倚恃豪强，于某月日将某无故罗殴，指某人证。又至某月日，暗将某成熟田苗用棍扑倒，约有几亩。上告。[1]

①（明）吕坤撰，王国轩、王秀梅整理:《吕坤全集》上册，《实政录》卷六《风宪约・状式》，中华书局2008年版，第209—213页。

此外，《徽州千年契约文书》一书收录了成化五年（1469 年）徽州府祁门县谢玉清“为强砍山木事”的诉状，我们得以更直观地了解明代民事诉状的内容及格式。该状式如下：

告状人谢玉清，年四十五岁，系十西都民。状告：本家有故祖于上年间，买受到本都谢思敬分籍山地价系经理伐字九百九十四号、九百九十五号，坐落本都十保，土名庄背坞、上座坞。其山向与谢思义、谢乞、谢辛善等共业。至今年正月间，有本都程付云等，因买一都汪仕容男上座坞木植，朦胧概将本家邻界庄背坞杉木尽数强砍。是玉清同思义前去理阻，当用谢字斧号印记，状投里老。有程付云等倚恃蛮强，欺罔住远，不与理明，力要趁水撑放前去，不容为禁。今来若不状告乞为椿管前木，实被付云概砍分籍木植，虚负契买，长养难甘。为此，具状来告

祁门县大人详状施行。

成化五年三月十四日　　谢玉清（画押）告[1]

（三）亲属之间相告的条件

“同居相隐”本来是封建法律的一个重要原则，但明代法律针对民事诉讼的不同特点而相对放宽了对某些同居相隐的要求，允许有条件地对自己的同居亲属提起诉讼。这些条件大致有以下几种。

1. 子孙违犯教令及奉养有缺者，必须由祖父母、父母亲自出官告

① 《成化五年祁门谢玉清控告程付云砍木状纸》，载王钰欣、周绍泉主编：《徽州千年契约文书》（宋元明编）卷一，花山文艺出版社 1993 年版，第 186 页。

论:“凡子孙违犯祖父母、父母教令，及奉养有缺者，杖一百。(原注:须祖父母、父母亲告，乃坐。)”[1] 明代一般禁止老人妇女充当原告，但“子孙不孝”则是一个例外。

2. 子孙擅自别籍异财者，也必须由祖父母、父母或其他尊长亲自赴官陈告:“凡祖父母、父母在，而子孙别立户籍，分异财产者，杖一百。(原注：须祖父母、父母亲告，乃坐。) 若居父母丧，而兄弟别立户籍，分异财产者，杖八十。(原注：须期亲以上尊长亲告，乃坐。)” [2]

3. 尊长对其所立继子不满意者，可以向官府提起变更之诉，重新确立继承人，同宗族人不得以次序告争。《嘉靖问刑条例》规定:“凡无子立嗣，除依律令外，若继子不得于所后之亲，听其告官别立。其或择立贤能，及所亲爱者，若于昭穆伦序不失，不许宗族指以次序告争，并官司受理。” [3]

4. 卑幼告尊长者，明代以“干名犯义”罪加重处罚。但如果涉及民事权利的侵害问题时，则不受此限制。明律“干名犯义”条明确规定：如卑幼“被期亲以下尊长侵夺财产，或殴伤其身，应自理诉者，并听告。不在干名犯义之限” [4]。

---

① 黄彰健编著:《明代律例汇编》卷二十二《刑律五・诉讼》，“子孙违犯教令”条，台湾“中央研究院”历史语言研究所 1979 年版，第 882 页。

② 黄彰健编著:《明代律例汇编》卷四《户律一・户役》，“别籍异财”条，台湾“中央研究院”历史语言研究所 1979 年版，第 475 页。

③ 黄彰健编著:《明代律例汇编》卷四《户律一・户役》，“立嫡子违法”条附“嘉靖问刑条例（一款）”，台湾“中央研究院”历史语言研究所 1979 年版，第 463—464 页。

④ 黄彰健编著:《明代律例汇编》卷二十二《刑律五・诉讼》，“干名犯义”条，台湾“中央研究院”历史语言研究所 1979 年版，第 881 页。

（四）民事起诉不能违反法定时效

明代在民事起诉的条件上明确规定：凡已达法定时效的法律事实，当事人一方因此而取得某项权利者，另一方不得再提起变更之诉。当事人一方因此而丧失某项权利，或其权利因此而不再受法律保护者，另一方才具备提起变更之诉的条件。比如，《弘治问刑条例》规定："告争家财田产，但系五年之上，……断令照旧管业，不许重分再赎。告词立案不行。"[①] 即占有家财产业达五年以上者，便取得了对该项财产的所有权，其他亲族便失去了提起变更之诉的条件。又如《大明令》规定："五年无故不娶及夫逃亡过三年不还者，并听经官告给执照，别行改嫁，亦不追财礼。"[②] 即订婚后五年无故不娶及婚后丈夫逃亡达三年之久者，法律均不再保护男方的权利，女方可以向官府提起变更之诉。

与时效相类似的另一种时间因素是赦宥，在刑事诉讼中一般规定犯在赦前者不能告发。但明代针对民事诉讼的特点而相对放宽了这一时间因素的限制，以有效地保护当事人的合法民事权利。"凡以赦前事，告言人罪者，以其罪罪之。若系干钱粮、婚姻、田土，事须追究，虽已经赦，必合改正征收者，不拘此例。"[③] 赦宥只能赦免刑事犯罪，但不能因此而使当事人的民事权利受到损害，说明了明代对保护民事权利的重视。

---

① 黄彰健编著：《明代律例汇编》卷四《户律一·户役》，"典卖田宅"条附"弘治问刑条例（二款）"第二款，台湾"中央研究院"历史语言研究所 1979 年版，第 493 页。

②《大明令·户令》"嫁娶主婚"条，载刘海年、杨一凡总主编，杨一凡、曲英杰、宋国范点校：《中国珍稀法律典籍集成》乙编第一册《洪武法律典籍》，科学出版社 1994 年版，第 11 页。

③（明）申时行等修：《明会典》卷一百七十七《刑部十九·问拟刑名》，中华书局 1989 年版，第 901 页下栏。

（五）对越级起诉的限制

限制越诉是中国古代的一个传统诉讼原则，也是明代民事起诉的一个重要条件。《弘治问刑条例》规定：各处军民词讼"并一应干己事情，俱要自下而上陈告。若有蓦越奏告者，俱问罪"[①]。按照这一条件限制，民事起诉只能从里老开始。"若不由里老处分，而径诉县官，此之谓越诉也。"[②]但终明一代，民事越诉的现象一直屡禁不止，《明史·刑法二》载："洪武年，小民多越诉京师，及按其事，往往不实。乃严越诉之禁。命老人理一乡之词讼，会里胥决之，事重者始白于官。然卒不能止，越诉者日多。乃用重法，戍之边。宣德时，越诉得实者免罪，不实仍戍边。景泰中，不问虚实，皆发口外充军。后不以为例也。"可见，对越诉的禁令时宽时严，终不能止。

三、起诉的受理

（一）民事受理机关及其责任

《弘治问刑条例》明文规定："凡负欠私债，两京不赴法司，而赴别衙门；在外不赴军卫有司，而越赴巡抚巡按三司官处，各告理，及辄具本状奏诉者，俱问罪，立案不行。"[③]可见，北京中央刑部、南京刑部、各府州县和军卫等是法定的受诉机关。但两京刑部在受诉时必

---

① 黄彰健编著：《明代律例汇编》卷二十二《刑律五·诉讼》，"越诉"条附"弘治问刑条例（十一款）"第二款，台湾"中央研究院"历史语言研究所 1979 年版，第 853 页。

② （清）顾炎武著，陈垣校注：《日知录校注》卷八《民政二·乡亭之职》，安徽大学出版社 2007 年版，第 457 页。

③ 黄彰健编著：《明代律例汇编》卷二十二《刑律五·诉讼》，"越诉"条附"弘治问刑条例（十一款）"第五款，台湾"中央研究院"历史语言研究所 1979 年版，第 854 页。

须经过通政司转送或由其他衙门“参送”。

确定了受理机关后，还要明确其受理的责任，即不应受理而受理和应受理而不受理的责任。不应受理的民事诉讼是指那些不符合起诉条件的诉讼，如年八十以上老人、十岁以下儿童、笃疾者及妇人等除特定条件下，一般不能充当原告人，“官司受而为理者，笞五十”[①]。又如“不干己事”不准受，如果官司“将牵扯该勿论并不干己事，一概滥与准理，妄行勾扰，致有前弊者，事发，参究治罪”[②]。相反，如果原告起诉的各种条件都符合，应该受理，官司却不为受理者，也要追究其刑事责任：“斗殴婚姻田宅等事不受理者，各减犯人罪二等。并罪止杖八十。受财者，计赃以枉法从重论。”依照“原告就被告”的原则，被告所在机关应受理却“推故不受理者，罪亦如之”[③]。这种比较完善的责任制的确立，有利于避免受理机关推避或者舞弊行为的出现。上引《居官必要为政便览·刑类》便载有受理机关的相应责任的告诫，官员需将受理与否以及相应理由加以明示：“放告任后出告示谕，知照依格式……临期将告状尽行收完，省令众人次日听候，将状当晚看完，应准者标判，无理者将状后批写因何不准，次日俱贴于大门外，使各人知之安心休息，不致复行告扰。”[④]明时另一官箴书《居

① 黄彰健编著：《明代律例汇编》卷二十二《刑律五·诉讼》，“见禁囚不得告举他事”条，台湾“中央研究院”历史语言研究所1979年版，第882页。

② 黄彰健编著：《明代律例汇编》卷二十二《刑律五·诉讼》，“越诉”条附“大明律直引所载问刑条例（二款）”第二款，台湾“中央研究院”历史语言研究所1979年版，第860页。

③ 以上两处引文参见黄彰健编著：《明代律例汇编》卷二十二《刑律五·诉讼》，“告状不受理”条，台湾“中央研究院”历史语言研究所1979年版，第867页。

④（明）不著撰者：《居官必要为政便览·刑类》第一款，载官箴书集成编纂委员会编：《官箴书集成》第二册，黄山书社1997年版，第65页下栏。

官格言》中有关于民事讼词递状日期及听审日期的告示：

示仰一应告状人等，除人命强盗重情不拘日期，其余户婚、田土、斗殴等项俱照后开日期递状，次日听审。敢有不经本县告理趣赴上司越诉者，先将家属收监，以待问完发下之日依律问拟罪名，仍连累两邻并里老一体责罚不恕。

一递状日期

初三日　初四日听审　　初六日　初七日听审

初九日　初十日听审　　十三日　十四日听审

十六日　十七日听审　　十九日　二十日听审

二十三日　二十四日听审　　二十六日　二十七日听审

二十九日　三十日听审

正德十四年三月　　日示①

（二）不应受理的机关及违法受理的责任

明代不能受理民诉的机关或官员主要有以下几种。

第一，只能接受上诉的机关，不能受理起诉。正德元年（1506年）题准："凡布政司官，不许受词自问刑名。抚、按官亦不许批行问理。"②

第二，京城及全国各地的缉事官校、镇守等非行政官司，不能受理词讼。正德十六年（1521年）七月十四日圣旨："今后缉事官校，

① （明）不著撰者：《居官格言·施行条件·放告》，载官箴书集成编纂委员会编：《官箴书集成》第二册，黄山书社1997年版，第78页下栏至第79页上栏。

② （明）申时行等修：《明会典》卷一百七十七《刑部十九·问拟刑名》，中华书局1989年版，第902页上栏。

只著遵照原来敕书，于京城内外察访不轨奸官、人命强盗重事。其余军民词讼，及在外事情，俱不干预。”缉事官校即指锦衣卫官员。嘉靖七年（1528年）七月刑部题：“各处镇守、总兵、参将、守备等官，务要干理本等职业，一切钱、粮等项词讼，不得侵预，以招物议”，否则治以重罪。南京内外守备官员虽可受理一些军民词讼，但“若系户婚田土斗殴人命一应例不该受”，违者，“听南京科道官通行究举，一体治罪”①。

第三，受朝廷差遣前往各地办事的使臣人员，不得凭借朝廷威福而滥受词讼。明律严格规定：“凡差使人员，不许接受词状，审理罪囚。违者以不应论罪。”②

第四，乡里民讼只能由里老和里胥剖决，保长、保正则“不许滥受词状，生事害人，违者查究”③。值得注意的是，明代以每税粮万石为一区而设的粮长，本来无受理词讼之权，但由于粮长极受朝廷重视，有觐见皇帝的殊荣，使粮长得以借势擅作威福，不但倍收粮石、敲诈勒索，而且包揽词讼、把持官府，在民事诉讼中扮演了很重要的角色，尽管其包揽词讼是违法的。

（三）受理的手续

依法可以受理民诉的机关，必须由长官亲自受理。受理时，应首先审查所告内容是否符合要求，是否包含某些不应受理的成分，等

① 黄彰健编著：《明代律例汇编》卷二十二《刑律五·诉讼》，“军民约会词讼”条附“胡琼集解附例（五款）”第四款，台湾“中央研究院”历史语言研究所1979年版，第888页。

②（明）申时行等修：《明会典》卷一百七十七《刑部十九·问拟刑名》，中华书局1989年版，第901页下栏。

③（清）陈梦雷编纂：《古今图书集成》第三三三册，《明伦汇编·交谊典》卷二十七《乡里部汇考二·保甲规条》，中华书局1985年版，第13页中栏。

等。如有，其处理原则是："若告二事以上，内一事该理者，止理一事。其不该理者，立案不行。"① 如果是口告（口头形式起诉），则须"置立口告文簿一扇"，由书状人吏替原告书状，"如应受理者，即便附簿发付书状，随即施行。如不应受理者，亦须书写不受理缘由，明白附簿，官吏署押，以凭稽考"②。以书面形式起诉者，则先"审其口词与状相同，方与问理。如有增减情节，异于口词，即拿代书之人问罪，原词立案不行"③。至此，受理手续结束，接着便是对已经受理的起诉如何进行审理的问题了。

前文列举了成化五年（1469年）徽州府祁门县谢玉清"为强砍山木事"诉状，祁门知县在收到诉状后，当即予以批示立案，文书格式与内容如下：

直隶徽州府祁门县为强砍杉木事。云云，据此参照前事，拟合就行。为此

一、立案。

一、帖下该里老，使县合行文书到日，仰速照帖文内事理，即便拘集砍木地方邻佑火甲人等，即将所砍木植，照数原号椿管施行。

---

①（明）申时行等修：《明会典》卷一百八十《刑部二二·南京刑部》，中华书局1989年版，第916页下栏。

②《大明令·刑令》"诉讼文簿"条，载刘海年、杨一凡总主编，杨一凡、曲英杰、宋国范点校：《中国珍稀法律典籍集成》乙编第一册《洪武法律典籍》，科学出版社1994年版，第41页；（明）申时行等修：《明会典》卷一百七十七《刑部十九·问拟刑名》，中华书局1989年版，第901页下栏。

③《大明律直引》"吏典代书招草"条附问刑条例，嘉靖五年刊本，现存日本尊经阁文库。转引自黄彰健编著：《明代律例汇编》卷二十二《刑律五·诉讼》，"诬告"条附"胡琼集解附例（五款）"第三款按语，台湾"中央研究院"历史语言研究所1979年版，第873页。

成化五年三月

强砍杉木事

（画押）知县孟（押）县丞冯　主簿

典史曹（押）①

按《居官格言》所载，诉状审核后除立案文书外，还有“准行者唱名给予信牌，令其送到被告之家依限一同见官就行问断其事，情重者仍旧差人行拘监，候问施行”②。其信牌式样如下：

信牌式

某县为受理词状事。仰被告依限前来缴牌，听候问理，免致差人扰害，违限者依律治之。须至牌者

计开某里犯人几名

赵甲　钱乙　孙丙　李丁

右仰差原告　周戊准此

正德十四年三月　日　吏典吴己承

信牌押

定限　日销缴③

① 《成化五年祁门谢玉清控告程付云砍木状纸》，载王钰欣、周绍泉主编：《徽州千年契约文书》（宋元明编）卷一，花山文艺出版社 1993 年版，第 186 页。

② （明）不著撰者：《居官格言·施行条件·信牌》，载官箴书集成编纂委员会编：《官箴书集成》第二册，黄山书社 1997 年版，第 79 页上栏。

③ （明）不著撰者：《居官格言·施行条件·信牌》，载官箴书集成编纂委员会编：《官箴书集成》第二册，黄山书社 1997 年版，第 79 页上栏。

吕坤在《实政录》中指出:“民间苦事，莫甚于株连。健讼刁民，往往一词牵告三二十人，报仇罔利。中间紧关犯证，十无二三。此等奸顽，岂宜听信?各掌印官凡遇受词日期，俱要当堂审问，无干者即与勾除，毋得一概发房出票，累苦小民。”①

《居官必要为政便览·刑类》记载了对于传唤所需时日的规定:“词状勾摄，切勿差皂快及里老下乡生事，只差原告亲拘，如不服方差皂快勾提，限定日期，如离城三十里，限一日回话;六十里限二日，九十里限三日。用朱笔批注查考。如违，一日责十板，违三日责三十，再违将家属监比。拘人到县即行审问，量情发落，不许羁候，有妨农业。此为听断，不可不知。”②

第四节　审理与调解

一、法庭的组成

明代的民事审理法庭，沿用了两宋以来的长官躬听狱讼的制度，即法庭的主审官必须是本官司的长官，如县令、知府等。明代还有一种特殊的民事审判庭，即由地方行政机关与军事机关共同组成的法庭，称“会同”。这种法庭是在诉讼双方当事人分别属于两种机关所

①(明)吕坤撰，王国轩、王秀梅整理:《吕坤全集》上册，《实政录》卷六《风宪约·提刑事宜》“听讼”第一款，中华书局2008年版，第1102页。

②(明)不著撰者:《居官必要为政便览·刑类》第二款，载官箴书集成编纂委员会编:《官箴书集成》第二册，黄山书社1997年版，第65页下栏。

辖，即分别为民户和军户时使用的。

在组成民事审判庭时，明代同样也适用回避制度。据明朝法律规定，回避包括司法官吏的回避和案件的回避两种。

司法官吏的回避是针对与案件当事人之间存在某种利害关系或其他特殊关系的司法官吏而言的。《大明律》规定:“凡官吏于诉讼人内，关有服亲，及婚姻之家，若受业师，及旧有仇嫌之人，并听移文回避。违者，笞四十。若罪有增减者，以故出入人罪论。”从而“防奸邪，杜党与也”①。司法官吏的回避一般不涉及案件管辖权的转移，而仅仅是应当回避的司法官吏将其所承担的诉讼职责移交，由其他司法官吏替代。

案件的回避是针对司法官吏本身就是案件的当事人这一情况而言的。“若告本县官吏，则发该府；若告本府官吏，则发布政司；若告布政司官吏，则发按察司。”②案件的回避涉及管辖权的转移，并且官吏如果犯罪应该停职候命。隆庆四年（1571 年）八月曾规定:“抚按纠劾官员，具本之日即革任，听处候命下题覆。其所去者，照依考察事例不得复用；其所留者，待文书到日管事。”③

由于法庭组成的以上特点，使得地方长官在民事审理中起着决定性的作用。如万历时，嘉定、青浦间发生一起民事纠纷：一寡妇薄有赀产，儿子年幼，其侄暗中将其资产献给一豪势家。当势家来验收庄

① （明）张楷撰:《律条疏义》卷二十二《诉讼·听讼回避》，载杨一凡编:《中国律学文献》第一辑第三册，黑龙江人民出版社 2004 年版，第 438—439 页。

② （明）申时行等修:《明会典》卷二百一十《都察院二·出巡事宜》，中华书局 1989 年版，第 1049 页上栏。

③ （明）张卤辑:《嘉隆新例附万历》卷一《吏例》，隆庆四年八月吏部题，载《续修四库全书》编纂委员会编:《续修四库全书·史部·诏令奏议类》第四六七册，上海古籍出版社 2002 年版，第 205 页下栏。

产时，被打抱不平的当地豪侠周星卿赶走。势家即起诉于官府。当时恰巧新任县令韩某“颇以扶抑为己任，遂直其事”。清人赵翼深有感触地说：“此一家因周星卿及韩令得直，其他小民被豪占而不得直者，正不知凡几矣。”[①] 可见，地方长官之贤否，直接影响到民事诉讼能否正确处理。

二、民事审理中的强制措施

明代在民事审理中有时也对当事人采取强制措施。明代统治者也注意到民事审理与刑事审判的不同，因而对民事审理中的强制措施严加限制，使其不至超过轻微刑事案件的程度，以免骚扰地方，负累小民。

一般来说，明代在传唤被告时不使用“逮捕”“羁押”等刑事强制手段，而由被告所属地方官司“拘集里邻，从公查勘”，只有那些“年久不能结绝”的疑难民事大案，才奏明朝廷，但也只能“差官前去会勘”，而不能随便派官校前去逮捕。[②] 当然，民事诉讼活动不可能摆脱封建专制统治的影响，避开那些非法的人身迫害，即使是在封建法律中，对民事纠纷当事人的粗暴方式也是合法存在的，尽管其程度有限制。《嘉靖问刑条例》规定：“凡枷号人犯，除例有正条，及催征税粮用小枷枷号，朝枷夜放外，敢有将罪轻人犯，用大枷枷号伤人

① （清）赵翼著，王树民校证：《廿二史劄记校证（订补本）》卷三十四《明乡官虐民之害》，中华书局 1984 年版，第 786 页。

② 黄彰健编著：《明代律例汇编》卷二十二《刑律五・诉讼》，“越诉”条附“大明律直引所载问刑条例（二款）”第一款，台湾“中央研究院”历史语言研究所 1979 年版，第 859 页。

者，俱照酷刑事例，奏请降级调用。”[①] 也就是说，催征税粮之类的强制给付行为，或用小枷枷号，或朝枷夜放。

需要注意的是，明代非常注重用法律手段打击地方豪强的不法行为，有时不惜使用更强硬的强制措施。在民事法律关系中，豪强肆意破坏、违反法律规范、侵犯小民的民事权利等，是影响社会安定的重要因素，正像《大明律直引》所载问刑条例中列举的那样："照得近年军民人等，或挟势豪用强邀夺而包揽钱粮；或彼威力拿人私家而威逼钱债；或因地土相连而奸顽改名投亩；或固风水有利而强行平挖坟座；或乘势侵夺田园，或低贯强买物货，……。及至事发，法司追勘，则凭文成，而官司不敢挨拿。虽文穗往复，又占吝不发，以致被害之人冤苦莫申，而历年受禁，官士稽迟，而案责不绝。虽累有通行禁约事例，视之蔑如。”可见，对于这种豪强势力及刁徒顽民肆意侵害平民的民事权利的行为，仅仅依靠“通行禁约”是很难起作用的，使用一般的民事强制措施也难以制服，反而会拖延审理、淹滞不决，小民的民事权利无法保障。有鉴于此，臣僚们请求立法:“合无今后军民有被势家侵害，及势要衙门人役有札委，经行文，占吝，不服拘审者，所承行衙门，具实参奏。乞敕锦衣卫将犯人擒拿进官，从重罪治，庶几法令平而军民无冤滞之苦，事易结而官府免案牍之顺（烦？）矣。”[②] 这一请求得到了皇帝认可，凡地方势豪侵害小民民事权利而又与地方官府勾结，不服拘审者，则可

① 黄彰健编著:《明代律例汇编》卷二十八《刑律一一·断狱》，“囚应禁而不禁”条附“嘉靖问刑条例（一款）”，台湾“中央研究院”历史语言研究所1979年版，第976页。

② 以上引文均参见黄彰健编著:《明代律例汇编》卷二十六《刑律九·杂犯》，“不应为”条附“大明律直引所载问刑条例（一款）”，台湾“中央研究院”历史语言研究所1979年版，第957—958页。

派遣锦衣卫官校前去擒拿归案。这就是明代对地方豪强的特别民事强制措施。

三、审讯原、被告

官府接受原告状纸后，将原告召保看管候对；然后按原告状纸所涉及的对象派人提取被告和一干证人，交司狱司看管。开庭后，先传唤原告审问明白，然后拘唤被告审问。被告不服，则带证人出庭作证。如仍不服，则传唤原告、被告和证人同时到庭对质。司法官运用传统的“以五声听狱讼”的纠问方式，进行察言观色，判断曲直。如需刑讯，按《大明律》，民事案件只能采取笞杖或鞭扑，不得滥刑。成化十一年（1475年），国子祭酒周洪谟言：“天下有司听讼，辄用夹棍等刑具。百姓不胜苦楚。请敕法司禁约，除人命、强盗、窃盗、奸犯死罪，须用严刑。其余止用鞭扑。”宪宗遂“诏可”。①

法庭审理的过程，就是对证人证言、书证物证以及原、被告陈述进行审查判断的过程。对质完毕，即应尽早释放原、被告，不得稽滞：“凡告词讼，对问得实，被告已招服罪，原告人别无待对事理，随即放回。若无故稽留三日不放者，笞二十。每三日加一等，罪止笞四十。”②

① （明）薛应旗撰：《宪章录》卷三十四，成化十一年二月，载《续修四库全书》编纂委员会编：《续修四库全书·史部·编年类》第三五二册，上海古籍出版社2002年版，第358页上栏。亦可参见（清）龙文彬：《明会要》卷六十四《刑一·刑制》，中华书局1956年版，第1240页。

② 黄彰健编著：《明代律例汇编》卷二十八《明律一一·断狱》，“原告人事毕不放回”条，台湾“中央研究院”历史语言研究所1979年版，第989页。

四、事实审理与证据判断

（一）查勘事实

事实与证据是明代民事审理的依据，因此统治者相当重视，三令五申要求地方官吏在审理词讼时必须注意查勘事实，根据事实公平处断。《嘉靖新例》载："嘉靖五年八月奉圣旨：问理词讼，系是重事。必须分辨曲直，从公处断，使人无冤。为官的，亦都要遵守国法，保惜名节。近年在京在外问理衙门官员，往往任意偏断，不肯审察事情。或循情受贿，不畏法度，以曲作直，以是为非，致令啣冤负屈之人怀揣词状，擅入禁中，伸诉苦情。"所以严格规定：今后如再有类似情况，一旦冤民上诉得实，原审官吏便要"从重究治"。① 足见明代对审查事实根据的重视。

为调查事实，明代采取了一项非常有效的措施：由受理机关差员到案件发生的乡里，组织里邻集体审查有关事实或向里邻调查核实，尤其是争论田土等民事纠纷，"盖以情出于乡，必需府州县行间里老邻佑审酌，方可断结"。所以，即便是一直上诉到中央的重要民事案件，也必须按照条例："事干田土事情，照例行移各该巡抚、巡按，督同所在官司，拘集里邻，从公查勘，问拟断结。"如果是年久不能结绝的疑难案件，则由中央差派官员前去"会勘"。② 这种要求深入基层、从公查勘、事实为据的制度，非常有利于及时、准确地审结民事

① 黄彰健编著：《明代律例汇编》卷二十八《刑律一一·断狱》，"断罪不当"条附"嘉靖新例（一款）"，台湾"中央研究院"历史语言研究所 1979 年版，第 1009—1010 页。

② 以上引文参见黄彰健编著：《明代律例汇编》卷二十二《刑律五·诉讼》，"越诉"条附"大明律直引所载问刑条例（二款）"第一款，台湾"中央研究院"历史语言研究所 1979 年版，第 858—859 页。

案件。如以下案例：永乐年间，福建漳州百姓周允文无子，即把侄儿过继为养子。后来其妾生子，周允文只好分给侄儿一部分家产，剩下的则全留给妾子。周允文死后，侄儿扬言妾子并非叔父的亲生儿子，因此将其逐出家门，尽夺其赀产，妾便起诉到官府。当时鲁穆为福建省按察司佥事，受理此案后，“召县父老及周宗族，密置妾子群儿中。咸指儿类允文。遂归其产”[①]。在这一案例中，鲁穆如果不与本县父老及当事人宗族共同审查，恐怕很难迅速结案。

（二）收集判断证据

除深入基层外，明代还注意在审理民事案件过程中对证据的收集与判断。民事诉讼的证据除当事人陈告外，还有人证、书证和物证。

当事人的陈告包括原告起诉时口告或书状所陈述的内容和审判时所陈述的内容，以及被告的供述和辩解。原告的陈述应当真实，否则即为诬告。审判时可以采取拷讯来逼取被告的口供。但是，“凡应八议之人，及年七十以上、十五以下，若废疾者，并不合拷讯，皆据众证定罪。违者，以故失入人罪论”[②]。

在人证方面，明代专有相应的条例规范，如在人证的使用范围上规定：“凡告事者，告人祖父，不得指其子孙为证；告人兄，不得指其弟为证；告人夫，不得指妻为证；告人本使，不得指其驱奴婢为证，违者治罪。”[③]这是为了维护封建伦理纲常的需要而加以限制的，不许

---

①（清）张廷玉等撰：《明史》卷一百五十八《鲁穆传》，中华书局1974年版，第4321页。

② 怀效锋点校：《大明律》卷二十八《刑律十一·断狱》“老幼不拷讯”条，法律出版社1999年版，第215页。

③（明）申时行等修：《明会典》卷一百七十七《刑部十九·问拟刑名》，中华书局1989年版，第901页下栏。

出庭作证的都是应相容隐的人，除此之外其他人都可作证。证人必须如实作证，否则将被追究责任。“若鞫囚而证佐之人不言实情，故行诬证，及化外人有罪，通事传译番语不以实对，致罪有出入者，证佐人减罪人罪二等。通事与同罪。”[①] 也即，一般人作伪证，减罪人罪二等论处；通事即翻译利用职务之便作伪证，则与犯人同罪。应该说明的是，这里的减二等和同罪是指，因伪证所将导致的判决结果和犯人实际应受的判决结果之间的刑罚差额，以此为基准而决定伪证者所应受的刑罚。

在书证、物证方面，明代规定：民间的民事法律活动都需要保留凭证，尤其是书证。如田宅买卖要税契，既增加了国库的税收，又为交易双方出具了契证：“买卖田宅头匹必投税，契本别纳纸价。”[②] 契本是官府印制好的，双方当事人须交纳成本费。如果双方不到官府税契，则要追究责任：“凡典卖田宅不税契者，笞五十，仍追田宅价钱一半入官。”[③] 又如男女之间订立婚约，也要有婚书：“凡男女定婚之初，若有疾残、老幼、庶出、过房、乞养者，务要两家明白通知，各从所愿，写立婚书，依礼聘嫁。……虽无婚书，但曾受聘财者，亦是。”[④] 即在婚姻法律关系中，婚书和聘财都是解决日后发生纠纷的证据，前者为书证，后者为物证。婚书必须要写明各种可能发生纠纷的因素，

① 怀效锋点校：《大明律》卷二十八《刑律十一・断狱》“狱囚诬指平人”条，法律出版社 1999 年版，第 217 页。

② （清）张廷玉等撰：《明史》卷八十一《食货五・商税》，中华书局 1974 年版，第 1974 页。

③ （明）申时行等修：《明会典》卷一百六十三《刑部五・律例四・田宅・典买田宅》，中华书局 1989 年版，第 839 页上栏。

④ 黄彰健编著：《明代律例汇编》卷六《户律三・婚姻》，“男女婚姻”条，台湾“中央研究院”历史语言研究所 1979 年版，第 499 页。

双方在充分考虑的基础之上自愿订立，还要有“媒妁”作为中介证人，“凡招婿，须凭媒妁，明立婚书，开写养老或出舍年限”[①]，以便有据可查。这些形式和内容完备的各种契约文书，便是明代民事审理的重要依据。明律明文规定：“告争家财田产，……验有亲族写立分书已定，出卖文契是实者，断令照旧管业。不许重分再赎。告词立案不行。”[②] 即只要有证据，并且验明真实，便可据之断结。

五、审理期限

明代强调民事纠纷的审理速度，《弘治问刑条例》规定：“在京在外问刑，例应委官勘问，及行军卫有司会勘者，如财产等项，限一个月；勘检人命，限两个月。”[③] 也就是说，民事审理期限要比刑事审判减少一半。这种委官勘问或与地方官“会勘”的财产民事案件一般都是比较复杂的，日常比较简单的民事纠纷则随时结绝。另外，巡按、巡抚等监察官在巡历府县时，还可对尚未结绝的民事案件进行督催，并根据不同进展情况而定立不同的期限，如《明会典》规定：巡察官所到之处，遇有“告争户婚、田土、钱粮、斗讼等事”而原问官司尚未结绝者，则“须要即时附簿，发下原问官司立限归结。如断理不

---

① 《大明令·户令》“招婿”条，载刘海年、杨一凡总主编，杨一凡、曲英杰、宋国范点校：《中国珍稀法律典籍集成》乙编第一册《洪武法律典籍》，科学出版社 1994 年版，第 11 页。

② 黄彰健编著：《明代律例汇编》卷五《户律二·田宅》，“典买田宅”条附“弘治问刑条例（二款）”第二款，台湾“中央研究院”历史语言研究所 1979 年版，第 493 页。

③ 黄彰健编著：《明代律例汇编》卷二十八《刑律一一·断狱》，“鞫狱停囚待对”条附“弘治问刑条例（二款）”第二款，台湾“中央研究院”历史语言研究所 1979 年版，第 988 页。

当，及应合归结而不归结者，即便究问。”① 这种登记入簿、立限督催的办法，对那些拖延民事审理时间的官吏来说起到很大的制约作用。明末万历十五年（1587 年）十二月还重申：“以后各有受理词讼，务要及时勘结，遵依前限，断决起发。”② 足见明代统治者对民事审理期限的重视，尤其是对既定期限的贯彻实施。

六、调解

调解是明代民事诉讼程序中的一个必经阶段，也就是说，民事纠纷一般都先经过调解，调解不成，才能由官府受理审断。关于明代民事调解的方式，大体上有以下几种。

（一）里老调解

这是明代最重要的一种调解方式。里老调解被法定为民事起诉的一个必经阶段，即所有的民事纠纷都必须先经里老会里胥于“申明亭”剖决，也就是调解；里老不能解决的，才能上告至官府。“洪武中，天下邑里皆置申明、旌善二亭，民有善恶，则书于此，以示劝惩。凡户婚、田土、斗殴常事，里老于此剖决。彰善庠恶，最是良法。”③《教民榜文》规定：“民间户婚、田土、斗殴相争、一切小事，不得辄便告官，务要经由本管里甲、老人理断。若不经由者，不问虚

① （明）申时行等修：《明会典》卷二百十一《都察院三・追问公事》，中华书局 1989 年版，第 1055 页下栏。

② （明）姚思仁：《大明律附例注解》例一款，转引自黄彰健编著：《明代律例汇编》卷二十八《刑律一一・断狱》，“淹禁”条附“嘉靖新例（四款）”第四款按语，台湾“中央研究院”历史语言研究所 1979 年版，第 983 页。

③ 台湾“中央研究院”历史语言研究所校勘：《明实录・宣宗实录》卷八十六，宣德七年正月乙酉，上海书店 1982 年版，第 1990 页。

实，先将告人杖断六十，仍发回里甲、老人理断。”[①] 当然，里老的调解议决并没有强制效力，愿和者，听；不愿和者，准予告官。《大明律》对拆毁申明亭的行为规定了严厉的处罚措施：“凡拆毁申明亭房屋，及毁板榜者，杖一百，流三千里。”[②]

里老调解在中国传统社会中有其存在的合理性，在实践中对于民事纠纷的化解也确实起过重要作用。但另一方面，其所存在的局限性和消极作用也是显而易见的。例如，洪熙时，州县官“不究年、德如何，辄令充应，使得凭籍官司肆虐乡间”。皇帝因此下令：“申明洪武旧制，选年高有德者充，违者并有司皆寘诸法。”[③] 成化十一年（1475年），因江西一带富豪欺压百姓，里老为势所逼而偏袒富豪，百姓不能申冤，因此更定条例：“今后小民词讼，难凭里老地邻着落，该管知县务要拘问审实，方才问结。”[④]

（二）乡约调解

乡约是明代乡村百姓成立的一种民间社团组织，也是一个重要的民事调解组织。每约设有约正和约副二人，负责维持本约内成员之间的权利义务关系和本约的各种共同利益，及时调解纠纷。明《圣训释目》载有这方面条约，如“毋霸占水利”条：“往往有恃强霸占者，以致柔善之田荒旱无收。自今务在均平，凡陂塘之当疏濬者、当筑堤

---

①《教民榜文》第一条，载刘海年、杨一凡总主编，杨一凡、曲英杰、宋国范点校：《中国珍稀法律典籍集成》乙编第一册《洪武法律典籍》，科学出版社 1994 年版，第 635 页。

② 黄彰健编著：《明代律例汇编》卷二十六《刑律九·杂犯》，“拆毁申明亭”条，台湾“中央研究院”历史语言研究所 1979 年版，第 949 页。

③ 台湾“中央研究院”历史语言研究所校勘：《明实录·宣宗实录》卷四，洪熙元年七月丙申，上海书店 1982 年版，第 122—123 页。

④《皇明成化条例》，台湾“中央研究院”历史语言研究所图书馆藏手抄本。

者，约正、副率众及时为之，遇耕耘之日，挨次车放灌救，毋得阻占及挖坏陂圳，利己损人。”这是约正、约副对公众利益的保护与调整。又如“毋违例取债”条：“凡借搜钱债，贫富均为有益。富无贫者所干利息，何由而生；贫无富者相周患难，何从而给。若富而取盈，谓之不仁；贫而负骗，谓之不义，各宜省改。今后放债利息不得过二分三分，如有年月过期，累至数倍；或故令残疾老幼填门逼取；或捉锁私家，准折家产；与恃顽欺赖不偿，反为刁告者，是皆自速其祸，约正、副告官，从重治之。”即债负纠纷先由约正、约副调解，讲明利害；调解不成，则告官惩治。再如“毋侵占产业”条：“凡乡里争竞，多起于田业。买者或掯留价值不付；或套典不与杜绝；或利其成片，不与赎回；或恃强侵占，那（挪）移年月，假立契券。卖者或盗卖、重卖与强卖，多勒价钱。又有强梁之徒，卖田与人，不由田主换佃者；有耕人田土不肯依时输租者；有遇天年荒旱仍要佃户纳租者；有豪强欺凌贫弱占人田产者。皆为可恶，各宜省改。”[①] 此条列举的诸多田产纠纷，都是约正、约副调解的范围。

吕坤根据长期的司法经验，在《实政录·乡甲约》中论证了调解息讼的便民之处，同时还扼要地阐述了民事诉讼审理的原则，具体如下：

> 为和处事情以息争讼事。人生天地间，谁没个良心，各人拏出良心来，少人的就还人，恼著人就陪话，自家得罪于人，自家就认不是，这等有甚么争竞？只为那奸狡的利己损人，强梁的欺

① （清）陈梦雷编纂：《古今图书集成》第三三三册，《明伦汇编·交谊典》卷二十七《乡里部汇考二·圣训释目·毋作非为》，“毋霸占水利”条、“毋违例取债”条、“毋侵占产业”条，中华书局1985年版，第15页上栏。

大压小，昧心的枉口刁舌，或自知理亏，先递拦头假状，或买求硬证，专告无影虚词。到那衙门时，吏书皂隶使了多少钱，木板锁枷受了多少气，有年没月误了多少营生，往来酒饭使了多少盘缠，父母妻子耽了多少忧愁。一入衙门，身体不属自家，田宅不能自保，俗语云："原告被告，四六使钞。"又云："官府不明，没理的也赢。"你自寻思，告状哪有一件好处？且如乡邻有事，你知我见，哄瞒过了谁？如有不平，到那乡约中口禀一番，约正副差本甲人唤来一问，如系两约，请两处约正在一处同问，谁是谁非，眼同证见，一一问明，差那证见押著那理屈的，替那理直的些些礼物上门陪话，约史仍将所问事情来历始末一一记于"和簿"。如事情稍重，及不服处断者，不问告何衙门，约正副分别是非，补呈子一张，递于问官，以凭从公究处。仍将理屈者纪恶。如本约处分不公，约正副坐罪。如处分极公而诬枉约正副者，分外加责。这等和处，既不失乡亲体面，又省了多少钱财，免了多少凌辱，何等便宜。各约百姓切记吾言。须至和簿者。计开应和条件：

一、婚姻不明，审问原媒，某女定与某男，受何定礼，量其贫富，除富贵人家外，其余下三则人家，多不过十两，少不过三两，主令成婚。若嫌贫弃婿，将女别嫁者，本约审明，待告状之日，一同呈报。

一、地土不明，查审文契中人，应退回者退回，应找子粒者找子粒，应补差粮者补差粮，算明主令改正。若系欺隐诡寄不肯首正者，待告状之日，本约一同呈报。

一、骂詈斗殴，主令理屈之人置办礼物，与理直者陪话。若有伤者，审明记日，待告状之日，一同呈报。

一、牲畜食践田禾，照亩赔偿。如打死人牲畜者，照价赔偿。

一、放债三年以上，本利交还，不与者处追。借人财不还及毁坏者，主令赔补。

一、钱到取赎房地，力不能回者，果系日久利多，酌量情法两便，委曲处分，无令贫人失业。

一、买卖货物不公，亏损人者，主令改正，不改者纪恶呈报。

一、地界房界不明者，查明改正。

一、走失收留人口牲畜，主令各还本主，中间事情，应处分者处分，应呈报者呈报。

一、约中处和事情，不系徇私受财，诬直作曲，冤枉良善者，有司不许将约正、约副擅加凌辱。

一、除徒流以上罪名，本约不得专断外，其笞杖事情，掌印官将词批与原告，执付本约问明，开具手本，以凭处断。愿息者听登“和簿”，径缴原词，有司不许加罪。若将轻小事情不批本约，而径批佐贰首领阴阳义民等官差皂快勾拘者，掌印官另议。

一、本约之人在别州县生事者，听各处官司断理。若在本县别约生事者，听别约断理。事完之日，仍付本约纪恶。若本约偏听与别州县别约为雠者，掌印官问明，将为雠之人尽法重处。

一、大小过失，不分新旧，但能自首改正者，俱免究罪。

一、国初老人里长，俱许笞杖断决。今恐是非连累，只用口说和处，倘有因成人命，并不许干连本约，违者有司另议。[①]

---

①（明）吕坤撰，王国轩、王秀梅整理:《吕坤全集》上册，《实政录》卷五《乡甲约·和处事情以息争讼》，中华书局2008年版，第1076—1078页。

（三）官府调解

经过里老、乡约相继调解仍不能解决者，则交给官府。官府调解并不是法定的必经程序，但在处理民事纠纷的实际运作中却具有十分重要的意义。由于中国传统社会所具有的特殊的社会结构，在绝大多数情况下，民事纠纷从当事人双方来看，可以说是非邻则族，非亲即故。从案由来看，多系户婚、田宅、斗殴等“细故”，并且提起诉讼往往因意气而致。因此，官府在处理这些纠纷时首先采取调解既是可能的，也是儒家所追求的听讼目标，而对于达到“无讼”这一理想境界来说，调解显然比强行判决的效果要好得多。

官府调解的方式一般是由受理该案的长官对当事人进行情理的说服，有时也令亲族邻里参与调解，征求他们的意见。对于那些因不服里老调解而向官府起诉的案件，里老的调解决议往往具有重要的参考价值。如明英宗正统年间，松江知府赵豫“和易近民，凡百词讼，属老人之公正者剖断。有忿争不已者，则已为之和解”①，便是一个真实的写照。

《徽州千年契约文书》中载有一份明弘治九年（1496 年）诉讼当事人的息讼状及官府的息讼合同，从该文书可以了然官府调解的过程与结果。其内容与形式如下：

供息状人李齐，年六十一岁，系休宁县三十三都六图民。状息为与祁门县十一都侄李溥互争山界，因李溥将浮土放在本家坟上，不合添捏平没情由。蒙批各县，俱仰公正老人踏勘，连人送

① 台湾“中央研究院”历史语言研究所校勘：《明实录・英宗实录》卷九十九，正统七年十二月丙辰，上海书店 1982 年版，第 2007 页。

审。复蒙发与值亭老人复审，二家凭亲朋劝谕，遵奉本府晓谕。及奉《教民榜文》内一款，思系农忙时月，自愿含忍，不愿终讼，其山二家照依画图定界东西管业，归一无争，供息是实。

弘治九年七月　日　　供状息人　李齐　（押）状

……

供息状人李溥，年三十岁，系祁门县十一都匠籍。状息为与休宁县三十三都李齐互争坟山界，不合添捏，希抬板棺葬害父坟，讦告到府。蒙批各县公正老人踏勘，连人送审间。复蒙发与值亭老人复审送官。有本家原买李美、李黑承祖李廷秀、李俊椿佥业山文契二道，蒙令本身赎还。李美、李黑所有契内价银二两，本身领讫。今二家凭亲朋劝谕，遵奉本府晓谕。及奉《教民榜文》内一款，思系农忙时月，自能含忍，不愿终讼。其山照依画图定界东西管业，归一无争。供息是实。

弘治九年七月　日　供息状　李溥（押）状

直隶徽州府为霸占风水等事。据值亭老人方义等呈，奉本府批词，据祁门县十一都一图匠籍李溥等状告前事，取具原、被告归一供词，连人呈送到府。复审相同，问拟发落。今给与印信合同，付各执照，不许告争。如有先告者，许不告之人执此合同，赴府陈告，重究不恕。须至出给者。

右付李溥收执。准此。

弘治九年七月廿二日

合同[①]

①《弘治九年徽州府因李溥霸占风水帖文》，载王钰欣、周绍泉主编：《徽州千年契约文书》（宋元明编）卷一，花山文艺出版社1993年版，第274页。

另有《弘治九年徽州府因李溥霸占风水帖文》，详细记录了徽州府衙调解民事诉讼的状况。[①] 该纸帖文共由原、被告双方和证人所立的4份《供息状》、2份《供状》及徽州府准息状《帖文》等7份文书组成。这是一起由祁门县民李溥和休宁县民李齐“互争山界”而引起的民事诉讼，因诉讼当事人和诉讼标的地跨祁门、休宁二县，故直接由徽州府受理。案件的剖决过程与结果，此处略而不述。

当然，官府调解也存在一定的弊端。总的来看，官府调解无悖于儒家礼教和息事宁人。但相较于保护当事人的合法权益而言，官府调解对官府具有更重要的意义，这就无法保证官府调解的公正性。并且，官府调解一般都蕴含很大的强制性，这使得当事人对官府调解的接受带有被迫的味道。

调解是解决民事纠纷的重要手段，调解的目的是使双方当事人达成和解。但是，当事人不是在任何情况下都可以对民事纠纷自我达成和解的。对于那些官府已经受理的民事纠纷，当事人不得私自和解，否则即为“私和公事”。《大明律》对此专门规定了相应的处罚：“凡私和公事者，减犯人罪二等，罪止笞五十。”[②]

以上各种形式不同的民事调解互相配合，对于减轻民事诉讼对官府的压力，起着重要作用。

---

① 详见《弘治九年徽州府因李溥霸占风水帖文》，载王钰欣、周绍泉主编：《徽州千年契约文书》（宋元明编）卷一，花山文艺出版社1993年版，第274页。

② 怀效锋点校：《大明律》卷二十六《刑律九·杂犯》“私和公事”条，法律出版社1999年版，第202页。

第五节　上诉制度

明代法律规定，民事诉讼当事人如果对基层审理机关的判决不服，可以上诉。但必须按照级别逐级上诉，不得越诉。“凡有告争户婚、田土、钱粮、斗讼等事，须于本管衙门，自下而上，陈告归理。”①

一、监察系统对上诉的受理与审理

监察系统的民事上诉机关包括省级按察司、巡按、巡抚和都察院等。明代规定：户婚、田土等民事案件，地方府县“理断不公，或冤抑不理者，直隶赴巡按监察御史，各省赴按察司或分巡及巡按监察御史处陈告，即与受理追问。如果得实，将原问官吏依律究治，其应请旨者，具实奏闻”②。这里，按察司属于常设的固定受诉机关，而巡按监察御史和分巡机构则属于都察院和按察司临时派遣的流动机构。由于流动机构能够深入基层，更接近民众，所以在受理民诉中起着更大的作用。明代统治者感到有必要通过监察机构受理民事上诉来监督基层机构的活动，因此赋予监察机构以广泛的受讼权限，即使没有经过府县审理过的“越诉”案件，也可受理，然后移交给应该审理的基层机关，并置簿立限进行督催。《大明律》“告状不受理”条规定：“若都

①（明）申时行等修：《明会典》卷二百十一《都察院三・追问公事》，中华书局1989年版，第1055页下栏。

②（明）申时行等修：《明会典》卷二百十一《都察院三・追问公事》，中华书局1989年版，第1055页下栏。

督府，各部监察御史，按察司，及分司巡历去处，应有词讼，未经奉管官司陈告，及本宗公事未绝者，并听置簿立限，发当该官司追问，取具归结缘由勾销。……其已经本管官司陈告，不为受理，及本宗公事已绝，理断不当，称诉冤枉者，各衙门即便勾问。若推故不受理，及转委有司，或仍发元问官司收问者，依状告不受理律论罪。”①

鉴于流动的监察机构更便于体察民情，洪武二十六年（1393 年）特别强调巡按监察御史在巡察时可以受理所有的民事诉讼，包括民事起诉和民事上诉。前者需移交给应受理的机关，后者则视是否已经逐级上诉而决定是移送还是亲自审理。“凡受军民词讼，审系户婚、田宅、斗殴等事，必须置立文簿，抄写告词，编成字号，用印关防，立限发与所在有司追问明白，就便发落，具由回报。若告本县官吏，则发该府；若告本府官吏，则发布政司；若告布政司官吏，则发按察司；若告按察司官吏，及伸诉各司官吏枉问刑名等项，不许转委，必须亲问。干碍军职官员，随即奏闻请旨，亦不得擅自提取。”② 即使“不系分巡时月，及巡历已过，所按地面却有陈告官吏不公不法者”，也可以“随即受理追问”。③

如果经按察司或分巡及巡按监察御史审理后，仍然不服者，则可上诉到中央都察院。都察院是终审机关。

总之，明代对监察系统受理民事上诉的有关制度，规定得相当完

① 黄彰健编著：《明代律例汇编》卷二十二《刑律五・诉讼》，“告状不受理”条，台湾“中央研究院”历史语言研究所 1979 年版，第 867 页。

②（明）申时行等修：《明会典》卷二百一十《都察院二・出巡事宜》，中华书局 1989 年版，第 1049 页上栏。

③（明）申时行等修：《明会典》卷二百十一《都察院三・追问公事》，中华书局 1989 年版，第 1055 页下栏。

备，自成体系。民事上诉实际上就是当事人控告原审机关审理不公或舞弊违法，而这正是监察机关监察地方官治民能力、纠察其贤否廉污的一条重要途径。这便是为什么明代统治者三令五申监察机构要随时随地受理民事上诉，并无限扩大监察机构受理范围的重要原因。

二、行政、司法系统对上诉的受理与审理

中央设有两个接收上诉的机构——登闻鼓院和通政司，但民事上诉必须由通政司接收才为合法。“其户婚、田土、斗殴、相争、军役等项，其状赴通政司，并当该衙门告理。不许径自击鼓，守鼓官不许受状。”[①] 洪武二十六年（1393 年）具体规定了通政司受理上诉的过程：“凡有四方陈情建言、伸诉冤枉、民间疾苦、善恶等事，知必随即奏闻。及告不公不法等事，事重者，于底簿内謄写所告缘由，赍状奏闻，仍将所奉旨意，于上批写，送该科给事中，转令该衙门抄行；常事者，另置底簿，将文状编号，用使关防，明立前件，连人状送当该衙门整理，月终奏缴底簿送该科，督并承行该衙门回销。”[②] 这样，通政司接收的民事上诉（告不公不法事）分两种情况：一是比较重大的讼案，在登记所告缘由后，上奏皇帝批旨，然后经刑科给事中送交刑部审理；二是比较轻的讼案（常事），另外登记备案，将诉状编号用印后，直接将当事人连同状纸送交刑部审理，只是在月终将本月登记的上诉案送刑科给事中，督催刑部回销。其区别在于：前者经皇帝批

---

① (明) 申时行等修:《明会典》卷一百七十八《刑部二十 · 伸冤》，中华书局 1989 年版，第 905 页上栏。

② (明) 申时行等修:《明会典》卷二百十二《通政使司 · 通达下情》，中华书局 1989 年版，第 1058 页下栏。

旨，后者不需经皇帝批旨；前者由给事中及时专案督催刑部审理，后者则只在月终作一总的清理督催。

刑部既是京师地区民事起诉的受理机关，又是全国各地民事上诉的终审机关。刑部接到通政司转交的民事上诉后，一般是采用分送所属清吏司收问的办法。即按照被告的名籍，送交管理该辖区的清吏司问理，这样便于调查案情，及时处理。有些比较复杂的“事干田土事情”，则“照例行移各该巡抚巡按，督同所在官司，拘集里邻，从公查勘，问拟断结”。如年久不能结绝者，则“奏差官前去会勘”。[1]

如果经过审查发现上诉不合法，比如没有经过地方机关逐级复审，或审断不明者，一般还要发回原籍机关复审。“军役户婚田土等项干己事情，曾经上司断结不明，或亲身及令家人老幼妇女抱赍奏告者，各问罪，给引照回，奏词转行原籍官司，候人到提问。”[2]但如果“案候三个月之上不到”，或有其他不法行为者，则“各查提问罪，原词不分虚实，俱立案不行。其被奏告之人，用财买求原奏告人脱逃者，仍照词通提，究问归结”[3]。即诉状发回原籍机关后，如果原上诉人没有在法定的三个月内回到原籍出庭，就被视为撤诉，并且要追究其刑事责任。如果被告以钱财买通原告私和，而使原告脱逃不出庭者，则不能撤诉，必须纠问到底。

---

① 黄彰健编著:《明代律例汇编》卷二十二《刑律五·诉讼》，“越诉”条附“大明律直引所载问刑条例（二款）”第一款，台湾“中央研究院”历史语言研究所1979年版，第859页。

② 黄彰健编著:《明代律例汇编》卷二十二《刑律五·诉讼》，“越讼”条附“弘治问刑条例（十一款）”第三款，台湾“中央研究院”历史语言研究所1979年版，第853页。

③ 黄彰健编著:《明代律例汇编》卷二十二《刑律五·诉讼》，“越讼”条附“弘治问刑条例（十一款）”第四款，台湾“中央研究院”历史语言研究所1979年版，第854页。

三、军事系统对上诉的受理与审理

地方军卫对军户之间的民事纠纷审理不公或当事人不服者，可上诉到省级三司之一的都指挥使司，又不服，则上诉到中央军事机关都督府。如明律在严禁民事越诉时规定：民事起诉只能从“军卫有司”开始，不得越赴“三司官处”。[①] 说明三司之一的都指挥使司是军卫的上一级民事审理机关，只能受理军户的民事上诉，而不能受理起诉。至于中央都督府，则往往与受理民事上诉的监察机构并提，在受理民事上诉时都要置簿登记，立限督催，不得转委或发回原问官司，否则将以告状不受理论罪。[②]

以上三个系统的机构对民事上诉案件的受理与审理活动，构成了明代规制详备的民事上诉制度。它们的受理范围各不相同：军事系统主要受理军户上诉；司法、行政系统则受理民户上诉（即“民间词讼”）；而监察系统则可随时随地受理所有军户和民户上诉（即“凡受军民词讼”等）。明代统治者利用民事上诉来监察地方官贤否廉浊，使监察系统对民事上诉的受理趋于重要，并使当事人获得了广泛的上诉机会。

① 参见黄彰健编著:《明代律例汇编》卷二十二《刑律五·诉讼》,“越诉”条附“弘治问刑条例（十一款)”第五款，台湾“中央研究院”历史语言研究所 1979 年版，第 854 页。

② 参见黄彰健编著:《明代律例汇编》卷二十二《刑律五·诉讼》,“告状不受理”条，台湾“中央研究院”历史语言研究所 1979 年版，第 867 页。

第六节　判决与执行

一、民事裁定、判决和命令

（一）民事裁定

民事裁定是在民事诉讼过程中，民事受理或审理机关对所发生的有关诉讼程序上的问题所作的决断，是解决相关程序性问题的。明代最常见的民事裁定，便是驳回起诉或上诉，当时称为“立案不行”。

明代法律规定，各级民事审理机关在接到民事起诉或上诉时，都要首先审查是否符合受理条件，不符合者，用裁定形式驳回。如“负欠私债”纠纷，不按审判管辖的规定到应受理的机关起诉，却到别的机关起诉或越级起诉者，“俱问罪，立案不行”[①]；告争家财田产者，如果时效已过，或被告有确凿证据，则“告词立案不行”[②]；等等。负责接收京师地区民事起诉和全国各地民事上诉的中央通政使司，便是一个有权作出民事裁定的机构，其职责之一，就是对所收词状进行审查，发现不能受理者，即可作出初步裁定意见。“凡军民人等奏告词讼，本司参详。……中间看系革前，并不干己事，及审出添捏等项虚情，例不该奏告，就于本（状）后明白参出，抄送法司，该道再加

① 黄彰健编著：《明代律例汇编》卷二十二《刑律五·诉讼》，“越诉”条附“弘治问刑条例（十一款）”第五款，台湾“中央研究院”历史语言研究所1979年版，第854页。

② 黄彰健编著：《明代律例汇编》卷四《户律一·户役》，“典卖田宅”条附“弘治问刑条例（二款）”第二款，台湾“中央研究院”历史语言研究所1979年版，第493页。

详审，立案不行。”这是对那些问题比较复杂的词讼作出裁定的程序。而对一些问题比较明显的词状，通政司则可直接作出裁定，如嘉靖八年（1528年）题准：“有硃语太长，浮词太多，及一应违错不敬者，本司参驳治罪。”①

（二）民事判决

民事判决与裁定不同，是审理机关对案件进行实体审理以后，根据已查明的事实和证据，依据有关法律，对当事人之间的有关民事争执所作出的决断。明代有关民事判决的法律规定主要有以下几点。

1. 判决的原则

判决是民事诉讼的最后关键性阶段，明代统治者也十分重视，强调判决应依据的基本原则，即根据事实和证据，按照通行的法律和条例判决。《弘治问刑条例》有一条文规定：“典当田地器物等项，不许违律起利。若限满备价赎取，或计所收花利，已勾一本一利者，交还原主。损坏者赔还。其田地无力赎取，听便再种二年交还。”②这是一条有关典卖法律关系的条文，如果双方当事人因此发生了纠纷，那么审理机关就必须严格按照这一法律条文处理。为此，弘治十六年（1503年）十月刑部等衙门专门议奏：今后如果是“军民告争典当田地，务照所约年限，听其业主备价取赎。其无力取赎者，算其花利，果足一本一利，此外听其再种二年，官府不许一概朦胧归断”。圣旨

① 以上引文参见（明）申时行等修：《明会典》卷二百十二《通政使司·开拆实封》，中华书局1989年版，第1059页上栏。

② 黄彰健编著：《明代律例汇编》卷五《户律二·田宅》，“典买田宅”条附“弘治问刑条例（二款）”第一款，台湾“中央研究院”历史语言研究所1979年版，第493页。

批曰："是，照律例行，钦此。"[①] 刑部等衙门还针对有些审理机关不理解条例本意而导致不能依法判决的情况议奏："近年以来，各处问刑衙门不察条例本意，但因告争典当田地，不问原纳（约）限期，不计利息多寡"，一概归断，与条例相悖甚远。因此，朝廷再次"申明前例，通行内外衙门"。[②] 这一立法例，一方面说明明代依法审理判决的原则，另一方面也恰恰说明刑部既是明代的民事终审机关，又是重要的民事立法机关。

2. 判决的种类

明代的民事判决种类基本上包括三种：给付之判、确认之判和变更之判，一般都附带有刑事处罚。

给付判决是指令败诉的当事人履行某项义务的判决，包括返还原物、赔偿损失、修复原物等。明律"弃毁器物稼穑等"条规定："弃毁人器物，及毁伐树木稼穑者，计赃，准盗论，免刺。官物加二等。若遗失及误毁官物者，各减三等，并验数追偿。私物者，偿而不坐罪。"如果是毁坏坟地内碑碣、石兽、神主，或毁损房屋垣墙等不动产者，则"计合用修造雇工钱，坐赃论，各令修立。官屋加二等。误毁者，但令修立，不坐罪"[③]。可见，在作出返还、赔偿和修复等给付判决时，是否要附加刑事处罚，动产和不动产、官物和私物均有区别，故

---

① 黄彰健编著：《明代律例汇编》卷五《户律二・田宅》，"典买田宅"条附"续例附考（一款，大明律疏附例）"，台湾"中央研究院"历史语言研究所 1979 年版，第 493—494 页。

② 以上引文参见黄彰健编著：《明代律例汇编》卷五《户律二・田宅》，"典买田宅"条附"大明律直引所载问刑条例（一款）"，台湾"中央研究院"历史语言研究所 1979 年版，第 494—495 页。

③ 以上引文参见黄彰健编著：《明代律例汇编》卷五《户律二・田宅》，"弃毁器物稼穑等"条，台湾"中央研究院"历史语言研究所 1979 年版，第 497 页。

意和过失也有区别，而并非一体对待。其他田产等方面的纠纷也与此类同。

确认判决是确认当事人之间所争议的某种民事法律关系是否真实存在或是否合法的判决。如果真实、合法，那么审理机关就作出确认判决，不允许当事人再有任何改变的请求。例如，家财田产纠纷中，如果占有者是通过遗产分割、买卖等合法手段取得，有遗嘱、书契在手，或占有使用达五年以上，便不许其他人员起诉告争，有告者，则“断令照旧管业，不许重分再赎”[①]。又如，已经典卖过的田产，其法律关系业已确定，不能再重复典卖，“若将已典卖与人田宅，朦胧重复典卖者，以所得价钱计赃，准盗窃论，免刺，追价还主，田宅从元典买主为业”[②]。即当发生重复典卖这样的民事纠纷时，审理机关在追究典卖人刑事责任的同时，作出确认判决，确认第一次发生的典买卖法律关系有效，田宅判归原典买主；同时确认第二次典买卖无效，并作出给付判决，判令典卖人返还典买人田价。再如，在婚姻法律关系方面，“凡逐婿嫁女，或再招婿者，杖一百。……其女断付前夫，出居完聚”[③]。“凡妻无应出，及义绝之状，而出之者，杖八十。……追还完娶。”[④]这些均属于确认原来的合法婚姻关系的确认判决。

变更判决是审理机关通过审理发现当事人之间原有的民事法律

---

① 黄彰健编著:《明代律例汇编》卷五《户律二·田宅》,“典买田宅”条附“弘治间刑条例（二款)”第二款，台湾“中央研究院”历史语言研究所 1979 年版，第 493 页。

② 黄彰健编著:《明代律例汇编》卷五《户律二·田宅》,“典买田宅”条，台湾“中央研究院”历史语言研究所 1979 年版，第 493 页。

③ 黄彰健编著:《明代律例汇编》卷六《户律三·婚姻》,“逐婿嫁女”条，台湾“中央研究院”历史语言研究所 1979 年版，第 502 页。

④ 黄彰健编著:《明代律例汇编》卷六《户律三·婚姻》,“出妻”条，台湾“中央研究院”历史语言研究所 1979 年版，第 510 页。

关系因某些条件的变化（如原法律关系不合法、时效已满或契约期限已过等），应该变更或消灭而作出的民事法律决断。明律“典买田宅”条规定：“所典田宅园林碾磨等物，年限已满，业主备价取赎，若典主托故不肯放赎者，笞四十。限外递年所得花利，追征还主，依价取赎。”[①]即当典主在典限已满而仍不肯让业主取赎，发生争执者，审理机关应依法作出变更判决，消灭原来的典买卖法律关系。拖延时间长的，还要同时作出给付判决，判令典主返还限外非法所得给业主。婚姻关系中，凡以妻为妾或以妾为妻者，判令必须“改正”；有妻更娶妻、同姓为婚等必须“离异”；订婚以后，“五年无过不娶，及夫逃亡三年不还者，并听经官，告给执照，别行改嫁，亦不追财礼”[②]。这种“执照”便是审理机关变更原有的订婚法律关系、允许原告改嫁的判决书。

（三）皇帝的命令

有些民事案件的原告或被告为王公、外戚以及重要官僚贵族，或者是他们的亲属甚至奴仆时，司法机关就不敢擅自作出判决，一般都要上奏皇帝作出裁决。如明英宗时，“诸王、外戚、中官所在占官私田，或反诬民占，请案治。比案问得实，帝命还之民者非一。”即由审理机关审理调查案情（案问），最后由皇帝作出给付判决。明孝宗时，广建皇庄，管庄庄头、伴当等人依仗皇帝胡作非为，“占地土，敛财物”。后经大臣及御史上言，皇帝下旨：“还之草场，且命凡侵牧

① 黄彰健编著：《明代律例汇编》卷五《户律二·田宅》，“典买田宅”条，台湾“中央研究院”历史语言研究所1979年版，第493页。

② 黄彰健编著：《明代律例汇编》卷六《户律三·婚姻》，“出妻”条附顺治例一款，台湾“中央研究院”历史语言研究所1979年版，第511页。

地者，悉还其旧。”[1] 比较重要的民事案件，一般也要上奏皇帝裁决。如前文监察机构在受理告争户婚、田土等民事上诉时，规定“其应请旨者，具实奏闻”。特别是越级上诉到京师的民事诉讼案件，通政使司要根据情况分清“事重”和“常事”两种，前者必须先“赍状奏闻”[2]，后者可以直接连人状送刑部审理。所有这些，都表明了皇帝不仅紧紧地控制着刑事大案、要案的审判，而且也注意对民事重案的控制。

二、执行

明律规定，司法机关的判决生效后，败诉一方如不自动履行义务，官府有权强制其履行。执行的原则是从速执行、不得执行人身、只能请求官府执行、不适用减免律。

（一）从速执行

判决生效后，必须尽快执行，不得淹滞。万历十五年（1587 年）十二月二十日题奉钦依：“以后各有司受理词讼，务要及时勘结，……应问解者，即与问解；应摘放者即与摘放；应追纸赎者，赎两月，纸三月。审果贫难不完者，照例改拟，配决放免。”[3] 这里既有民事执行，又有附带的刑事处罚的执行。如果当事人财力有限而实在无法履行民事给付，一律改判为刑事处罚或加重原判的刑事处罚。

---

① 以上引文参见（清）张廷玉等撰：《明史》卷七十七《食货一·田制》，中华书局 1974 年版，第 1887 页。

② （清）张廷玉等撰：《明史》卷七十三《职官二·通政司》，中华书局 1974 年版，第 1780 页。

③ （明）姚思仁：《大明律附例注解》例一款，转引自黄彰健编著：《明代律例汇编》卷二十八《刑律一一·断狱》，“淹禁”条附“嘉靖新例（四款）”第四款按语，台湾“中央研究院”历史语言研究所 1979 年版，第 983 页。

（二）不得执行人身

明律规定："其负欠私债，……若准拆人妻妾子女者，杖一百。强夺者，加二等。因而奸占妇女者，绞。人口给亲。私债免追。"① 可见，在当时执行人身者已经是触犯刑律的犯罪行为。

（三）只能请求官府执行，个人不得私自强夺

《大明律》规定："其负欠私债，……若豪势之人，不告官司，以私债强夺去人孳畜产业者，杖八十。若估价过本利者，计多余之物，坐赃论，依数追还。"② 即对私自强制行为要追究相应的刑事责任，而且对趁机多抢走的部分财物采取类似于"执行回转"的措施，追还被侵害人。如果是擅自将官物或债务人的生活费领去抵债者，更要处以重罪："凡势豪举放私债，交通运粮官，挟势擅拏官军，绑打凌辱，强将官粮准还私债者，问罪。属军卫者，发边卫充军。属有司者，发口外为民。运粮官，参究治罪。"③"擅将欠债军职折俸银物领去者，问以诓诈。"④

（四）不适用减免律

在刑事执行中，如果双方是有服亲，则适用减免刑罚的原则。而民事判决的执行则不然。嘉靖七年（1528 年）九月刑部奏准："今后有犯该费用受寄财物者，虽系亲属，与凡人一体坐赃论，减等科罪，

① 黄彰健编著：《明代律例汇编》卷九《户律六・钱债》，"违禁取利"条，台湾"中央研究院"历史语言研究所 1979 年版，第 571 页。

② 黄彰健编著：《明代律例汇编》卷九《户律六・钱债》，"违禁取利"条，台湾"中央研究院"历史语言研究所 1979 年版，第 571 页。

③ 黄彰健编著：《明代律例汇编》卷九《户律六・钱债》，"违禁取利"条附"弘治问刑条例（五款）"第二款，台湾"中央研究院"历史语言研究所 1979 年版，第 572 页。

④ 黄彰健编著：《明代律例汇编》卷九《户律六・钱债》，"违禁取利"条附"弘治问刑条例（五款）"第三款，台湾"中央研究院"历史语言研究所 1979 年版，第 572 页。

追物还主。不须以服递减。”[①] 另外，刑事执行中如遇有赦宥，则可免刑。而民事判决的执行则不受此影响：“其违律为婚，各条称离异改正者，虽会赦，犹离异改正。”[②]“凡以赦前事，告言人罪者，以其罪罪之。若系干钱粮、婚姻、田土，事须追究，虽已经赦，必合改正征收者，不拘此例。”[③] 这是明代民诉区别于刑诉的重要标志之一。

（五）刑事附带民事诉讼的执行

按明律，刑事附带民事诉讼的被执行人只能是正犯及其同居家属，不能牵连无辜。万历十五年（1587 年）十二月二十日题奉钦依：“以后遇有追赃人犯，正犯逃故者，止许于同爨家属名下追并。……其无干里邻平民及各房亲属，毋得仍前一概监禁，致使变产包赔，及瘐死图圄。”[④] 可见在此之前，左右邻居都要受到无辜牵连。如果正犯及其家属财产确实不足时，才能执行依法负有连带责任的人员的财产。如《弘治问刑条例》载成化八年（1472 年）六月十六日圣旨：“各边仓场，若有故烧系官钱粮草束者拏问明白。将正犯枭首示众。烧毁之物，先尽犯人财产，折剉赔偿。不敷之数，著落经收看守之人，照数均赔。钦此。”[⑤]

---

① 黄彰健编著：《明代律例汇编》卷九《户律六·钱债》，“费用受寄财产”条附“新例（一款，大明律疏附例）”，台湾“中央研究院”历史语言研究所 1979 年版，第 575—576 页。

② 黄彰健编著：《明代律例汇编》卷六《户律三·婚姻》，“嫁娶违律主婚媒人罪”条，台湾“中央研究院”历史语言研究所 1979 年版，第 511 页。

③（明）申时行等修：《明会典》卷一百七十七《刑部十九·问拟刑名》，中华书局 1989 年版，第 901 页下栏。

④ 黄彰健编著：《明代律例汇编》卷十八《刑律一·贼盗》，“监守自盗仓库钱粮”条附“例（四款，姚思仁大明律附例注解）”第三款，台湾“中央研究院”历史语言研究所 1979 年版，第 748 页。

⑤ 黄彰健编著：《明代律例汇编》卷二十六《刑律九·杂犯》，“放火故烧人房屋”条附“弘治问刑条例（二款）”第一款，台湾“中央研究院”历史语言研究所 1979 年版，第 955 页。

如败诉方不履行，可由官府实行“监追”。《大明律制附解》载有这样一个案例：山东东昌府犯人姜友胜在充任县兵房典吏期间，侵欺盗用官钱银三百二十八两八钱四分一厘，因犯在弘治五年（1492年）三月八日赦宥之前，所以刑事责任得以减等执行，只处杖罪。但民事赔偿责任丝毫不减，继续执行，“递发本府监追，将地土产业尽行变卖银一十九两一钱交纳在官，金银监追未完”，但犯人产业已尽，“委的无从追纳”，于是只好按惯例：“既年久家产尽绝，免监追，照例连当房家小，押发陕西固原卫永远充军。”①

第七节　明朝民事诉讼的基本特点

一、民事诉讼权利主体相对扩大

除自耕农外，洪武五年（1372年），太祖曾下令改变田主与佃农之间的主仆关系为“长幼”关系。因此，佃客在身份上具有独立性，是民事主体。

商人不仅是商品流通领域内的民事主体，而且还参与土地买卖、租佃、借贷等民事活动。

手工业工人虽为民事权利主体，但由于明朝实行“匠籍”制度，凡从事手工业生产的工匠列入匠籍，世代为官府服役，不许脱籍，脱

① 黄彰健编著：《明代律例汇编》卷七《户部四·仓库》，“隐匿费用税粮课物”条附“附录旧例（一款，嘉靖池阳刊本大明律例附解）”，台湾“中央研究院”历史语言研究所1979年版，第526页。

籍者按逃匠严惩。这多少妨碍了他们从事民事活动的自由。

只有奴婢与贱民是民事权利的客体，所以总的趋势是民事权利主体的范围相对扩大。

二、适用于民事诉讼的法律有所增多

以典权为例。《大明律》对典权的设立，典主、业主的权利义务，典权的消灭等，作出了详明的规定："凡典买田宅不税契者，笞五十，仍追田宅价钱一半入官。不过割者，一亩至五亩，笞四十，每五亩加一等，罪止杖一百。其田入官。若将已典卖与人田宅，朦胧重复典卖者，以所得价钱计赃，准窃盗论，免刺，追价还主。田宅从原典卖主为业。若重复典买之人，及牙保知情者，与犯人同罪。追价入官。不知者，不坐。其所典田宅、园林、碾磨等物，年限已满，业主备价取赎，若典主讬故不肯放赎者，笞四十，限外递年所得花利追征给主，依价取赎。其年限虽满，业主无力取赎者，不拘此律。"[①] 可见，典卖田宅以税契为重要条件，税契之外，"过割"也是法定手续，经过过割改换户名，明确纳粮当差的责任。为了保护典权人的利益，一物不得两典，违者处刑。

除《大明律》外，弘治、嘉靖二朝还作出补充规定。以《弘治问刑条例》为例："典当田地器物等项，不许违律起利。若限满备价赎取，或价所收花利，已勾一本一利者，交还原主。损坏者赔还。其田地无力赎取，听便再种二年交还。"[②]

---

① 怀效锋点校：《大明律》卷五《户律二 · 田宅》，"典买田宅"条，法律出版社 1999 年版，第 55—56 页。

② 黄彰健编著：《明代律例汇编》卷五《户律二 · 田宅》，"典买田宅"条附"弘治问刑条例（二款）"第一款，台湾"中央研究院"历史语言研究所 1979 年版，第 493 页。

在债方面，债务人无力偿还可以“以工折酬”，债权人也可以牵制债务人的财物，但以“必告官司”为前提，否则处以杖八十。“若估价过本利者，计多余之物，坐赃论，依数追还。”[①]

在继承方面，嫡长子继承制被视为国家的定法。无论是官员袭荫袭爵，还是平民承祀宗祧，都以嫡长子承继，“立嫡子违法者，杖八十”；如无嫡子可立嫡长孙，或庶长子，但不得立异姓义子，否则以乱宗族论，杖六十。[②]《大明令》对唐宋律中“户绝”，“听养同宗于昭穆相当者”一款，补充如下：“凡无子者，许令同宗昭穆相当之侄承继。先尽同父周亲，次及大功、小功、缌麻。如俱无，方许择立远房及同姓为嗣。”[③]如所立继子不孝，可以告官别立。

对于财产的继承，“不问妻、妾、婢生，止依子数均分。奸生之子，依子数量与半分。如别无子，立应继之人为嗣，与奸生子均分。无应继之人，方许承绍全分”[④]。

上述民事立法反映了社会的发展，其核心是维护私权益，这是法制文明进步的体现。

---

① 怀效锋点校：《大明律》卷九《户律六·钱债》，“违禁取利”条，法律出版社 1999 年版，第 83 页。

② 怀效锋点校：《大明律》卷四《户律一·户役》，“立嫡子违法”条，法律出版社 1999 年版，第 47 页。

③《大明令·户令》“无子立嗣”条，载刘海年、杨一凡总主编，杨一凡、曲英杰、宋国范点校：《中国珍稀法律典籍集成》乙编第一册《洪武法律典籍》，科学出版社 1994 年版，第 11 页。

④《大明令·户令》“子孙承继”条，载刘海年、杨一凡总主编，杨一凡、曲英杰、宋国范点校：《中国珍稀法律典籍集成》乙编第一册《洪武法律典籍》，科学出版社 1994 年版，第 10 页。

三、以《教民榜文》的形式规范基层民事诉讼

凡属民事纠纷与轻微刑事案件，均以调解和息为原则。《教民榜文》规定："老人须要将本里人民恳切告诫。凡有户婚、田土、斗殴相争等项细微事务，互相含忍。"①如不能和息或无法和息时，则应作出判决："设若被人凌辱太甚，情理难容，亦须赴老人处告诉，量事轻重，剖断责罚。"②为了保证里老剖断的执行，还特别规定："民间词讼，已经老人、里甲处置停当，其顽民不服，辗转告官，捏词诬陷者，正身处以极刑，家迁化外。"③

为了确保老人、里甲审理案件的公正性，《教民榜文》还规定了严格的督课条款。例如，老人、里甲对于民人的陈诉，"如不能决断，致令百姓赴官紊烦者，其里甲、老人亦各杖断六十；年七十以上者不打，依律罚赎，仍着落果断。若里甲、老人循情作弊，颠倒是非者，依出入人罪论"④。老人行为不轨，倚法为奸，不依众老人公论行事，

---

①《教民榜文》第二十三条，载刘海年、杨一凡总主编，杨一凡、曲英杰、宋国范点校:《中国珍稀法律典籍集成》乙编第一册《洪武法律典籍》，科学出版社 1994 年版，第 639 页。

②《教民榜文》第二十三条，载刘海年、杨一凡总主编，杨一凡、曲英杰、宋国范点校:《中国珍稀法律典籍集成》乙编第一册《洪武法律典籍》，科学出版社 1994 年版，第 639 页。

③《教民榜文》第十二条，载刘海年、杨一凡总主编，杨一凡、曲英杰、宋国范点校:《中国珍稀法律典籍集成》乙编第一册《洪武法律典籍》，科学出版社 1994 年版，第 637 页。

④《教民榜文》第二条，载刘海年、杨一凡总主编，杨一凡、曲英杰、宋国范点校:《中国珍稀法律典籍集成》乙编第一册《洪武法律典籍》，科学出版社 1994 年版，第 635—636 页。

故意扰乱案件的剖断，则“许众老人拿赴京来”。[①] 如老人以剖断民事词讼为由，挟制里长，把持官府，拒不履行差役，则“家迁化外”。[②] 老人、里甲剖决民事案件，不得设立牢狱，拘禁当事人，如违，“治以重罪”。[③] 老人、里甲应根据百姓的陈诉剖决案件，对于百姓不愿陈告的案件，不得“风闻寻趁，勾引生事”，否则杖六十；如为此而收受贿赂，“以赃论”。[④] 从对里老的督课条款中，可以推断明朝对司法官吏渎职行为处罚的严格。

总括上述，明朝作为中国古代后期的一个朝代，立法、司法的原则与制度建构都已达到相当完备的程度，不仅传承了唐宋以来的民事司法传统，而且为清朝的民事司法制度提供了继续发展的基础。但是，明朝作为专制主义高度发展的王朝，它所带来的宦官专政，不仅败坏了法制秩序，而且滥刑无辜，使得非法变成合法，成为明朝覆没的重要原因之一。

①《教民榜文》第八条，载刘海年、杨一凡总主编，杨一凡、曲英杰、宋国范点校：《中国珍稀法律典籍集成》乙编第一册《洪武法律典籍》，科学出版社 1994 年版，第 637 页。

②《教民榜文》第九条，载刘海年、杨一凡总主编，杨一凡、曲英杰、宋国范点校：《中国珍稀法律典籍集成》乙编第一册《洪武法律典籍》，科学出版社 1994 年版，第 637 页。

③《教民榜文》第十三条，载刘海年、杨一凡总主编，杨一凡、曲英杰、宋国范点校：《中国珍稀法律典籍集成》乙编第一册《洪武法律典籍》，科学出版社 1994 年版，第 637 页。

④《教民榜文》第十四条，载刘海年、杨一凡总主编，杨一凡、曲英杰、宋国范点校：《中国珍稀法律典籍集成》乙编第一册《洪武法律典籍》，科学出版社 1994 年版，第 637 页。

第七章

清朝的民事诉讼制度

清朝作为中国古代的末代王朝，法律制度已经相当完备。就诉讼制度而言，虽然整体上仍缺乏民事与刑事明确的概念划分，但随着地方大量民事词讼的增加，民事诉讼已然独立运作于刑事诉讼之外。

经过顺、康、雍、乾几代的统治，社会秩序稳定，经济繁荣，土地交易普遍，农业与手工业、商业均与货币流动紧密相连，都达到了封建生产方式所能允许的发展程度。在这样的历史背景下，加上清政府维护产权、债权的法律调整，使得为财产权和人身权而争讼的民事词讼数量大为增加。

《清史稿·刑法志》云："户、婚、田土及笞、杖轻罪，由州县完结，例称自理。"[1]可见，清代民事纠纷主要以私权益为标的，多为土地、继承、婚姻和钱债等项，习惯上称为"户婚田土钱债"词讼，因而被官方视作"民间细故"。清代的民事诉讼程序受《大清律例》规范约束，但在司法实践中适用的法律渊源是多样的，这是和民事立法不完备以及地方礼俗、习惯的实际调整功用分不开的。

①（清）赵尔巽等编纂:《清史稿·刑法志三》卷一百四十四，中华书局1977年版，第4207页。

第一节　司法机关

一、中央司法机关

清袭明制，中央最高审级是由刑部、大理寺和都察院组成的三法司。根据《大清会典》，刑部“掌天下刑罚之政令，以赞上正万民。凡律例轻重之适，听断出入之孚，决宥缓速之宜，赃罚追贷之数，各司以达于部。尚书、侍郎率其属以定议，大事上之，小事则行，以肃邦纪”①。具体说来，刑部审核地方上的重案并向皇帝题奏，审理发生在京师的笞杖以上的“现审案件”，管理地方上诉案件与秋审事宜，主持司法行政与修订律例，审理朝廷官吏违法的案件，以及皇帝交办的“各衙门钦发事件”，故有“部权特重”之称。②但刑部也须受大理寺、都察院的制约监督。

大理寺“掌平天下之刑名，凡重辟则率其属而会勘。大政事下九卿议者则与焉，与秋审、朝审”③，其主要职责是复核死刑案件，平反冤狱，如发现刑部定罪量刑有误，可以驳回。

都察院“掌司风纪，察中外百司之职，辨其治之得失，与其人之邪正。率科道官而各矢其言责，以饬官常，以兼国宪。……凡重辟则会刑

---

①（清）昆冈等奉敕撰：《钦定大清会典》卷五十三《刑部》，第 1 页，清光绪二十五年刻本，新文丰出版公司 1976 年版，第 559 页上栏。

②《清史稿·刑法志三》，第 4206 页。

③（清）昆冈等奉敕撰：《钦定大清会典》卷六十九《大理寺》，第 16 页，清光绪二十五年刻本，新文丰出版公司 1976 年版，第 720 页下栏。

部、大理寺以定谳，与秋审、朝审”[①]。都察院所属十五道分掌各省刑名，刑科给事中也“分稽刑名”事务。其他如“官民冤枉，所司不受理，及受理不得伸者，许赴院陈诉鞫实，大事奏请上裁，小事立予昭雪”[②]。

需要指出，在清代的民事诉讼中，强调级别管辖，民事案件为州县自理案件，如上诉，须经审转程序，所以民事案件很少上诉至三法司，这是与唐宋不同的。

除此之外，由于清朝是以满族为主体的政权，为了解决在京旗人之间的民事争讼，乾隆十年（1745年）于户部设立现审处，负责审理八旗户口、田产、房宅争讼案件。据《清史·刑法志》：“八旗地亩之讼，属诸户部现审处。”如需刑讯之案，须会同刑部办理。现审处的负责职官为郎中、员外郎、主事等。

二、地方司法机关

（一）审级

清代地方司法机关以州县为第一审级，对民事词讼与轻微刑事案件有直接审结权，对刑事案件与徒罪以上案件有审理权，但无审结权。按照清代司法审判程序，徒罪以上案件，根据地方的审理流程规定，需审转府或直隶州、厅，再至省级，交由按察使司与总督、巡抚审断；徒、流案件，督抚可以直接审决，命盗案件与死罪案件，则须

---

①（清）昆冈等奉敕撰：《钦定大清会典》卷六十九《都察院》，第1页，清光绪二十五年刻本，新文丰出版公司1976年版，第713页上栏。

②（清）允祹等奉敕撰：《钦定大清会典》卷八十一《都察院》，第5页，乾隆二十九年刻本，载（清）永瑢、纪昀等编纂：《文渊阁四库全书·史部三七七·政书类》第619册，台湾商务印书馆1986年影印本，第757页下栏。

由督抚题奏朝廷，由三法司与皇帝作最后的裁决。

按清制，知县为正七品，执掌“一县之政令，平赋役，听治讼，兴教化，厉风治，凡养老、祀神、贡士、读法，皆躬亲厥职而勤理之”[①]。由于地方机关行政、司法不分，因此州县官综理辖区的民、财、政、刑各种事务，并分设吏、户、礼、兵、刑、工六房，由各房书吏分别管理所属事务。清代名幕汪辉祖曾言：“自州县而上至督抚大吏，为国家布治者职孔庶矣。然亲民之治，实惟州县，州县而上，皆以整饬州县之治为治而已。”[②]是可知天下之政始于州县。州县官负责的地方事务内，又以赋税与刑狱最为重要。明清对州县官的要求甚多，除了事务繁多外，又规定“官非正印者，不得受民词”[③]，将审判权全面归责于正印官；此外，遇田土纠纷与命盗案件，需对田界、盗窃现场与命案现场直接勘验检验，或是缉捕人犯。若遇正印官公出，佐贰官可以暂时代理部分事务，包括审理自理民事词讼与检验，但是命盗案件，佐贰官不可擅断。

清代州县官的出身，有直接来自科举的进士、举人，亦有功封或捐赀者，也有因居幕与办事年久，获长官举荐者。大体而言，初仕州县者普遍缺乏行政经验与司法经验，需要专业的幕友辅助公务。事实上，地方官员聘雇幕友，早于汉代便已经蔚为风气。明清以八股取士，普遍缺乏经世致用之才，故出现幕友涉政甚至直接影响司法审判

① （清）清高宗敕撰：《清朝通典·职官十二》卷三十四，商务印书馆1935年版，第2211页。

② （清）汪辉祖：《学治臆说自序》，第1页，见（清）张廷骧辑：《入幕须知五种》，光绪十八年浙江书局刊本，载沈云龙主编：《近代中国史料丛刊》第二十七辑，文海出版社1966年版，第224—225页。

③ （清）昆冈等奉敕撰：《钦定大清会典》卷五十五《刑部·尚书侍郎职掌三》，第2页，清光绪二十五年刻本，新文丰出版公司1976年版，第579页。

的情况。幕友分官幕、私幕，一般多由州县官自聘，并非正式地方基层事务吏员，由于以律例为世业，熟悉官场中种种陋规，被州县官“倚为左右手”[①]，“刑名钱谷一切资之幕友，主人惟坐啸画诺而已”[②]。汪辉祖曾言：“凡犯应徒罪以上者，主人庭讯时，必于堂后凝神细听。供稍勉强，即嘱主人覆讯。常戒主人不得性急用刑，往往有讯至四、五次及七、八次者。疑必嘱讯，不顾主人畏难。每讯必听，余亦不敢惮烦也。”[③]即使州县官亲任审判，但文书判决多由幕友代拟，是以时人有言“审判之名在官，审判之实在幕”。

州县衙门内六房属下胥吏多为本地人充任。他们世代相传，熟悉律例、民情、官场陋规，往往营私舞弊，任意需索，成为州县司法的丛弊之薮。

府和直隶州、厅为清代地方司法审判的第二审级，负责审理上控案件与复审州县解来的徒罪案件；此外，也是直接审理当地案件词讼的第一审级。有的府厅之上，设有分巡道，长官为道台，掌管刑名。以至有的省份内，道也成为实际的复审机关，与省的按察使司并列为第三审级。总督、巡抚为第四审级，是地方直省最高审级，负责复审地方命盗案件，以及审结徒罪案件。死罪案件，权归中央，督抚并无终审权。

清代民事词讼的审判，实行州县自理原则，即由州县官自行受

① （清）汪辉祖：《佐治药言・尽心》，第 1 页，见（清）张廷骧辑：《入幕须知五种》，光绪十八年浙江书局刊本，载沈云龙主编：《近代中国史料丛刊》第二十七辑，文海出版社 1966 年版，第 121 页。

② （清）盛康辑：《皇朝经世文编续编》卷二十七《吏政十・幕友》，陈必宁《幕友说》，第 1 页，载沈云龙主编：《近代中国史料丛刊》第八十四辑，文海出版社 1966 年版，第 2827—2828 页。

③ （清）汪辉祖：《续佐治药言・草供未可全信》，第 5 页，见（清）张廷骧辑：《入幕须知五种》，光绪十八年浙江书局刊本，载沈云龙主编：《近代中国史料丛刊》第二十七辑，文海出版社 1966 年版，第 194 页。

理、审理、判决与执行。与刑事诉讼的逐级审转不同，民事词讼基本是一审终审，极少上诉至第二审。

（二）管辖

在清代，由于民事诉讼的主体不同，而划分成不同的管辖，反映了民事管辖制度的重要发展。

1. 一般民事主体的诉讼

根据清律，一般主体的普通民事词讼，均由事犯地方的州县衙门受理。《大清律例》"越诉"条所附例规定："户婚、田土、钱债、斗殴、赌博等细事，即于事犯地方告理，不得于原告所住之州、县呈告。"① 此条为雍正六年（1728年）奏定，强调"于事犯地方告理"，即于事发之处控告。司法经验证明，民间细事在事发当地容易查明事实，收集证据，迅速结案。同时明确"于事犯地方告理"之后，也增加了所在州县衙门的责任。因此，在乾隆五年（1740年）修律时，增为附例。

为了贯彻这个管辖原则，该附例还规定："原籍之官，亦不得滥准行关。彼处之官，亦不得据关拘发。违者，分别议处。其于事犯之地方官处告准关提质审，而彼处地方官匿犯不解者，照例参处。"② 此条例与徒流罪以上的刑事案件管辖原则不同，刑事案件一般采取原告就被告的原则，即由被告所在地或犯罪事发地的司法机关管辖，并非仅由事犯地方州县管辖。

此外，各直省地方客商在异地经商所发生的钱债纠纷，也只许向所在地司法机关陈告。《大清律例》"越诉"条所附条例规定："直省

---

① 张荣铮、刘勇强、金懋初点校：《大清律例》卷三十《刑律·诉讼》"越诉"条附例，天津古籍出版社1995年版，第507页。

② 张荣铮、刘勇强、金懋初点校：《大清律例》卷三十《刑律·诉讼》"越诉"条附例，天津古籍出版社1995年版，第507页。

客商在于各处买卖生理，若有负欠钱债等项事情，止许于所在官司陈告，提问发落。”由于直省包括中央直隶省，这一规定无疑扩大了法律调整的范围，有利于直省客商钱债纠纷的解决。此条例是前述民事词讼“于事犯地方告理”原则的具体贯彻。但针对清朝商业繁荣、客商流动性强等特点，在强调“只许于所在官司（即案发地）陈告”的同时，还规定商业纠纷“若有蓦越赴京奏告者，问罪逮回。奏告情词不问虚实，立案不行”。

2. 越境诉讼

《大清律例》“告状不受理”条规定：“若词讼原告、被论（即被告）在两处州县者，听原告就被论（本管）官司告理归结。”为了避免两处州县借故推诿，该条还严格规定：“（其各该官司自分彼此，或受人财）推故不受理者，罪亦如之。（如上所告事情轻重，及受财枉法从重论。）”[①] 如果原告非在事犯地，也不在原被告户籍管辖地进行民事诉讼，州县衙门可以拒绝受理。

3. 宗室觉罗的民事诉讼

宗室是清显祖塔克世的直系子孙，又称黄带子；觉罗是显祖旁系子孙，又称红带子。宗室觉罗之间因继嗣、宗籍、婚姻等争讼，皆由中央部院衙门兼管，而非由下而上诉讼。如《大清会典》规定：“户婚田土之讼，系宗室，由府（宗人府）会户部；系觉罗，由户部会府。人命斗讼之讼，系宗室，由府会刑部；系觉罗，由刑部会府。”[②] 清初仿明制设立宗人府，负责直接管理皇族事务，并协助仲裁皇族内部的

① 张荣铮、刘勇强、金懋初点校：《大清律例》卷三十《刑律·诉讼》“告状不受理”条，天津古籍出版社 1995 年版，第 513 页。

② （清）昆冈等奉敕撰：《钦定大清会典》卷一《宗人府·宗令宗正宗人职掌》，第 14 页，清光绪二十五年刻本，新文丰出版公司 1976 年版，第 33 页下栏。

诉讼纠纷。为此，清廷还制定了《宗人府则例》，作为解决皇族内部各种纠纷的法律根据。

4. 旗民之间的民事诉讼

清朝入关以后，八旗劲旅分为拱卫京师的“在京八旗”和镇守地方的“驻防八旗”。此外，尚有关外与边疆驻防旗分。旗民之间户籍不同，旗归旗籍，民归民籍。京师旗民之间如发生户口、田房等民事诉讼，“旗人于本旗具呈，民人于地方官具呈”①。如在京旗人之间的田土案件，先原告旗人令亲赴该佐领处呈控，如不为查办，许赴户部及步军统领衙门具呈。户部专设现审处，“掌听旗民之讼事”②。《大清律例》规定：“(在京）八旗人等如有应告地亩，在该旗佐预处呈递，如该佐领不为查办，许其赴（户）部及步军统领衙门呈递（其有关涉民人事件，即行文严查办理)。”

各省驻防旗人之间的民事词讼，由驻防城内将军或副都统等衙门呈控，或是由直隶州厅专理旗人诉讼的官员——理事同知或理事通判专司。理事同知、通判同时也负责审理地方旗民之间的词讼。按定例：“直隶承德府属各项旗人，如果人地俱在该处，遇有占地、追租等事，准其就近赴办事章京处及理事同知、通判衙门呈控，详报将军、都统等办理，不得赴地方官衙门投告。”③此例沿至清末一直适用。

旗人词讼审理的特殊性，随着入关日久，逐渐产生变化。道光二年（1822年）二月二十四日，道光皇帝根据州县违例接受旗人地亩案

① (清）昆冈等奉敕撰：《钦定大清会典》卷二十四《户部·现审处》，第1页，清光绪二十五年刻本，新文丰出版公司1976年版，第245页上栏。

② (清）昆冈等奉敕撰：《钦定大清会典》卷二十四《户部·现审处》，第1页，清光绪二十五年刻本，新文丰出版公司1976年版，第245页上栏。

③《钦定户部则例（同治朝)》卷一百《通例四·现审田房词讼》，蝠池书院出版有限公司2004年版，第7192—7193页。

件并转详户部一事，特颁上谕如下：

在京八旗人等控告地亩，均应亲赴部、旗或步军统领衙门呈明办理。原以旗人非州县管辖，查验档契，地方官呼应不灵。定例本为周密，若如所奏，近来州县违例详部之案甚多，往往轇轕不清，案悬莫结，转致拖累无辜。著八旗都统、直隶总督严行申禁。凡旗人控告地亩，如产真理直，准其就近赴部呈办，不得赴地方官衙门控告，该地方官亦毋许率准虚词详部以省拖累。至宗室控案，如有应行质问之处，著照定例派部员赴府会审，毋得传唤过部。[①]

可见道光皇帝并不希望把在京旗人的事务交给一般地方州县。

但边疆地区的八旗军士诉讼，逐渐权归州县。乾隆四十四年（1779年）定例："奉天所属十二州、县，办理旗民事件，无分满、汉，俱令自行审理。"[②] 道光元年（1881年）又定例："奉天州县办理旗民事件，无论单旗单民及旗民交涉事件与会旗查勘之案，俱应仍照定例，均令州县自行审理。"[③] 光绪二十三年（1897年）六月，光绪皇帝在上谕中重申："所有奉天州县，旗、民事件悉归审理，旗员不得干预。"盛京将军在转发这道上谕时通饬属下，所有"人命、斗殴及钱

① 杨一凡、田涛主编，江兴国、李祝环、丁小山点校：《中国珍稀法律典籍续编》第六册，《钦定宗室觉罗律例》上卷《宗室控告地亩案件解京质讯》，黑龙江人民出版社2002年版，第429—430页。

② 张荣铮、刘勇强、金懋初点校：《大清律例》卷三十七《刑律·断狱下》"有司决囚等第"条附例，天津古籍出版社1995年版，第636页。

③（清）祝庆祺等编著：《刑案汇览》卷五十九《奉天旗民事件州县审理》奉天司说帖，法律出版社2007年版，第3102页。

债、户婚、田土一切旗民词讼，无论有关罪名与否，悉归厅、州、县审断”[①]。总之，边外八旗民事词讼，渐由州、县、厅自行审理结案。刑律重案，由州、县、厅初审，经过所辖道员审转，至盛京刑部复核定拟后，再向皇帝具题具奏。

5. 军人及军民之间的民事诉讼

按清制，军人之间的民事诉讼，“从本管军职衙门自行追问”[②]。军民之间的民事诉讼，由管军衙门会同州县一体约问，即所谓“军民约会词讼”。“若管军官越分辄受民讼者”[③]，以违制论，笞五十。地方军民之间有关“户婚、田土、斗殴、人命一应词讼，悉赴该管衙门告理。军卫有司，不系掌官印不许接受词讼”[④]。

6. 边疆民族之间的民事词讼

清朝统治时期，对边疆少数民族的基本政策是“因地制宜”“因俗而治”。在蒙古地区，“凡有争控事件”，根据《蒙古律例》，“务令先在该扎萨克王贝勒处呈控”。如“扎萨克、盟长均判断不公，亦准两造赴（理藩）院呈诉”[⑤]。苗人之间的争讼，以传统苗例审结。回人之间的争讼，按《回疆则例》处断。在改土归流前，“户婚、田土事项，俱先申合干上司，听与分理。若不与分理，及阿徇不公，方许差

---

① 辽宁省档案馆藏档案《兴京县公署全宗》26385 号。

② 张荣铮、刘勇强、金懋初点校：《大清律例》卷三十《刑律·诉讼》“军民约会词讼”条，天津古籍出版社 1995 年版，第 527 页。

③ 张荣铮、刘勇强、金懋初点校：《大清律例》卷三十《刑律·诉讼》“军民约会词讼”条，天津古籍出版社 1995 年版，第 527 页。

④ 张荣铮、刘勇强、金懋初点校：《大清律例》卷三十《刑律·诉讼》“军民约会词讼”条附例，天津古籍出版社 1995 年版，第 527 页。

⑤（清）昆冈等奉敕撰：《钦定大清会典》卷六十八《理藩院·理刑清吏司》，第 9 页，清光绪二十五年刻本，新文丰出版公司 1976 年版，第 711 页上栏。

人奏告”，但奏告之后，仍然是“给引照回，该管上司从公问断”[①]。至乾隆五年（1740年）修律时，改土归流获得成功，因而删除不载。

第二节　民事诉讼程序

一、呈控（起诉）

（一）诉状的形式

民事词讼由民事纠纷当事人一方或是诉讼代理人向司法机关提起，并须呈递符合程式要求的诉状。康熙时人黄六鸿所著《福惠全书》将清初的民事诉讼的状式分为正状和副状，其格式如下[②]：

状式

告状人　　　告为　　　事

　　　　　　　　　　　　　　　　　　　　上告

本州（县）正堂老爷　　　施行

　　　　　计开

　　　被告住　村，离城　里

① 《钦定大清会典事例（九）》卷八百十五《刑部·刑律诉讼·越诉一》，中华书局1991年版，第896页上栏。亦可参见（清）沈之奇撰，怀效锋、李俊点校：《大清律辑注》（下），“越诉”条附例，法律出版社2000年版，第800页。

② （清）黄六鸿：《福惠全书》卷十一《刑名部·立状式》，第3页，乾隆三十八年金陵濂溪书屋刊本，载《官箴书集成》编纂委员会编：《官箴书集成》第三册，黄山书社1997年版，第327页下栏。

干证住　村，同前

两邻住　村，同前

地方住　村，同前　如命盗重情要地邻等，其余小事应有者听

年　月　日告状人　年　岁　府　县　里　甲，籍住　村离城　里

抱告某人

代书某人

副状式①

告状人某告为某事

被告某住　处，离城　里

干证某　住　，离

两邻

地方　住　，离城

年　月　日告状人某

抱告

代书

黄六鸿所谓的正状式自然是原告的告状，但副状式，据黄六鸿解释：

夫用副状者何？凡原告状准发房，被告必由房抄状，该房

① （清）黄六鸿：《福惠全书》卷十一《刑名部·立状式》，第 4—5 页，乾隆三十八年金陵濂溪书屋刊本，载《官箴书集成》编纂委员会编：《官箴书集成》第三册，黄山书社 1997 年版，第 328 页。

居为奇货，故意刁难，视事之大小，为需索之多寡。被告抄状人手，乃请刀笔讼师，又照原词，多方破调。骋应敌之虚情，压先攻之劲势。两牍当前，殊难黑白。今设副状，幅方一尺并刊印板，止填注语及被证姓名住址，而其词不载焉。准状之后，止发副状落房，出票拘审。该房无所庸其勒索，被告无所据为剖制。则彼此所云，机锋各别，其真情自不觉跃然于纸上矣。①

此外，黄六鸿提到的状式的文字有限定："故状刊格眼三行，以一百四十四字为率。"② 但据宝坻档案、黄岩档案和冕宁档案，清代状式因时间与地域差异，各地格式与名称并不一致，且同一地方不同时期的状式亦有改变。状式字数平均接近 200 字，案情复杂者接近 300 字。例如，宝坻档案所载状式的字数为 200—300 字："每张呈词字限二百以外多亦不过三百，违者不准"；黄岩档案则为 300 字以内："呈词过三百字者不准"；冕宁档案并未明确限定状式的字数，从统一的格式状纸来看，其词状字数当有限制，"变行叠写者不准""格内双行叠写不准"，但此项规定的执行并未像"状式条款"的其他规定一样严格。

状式的内容包括案发时间、案情梗概、被告姓名住址、告诉人及抱告③、代书的姓名、住址以及告诉人的签押等。为了告状邀准，有些

---

①（清）黄六鸿：《福惠全书》卷十一《刑名部·立状式》，第 2—3 页，乾隆三十八年金陵濂溪书屋刊本，载《官箴书集成》编纂委员会编：《官箴书集成》第三册，黄山书社 1997 年版，第 327 页。

②（清）黄六鸿：《福惠全书》卷十一《刑名部·立状式》，第 3 页，乾隆三十八年金陵濂溪书屋刊本，载《官箴书集成》编纂委员会编：《官箴书集成》第三册，黄山书社 1997 年版，第 327 页。

③ 抱告：是指官员、生员、妇人以及老幼、残疾等在诉讼时，除少数特定案件外，他们不能独立诉讼，而必须由他人代为诉讼。

原告在呈状之外，另呈补充案情的“投状”。但为了防止当事人借投状牵连人事，混淆案情，一向为律例所禁止。清人李渔曾经指出：“好讼之民，惯于张大其词以耸宪听，不虑审断之无稽者，以恃有投状一著为退步耳。原词虽虚，投状近实。以片语之真情，盖弥天之大妄，不患问官不为我用。……请督抚严下一令，永禁投词，凡民间一切词讼，止准一告一诉，此外不得再收片纸。”[①] 但民间投词对州县官了解案情亦不无小补，故禁而不绝。

特别需要指出，状式后常附有刊刷条例，如：

一、一事在赦前及远年已结之案翻告者，不准。

一、案经前任审断，及在前任控告未准，不将断案批示抄粘，不准。

一、绅衿妇女老幼废疾无抱告，及虽有抱告年未成丁，或年已老惫者，不准。

一、细事牵连妇女及现有夫男，混将妇女装头者，不准。

一、婚姻无媒妁日期者，不准。

一、生监职员告状，务填真名，其混写表字别号者，不准。

一、生员作证并牵幼女童稚者，不准。……[②]

清代百姓识字率不高，为了赢得官司往往寻求擅长写状的人书写，这样虽增强了语言修辞，如“嗟嗟虎狼居岭，孤儿灾及其身。鸱

① （清）徐栋辑：《牧令书》卷十九《刑名下》，李渔《论一切词讼》，清道光二十八年刊本，载《官箴书集成》编纂委员会编：《官箴书集成》第七册，黄山书社 1997 年版，第 2 页。

② 清代《巴县档案》全宗。

鸮巢林，余雀悲危其命，为此哀鸣上告”等，但有时不但不能赢得县正堂的赏识，反而被其指责：“陈模（楷）英恃强开沟冲田冲房，该氏应于官代书处直书呈禀，又何必向此无耻讼棍弄笔耶！准勘讯并拿究写词人。”① 为了避免私家讼师介入诉讼，地方衙门要求起诉须由经官备案的“官代书”承办书写呈词事务。无论告、诉、禀状皆允许代书，但不得增减事实，不得对所告之事称疑，不得于呈词内牵连无辜及原状内无名之人，不得呈控不干己之事。特别是所请求的内容要符合法律、情理，并有实体的请求权，这是官府受理的实质性要件。嘉庆二十二年（1817 年）定例：“凡有控告事件者，其呈词俱责令自作。不能自作者，准其口诉，令书吏及官代书，据其口诉之词，从质书写。如有增减情节者，将代书之人，照例治罪。”② 为了防止代书人构讼，增减情罪，雍正七年（1729 年）定例：“内外刑名衙门务择里民中之诚实识字者，考取代书。凡有呈状，皆令其照本人情词据实誊写，呈后登记代书姓名，该衙门验明方许收受。无代书姓名，即严行查究。其有教唆增减者，照律治罪。”③ 除此之外，《大清律例》还规定了代书的责任与处罚，如“无论告、诉、禀各词……违式及无代书戳记者，不准”④。“代书不查问实情，据口直书而任意增减情节者，枷杖革役。”“不将称状人姓名住处填注词内，混书自来稿者，重处代书。”“县属五方杂处，若不将告状人姓名住处并籍省份填注者，不

①《冕宁档案》卷十三，第 157 册，第 68 页，缩微号 2005 0914 0071。现藏于四川省档案馆。

②《钦定大清会典事例（九）》卷八百十九《刑部·刑律诉讼·教唆词讼》，中华书局 1991 年版，第 936 页上栏。亦可参见《清实录》第三十二册《仁宗睿皇帝实录〔五〕》卷三三〇，嘉庆二十二年五月壬子条，中华书局 1985 年版，第 346 页下栏。

③ 张荣铮、刘勇强、金懋初点校：《大清律例》卷三十《刑律·诉讼》“教唆词讼”条附例，天津古籍出版社 1995 年版，第 525—526 页。

④ 清代《巴县档案》全宗。

批。”“一切案件审系捏情妄控，希图讹称拖累者，坐诬治罪。”“案曾在某衙门告过，如何审断应详细声明，若含混不叙，及未审未断遽行上控者，审出重责，仍处代书。”“前期不准后期复告，必将前批填满词面，隐匿情节，希图蒙混者，代书责革。”然而官方与地方的禁例虽起到一定的遏止作用，却不可能杜绝地方衙门各类陋规与基层吏役的枉法行私。在清代的司法实践中，如案涉代书，州县往往要察夺明白。如《冕宁档案》中记载了道光元年（1821年）九月杨正元等状告代书王学士借猫狗之事对其进行磕索一案，县正堂在批词中指出：“一猫一狗其物甚微，何致肆意磕索。所呈似非实情，本难邀准。惟控系代书，姑候唤讯察夺。”①

（二）代书人的法律责任

清朝也与前代一样，严禁民间私家讼师包揽词讼。在清代司法实践中，认为讼师（官方常称讼棍）“以簸弄是非为得计，以颠倒黑白而迷人，每当两造纷争，从中搆祸”②。汪辉祖曾尖锐地指出：“唆讼者最讼师，害民者最地棍，二者不去，善政无以及人。”③为了严禁讼师构讼害民，《大清律例》严格规定了地方官放纵讼师应负的责任：“讼师教唆词讼，为害扰民，该地方官不能查拿禁缉者，如止系失于觉察，照例严处。若明知不报，经上司访拿，将该地方官照奸棍不行查

①《冕宁档案》卷十六，第207册，第995—997页，缩微号2005 0916 1002—2005 0916 1004。

②（清）徐栋辑：《牧令书》卷十七《刑名上》，裕谦《戒讼说》，清道光二十八年刊本，载《官箴书集成》编纂委员会编：《官箴书集成》第七册，黄山书社1997年版，第393页下栏。

③（清）汪辉祖：《学治臆说》卷下《地棍讼师当治其根本》，第29页，见（清）张廷骧辑：《入幕须知五种》，光绪十八年浙江书局刊本，载沈云龙主编：《近代中国史料丛刊》第二十七辑，文海出版社1966年版，第301页。

拿例，交部议处。”[①]

讼师与地方幕友一样，也有私家笔记传世，只是幕友得以公开刊刻，讼师之书只能隐秘流传，俗称秘本。清律规定：“坊肆所刊讼师秘本，如《惊天雷》《相角》《法家新书》《刑台秦镜》等一切构讼之书，尽行查禁销毁，不许售卖。有仍行撰造刻印者，照淫词小说例，杖一百流三千里。将旧书复行印刻及贩卖者，杖一百徒三年，买者杖一百。藏匿旧板不行销毁，减印刻一等治罪。藏匿其书，照违制律治罪。其该管失察各官，分别次数交部议处。”[②]正如官代书之乘机弄权行私不可遏止一样，讼师也不乏与地方基层吏役相勾结，与实际操作诉讼的刑名幕吏多方联手，有恃无恐，以至“偶遇小事小故，辄代驾虚词投官府，以疾病老死者为人命，以征债索逋者为劫夺，以产业交易、户婚干连者为强占、为悔赖”。[③]

二、受理

清朝州县衙门对于民事词讼的准理与不准理，既依国家律例与地方衙门禁例，又视证据而定，一般不许滥准和轻下批词。《牧令书》所收陈庆门《仕学一贯录》一文中说：“吾谓户婚田土，当视其情词虚

① 张荣铮、刘勇强、金懋初点校：《大清律例》卷三十《刑法·诉讼》“教唆词讼”条附例，天津古籍出版社1995年版，第526页。

②《钦定大清会典事例（九）》卷八百十九《刑部·刑律诉讼·教唆词讼》，中华书局1991年版，第936页。亦可参见《大清律例增修汇纂大成》卷三十，清光绪二十九年排印本。

③（清）徐栋辑：《牧令书》卷十八《刑名中》，王元曦《禁滥准词讼》，清道光二十八年刊本，载《官箴书集成》编纂委员会编：《官箴书集成》第七册，黄山书社1997年版，第397页下栏。

实，不宜滥准。不准者必指批其不准之故，毋使再来翻渎，不可粗心浮气，略观大意，必不得混渎一语批出了事。”

（一）“务限”期内不受理民事词讼

清朝传承自唐以来的“务限”制，于农忙季节不受理一般性的民事词讼。《大清律例》规定：“每年自四月初一至七月三十日，时正农忙，……其一应户婚、田土等细事，一概不准受理。自八月初一以后方许听断。若农忙期内受理细事者，该督抚指名题参。”① “州、县审理词讼，遇有两造俱属农民，关系丈量踏勘有妨耕作者，如在农忙期内，准其详明上司，照例展限至八月再行审断。”② 从大清律关于放告日期的规定中，可以看出，其着眼点在于利农，防止误农、病农。因此，在农忙停诉期间，“其余一切呈诉，无妨农业之事，照常办理，不准停止，……如州、县将应行审结之事，借称停讼稽延者，照例据实参处。经管道、府如不实力查报，该督抚一并严参议处”③。在《冕宁档案》中保存了一份雍正二年（1724年）农忙停讼的照会：

为农忙停讼事　本年闰四月初五日蒙

监理府崔　信牌云云查考施行毋违等因，到司照官，到道行府，牌行到卫。蒙此拟合就行，为此照会该所查照文内蒙

宪行事理，即便一体遵照。自四月初一日起至七月终止，如

① 张荣铮、刘勇强、金懋初点校：《大清律例》卷三十《刑律·诉讼》“告状不受理”条附例，天津古籍出版社1995年版，第514页。
② 张荣铮、刘勇强、金懋初点校：《大清律例》卷三十《刑律·诉讼》“告状不受理”条附例，天津古籍出版社1995年版，第515页。
③ 张荣铮、刘勇强、金懋初点校：《大清律例》卷三十《刑律·诉讼》“告状不受理”条附例，天津古籍出版社1995年版，第515页。

有实在盗贼人命及贪赃坏法等重情仍照常受词审理，其余一切词讼即行停止至八月初一以后方许准理。倘有不肖有司于停讼之期将户婚、田土、斗殴细事通贿起灭，违例受词并滥用大枷夹棍等，原仍令各具遵依径报

抚督院宪暨藩臬道宪并报本府一报本卫查考，毋违，须至照会者。

右照会冕山所准此。

雍正二年闰四月初八日[①]

但在农忙停讼期间，也要看案件的性质，酌情而定，不可一概停讼。例如，乾隆二年（1737年）臬司闰熙尧条奏："州县自理词讼，务须分别事情轻重缓急，随时酌准，不得藉称农忙，概置民瘼于罔闻。"[②]乾隆十年蒋前院条奏："地方于农忙停讼期内，凡遇坟山土地等项，务须随时勘断。至自理案件，倘事关紧要，或证佐人等现非务农，即不得以时值停讼，藉词推诿，亦不得滥差羁候，致滋扰累各等因，俱奉旨通行，遵照在案。再户婚田土似在应停之内，然抢亲、赖婚、强娶、田地界址、买卖未明，若不及早审理，必致有争夺之事。"[③]上述条奏均奉旨通行，《大清律例》明确规定，在非放告期内，"若查勘水利界址等事，现涉争讼，情理稍迟，必致有妨农务者，即

①《冕宁档案》卷一，第5册，第704页，缩微号2005 0907 0710。

②（清）徐栋辑：《牧令书》卷十八《刑名中》，陈宏谋《申明农忙分别停讼檄》，清道光二十八年刊本，载《官箴书集成》编纂委员会编：《官箴书集成》第七册，黄山书社1997年版，第399页上栏。

③（清）徐栋辑：《牧令书》卷十八《刑名中》，陈宏谋《申明农忙分别停讼檄》，清道光二十八年刊本，载《官箴书集成》编纂委员会编：《官箴书集成》第七册，黄山书社1997年版，第399页上栏。

令各州、县亲赴该处审断速结。总不得票拘至城，或致守候病农”[①]。可见，清朝统治者虽然沿袭以民事纠纷为“细故”的传统认识，但他们从实践中体察到，细故如不及时解决，也会酿成事端，影响生产，扰乱秩序，危害安定，因此强调视案情的轻重缓急，酌情而定，不可一律农忙停讼。

清律规定了州县官无故不受理民事词讼的法律责任：“凡告……婚姻、田宅等事不受理者，各减犯人罪二等，并罪止杖八十。受（被告之）财者，计赃以枉法（罪与不受理罪）从重论。”[②]“若（本管衙门）追问词讼，及大小公事，（自行受理并上司批发）须要就本衙门归结，不得转行批委，（致有冤枉扰害）违者，随所告事理轻重，以坐其罪。”[③]同时严禁州县于隆冬岁暮之际，“照农忙之例停讼展限……违者，照例揭参”[④]。为此还建立了一系列的监督制度，以防止州县官借故推托，玩忽职守，贻误公事。起诉被受理以后，由州县官在状纸上批准。如原、被告双方接受传唤后，自行调解或和解，也可以“具甘结”撤诉，官府准予销案。

凡经准理的民事词讼，即由州县官签发传票或签票，唤被告到庭，或一并传唤乡约地保及证人。《冕宁档案》中此类记载颇多，试举一例：

---

① 张荣铮、刘勇强、金懋初点校：《大清律例》卷三十《刑律·诉讼》“告状不受理”条附例，天津古籍出版社1995年版，第515页。

② 张荣铮、刘勇强、金懋初点校：《大清律例》卷三十《刑律·诉讼》“告状不受理”条，天津古籍出版社1995年版，第513页。

③ 张荣铮、刘勇强、金懋初点校：《大清律例》卷三十《刑律·诉讼》“告状不受理”条，天津古籍出版社1995年版，第514页。

④ 张荣铮、刘勇强、金懋初点校：《大清律例》卷三十《刑律·诉讼》“告状不受理”条附例，天津古籍出版社1995年版，第515页。

正堂李　为唤讯事。案据民妇鲁刘氏具控李元清锢女胁婿一案。仰此，合行唤讯。为此票仰该役前去，着落该处地保，即将后开有名人证逐一唤齐，依限随票赴县，以凭讯究。去役毋得藉票需索，滋事迟延，如违重究不贷。速速须票

计唤被告锢女胁婿李元清，着落地保，原告鲁刘氏，抱告鲁国乡

咸丰五年十二月十八日①

如果差役“藉票需索”，会受到惩处。《冕宁档案》所载马朝云具控汛兵李掌家等“藉票需索”一案就是典型的例证。从移文内容推断，汛兵李掌家因“藉票需索”而被移提讯究：

正堂全衔叶　为移提事。案据土贼马朝云具控李掌家等藉票需索等情一案。据此，除呈批示，差另票验唤外，拟合备文移提。为此合移

贵府，请烦查照来移事理，希以转饬北山关汛杨等，赐文点交来役，领押回县，以凭质讯，望切望速。须至移者。

计移李掌家，原告马朝云

同治十二年六月廿二日②

在传唤当事人的同时，州县官要查验证据，婚姻“以聘定为据”，

①《冕宁档案》卷二十三，第288册，第519页，缩微号2005 0920 0525。

②《冕宁档案》卷二十三，第293册，第866页，缩微号2005 0920 0877。

田产坟山“以当日原买文契为凭”，债负“以券约为凭”。[①] 如系争论“田亩之界址、沟洫，亲属之远近、亲疏”，需要实地勘测、调查，则“许令乡保查明呈报”，或由县官、县丞、典吏、巡检传唤有关人及证人到场，实地勘查、丈量，然后制图附卷申覆。《冕宁档案》记载了光绪十年（1884 年）八月知县就赵卢氏具控贾天长越界侵占田产一案差遣衙役查勘田地的情况：

正堂全衔王　为并票勘验唤讯事。案据平坝孀妇赵卢氏具控贾天长越界侵占一案，旋据贾德馨等以越界混争等情互控前来。据此，合行并票勘验唤讯。为此票仰该刑仵书役前往，协同该处首人，传集两造人证，在于控争处所，查勘贾德馨等茔地，是否与赵卢氏之田挨连，有无被赵绪壁等越霸，至赵卢氏公山水沟亦曾否被贾天长妄争估砌各情形并查验。赵卢氏受伤部位分别绘图开单，据实禀覆。该役即收后开有名人证，逐一唤齐，依限随票赴县，以凭讯究。去刑仵书役毋得藉票需索，滋事迟延，如违重究不贷。速速须票

计唤赵卢氏词列被告越界侵占贾天长，词外拖极王福先等，着落地保邻人，原告孀妇赵卢氏，抱告赵开锹

贾德馨等词列被告主唆越霸赵恩佑，替毁混霸文生赵绪壁、赵绪珖，互控民人贾德馨、贾德荣、贾德漾

光绪十年八月初七日 [②]

① （清）黄六鸿：《福惠全书》卷二十《刑名部·杂犯》“侵占田产坟山”条、“婚姻”条、“债负”条，第 8—10 页，乾隆三十八年金陵濂溪书屋刊本，载《官箴书集成》编纂委员会编：《官箴书集成》第三册，黄山书社 1997 年版，第 438 页上栏至第 439 页上栏。
②《冕宁档案》卷三十，第 370 册，第 26 页，缩微号 2005 0923 0029。

不久之后，勘验者向县正堂回禀了详细的查勘结果，这有助于土地争议的解决：

具禀工书刘礼成、役王太等为勘明禀覆事。情书役等奉票勘唤赵卢氏具控贾天长越界侵占一案，书役等遵即前往协同该处地保及原被人证前诣控争之处。勘得该处坐西向东，上有山包一个，下有大路一条，下首均系赵卢氏水田，埃北有贾姓坟四冢，路下有荒坝一块，钞犁控争。据赵卢氏指称，此田荒坝伊与王姓买明，上齐大路为界，今被贾天长等越占钞犁，是以控争。据贾天长等云称，此荒坝系伊等祖遗坟坝，葬有坟冢。今伊钞犁被赵卢氏阻挡妄争等语。书役勘明缘由，理合禀乞

大老爷台前衡夺施行计呈绘图一纸

光绪十年八月廿四日[①]

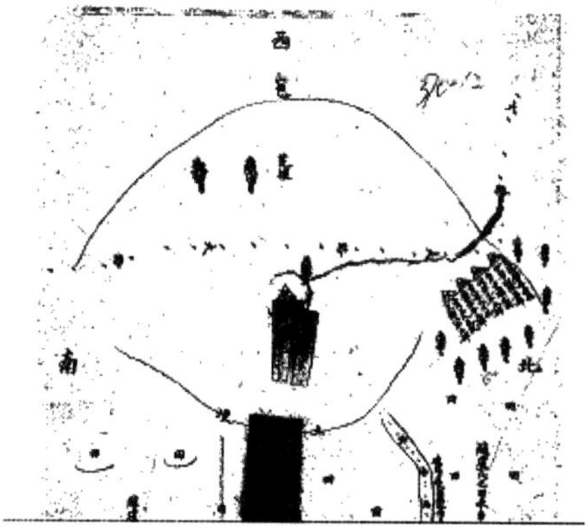

图 7-1　孀妇赵卢氏具控贾天长越界侵占一案所勘绘地图[②]

①《冕宁档案》卷三十，第 370 册，第 25 页，缩微号 2005 0923 0028。

②《冕宁档案》卷三十，第 370 册，第 27 页，缩微号 2005 0923 0030。

可见，勘丈是解决水利、山场、田界纠纷的重要手段。为了防止吏役借端扰民，勘丈应该速结，而且不宜临期更改。汪辉祖在总结佐治经验时说："事关田房坟墓，类须勘结。官事甚殷，安能日履山泽，且批勘之后，凡遇催词，无可费心，故批勘最易，不知疆界不清，每易酿成他故，如案路图辨址，核计角麟弓口卷册明著者，或批断，或讯断，自能折服其心。不得已而批勘，须属主人为之速结，使造葬无稽，亦所全不少。至示勘有期，势必多人守候，尤万万不宜临期更改。"① 对于争议中的财产，如租谷、牲畜等，可以因当事人的申请，而由官府采取保全措施。"先行封贮存佃"，或"控争租谷，先行标封存贮"，至案件审结后再判归应得之人。

民事词讼不同于刑事案件，或无关罪名，仅需调解，或罪刑多属笞杖罪，因此很少拘提、逮捕、监禁被告与人证，最多看押于班房、铺房或暂时栖居于歇家而已。一般寻常轻微民事词讼，如需提取相关人证，则需由衙门开具"喊单"或"审单"，如非需要，轻易不用"拘票"；犯证逃走，则开"通缉印票"，缉得犯证，则开"解单"。这些都是审前流程，只有当相关人、物证到齐，才能开始审讯。

（二）呈控（起诉）人的资格限制

在清朝的民事诉讼制度中，针对呈控人的身份、性别、年龄、身体状态等的不同，分别具有不同的资格限制。涉及官吏的民事诉讼，例由家人代理，《大清律例·官吏词讼家人诉》规定："凡官吏有争论婚姻、钱债、田土等事，听令家人告官对理，不许公文行移，违者笞四十。"此条规定不限于现任官，也包括致仕官，以示官员不与庶民

① （清）汪辉祖：《续佐治药言·勘案宜速结》，第 3 页，见（清）张廷骧辑：《入幕须知五种》，光绪十八年浙江书局刊本，载沈云龙主编：《近代中国史料丛刊》第二十七辑，文海出版社 1966 年版，第 190 页。

对簿公堂的特殊身份。当然，限制官员出庭，客观上也有保证法律的统一适用，防止官官相护、左右判决之意。但以家人为代理，往往借势凌人，肆无忌惮地代官吏打通关节。

此外，为了保全士人、缙绅的体面，以及“养廉耻，而维持风教”和矜恤老幼残疾，清律曾规定：“生监、妇女、老幼、废疾，无抱告者不准。”[①]扩充完善后，进一步规定：“绅衿、妇女、老幼、废疾无抱告，及虽有抱告年未成丁，或年已老耄者，不准。”所谓“抱告”，即“令家人抱赍奏告”之意，《六部成语》注云：“遣族属家丁代为告官也。”[②]抱告本人除应具备完全诉讼能力外，还须与告状人之间有特定的身份关系。雍正十年（1732年）祁门县“告状不准事项”中规定：“绅衿、妇女、老幼、废疾无抱告及虽有抱告年未成丁者，不准。”巴县档案“状式条例”中也有类似规定：“有职人员及贡监生妇女无抱者不准。”陕西省档案馆藏清代紫阳县正堂司法档案“计开条款”中规定：“年七十以上及有残疾并妇女生监无抱者不准。”黄岩档案“状式条例”中规定：“凡有职及监生、妇女、年老、废疾或未成丁无抱者，不准。”冕宁县档案“状式条例”规定：“生监者幼妇女残疾之人告状无抱告者不准。”“老人、绅士、妇女具呈无抱告者不准。”“状式条例”或称“计开条款”是当时诉讼状纸上所载的告状不准条款，当事人告状时必须遵守，否则官府不予受理。但当事人无故不出庭，遣人抱告者治罪。《大清律例》“越诉”条附例明确规定：“军民人等，干

①（清）姚雨芗原纂，胡仰山增辑：《大清律例会通新纂》卷二十八《刑律·诉讼》“越诉”条附例，第16页，载沈云龙主编：《近代中国史料丛刊三编》第二十二辑，文海出版社1987年版，第2923页。

②［日］内藤乾吉原校，程兆奇标点，程天全审定：《六部成语注解·刑部成语》，浙江古籍出版社1987年版，第119页。

己词讼，若无故不行亲赍，并隐下壮丁，故令老幼、残疾、妇女、家人抱赍奏诉者，具各立案不行，仍提本身或壮丁问罪。”在等级森严的清代社会，官吏有争论婚姻、钱债、田土等事，听令家人告官对理，以显示官吏身份地位的高贵。至于士人、缙绅属斯文一派，是州县官赖以施政一方的社会基础，因此如发生民事与刑事诉讼，按例遣家人抱告，不得于传票中轻点士人姓名。清代社会上存在大量未得仕途的生监人员，他们有的有功名身份，非同一般百姓，不得亲自起诉，公堂之上亦不得轻受笞杖，有的生监兼职书写民间词讼文书，甚至直接以讼师为业。禁抑生监亲自出面控告，有维护公堂秩序的考量。

相较于缙绅、生监，妇女的地位更受封建礼教的束缚。在一般无重大案由的情况下，于呈告诉状内，不列抱告者，不予受理。据《冕宁档案》记载，乾隆元年（1736年）九月十九日，署理四川宁远府事会理州正堂罗，向冕宁县颁发“为严禁妇女出头告状以端风化事”信牌，指出:“男女之防，所以敦廉耻而厚风俗，凡一切外事均非妇女所可干预，惟或有孀居之妇负屈无伸，赴官告状，亦必令抱告代授，此乃通行定例。”“嗣后妇女告状如原有夫男而纵令妇人出头，即将夫男立即锁拿治罪。”[①] 由此可见，有夫男之妇的诉权只能通过夫男行使。如民妇陈廖氏具抱状诉欧以瑞霸种耕田自破头额妄控图害一案，县正堂批词:“着即饬令尔夫到案以凭讯断，毋得恃妇搀渎自取罪咎。”[②] 又如何王氏诉植秤匠等诬控一案中，县正堂批词:“即着尔夫赴案候质，毋得恃妇出头代为呈诉。至植秤匠等如果屡次搕得多赃，亦应唤获尔

---

①《冕宁档案》卷三，第26册，第751—754页，缩微号2005 0907 0762—2005 0907 0765。

②《冕宁档案》卷十三，第165册，第683—684页，缩微号2005 0914 0693—2005 0914 0694。

夫到案并讯究结可也。”[①]据《宗人府则例》，即使是宗室觉罗妇女自行出名刁讼，或令人抱告，后复自行赴案逞刁及拟结后渎控者，无论所控曲直，均照制律治罪。有夫男者，罪坐夫男；无夫男者，罪坐本身，责罚钱粮。京控案件，妇女也必须抱告，但叩阍则不在此限内。据《淡新档案》内某案状式条例："妇女递禀，不列抱呈，又无代保戳记，不阅，掷还。”[②]甚至“凡词讼牵连妇女者，于吏呈票稿内即除其名，勿勾到案。其有不待呼即至者，不许上堂，只讯男丁结案”[③]。如需要，可以另提其“子侄、兄弟代审”[④]。目的是，“所以养其廉耻，亦维持风教之一端也”[⑤]。所谓的廉耻与风教，不过是剥夺妇女诉讼权利的一种借口。如巴县档案内载状式条例："细事牵连妇女及现有夫男，混将妇女装头者，不准。”在实际的司法审断中，考虑到案情本身的重要性，妇女呈控也有受理之例。如巴县档案所载：

代书戳记

具息状人街邻刘曲山、张鸣鸿，系□人，住本城里甲，离城□里，年五十五、七十五岁，抱□□□（无抱告）

① 《冕宁档案》卷十五，第200册，第1516—1518页，缩微号2005 0915 1528—2005 0915 1530。

② 转引自戴炎辉：《中国法制史》，三民书局1979年版，第160页。

③ （清）徐栋辑：《牧令书》卷十七《刑名上》，袁守定《听讼》，清道光二十八年刊本，载《官箴书集成》编纂委员会编：《官箴书集成》第七册，黄山书社1997年版，第383页下栏。

④ 张荣铮、刘勇强、金懋初点校：《大清律例》卷三十七《刑律·断狱下》“妇人犯罪”条附例，天津古籍出版社1995年版，第651页。

⑤ （清）徐栋辑：《牧令书》卷十七《刑名上》，袁守定《听讼》，清道光二十八年刊本，载《官箴书集成》编纂委员会编：《官箴书集成》第七册，黄山书社1997年版，第383页下栏。

为尊批声明恳息转详事。情本年三月十五日，孀妇冯潘氏以朦断难甘事控张咼、张易，在□府宪移送□仁恩赏差行唤。蚁等仰体□仁宪，有爱民息讼至意，邀集剖论，各吐情由。实因张咼、张易与冯潘氏系属戚谊，去年十月内，潘氏与张易借□帐子一笼，二年正月，张易取讨帐子，与潘氏之子冯灏抓扯肆闹。潘氏护子，彼此口角以致具控。蚁等不忍二家参商，从中理剖，帐子清还张易。潘氏长子冯涛所借张咼衣物押当，有当票十二张，交张咼自行赎取。冯涛所欠张易贷银，宽缓清还，二家已允。本月初一日，蚁等具请息在案。蒙批查冯潘氏控府词称张易扭殴伊子冯灏，该氏近前护救，被张易凶殴，扭断右膀，是否捏伤耸准，抑或微伤平服，未据声明，著据实查明，另呈，以凭核示结发还。但潘氏微伤早已平愈，前词未经声明，以致批驳，为此遵批声明，恳□恩赏息转详销案，均沾伏乞。

大老爷堂前俯准施行　内具副词　计粘结状二纸

特调重庆府巴县事正堂加三级记录五次军功记录三次袁　批

冯潘氏既未成伤□如禀准息□据情详覆

府宪销案。倘潘氏倚恃女流，

捏词翻控，惟尔等请息人

是责结存。

乾隆五十年五月初七日　具息人街邻刘曲山、张鸣鸿、曹简能、李三山、冯湛

歇家崇因坊本宅[1]

① 清代《巴县档案》全宗。

从以上案件可见，巴县知县对此一争端认为：潘氏可能自恃妇女，不受笞杖，故随意上控，因此虽认同调解，也借机将主要的责任移到调解人身上。

除此之外，年八十以上、十岁以下及笃疾者，因丧失行为能力不得亲自呈控。但所有以上呈控的限制，如系反逆等重案，均不受限。《大清律例》“现禁囚不得告举他事”条规定：“其年八十以上、十岁以下，及笃疾者，若妇人，除谋反、谋逆、子孙不孝，或己身及同居之内为人盗、诈、侵夺财产及杀伤之类听告，余并不得告。”该条附例规定：“年老及笃疾之人，除告谋反叛逆，及子孙不孝，听自赴官陈告外；其余公事，许令同居亲属通知所告事理的实之人代告。”

广西民间曾沿袭这样的惯例，即有举贡生监以上之出身者、职官、绅士、年满六十以上者、未成年者、妇女、废疾者等七类人，非用抱告呈诉不为受理。

清代民事诉讼中重视证人证言对判断案情的重要作用。证人是指由当事人所提供的知悉案情，并可传唤到堂证明案件事实的人。只有两造证人到齐，州县官方可审理。族长、邻佐、媒人等依法均有提供证言的义务。此种“词内干证”“两造同具甘结”很有影响，所以《大清律例》“诬告”条附例规定：“词内干证，令与两造同具甘结，审系虚诬，将不言实情之证佐，按律治罪。”

在清代民事诉讼中，当事人交易时的中人通常也作为证人。“中人”，在明清时期又被称为中证、凭中、中见、中保等，俗有“无保不成契”之说，在诸如买卖、典当、借贷，乃至分家析产等领域大都有中人参与，“防讼结信”。一旦发生纠纷，他们扮演仲裁人和调解人的角色。如果纠纷进入诉讼阶段，中人自然成为必不可少的证人，但州县官有权根据审断情况决定是否传讯，不一定传讯所有证人。《大清律例》“越诉”条附例规定：“凡词状止许一告一诉，告实犯实证，……承审官于听断时，如供证已确，纵有一二人不到，非系紧要犯证，印据见在，人犯成招，不得借端稽延，违者议处。”

但对于“其于律得相容隐之人，（以其情亲有所讳）及年八十以上，十岁以下，若笃疾，（以其免罪有所恃）皆不得令其为证。违者，笞五十（皆以吏为首，递减科罪）。”[①]“若非实系证佐之人挺身硬证者，与诬告人一体治罪。受赃者，计赃以枉法从重论。地方官故行开脱者，该督抚题参，交部严加议处。”[②]

除证人证言外，书证（物证）也具有重要的价值。《大清律例》载：“分家析产立，‘分书’已定，不许重分，告词立案不行；卖产立有绝卖文契，不准找赎，文契未载绝卖，可以回赎；父母健在，许令子孙析产者（但不得别籍），听（即允许）；凡民人争告坟山，应以印契、山地字号亩数等为凭证；无子者，可以选同宗昭穆相当之侄儿继承。”

证据不仅是审断案件的依据，而且是立案的条件之一，所谓“告案有据”，否则不予受理。例如，咸丰四年（1854 年）三月十四日宝坻县档案呈词与批词如下：

具呈牌头王君耀、甲长王顺昌、旗人朱言、朱云龙、朱永富、朱永安、朱永荣、朱永俊、民人赵天玉、于和、李可兴，王惠，俱住尚节里苑家庄。杨守荣、杨天兴、杨天顺、杨守德住葛

① 张荣铮、刘勇强、金懋初点校：《大清律例》卷三十六《刑律·断狱上》“老幼不拷讯”条，天津古籍出版社 1995 年版，第 616 页。

② 张荣铮、刘勇强、金懋初点校：《大清律例》卷三十《刑律·诉讼》“诬告”条附例，天津古籍出版社 1995 年版，第 521 页。

杨各庄，为公呈下情事。切身等一庄，俱系以务农为生，安分度日。前于道光十三年，有太平庄张进禄搬至身庄居住，甚不安分，时常无事生非，打街骂巷。身等合庄不敢与匪人相拒，无不隐忍。至今岁二月间，张进禄与本庄王君恒有嫌，先自捏微伤以赌诬控，后又捏称抢伊驴头，妄禀均属无凭之事。查王君恒系本庄首事，垫办各项差务，从无妄为之处，人所共知。身等并非帮讼，实因张进禄父子不良诬赖好人，身等于心不忍，为此公呈下情，叩请英明大老爷恩准讯究，逐撵回伊本庄，以免滋生是非，合庄得安，实为德便上呈。

知县批单为：

正堂车王君恒曲直是非，审讯自可立见，尔等案外之人勿联名帮讼，自干株连，姑念乡愚从宽究，立案不行。①

从冕宁县档案所载告状被拒的书状中，我们也能看到诸如“粘文约用戳记另呈”“无凭据不准”“无代书戳记不阅”字样的知县批词，可见文约凭据等是立案的重要证据，而加盖官代书戳记的状式是案件受理的重要条件之一。需要说明的是，有些书状虽没有戳记，案件仍然得到了受理，但知县会在批词中指出其不足。例如，咸丰六年（1856 年）三月满吏杨学瀛诉宋天长、宋寿长不孝及宋寿长顺妻灭伦殴伤母、舅一案，知县批词：“据呈各情如果属实，实属大干伦纪，即

① 清代《宝坻档案》全宗。

验伤拘案□法惩究。词不遵用代书戳记违式不合并饬。”①

清律中还有“众证确凿”“据众证定谳”的规定，军流以下罪刑，如果众证确凿，又经上司衙门层递亲提复讯无疑，犯人虽无口供，仍可按律定罪。为此，州县官在审理过程中，不仅要验证证据的确凿性和举证的效力，还要对涉及田房、水利、坟墓等争议案件的现场进行勘验丈量，收集新证据，以便对事实作出正确的判断。乾隆三十三年（1768 年）增例明确规定：“凡民人告诉坟山，近年者以印契为凭。如系远年之业，须将山地字号、亩数及库贮鳞册并完粮印串，逐一丈勘查对，果相符合即断令管业。若勘查不符又无完粮印串，则所执远年旧契及碑谱等项，均不得执为凭据，即将滥控侵占之人按例治罪。”②但在清代私改证据提供伪证者，比比皆是。清人袁守定在《听讼》一文中指出：“如证佐可凭也，而多贿托；契约可凭也，而多伪赝；官册可凭也，而多偷丈。族谱可凭也，而多栽佔。然则决讼者将何所据乎？惟有准情酌理，详细推鞫，但能详细，民自不冤，所可据者此耳。”③

州县官在丰富的实践经验的基础上，对于证据的判断，形成了带有规律性的认识，这些认识可以说是经验的综合。清人王植在《牧令书》卷十八《听断》中说：对于户田之讼，即所有权的争议，要详查印册，因为在清代“丈量有册，垦报有册，过户有册，实征有册。数

①《冕宁档案》第二十二卷，第 276 册，第 570—572 页，缩微号 2005 0920 0577—2005 0920 0579。

② 张荣铮、刘勇强、金懋初点校：《大清律例》卷九《户律·田宅》“盗卖田宅”条附例，天津古籍出版社 1995 年版，第 210 页。

③（清）徐栋辑：《牧令书》卷十七《刑名上》，袁守定《听讼》，清道光二十八年刊本，载《官箴书集成》编纂委员会编：《官箴书集成》第七册，黄山书社 1997 年版，第 382 页上栏。

册互参，核其年月。册皆有据，察其后先，自可剖明”。对于土田混淆之讼，即疆界的争议，要“核其四至，四至相类，核其形图，形图不符，勘其现田”，这是查清事实的基本方法，所谓“此其法也”。对于坟山之讼，查证之法更为详细。如“问其户税，有官有私；阅其形图，相近相远；质之山邻，何时殡葬，经祭何人；就供问证，以图核词。勘其形势，以地核图，聚族之葬，他姓莫参。众姓错葬，略分界址，穿心九步，以为成规。粤中人满，变通以济，此其法也”。对于真伪间杂，券约账簿之类的寻证，不仅要查看“字有旧新，纸有今昔，蛀痕可验，长短可比，如其伪契，数张同缴，年月远隔，纸张一色，必有赝契。如其伪帐，数年完欠，一笔写成，字迹浓淡、亦恒相近，必有赝约”。而且还要进行笔录勘验，“当堂授笔，纵有伪捏，可辨笔姿”。对于“非买言买，非借言借，非偿言偿”的争讼，在查验证据时，审究“立契何地，交银何色，成交何所，同见几人”，并且要“隔别研讯”，发现口供不符，“再令同质”，以便做到“虚实难欺”。对于婚姻案件，不仅毫验“庚帖”“文定”，而且还要讯问“媒证”“主婚”何人，“送礼何仆”，综合物证和证人的证言，然后“实情可得”“罪有所归”。[①]

州县官对证据的判断具有自由取舍的权力，“凡田土案件，当事者呈验印契，若官吏视为非真，可即时毁消”。

民事诉讼的审问方式同于刑事诉讼，都采取纠问式，有州县长官根据法定程序进行纠问，但须严格遵循原告诉状推问，不得于本状外别求他事，否则以故入人罪论。对于民事词讼的结案期限，也有明

---

① 本段所有引文均参见（清）徐栋辑：《牧令书》卷十八《刑名中》，王植《听断》，清道光二十八年刊本，载《官箴书集成》编纂委员会编：《官箴书集成》第七册，黄山书社 1997 年版，第 399 页下栏。

确的规定:“州县自理户婚田土等项案件，定限二十日完结。”[①]除“应行关提、质讯，务申详该上司批准照例展限”外，必须“遵照定限完结”。未经展限而逾期结案者，交部议处。“倘敢阳奉阴违，或经发觉，或经上司指参，将承问官交部，照例分别议处。”[②]清朝之所以严定民事词讼的审结期限，一者监督州县官不得积案淹滞；再者也避免因细事造成小民的讼累。在《冕宁档案》中，有一份告诫州县官依限速审词讼的札文:

札

署四川分巡建昌兵备道加二级随带军功加三级沈　为札饬清理词讼、查禁班房、约束书差、严防监狱等事。照得民间户婚田土钱债斗殴案件均宜随到随审，早为剖结，多延一日，则百姓多受一日之累，并启书差需索之端，讼师教唆之弊。如有司审断以后或有翻控者必须细察情节，推原不服之由，秉公另处，万不可逞能任性回护前非，以致纷纷越控，拖累无辜。此亲民者息事宁人第一要务，苟能用一片真心，实属造福无穷也。……为此，仰县官吏查照来札事理即便遵照，特札。

右札冕宁县准此

嘉庆四年十月十一日[③]

① (清) 文孚纂修:《钦定六部处分则例》卷四十七《审断上·州县自词讼》，第7页，光绪十三年刻本，载沈云龙主编:《近代中国史料丛刊》第三十四辑，文海出版社1966年版，第971页。

② 张荣铮、刘勇强、金懋初点校:《大清律例》卷三十《刑律·诉讼》“告状不受理”条附例，天津古籍出版社1995年版，第514页。

③《冕宁档案》卷十四，第187册，第1400—1403页，缩微号2005 0915 1415—2005 0915 1418。

从以上札文来看，州县官依限审断词讼，既可以减少百姓讼累，又可以杜绝书差需索之端和讼师教唆之弊，实属息事宁人、造福地方的亲民善政之举。

第三节　民事诉讼的审判与法律适用

一、民事诉讼的审判

清代户婚、田土案件，虽为“细事”，但情变百出，需要准情酌理，详细推鞫，务得其平，而且一般均为一审终审。为此，清朝强调州县官的司法责任，所谓“官非正印者，不得受民词”。如未经特别授权审理民词，州县官要负连带责任。即便是乡保、典吏、巡检查勘呈报的事项，也要求州县官“亲加剖断，不得批令乡、地处理完结。如有不经审批结案者，该管上司即行查参，照例议处”。为了防止州县官徇私舞弊，清朝实行自宋明以来民事审判中的官吏回避制度。《大清律例》“听讼回避”条规定：“凡官吏于诉讼人内关有服亲及婚姻之家，若受业师，（或旧为上司，与本籍官长有司）及素有仇隙之人，并听移文回避。违者，（虽罪无增减）笞四十。若罪有增减者，以故出入人罪论。”[①]“凡在外州、县，有事款干碍本官不便控告，或有冤抑

① 张荣铮、刘勇强、金懋初点校：《大清律例》卷三十《刑律·诉讼》“听讼回避”条，天津古籍出版社1995年版，第516页。

审断不公”[①]者，也可以援回避例，由上司官代为受理词讼案件，而不以越诉论。

清代民事诉讼的案件主要是田土、钱债、婚姻、继承。州县官审理的民事诉讼中，田土纠纷所占比重较大。而《大清律例》“盗卖田宅”“典买田宅”的律例多为纯粹民事条款。因此发生争讼时，州县官多依法判决。据巴县、宝坻县档案及台湾淡新档案粗略统计，在93件田土案件中，涉及土地买卖、典当、租佃、分家析产等纯粹财产方面的案件37件。徐士林《守皖谳词》中“王越万父子重典私卖案”，是一件违反典当契约争田产的案例，此案说明契约具有法律的约束力。

民事诉讼中的婚姻案件多为违背婚约与悔婚的案件。在清代婚约是合法婚姻的要件，也是发生纠纷时的重要依据。《大清律例》规定：“若再许他人，未成婚者，杖七十；已成婚者，杖八十。后定娶者，知情，与同罪，财礼入官；不知者，不坐，追还财礼，女归前夫。前夫不愿者，倍追财礼给还。其女仍从后夫。”如“男家悔者，罪亦如之，不追财礼”。

张船山判牍中记载一案如下：沈石氏之子一英，曾凭媒以邵培元之女为妻，未婚，一英病死。邵女欲再另聘，沈石氏阻挠告之衙门。判曰：“今邵培元将女另嫁，自属情直理壮，沈石氏何得辄为阻挠，率尔禀控。……惟既有聘礼白银十五两，邵培元不早偿还，亦属非是，应令返还，以清纠葛。沈石氏以后不得再向邵培元缠绕。此判。”[②]

清律继承了唐律以来的合理规定：“若夫妻不相和谐而两愿离者，

---

① 张荣铮、刘勇强、金懋初点校：《大清律例》卷三十《刑律·诉讼》“越诉”条附例，天津古籍出版社1995年版，第507页。

② 转引自陈鹏：《中国婚姻史稿》，中华书局1990年版，第372页。

（情既已离，难强其合。）不坐。"[①]《大清律例》加小注后，使律意更为明晰："若夫妻不相和谐，两愿离者，其情不洽，其恩已离，不可复合矣，虽无应出之条、义绝之状，亦听其离，不坐以罪也。"[②]和离之后，女方可自由再嫁。据巴县档案《马明周嫁妻文约》记载：

情因先年凭媒介娶周姓之女为妻。过门七载，与身不睦不噫。周氏幼夫教育，不尽坤造，数凭岳父理处，随身择户另家，不得从中异言阻滞。故身遵命，再三请谢宗文为媒说合，嫁与邻近石贵禄足下为妻。得受水礼布尺，凭媒亲手，至原日周姓嫁奁概交石姓。自嫁之后，明周不得借故另生枝叶。若有异言，有身舅父朱文奎一力承担。另外周姓生非，有明周概行承担，不与贵禄相涉。此系身甘心嫁妻，其中并无逼勒串嫁等情。今恐无凭，特立遵命嫁妻文约一纸，与石贵禄永远存据。

朱学先

凭媒证人谢宗文笔

郑尚福

道光二十九年八月初四日[③]

在民事诉讼中发生的钱债争讼，多为违反契约规定引起的。清

① 张荣铮、刘勇强、金懋初点校：《大清律例》卷十《户律·婚姻》"出妻"条，天津古籍出版社1995年版，第225页。

②（清）沈之奇撰，怀效锋、李俊点校：《大清律辑注》（上），"出妻"条律后注，法律出版社2000年版，第284页。

③ 四川省档案馆、四川大学历史系编：《清代乾嘉道巴县档案选编》，四川大学出版社1989年版，第490页。

朝商品经济的高度发展和财产关系的日益复杂化，使得私人间订立契约关系已成为社会生活中的普遍现象。其所调整的内容十分广泛，买地、租房、雇工、合伙、婚娶、借贷，无一不以契约作为凭证，以表示当事人之间民事法律关系的成立或解除、权利的取得或丧失。尤其是以土地为标的物的土地买卖、典当、租佃等，都必须根据法律的规定，订立契约。正是在这种社会条件下，官府认定："民间执业，全以契券为凭……盖有契斯有业，失契即失产也。"①

正是由于契约关系的普遍化，违契也成为法律纠纷中较为常见的现象。除此之外，钱债纠纷多因借贷、侵权和违法行为引起。借贷的标的物为银、钱和粮食，借贷一般都有借贷契约。借贷与典当的法律关系相近，但前者的对象主要是钱，称为"当钱"。如巴县档案中，李国用称："情因周登荣去年八月二十二日以田地房屋抵当蚁钱一百二十千。"②这里借钱被称为"当钱"，而且以田地房屋作抵押。《大清律例·户律·钱债》"违禁取利"条规范了民间借贷中利息的范围，违反法律取得高利贷，要受到笞刑。"凡私放钱债及典当财物，每月取利并不得过三分。年月虽多，不过一本一利。违者，笞四十。"从档案中可以看到引起钱债纠纷的违法行为主要指赌博、盗窃、私和人命等。

由继承引起的法律纠纷主要是财产继承，而非身份继承。《大清律例》有关身份继承的规定是："无子者，许令同宗昭穆相当之侄承

---

①（清）不著撰者：《治浙成规》卷一《藩政·严禁验契推收及大收诸弊以除民累》，清道光十七年刊本，第 39 页，载杨一凡、刘笃才编：《中国古代地方法律文献》（丙编第七册），社会科学文献出版社 2012 年版，第 227—228 页。

② 四川省档案馆、四川大学历史系编：《清代乾嘉道巴县档案选编》，四川大学出版社 1989 年版，第 140 页。

继，先尽同父周亲，次及大功、小功、缌麻。如俱无，方许择立远房及同姓为嗣。若立嗣之后却生子，其家产与原立子均分。”① 巴县档案中有一则寡妇呈请立继的禀状：“情氏翁与氏夫前后俱故，氏子亦亡，谨氏与姑孀居，无人照理，屡被夫表戚秦怀寻害，氏姑王李氏去年五月初具禀……氏姑媳无靠，荷沐恩谕，民选抱一子，承氏王门宗枝。氏遵谕令……将抱约呈验。”② 《大清律例》对分家析产也进行了明确规定：“嫡庶子男，除有官荫袭先尽嫡长子孙。其分析家财田产，不问妻、妾、婢生，止以子数均分。奸生之子，依子量与半分。如别无子，立应继之人为嗣，与奸生子均分。无应继之人方许继承全分。”③“户绝，财产果无同宗应继之人，所有亲女承受。无女者，听地方官详明上司，酌拨充公。”④ 由于法律具备，因此对于因继承而发生的争讼，当事人提起呈控后，州县官多依法断案。宝坻档案中记载了保护田土的民间组织“青苗会”以“土地经营”为内容的诉讼案件：宝坻县刘恭上诉称他的粮食在田间被盗，按成规由看青人和管账人经管。但看青人王巾国说是刘恭自己收割的，并非他人偷窃所致。刘恭因此上控。该案州县官尚未判断，就有首事杨致祥等人出面承管，最

① 张荣铮、刘勇强、金懋初点校：《大清律例》卷八《户律·户役》“立嫡子违法”条附例，天津古籍出版社 1995 年版，第 195 页。

② 四川省档案馆、四川大学历史系编：《清代乾嘉道巴县档案选编》，四川大学出版社 1989 年版，第 477 页。

③ 张荣铮、刘勇强、金懋初点校：《大清律例》卷八《户律·户役》“卑幼私擅用财”条附例，天津古籍出版社 1995 年版，第 201—202 页。

④ 张荣铮、刘勇强、金懋初点校：《大清律例》卷八《户律·户役》“卑幼私擅用财”条附例，天津古籍出版社 1995 年版，第 202 页。另载马建石、杨育棠主编：《大清律例通考校注》卷八《户律·户役》“卑幼私擅用财”第二条例文，中国政法大学出版社 1992 年版，第 419 页。

终按照会约让看青人进行赔偿。[1] 在涉伦理的田地案件中，从诉讼内容看主要是分家析产之后的企图侵占或分庄基地、田地不均而造成的纠纷。尽管纠纷的原因是多方面的，但兄弟亲族对于利益的追求是诉讼形成的根本。然而，此类案件在田土类民事案件中所占比重并不多。究其原因，一是涉伦理的田土案件，在传统社会"敦人伦，崇孝悌"的伦理纠纷处理原则里，"同室操戈，大甘不悌"的争田土案件并不多见，即便出现，也被强大的宗法、亲情化解。二是传统社会的理念使得亲族之间不易因田土祖产产生纠纷。传统社会的伦理观念的深刻影响与个人权益主张的淡漠使得在分割家产时，只是家庭成员的变动，财产没有转移。特别是田土，作为基本生产资料，属于家族财产的属性不变，只是人员的变化。换句话说，社会的基本单元是家庭而不是个人。所以，主张个人权益的诉求在家族利益与社会伦理秩序面前就显得苍白无力了。

二、民事诉讼的法律适用

在法律适用上，原则是有律例可遵者依律例，无律例者依礼俗、情理与习惯。

（一）依律例断案

清代有关户籍、田宅、婚姻、继承、钱债、买卖、租佃、雇佣等民事法律条文，散见在《大清律例》《户部则例》《清会典》以及有关的则例、事例当中，均为审断民事词讼的法律根据。

现存司法档案中，可以看出依律例断案是最基本的形式。兹举

①《顺天府宝坻县刑房档案》98 卷 80 号。

清代名吏陆稼书审断朱云章告其未婚赘婿何小章忤逆一案为例。朱云章未婚赘婿何小章，因殴打未婚妻，并骂詈岳父母，被朱云章控告忤逆，欲逐其归宗。陆稼书受理此案后，依律判决如下："依律载，夫妇恩断义绝者，得许退婚。此指已成婚者而言，其未成婚之夫妇，则恩义尚未发生，无所谓断，更无所谓绝。无故休弃，虽律所禁，然使以未婚夫而恒无端殴击未婚妻遍体鳞伤，则嫌隙已生。后日即勉强凑合，恩从何来，义从何来，与其成婚而后再行休弃，何如及早退婚，免生后悔。……按律嗣子不得于所后之父母者，准由嗣父母废弃，告官别立。翁岳对赘婿亦如之。小章一詈岳父母，再殴婚妻，既合承嗣门之废弃别立……又合婚姻门之休弃另嫁娶。"① "两律具备，未便姑容，应准朱云章所请，将九年前入赘何小章为婿之成议废弃，准小章归宗。所有婚姻亦一体休弃，准双方另嫁娶，不得再有阻挠等情事。小章殴伤朱母，本应杖责四十，念伤势尚轻，且已悔议，准暂宽惩办。此判。"②

此案判决的法律依据，就是"赘婿之于岳父母，情通嗣子之于养父母"的律义。至于"杖责四十"，是由于殴伤罪，是民事附带刑事。而"准暂宽惩办"，则是主审官的权变。

乾隆时期，名吏徐士林在审理龙溪县民李翩冒名骗婚一案时，在判决中特别引律如下："男女定婚之初，若有残疾、老幼、庶出、过房

① 《大清律例》"立嫡子违法"条第三附例规定："无子立嗣，除依律外，若继子不得于所后之亲，听其告官别立……"参见张荣铮、刘勇强、金懋初点校：《大清律例》卷八《户律·户役》"立嫡子违法"条附例，天津古籍出版社1995年版，第195页。

② 《大清律例》"出妻"条律文规定："凡妻（于七出）无应出（之条）及（于夫无）义绝之状，而（擅）出之者，杖八十。"参见张荣铮、刘勇强、金懋初点校：《大清律例》卷十《户律·婚姻》"出妻"条，天津古籍出版社1995年版，第225页。

乞养者，务要两家明白通知，各从所愿。”[①]

有的陈年积案，如有成例可循，仍须按例审断。康熙朝著名清官于成龙曾经审理一件起源于明万历二十二年的债务案，在判决时所依据的法律是顺治十一年刑部复浙江总督的移文，其文如下：“前代所有私人间一切纠葛，仍应执法审断，不能以事属前代，即可妄为消灭，致细民吞声受害。”[②] 据此，于成龙判决当事人偿还明万历二十二年所借陈某钱八十千文。

乾隆五年（1740 年）《大清律例》颁行以后，律文不再修订，而以条例补充律文的不足。在民事诉讼方面不断修订的《户部则例》起到了补充、修改律文的重要作用。例如，《大清律例》“嫁娶违律主婚媒人罪”律文后修例：“八旗内务府三旗人，如将未经挑选之女许字民人者，将主婚人照违制律，杖一百。若将已挑选及例不入选之女，许字民人者，照违令律，笞五十。其聘娶之民亦一体科罪。”[③] 至道光十八年（1838 年）修订《户部则例》作出变通规定：“旗人之女不准嫁与民人为妻，倘有许字民人者，查系未经挑选之女，将主婚之旗人照违制律治罪；系已经挑选及例不入选之女，将主婚之旗人照违令例治罪；聘娶之民人，亦将主婚者一例科断，仍准其完配，将该旗女开除户册。若民人之女嫁与旗人为妻者，该佐领族长详查呈报，一体给与恩赏银两，如有谎报冒领情弊，查出从重治罪。至旗人娶长

① （清）徐士林：《巡漳谳词》。该条律文亦可参见张荣铮、刘勇强、金懋初点校：《大清律例》卷十《户律・婚姻》“男女婚姻”条，天津古籍出版社 1995 年版，第 217 页。

② （清）陆陇其：《陆稼书判牍》，中央书店 1935 年版。

③《大清律例汇辑便览》卷十《户律・婚姻》“嫁娶违律主婚媒人罪”条附例，第 5 页，清同治年间刻本，成文出版社有限公司 1975 年影印本，第 1719—1720 页。亦可参见（清）薛允升著，胡星桥、邓又天主编：《读例存疑点注》卷十二《户律・婚姻》“嫁娶违律主婚媒人罪”条附例，中国人民公安大学出版社 1994 年版，第 224 页。

随家奴之女为妻者，严行禁止。”[①]此后遇有此类争讼，即按《户部则例》处理。

与此相类似的是旗民交产禁律的废弛。清初为了维护旗人的经济基础，禁止民人典买旗地旗产。但由于旗人不事生计，不久便发生私自典卖旗地旗产的现象。尽管法律严申：旗地“无论旧圈自置，概不准售与民人”，“若典鬻旗地，从盗卖官地律，授受同惩”。[②]然而屡禁不止的事实，一方面反映了旗民之间的经济往来是客观需要，是任何主观意志和严格的禁例所不能杜绝的；另一方面，也可以看出旗地私有化的不可阻挡的趋势。至咸丰二年（1852年），户部在奏折中提出：“今既私相授受，……若仍照旧例禁止，殊属有名无实。……俱准互相买卖，照例税契升科。”[③]随即颁布《旗地买卖章程》，正式以法律的形式允许“变通旗民交产”。按照此规定，“除奉天一省旗地盗典盗卖，仍照旧例严行查禁外。嗣后坐落顺天、直隶等处旗地，无论老圈、自置，亦无论京旗、屯居及何项民人，俱准互相买卖，照例税契升科；其从前已卖之田，业主、售主均免治罪。一切应办事宜，仍著该部妥议章程具奏”[④]。同治四年（1865年）进一步规定，顺天直隶所属旗地，“俱准旗户民人互相买卖，照例税契升科”。[⑤]前此置买诡

①《钦定户部则例（同治朝）》卷一《旗人婚嫁》，同治十三年刊本，第29页。

②（清）赵尔巽等编纂：《清史稿·食货志一·田制》卷一百二十，中华书局1977年版，第3495—3496页。

③《清实录》第四十册《咸丰朝实录》卷六十二，咸丰二年五月丁丑，中华书局1985年版，第830页下栏至第831页上栏。

④《钦定大清会典事例（二）》卷一百六十《户部·田赋·畿辅官兵庄田二》，中华书局1991年版，第1043页下栏。

⑤《钦定户部则例（同治朝）》卷十《田赋四·旗民交产》，蝠池书院出版有限公司2004年版，第741页。

寄旗产的业主售主概免治罪。同时还规定：民人契典旗地，回赎期以20年为断（一般为10年），限内准回赎，无力者许绝卖。[①] 从此，“旗民交产”正式合法化，以往旗地因“官有”而“免粮”的特权，也随之被取消，变成一般私有民田。此后发生的民事诉讼，适用《户部则例》中允许旗民交产的各条规定。

（二）依礼的规范断案

礼是在中国起源很早的一种文化现象。礼在发展过程中，不断被充实，逐渐成为以等级秩序为核心内容的庞大思想体系。礼的功能在于“别贵贱，序尊卑”；礼的基本原则是“尊尊”“亲亲”。因此，以礼为本、礼法结合，是中国古代的国情所决定的中华法系主要特点，具有广泛的社会基础和严格的精神威慑力。在清代，统治者出于统治广大汉族的考虑，提倡尊儒重礼。因此在司法审判中，礼（特别是伦常亲情之礼）是民事判决的依据。

例一：陆稼书依礼判决兄弟争产案

判曰：“尔兄弟名仁而不克成仁，名义而不知为义，以祖宗之微产，伤手足之天良。兄藏万卷，全无教弟之心，弟掌六科，竟有伤兄之意。古云：同田为富，分贝为贫。应羞析荆之田氏，宜学合被之姜公，过勿惮改，思之自明，如再不悛，按律治罪不追。”[②]

此判强调以仁义为针砭，激发兄弟手足之情的内在良知，解决田产之争。

例二：陆县令依礼判断婚姻纠纷案

秀才陆任之已聘朱爱珍为妻，后因陆任之狎妓冶游，朱父欲毁婚

---

①《钦定户部则例（同治朝）》卷十《田赋四·旗民交产》，蝠池书院出版有限公司2004年版，第743页。

②（清）陆陇其：《陆稼书判牍·兄弟争产之妙判》，中央书店1935年版。

约，因至县衙门申告。陆县令判决如下："审得朱德苴女，既字陆任之为妻，六礼既具，三生已定，金镞可朽，婚姻不可废也。陆既春蛀狂嫖，何不赘之东床，以收其放心。而乃勒逼休书，遣女另嫁，坏法乱纪，令中国人伦行同夷狄耶？今应杖惩以正纲常。此判。"①

此判强调"六礼既具"，因此不准悔婚。

例三：许文浚依礼判断因年龄不合的悔婚案

一士绅有女年二十，凭媒许配张银云，对方开来年庚二十三岁，后查知实已三十有二，女家以年龄悬殊呈辞告官，要求悔婚。许文浚判决如下："定例：男女婚姻，惟老幼废疾须两家明白通知。今张德云既无废疾，而男年卅二，女年二十，亦与老幼相悬不同。然即以年论，汝两家此段婚姻亦正与古礼相合。所谓男三十而娶，女二十而嫁是也。"②

此判是依古礼俗断案的典型案例，但违反当事人意愿，是此判不合理之处。

例四：袁子才依礼判决兄弟争产案

有兄弟三人争执遗产，于其父终七后，投诉县衙。袁县令以其"父尸未寒，挥戈涉讼，何颜以对祖、父于地下，何颜以对宗族于人间"为由，先治三人以不孝之罪，拘押听候详断。最后兄弟三人具结不再争产。③

此判以家族之和为贵，解决继承财产纠纷。

例五：吴冠贤审断婚姻一案

有少男少女，皆十六七岁，男称女为己之童养媳，欲趁父母亡别

---

① (清) 陆陇其：《陆稼书判牍》，中央书店1935年版。

② 许文濬著，俞江点校：《塔景亭案牍》卷三《指令·宋国源呈》，北京大学出版社2007年版，第34页。

③ (清) 袁枚：《袁子才判牍·兄弟争产之妙判》，中央书店1935年版。

嫁，女称与男本为兄妹，控男欲占己为妻。既不知其乡里何在，也无旁证人。吴冠贤判："然断离而误，不过误破婚姻，其失小；断合而误，则误乱人伦，其失大矣。盍断离乎！"①

此判强调人伦之礼大于婚姻之义。

以上依礼所判之案多涉及伦理，因而常伴以"略施簿惩"，或者谕令遵守判决，否则依律治罪。这说明礼是在国法认可的范围以内，所谓"出礼入刑"是也。

清代的各级官员大都是科举出身，因而对于礼学并不陌生。如果说依律例断案需要委于刑名幕友，那么依礼断案则完全可以胜任，以至于时人认为："士不多经，不可以断狱。"② 晚清开明思想家薛福成在为江西东乡县令董觉轩《汝东判语》一书所作的序中指出："文章经术之粹，又足以矜式吏民，故见于言者，理得而情当，而翕然洽于人人。"

（三）依情理断案

唐朝司法常"于礼以为出入"，至宋代在理学家的影响下，天理、国法、人情三者联通，互补互用。天理体现为国法，国法顺乎事理、人情。于是在司法中出现"原情定罪""情法允谐""屈法以伸情"等司法判词。在清代也出现了依情理断决民事案件的现象。

例一：《吴中判牍》载一兄弟析产案

一家有七子，其母死后，长子将遗产独占，余子告到官府。按律

---

①（清）纪昀著，吴敢、韦如之点校：《阅微草堂笔记》第十卷《如是我闻（四）》，浙江古籍出版社 1998 年版，第 173 页。亦可参见（清）纪昀著，孙致中、吴恩扬、王沛霖等点校：《纪晓岚文集》第二册，《阅微草堂笔记》卷十《如是我闻（四）》，河北教育出版社 1991 年版，第 231 页。

②（清）张扶翼：《望山堂谳语·唐国瑛告唐大继拷夺大冤》王猷评语。

应判七子均分，但知县蒯于范为了照顾二、三房守志寡嫂，将遗产先分为七份，长房分得七分之一，其余并为二份，一份由四、五、六、七房兄弟均分，一份归二、三房寡嫂，并判曰："阿兄不道，难应将伯之呼；群季皆贤，尚有援嫂之意。本县用是嘉尚，而于权（四子名）等有厚望矣。"在这里，情法相向而行，司法判决与道德舆论的褒贬合二为一，其社会效应超过了简单的依法判决。

例二：樊增祥以情理判决向师长催讨债务案

先生党逢辰，负欠东家银 160 两，除陆续清偿外，尚欠 70 两，逢辰已故，其弟党见邦并不昧债，但因家贫恳缓。但东家郝克栋却以"奸计缓推"具控，要挟及时还款付息。名吏樊增祥判决如下："待先生者故如是其忠且敬乎？""讯得尔郝氏子弟在党逢辰门下进学者，前后凡三四人，无一毫谢礼，尚敢通讨前欠，事之不公无有逾于此者……将七十余金作为谢仪，谕令不得措还。"[①] 负欠催讨，固是法理，但郝克栋之所为，有乖人情，樊令故作如是判。

例三：于成龙以情理判决江、沈二家口角纠纷案

江、沈二家因小儿戏嬉发生争吵，告官申理，于令判决如下："尔（指江）与对门沈寡妇宗氏，以小儿争之微衅，竟欲借此酿成大狱，以破其产，以耗其家，尔何不仁之甚耶！古人十千买树，十万卜邻。即尔理尽直，彼理尽曲，区区小事，亦不应涉讼。况彼为寡妇，尔则丈夫。""沈宗氏茹苦含辛，抚孤守节。尔一堂堂男子为之邻者，允宜敬其志，钦其节，周恤其不足，原谅其不及。""如尔子果有伤者，着即日于三日内抬县检验，由本县出资代为调治，不得犯沈宗氏一草一

① （清）于成龙：《清朝名吏判牍》。

木，更不得需索沈宗氏一丝一粟。如无伤者，从此了事。”① 此判充满了人情味，被推崇为妙判，并产生了广泛的影响。

例四：蓝鼎元依情理判断兄弟二人争执遗产案

陈阿明、阿定兄弟二人为争亡父遗产土地七亩告官，蓝令在审理时令阿明兄弟二人各送一子去养济院，每人只留一子，以避免将来兄弟发生财产争讼，二人皆不愿。经过蓝令的说理教育，“为兄则让弟，为弟则让兄”，请求息讼。蓝令判曰：“今以此田为汝父祭产，汝弟兄轮年收租备祭。”兄弟二人“悉欢欣感激，当堂七八拜致谢而去”。②

以情理断案，不仅适用于民事词讼，也适用于轻微的刑事诉讼，如《刑案汇览》所载周四居丧娶同姓周氏为妻案。此案属双重违例婚姻，居丧婚嫁，又同姓为婚。但事实婚姻已成，应如何剖断？为此刑部特下说帖：“律设大法而例本人情，居丧嫁娶虽律有明禁，而乡曲小民昧于礼法违律而为婚者亦往往而有，若必令照律离异，转致妇女之名节因此而失。故例称揆于法制似为太重，或名分不甚有碍，听各衙门临时斟酌，于曲顺人情之中仍不失维持礼法之意。凡承办此等案件，原可不拘律文断令完娶，若夫妻本不和谐，则此等违律为婚，既有离异之条，自无强令完娶之理，所有该司审办周四居丧娶周氏为妻一案，自系临时斟酌于律例并无不合，应请照办。”③

按律“居丧嫁娶”或罪本人，或处主婚人刑罚。至于“同姓为婚”则各杖六十，并强制离异。但此案发生在道光年间，民间同姓为

---

①（清）于成龙：《清朝名吏判牍》。

②（清）蓝鼎元著，刘鹏云、陈方明注译：《鹿州公案·兄弟讼田》，群众出版社 1985 年版，第 125 页。

③（清）祝庆祺等编著：《刑案汇览》卷七《居丧娶妻可以原情免其断离》道光十一年说帖，法律出版社 2007 年版，第 494 页。

婚已属平常，因此刑部说帖没有论及此事。至于居丧嫁娶，也以“乡曲小民昧于礼法”为之开释。此案被认定为“临时斟酌”，又明确表示与律例并无不合，其关键就在于“曲顺人情”，以减少因强制离异所造成的悲剧。因此在刑部说帖的开端便强调“律设大法而例本人情”，并以小民无知为之解脱。

在依情理审断民事词讼时，有些开明的官吏常常注意宁屈刁顽、勿屈愚直，或者在小民与为富不仁的乡宦的争讼中，向前者倾斜。

（四）依习惯断案

在历史悠久、地域广阔、民族众多、政治经济文化发展不平衡的中国，存在着复杂多样的习惯，如宗族习惯、村落习惯、行会习惯、行业习惯、少数民族习惯、宗教寺院习惯和秘密社会习惯等。在这些习惯中，经国家认可，并以强制力保证其实施的，成为习惯法。它是独立于国家制定法之外的、具有一定体系的、特定群体共同意志的体现，具有自发性、稳定性、连续性、悠久性等特点，既可以是成文的，也可以是不成文的，对于中国传统社会发挥着特殊的调整作用，而且是中国固有法律文化的组成部分。由于习惯法的内容十分丰富，尤其是偏重于民事方面，因而成为清代民事法律渊源的重要形式。“有法律者从法律，无法律者从习惯”，直到晚清修律时，仍以此为民律草案的指导原则。

无论立法和司法，清代统治者都注意因地制宜，因时制宜，因俗制宜。在民事诉讼中尤其注意援引习惯断案，或者律例与习惯掺和并用，以保证判决的允当。作为州县官，如何了解和区分习惯中的精华与糟粕，是提高自身素养和办案质量的条件之一。名幕汪辉祖云：“人情俗尚，各处不同，入国问禁，为吏亦然。初到官时，不可师心判事，盖所判不协舆情，即滋议论。持之于后，用力较难，每听一事，须于堂下稠人广众中，择传老成数人，体问风俗，然后折中剖断，自然情法兼到。一日解一事，百日可解百事，不数月诸事了然，不惟理事中肯，亦令下如流水矣。”① 如前文所言，清代民事审判可适用的国法律例比较单薄，因此习惯法便成为重要的依据，在少数民族地区尤其如此。

例一：

《大清律例》“别籍异财”条律文规定：“凡祖父母、父母在，子孙别立户籍、分异财产者，杖一百。”但民间祖父母、父母在时分异财产、别立户籍已成为常见的习惯，特别是满族一直存在此种习惯。所以在条例中明确规定：“其父母许令分析者，听。”② 此后发生此类词讼，多依此习惯断案。

例二：

《大清律例》“尊卑为婚”条律文规定：“若娶已之姑舅、两姨姊妹者，（虽无尊卑之分，尚有缌麻之服。）杖八十，并离异。（妇女归宗，财礼入官。）”然而此类婚姻所在多有禁不止。因而雍正八年（1732年）定例不禁：“其姑舅、两姨姊妹为婚者，听从民便。”③

除此之外，蒙、藏、回、苗等少数民族的民事纠纷多依传统习俗解决，即使刑事案件也多援习俗处理。例如，《清会典》明确规定：西藏“番民犯罪，仍依其俗论罪，按罪名轻重，以定纳赎多寡，译写

① （清）汪辉祖：《学治臆说》卷上《初任须体问风俗》，第13—14页，见（清）张廷骧辑：《入幕须知五种》，光绪十八年浙江书局刊本，载沈云龙主编：《近代中国史料丛刊》第二十七辑，文海出版社1966年版，第270—271页。

② 张荣铮、刘勇强、金懋初点校：《大清律例》卷八《户律·户役》“别籍异财”条附例，天津古籍出版社1995年版，第201页。

③ 张荣铮、刘勇强、金懋初点校：《大清律例》卷十《户律·婚姻》“尊卑为婚”条附例，天津古籍出版社1995年版，第221页。

定例存驻藏大臣处”[①]。又如，清代允许当地苗族人自行以“苗例”即“苗俗”判理。雍正三年（1725年）三月初十，贵州巡抚毛文铨奏称：“贵州苗人自相仇杀者甚多，有数世数十年所不能解者。夫苗人自相仇杀，原无抵命之条，惟有偿以牛马布匹，苟非焚劫内地汉民及抗拒官兵，臣只从彝例治之。”[②]

综上所述，清代虽然是古代法制的最后形态，但仍缺乏统一的民事立法，不得不适用多样的民事法律渊源，作为民事词讼的判决依据。尽管清朝幅员辽阔，民族关系复杂，民事法律纠纷多种多样，但民事法律渊源的多元性，便于司法官综合考量选择最适宜的法律渊源进行判决，从没有感到民事法律适用的缺乏，诉讼双方同样感到判决有据。然而，事实上，审判官个人的道德修养不齐，司法经验积累的深浅又各有差异，往往影响了选择适用的民法渊源的准确性。选择的随意性常常带来审理结果的不同，更何况这中间还掺杂着司法官的擅断和胥吏的谋私。因此清代民事诉讼案件的法律适用问题，是一个复杂的理论问题，也是一个现实的实践问题，它表现了清代社会经济与文化发展的不平衡性和民事判决的不规范性。

第四节　调解

调解息讼，指经过法官或中间人调解以和解纠纷，达到息讼的目

① （清）昆冈等奉敕撰：《钦定大清会典》卷六十七《理藩院》，第11—12页，清光绪二十五年刻本，新文丰出版公司1976年版，第704页。

② 中国第一历史档案馆编：《雍正朝汉文朱批奏折汇编》第四册，《贵州巡抚毛文铨审办广顺苗人焚劫一案情形折》雍正三年三月初十日，江苏古籍出版社1991年版，第609页下栏。

的。自宋以来，调解逐渐成为民事诉讼中的一项重要措施。由于调解息讼产生了良好的社会效果，因此在清朝受到最高统治者的青睐。从顺治的《圣谕六条》、康熙的《圣谕十六条》，到雍正的《圣谕广训》，都含有息讼的内容，如康熙《圣谕十六条》规定："敦孝弟以重人伦，笃宗族以昭雍睦，和乡党以息争讼，……息诬告以全良善。"[①]因此，清代的民事诉讼适用于影响社会秩序较小或纯属家人间的个人争执的案件。

清代的调解，分为州县调解与民间调解两种。州县调解是在州县官主持下调解民事词讼，是诉讼内调解，带有一定的强制性。根据档案材料，在当事人"吁请"息讼的甘结中，双方都申明自己是"依奉结得"，即遵命和息。既然是遵命和息，便不可避免地贯穿着州县官的意图，体现着某种强制性。有时州县官通过"不准"状的办法，促成双方和解，所谓"善批者可以解释诬妄于讼起之初"[②]。清律中并没有规定调解息讼是州县审断必经程序，但地方官的判词与档案证明，调解在处理民事诉讼中是处于优先考虑的地位的。经由调解而使讼案减少，是州县官政绩的突出表征，也是吏部大计考官的重要指标，"凡自理词讼，随到随审，虚衷剖断，从不稽延拖累"的地方官，常常于大计中获得优等。[③]因此州县官对于自理案件，首先着眼于调解，调解不成时，才直接审断。

康熙朝名吏陆陇其，任河北灵寿县知县时，每审民事词讼，则传唤原告、被告到庭，劝导双方说："尔原被非亲即故，非故即邻，平日

①《清实录》第四册《圣祖仁皇帝实录〔一〕》卷三四，康熙九年十月癸巳条，中华书局1985年版，第461页下栏。

②（清）徐栋辑:《牧令书》卷十八《刑名中》，白如珍《论批呈词》，清道光二十八年刊本，载《官箴书集成》编纂委员会编:《官箴书集成》第七册，黄山书社1997年版，第397页上栏。

③《顺天府全宗档案》第12号《通永通大清册》。

皆情之至密者。今不过为户婚、田土、钱债细事，一时拂意，不能忍耐，致启讼端。殊不知一讼之兴，未见曲直，而吏有纸张之费，役有饭食之需，证佐之亲友必须酬劳，往往所费多于所争。且守候公门，费时失业。一经官断，须有输赢。从此乡党变为讼仇，薄产化为乌有，切齿数世，悔之晚矣。”①

乾隆时，著名江南才子袁枚曾为上元县令。“民间某娶妻甫五月诞一子，乡党姗笑之，某不能堪，以先孕后嫁讼其妇翁。翌日集讯于庭，观者若堵墙。公盛服而出，向某举手贺，某色愧，俯伏座下。公曰：‘汝乡愚，可谓得福而不知者也。’继问其妇翁：‘汝曾识字否？’对曰：‘未也。’公笑曰：‘今日之讼，正坐两家不读书耳。自古曰白鹿投胎，鬼方穿胁，神仙荒诞，固不必言。而梁嬴之孕逾期，孝穆之胎早降，有迟有速，载于史册。总之逾期者感气之厚，生而主寿，早降者感气之清，生而主贵。主寿若尧年舜祚，尔等谅亦习闻，主贵者不必远征，即如仆亦五月而产，虽甚不才，犹得入掌词垣，出司民牧，谓予不信，令汝妇人问太夫人可也。’某唯唯，即命妇抱儿入署。少顷，儿系铃悬锁、衣红绣葆出，妇拜伏地下曰：‘蒙太夫人优赏，许螟蛉作孙儿矣。’公正色谓某曰：‘若儿即我儿，幸善视之。他日功名勿使出我下可耳。’继又顾众笑曰：‘尔众中有明理之士，幸谅予心，勿以前言为河汉也。’众即齐声附和，于是两造之疑俱释，而案乃断。片言折狱，此之谓矣。”②

综上所述，可见有些民间细故，不需太多的书证、人证，经过州县官当堂调解，诉讼双方往往作出息讼的甘结，细事调解结案的比重是很高的。如同清代名幕汪辉祖在《佐治药言》“论息讼”中所说：

① （清）吴炽昌著，石继昌校点：《正续客窗闲话·续客窗闲话》卷三《陆清献公遗事》，时代文艺出版社 1987 年版，第 183—184 页。

② 伍承乔编：《清代吏治丛谈》卷二《袁简斋善于折狱》，载沈云龙主编：《近代中国史料丛刊第二辑》，文海出版社 1973 年版，第 264—265 页。

“词讼之应审者十无四五。其里邻口角。骨肉参商细故，不过一时意气冒昧启讼，或则有不肖之人从中播弄。果能平情明切譬晓，其人类能悔悟，皆可随时消释。间有准理后亲邻调解吁请息销者，两造既归辑睦，官府当予矜全，可息便息。”①

经过调解化解民间因细故发生的争讼有利于社会的稳定，不致更多地妨害生产与生计。因此，清朝统治者把它看作与“弭盗”“完粮”并重，督励州县官认真执行。

州县官除亲自当堂调解外，有时也批令乡保调解，并加派吏役协助。现存档案中经常见到“饬差确查妥处”“着乡保传谕安分”等批令。乡保根据批令，召集两造进行调解，并将调解的情况和处理意见上呈官府。如调解不成，也需要禀复说明两造不私休，然后由官府提讯一干人证；如调解成功，则请求销案。例如，《冕宁档案》中保存了一件知县就地保周维远同王天寿互控一案批令头人邓文纪等说理调解的案件。然而，邓文纪等主持的调解难以达成预期效果，遂向知县呈送禀文说明相关情况：

为禀明事。情地保周维远同王天寿互控一案，沐批首等理说，不敢违批。殊王天寿屡传不理，支伊母王钱氏理谕，周姓不服，尚未理说了息，王天寿仍不见面，碍硬难说了，不敢隐匿，只得禀明作主。伏乞

大老爷台前赏准施行。

光绪十八年二月二十六日具歇户

（批词：）候查照周维远控词鉴唤察讯②

① (清) 汪辉祖:《佐治药言·论息讼》。

②《冕宁档案》卷三十一，第386册，第890—892页，缩微号2005 0926 0899—2005 0926 0901。

由于民事纠纷多半发生在乡里之间，乡保有的还是亲闻与见证人，耳目所闻见，容易获得真实情况。相反，“州县案牍之间，未必尽得其情”①。所以这种带有半官方性质的乡保调解，也属于清代调解常用的方式。虽然《大清律例》规定“一切户婚、田土不得问及保甲”②，但实际上在基层社会里，细事委任乡老里甲，是禁而不止的。为了解决律例规定与实际间的冲突，强调乡保对自己的调解行为及后果负责，官府处于审查、批准的监督地位。

诉讼外调解，除官府批令保甲、差役调解外，最主要的形式有宗族调解和乡邻调解。陆陇其办理民事词讼，便奉行“讼不以吏胥逮民，有宗族争者以族长，有乡里争者以里老；又或使两造相要俱至，谓之自追”③的原则。

所谓宗族，是以血缘关系为基础的族内组织，它是封建政权维护其统治的重要社会支柱。在中国古代宗法社会的条件下，乡里聚落成员之间存在着广泛的血缘纽带关系，并具有很强的内在束缚力。传统的宗法伦理观念，是维系宗族的精神力量，而宗族之间若有明文规范的家法与族规，皆可成为规范和制约族人的行为准则。从现存的大量家法族规中，可以看出族内处理的细故纠纷程序，均为先请族内尊长剖决是非，不得轻易告官涉讼。如安徽桐城《祝氏宗谱》卷一规定：

① (清) 袁守定:《图民录》卷二《乡民和事是古义》，清光绪五年江苏书局重刊本，载《官箴书集成》编纂委员会编:《官箴书集成》第五册，黄山书社 1997 年版，第 196 页下栏。

② 张荣铮、刘勇强、金懋初点校:《大清律例》卷二十五《刑律·贼盗下》“盗贼窝主”条附例，天津古籍出版社 1995 年版，第 431 页。

③ (清) 赵尔巽等编纂:《清史稿·陆陇其传》卷二百六十五，中华书局 1977 年版，第 9934 页。

"族众有争竞者，必先鸣户尊、房长理处，不得遽兴讼端，倘有倚分逼挟侍符欺弱及遇事挑唆者，除户长禀首外，家规惩治。"安徽潜阳《李氏族谱》卷一规定："有不平先鸣户长，再投乡保，复论情实，从公劝解。"江苏晋陵《奚氏宗谱》卷一规定："或因小愤而涉讼，渐至破家；或因争产而涉讼，反至失业，'讼则终凶'。"江西南昌《魏氏宗谱》卷十一规定："族中有口角小愤及田土差投账目等项，必须先经投族众剖决是非，不得径往府县诳告滋蔓。"彝陵陈氏家范规定："凡同宗有衅，无论事之大小，皆当先请族正、长来祠问明理处，万难解释，然后可白于官。倘未经评，率先控告，公同议罚。"①

有些族内纠纷，即使告官涉讼，也可依家法处治。例如，从《冕宁档案》所载乾隆十九年七月易氏具报李陆纵畜害苗一案的和息状来看，两造息和后最终依家法予以处治：

具和息。生员周文暟、李暟、李承白等今于

父师台前为息和事。情因易氏具报李陆纵畜害苗一案，蒙恩赏究差拘。生等念系同堂叔侄，不忍参商，于中劝说，令李陆与李志叩头家法处责。二比各服无词，日后小心收牧，情愿息和明白，中间不致虚冒，息和是事。

乾隆十九年七月卅日　具和生员李　暟

周文暟

李承白

（批词：）不理刑名，姑准以家法处治，息案。②

① 陈达科、陈雪涛编：（宜昌）《义门陈氏大同宗谱·彝陵分谱》卷二《家范》，北平大华印局 1940 年铅印本，藏中国人民大学图书馆。

②《冕宁档案》卷六，第 75 册，第 510 页，缩微号 2005 0909 0528。

虽然北方地区的宗族内在群聚力不及南方宗族，但同宗亲等血缘关系的排难解纷作用，以及家长的权威，南北没有区别。因此，在清朝统治下的中国，民间发生的大量民事纠纷，在告官兴讼之前，已经在家族、宗族内部经过调解化解了，真正告诉到官的仅是族里不足以与难以仲裁的一部分。由于宗族内部身份依五服规定，辈分有尊卑之分，血缘有远近亲疏之别，财势有强弱之别，继承有嫡庶之别等，因此族内成员在接受调解之后，往往因其在族内的地位而处于不平等的状态，既无法抵制族长意志干预，又不得不忍受某种偏袒处境。如因坚持己见而被斥目无尊长，其处境将更为被动，可见宗族调解未必公正服人。

至于乡邻调解，在中国也有其深刻的社会原因。中国古代安土重迁，重视地缘关系。乡邻之间几代人比邻而居，有无相通、患难相扶，因此一旦发生争讼，乡邻调解也可以起到一定作用。而体现乡邻成员共同意志的乡规民约，既是道德信条、生活准则，也是调解乡邻纷争的“规范”。

在清代，无论是官府调解，还是民间调解，都需要严格遵循以下的原则：

（1）调解的范围是民事词讼和轻微的刑事案件，如斗殴等，这是明代以来严格规定的，超出此范围即为法律所不允许。

（2）调解息讼是在国家权力机构的制约下进行的，是与州县堂审相配合的补充形式。在封建时代没有独立于国家之外的社会组织和社会力量，凡参与调解的乡邻、宗族，都要本着息讼止争、利国利民的目的，不得借机挑讼，从中渔利。

（3）调解的基本依据是国法，因此调解与执法之间的关系是一致的。在清代，民事法律渊源是多种多样的，但其适用均不得超出国法的监控。凡与国法相悖的家法、族规、乡约，都是无效的。所以，尽管清代地方基层社会调解盛行，却并未影响法律的统一适用。

(4) 调解的指导思想是传统的道德，其核心是礼。礼可以在各个领域对社会关系进行调整，其约束力与辨别力的广度与深度，有些是国家法律所不及之处。由于礼的最高标准是三纲，而三纲从西汉起便入律，至唐代礼法结合已臻于成熟形态，因此依法调解与依礼调解不仅不矛盾，而且互相补充，所谓“相须而成者也”。同时也体现了“法情允协”，天理、国法、人情三者的一致性。

(5) 州县官对于民事诉讼，以堂审判决为主，调解为辅。巴县档案内民事词讼中，州县官主动涉入调解的比例不如乡里邻族长，可见调解权优先给予了民间。有时由于乡保的半官方身份，族长在家族系统中的权威，也常常造成调解权的滥用。

清代民事词讼之所以广泛运用调解，不是偶然的。首先，贯彻调解、防止矛盾激化是国家安定的需要，是发展农业生产的需要，也是维护等级社会秩序的需要。其次，调解有利于维护封建专制制度所赖以存在的土壤——血缘、地缘关系，并发挥其特有的政治作用。最后，民间调解不仅可以有效缓解官府的办案压力，而且是州县官政绩的体现，因而是州县官追求的目标。而当事人的经济负担（即所谓“讼累”）也可以得到减轻，这是民间接受调解的重要原因。

清代《宦海指南五种》“劝民息讼告示”中说：

为劝民息讼以保身命事。照得钱债、田土、坟山及一切口角细故，原是百姓们常有的，自有一定的道理。若实在被人欺负，只要投告老诚公道的亲友邻族，替你讲理，可以和息，也就罢了，断不可告官讦讼。在讼棍必劝你说，他熟识衙门，不消多费，可以替你告官出气。若依本县（府）看来，这话万万听信不得。大凡告状的人，自做呈之日起，到出结之日止，无事不要花钱。到城市便被店家捉弄，到衙门便受书差吓索，过了好些时，花了好些钱，还未见官的面。等到示期审讯，先要邀请邻证，早早守候。房租、吃喝、夫马，哪一样不是钱。刚要审了，却又挂出牌来，改了日期。你从前那些钱，都白花了。又等了好些时，探听了好几回，到书办房里催了好几次，做工商的丢了生涯，耕田的雇人替代，算起来也不知花费了多少钱，终得见官的面。不问是输是赢，你的家产已先典卖空了，你的身子先已折磨坏了。若是输了，枷杖收卡，身受苦楚，被人耻笑，气也气死，还要花许多怄气的钱。若是赢了，那对头人吃了亏，记了仇，断不肯和你干休，总要想出主意来害你，叫你防备不得。便到子孙手里，还要报复。闹出人命也不定，更是可怕。这都是你自己不能忍气，又被讼师哄骗，所以到这个田地。本县（府）不忍见你如此，所以苦口劝你，为此示谕百姓们知悉：你们日后若遇田土、钱债等小事，就算有十分道理，也要忍气，牢牢记得本官的话。只要投告亲族和息，就吃点亏，总比见官较有便宜。若还只有五六分道理，更要快快和息。你若不听本县（府）的话，到听讼师的话，只肯告状，不肯和息，你父母、兄弟、妻、子一家不安，还是小事。只怕败了你的身家，还要送了你的性命，那时想起本县（府）的话，悔恨不该告状，却已迟了。本县（府）在江西也是百姓，我家二百年来不敢告状讦讼，暗中得了多少便宜，也只是忍气的好处。你们不可辜负我教你一片苦心，切记切记，毋违特示。①

① (清) 刘衡:《庸吏庸言》下卷《劝民息讼告示》，第1—2页，同治七年楚北崇文书局刊本，载官箴书集成编纂委员会编:《官箴书集成》，黄山书社1997年版，第200页。

需要指出，清代推行调解制度，把堂上的审判与堂下的和解结合起来，并且调动了各种社会力量投入调解息讼中来。调解所依据的民事法律规范也常因事、因人制宜，不拘一格，调解的形式又是灵活多样，确实起到了和息争讼的作用，但它的负面影响也是不容忽视的。调解重在息事宁人，主要服务于巩固专制国家的统治需要和纲常秩序的维护，是封闭的小农经济社会与悠久的血缘地缘关系的产物，并在儒家“无讼”理论的长久实践与影响下，得以建立。这种由州县官主宰下的调解，重在息讼，而参与调解者常常借势压服一方，从而不可避免地损害了某些当事人的正当权益。部分词讼如果调解不成，当事人坚持告官申理，这在舆论上便被指斥为“刁民妄滋，兴讼成习”，轻则训诫，重则板责，然后再审。由此在民间产生了畏讼、厌讼心理，损害了民众依法保护自己权益的法律意识。

第五节　民事诉讼的判决、执行与上诉

一、判决

清代的民事判决称为“堂断”或“堂谕”，可以分为确立或解除法律关系之判、确认某一事实之判、要求被告或双方履行民事义务之判，等等。民事判决大多数是在当事人或监护人、调解人的呈状、保状以及表示悔过、服输、和解的甘结上作出的批示。从《冕宁档案》来看，县正堂书写判词较为随意，没有固定的书写要求，多写在“审讯单”“点名单”“到单”（和息案件则写在甘结状、保状、领结状）

等上。例如，冕宁县正堂曾在一份审讯单上写下该案判词："着将赵子青弟兄暂行管押，勒令议价立契。此判。"[1] 甘结等同于同意结案的具有法律效力的保证书，也是民事词讼结案时原、被告两造需出具的重要文书。举例如下：

例一：保证甘结

甘结

具甘结人胡瑞今于与甘结事。依奉结得：武宽禀身赖伊耕毁豆子争吵一案，蒙恩审讯完结，身回家安分度日，再不敢争吵滋事。所具甘结是实。

嘉庆十六年六月二十四日

胡瑞（画押）

批：准结[2]

例二：证明甘结

具甘结王德禄、谢殿魁今于与甘结事。依奉结得：石万通控身等嗔讨砖钱，将伊殴伤一案，蒙恩讯明，石万通委因身王德禄着身谢殿魁包揽庙工，将身妄控。所具甘结是实。

（批）准结

咸丰元年二月十五日　王德禄（画押）

谢殿魁（画押）

①《冕宁档案》卷三十二，第391册，第13页，缩微号2005 0926 0016。

②《宝坻县档案》全宗。

例三：两造具结

具结状

民妇杨邓氏，今于爷台前为结状事情：氏具告杨天富等一案。沐恩集讯，查氏夫外出，向夫兄杨天富滋衅。凭娘家胞弟邓元恺叙议，以氏出钱九千文，邓元恺书约领归，事后与杨狗儿角口滋衅，不应捏词将伊控案，恳免深究沐断，杨天富与杨狗儿再给氏钱四串度活，永断葛藤，俟后再向杨姓滋非，自甘坐罪。今氏遵断具结是实。

光绪三十二年七月十五日

具结状妇杨邓氏（画押）

批：准结后再寻衅定予重处

具结状

民杨天富，今于爷台前为结状事情：杨邓氏告民一案。沐恩集讯，查杨邓氏向民寻衅，凭伊娘家胞弟邓元恺等议给钱九串，书约领归。事后杨邓氏与杨狗儿角口滋衅，将民一并控案，讯明断民同杨狗儿从出钱四串文，永断葛藤。今民遵断具结是实。

光绪三十二年七月十五日

具结状民杨天富（画押）

批：准结[①]

上述甘结中的“身”是具结人的自称，与“小的”“蚁”一样是

①《南部县档案》全宗号101，目录号17，案件号581。

清代法律文书中常用的第一人称代词。“准结”二字，则是州县官对案件所作出的判决。其言词虽简，但具有权威性，案件即由此了结。在清代的民事诉讼档案中，还经常看到如下的判词：

“准，从宽免究销案，仍取两造遵允，送查。”

“钱已清楚，伤已平复，姑准从宽免究，准息销案。”

“既据吁恳求息，姑准免究销案。”

“既经尔等理，两造均已允议，准，据票销案。”

“如结完案，倘有不符之处，定于重咎。”

凡属言词简约的判决，多为当堂口头宣告，无须公布和送达当事人，只是备案，留待上司查核。但民事词讼的判决并非都如此简约，洋洋洒洒千言以上者亦有之，主要取决于案件的繁简程度以及州县官个人的文化素质。现举以下长判为例：

罗城西门外有冯汝棠者，有女曰婉姑，姿容美丽，尤擅吟咏。爱西席钱万青才，遂私之，即央媒执柯，订婚嫁也。有吕豹变者，本纨绮子，目不识一丁字，涎女色，以多金赂婉姑之婢，便进谗离间。又托媒向女父多方游说，女父汝棠，本一市侩，惑其富，竟悔前约，而以女许之。亲迎之日，强置舆中而去。迨红毡毹上，双双交拜之际，女突从袖中出利剪，刺其喉，血花四射，经多人救护，得不死。女复排众奔逸，至县诉告。而钱万青亦以悔婚再嫁控冯汝棠到县。于成龙时宰罗城，廉得其情，即飞签拘冯汝棠及吕豹变到堂。一鞫之下，立下判书曰：“《关雎》咏好逑之什，《周礼》重嫁娶之仪。男欢女悦，原属恒情，夫唱妇随，斯称良偶。钱万青誉擅雕龙，才雄倚马；冯婉姑吟工柳絮，夙号针神。初则情传素简，频来问字之书；继则梦稳巫山，竟作偷香之客。以西席之嘉宾，作东床之快婿，方谓情天不老，琴瑟欢谐，谁知孽海无边，风波忽起。彼吕豹变者，本刁顽无耻，好色登徒；恃财势之通神，乃因缘而作合。婢女无知，中其狡计，冯父昏馈，竟听谗言。遂以彩凤而随鸦，乃使张冠而李戴。婉姑守贞不二，至死靡他。挥颈血以溅凶徒，志岂可夺？排众难而诉令长，智有难能。仍宜复尔前盟，偿尔素愿。明月三五，堪谐夙世之欢；花烛一双，永谛百年之好。冯汝棠者，贪富嫌贫，弃良即丑，利欲熏其良知，女儿竟为奇货。须知令甲无私，奉宜惩究；姑念缇萦泣请，暂免杖笞。吕豹变刁滑纨挎，市井淫徒，破人骨肉，败人伉幅，其情可诛，其罪难赦，应予杖责，儆彼冥顽。此判。"[①]

此判法理明晰，文辞华美，为时人传颂。《冕宁档案》中也有不少明辨事理、断罚恰当的较长判词，现举一例如下：

审得邓其绪告陆镐藐官劲骗一案。缘其绪赶骡二头行至城门洞内，遇陆镐家牦牛斗伤一骡，控经前任。张、裘二主俱未断赔，今十余年后，其绪复架词叠控，当堂讯明，两畜相斗，前任均不断赔，自是允协，理合照依前卷，不断赔给。至其绪捏称陆镐私吞陆典钱八千，指陆典为证，询之陆典称并未与陆镐合伙亦

① （清）于成龙：《婚姻不遂之妙判》，载高潮主编：《古代判词选》，群众出版社 1981 年版，第 43 页。

未私帮陆镐钱文，况前卷内并无陆典一字，俱属无端诈骗，除当堂责惩外，取其诬捏甘结存案。此判。[1]

州县官才情高下有别，文笔迟钝不一，因此有些判词并非当堂写就，而是堂上定谳，判明曲直，晓谕双方之后，再斟酌谳语，将判词贴于照壁，以示判决的严肃性。

二、执行

清代民事词讼实行一审终审制，州县判决后，即可执行，既没有专门的执行机构，也没有专门的执行程序。而且当堂执行，无须通禀或通详上级衙门。例如，田宅、钱债纠纷，即于当堂交付钱款或文书契据，双方各自具交状、领状，经州县官批示“准缴”“准领”等字样后存卷，执行便告结束。以《冕宁档案》所载道光二十三年郑文锦具控王勤翻根倒种一案的执行为例，两造当堂缴领钱款并分具缴结状和领结状，且知县批示“准缴结”“准领结”后，该案即告执行完毕：

具缴结状。民王勤等今于

大老爷台前为缴结事。实结得郑文锦具控民翻根倒种一案，蒙恩审讯，缘民先买王显彰田八斗，价足契明。因王显彰借用郑文锦银十两，伊偷此田抵借。今沐恩断令民与王显彰商办银十两，如数呈缴，给伊承领。民心悦服，日后不敢滋事，中间不虚，缴结是实。

①《冕宁档案》卷十二，第149册，第789页，缩微号2005 0913 0800。

（批词：）准缴结

道光二十三年六月十九日　具缴结状民王勤（画押）

王显彰（画押）[①]

具领结状。文生郑文锦今于

大老爷台前为领结事。实领结得文生具控王勤翻根倒种一案，蒙恩审讯，断令王勤与王显彰商还给生之银十两。今伊等当堂呈缴给领，生心悦服无词，日后不敢滋事，中间不虚，出具领结状是实。

（批词：）准领结

道光二十三年六月十九日　具领结文生郑文锦（画押）[②]

如不能当堂交付，必须在甘结等司法文书中说明交付的具体时间，限期交付并须有保人担保。以《冕宁档案》所载道光五年赵登吉欠赵世勋钱文一案的执行为例，由于赵登吉无法当堂缴还拖欠的钱文，故找保人出具以下保状：

具保状。邓贵、黎高今于

大老爷台前为保状事。实保得赵登吉应缴还赵世勋钱六千零四十文，限至本月二十八日如数承缴。如违，惟保是问。中间不虚，保状是实。

①《冕宁档案》卷十五，第198册，第1181—1182页，缩微号2005 0915 1192—2005 0915 1193。

②《冕宁档案》卷十五，第198册，第1179—1180页，缩微号2005 0915 1190—2005 0915 1191。

（批词：）准保限

道光五年十一月初六日　保民黎高（画押）

邓贵（画押）[①]

此外，《冕宁档案》还载有雍正元年李首先欠过兰卿银钱一案，因在执行中尚有银钱未交付完毕，保证人梁子芳为此立限状保证限内交完：

立限状人梁子芳今于限状事。情因李首先欠过兰卿布银五两四钱，过兰卿具控李首先在案，蒙恩示赏出外从众公论，现交完银二两，下欠银三两四钱整。今当于

老爷台前当堂县到六月初二日交完，不敢短少，如若有误日期，自甘坐罪。中间不致虚冒，所立限状是实。

（批词：）准限　　立限状人梁子芳（画押）

雍正元年四月十八日[②]

民事判决的当堂执行是常见的执行形式，也是有效的执行形式，使得当事人的合法权益得到及时保护。对于拒不执行判决者，要“带案讯究”，予以笞杖、监禁，以示执行判决的法律责任和严肃性。

三、上诉

一般说来，确属细故的民事争讼，经过堂审的说理、教育与裁判，

①《冕宁档案》卷十七，第217册，第500页，缩微号2005 0916 0508。

②《冕宁档案》卷二，第22册，第1094—1095页，缩微号2005 0907 1106—2005 0907 1107。

其判决是可以为当事人所接受的。但在司法实践中，债务纠纷由于欠债人无力偿债，而使判决的执行受阻。按照清律，民事词讼以当事人自愿声称接受州县判决为结案的条件。如当事人对原判决不服，恳求重新审理，这种诉讼程序称为"覆讯"。请求覆讯的当事人须以状式呈诉，该状式与一般告状同。《冕宁档案》中有一件道光二十七年张钱氏具控钱绍元等串弊措陷案的覆讯书状，为我们直观展示了覆讯的情况：

具投状。民妇张钱氏　住城内西街

为违断陷害奸弊欺估事。情去岁氏控钱绍元等串弊措陷在案，蒙恩堂讯，断令李文萃给氏白银三十五两。因伊延措氏投在案，蒙恩覆讯，将李文萃押禁呈缴。今李文萃言伊认缴银二十两，余银十五两，应归钱绍元缴出等语。而钱绍元仗伊典吏之势，欺估女流，故意悬措，惨氏苦被钱绍元奸弊陷害。仁恩断氏之银，氏未承领分厘，实系举家嗷嗷难以聊生，为此再投再恳怜究追偿，是氏焚顶不朽，伏乞。

特授四川宁远府冕宁县正堂加三级记录五次沈　批

候提讯

原投：民妇张钱氏

被投：奸弊陷害典吏钱绍元

道光二十八年三月廿三日[1]

从上述请求覆讯的书状来看，其格式与普通的告状无异。据该案投

①《冕宁档案》卷十九，第240册，第299—301页，微缩号2005 0919 0305-2005 0919 0307。

状、牌文、覆讯单、保限状、领状等司法文书[①]，该案自道光二十七年十二月十八日起诉至道光二十八年五月初三部分执行（当堂执行二十五两，余下十两限六月十五日），其间经过一次堂审，三次覆讯（分别是二月廿日、三月初三、五月初三），最终得以结案，可谓一波三折。

上控是清代民事诉讼中对当事人不服州县官判决时的又一救济方法，也是一种重要的审判监督程序。当事人不服州县民事判决，可以经府、道、省直至京控，逐级上诉，严禁越级上控。《大清律例·越诉》条规定："凡军民词讼，皆须自下而上陈告。若越本管官司辄赶上司称诉者，（即实亦）笞五十。"该条附例规定："凡在外州、县有事款干碍奉官，不便控告或有冤抑审断不公，须于状内将控告衙门情节开载明白，上司官方许受理。若未告州县及已告州县不候审断越诉者，治罪；上司官违例受理者，亦议处。"

民事案件的上控，一般均准批回州县重审，只有少数涉及州县官曲法枉断的案件，才由府、道、省提审。《大清律例》规定："至钱债细事争控地亩，并无罪名可拟各案，仍照例听城坊及地方有司自行审断，毋须概行送部。"[②]清代律法禁止民事案件京控，乾隆三十四年（1769年）定例："外省民人，凡有赴京控诉案件，……其仅止户婚田土细事，则将原呈发还，听其在地方官衙门告理，仍治以越诉之罪。"[③]其理由为："外省州县小民敢以户婚、田土细事来京控

---

① 本案相关司法文书参见《冕宁档案》卷十九，第240册，第293—302页，缩微号2005 0919 0299—2005 0919 0308。

② 张荣铮、刘勇强、金懋初点校：《大清律例》卷三十《刑律·诉讼》"越诉"条，天津古籍出版社1995年版，第505页。

③《钦定大清会典事例（九）》卷八百十五《刑部·刑律诉讼·越诉一》，中华书局1991年版，第897页下栏至第898页上栏。亦可参见（清）吴坛：《大清律例通考》，马建石、杨育棠主编校注，中国政法大学出版社1992年版，第873页。

诉，必非安分之人，仅将原呈发还，无以示儆，拟于‘听其在地方官衙门告理’下，添入‘仍治以越诉之罪’一句。”① 嘉庆十二年（1807年）再次发布上谕：“其户婚、田土、钱债细务各案，仍照例将原呈发还，听其在地方官衙门呈告申理，以符体制。”② “词讼未经该管衙门控告，辄赴院、司、道、府，如院、司、道、府滥行准理，照例议处。其业经在该管衙门控理复行上控，先将原告穷诘，果情理近实，始行准理。如审理属虚，除照诬告加等律治罪外，先将该犯枷号一个月示众。”③

如何使民事词讼的上控，既能达到申诉冤枉，而又避免“申诉不实”“妄控滋讼”的罪名，是一个很大的难题。清吏陈宏谋在《越告》中提出了一个解决上述难题的方案：

赴上控者，查系原未在县控告，即系越控，或于责处，或批赴县具告。已告而未审者，上司察核月报册，内如捏造已结，立即指名行提县承究处。如原造未完，即发签勒限十日内审结，于该月自理词讼内登覆某日完结字样通报。至于已审断结之事，如所告情事已无可疑，即可指明批驳不准。如尚有可疑，未甚平允，止批仰某县送卷查阅。该县止须将审后粘连之卷，即日送详。详文止须数句，不必录供叙案。上司查阅，断案干允者，将

① （清）吴坛：《大清律例通考》，马建石、杨育棠主编校注，中国政法大学出版社 1992 年版，第 873 页。

② 《清实录》第三十册《仁宗睿皇帝实录〔三〕》卷一七七，嘉庆十二年四月壬午条，中华书局 1985 年版，第 328 页下栏。

③ （清）吴坛：《大清律例通考》，马建石、杨育棠主编校注，中国政法大学出版社 1992 年版，第 873 页。

卷随详批发，并令将刁告之人提到责处，不须再审。如不平允，然后提审。赴司道以上具告者，将县卷发府提审改拟，知府审明，止将谳语叙入，连县卷送阅，不必叙供具详，以省繁牍。但不得仍发原审衙门，致滋回护冤累。如此分别办结，层层责成，官无滥准批查之烦，民难施捏词翻告之计矣。[①]

以上陈宏谋设计的程序方案，一方面强调必须坚持《大清律例》所规定的以州县为基础、逐级上诉的制度，否则即为越诉；另一方面严明州县官的司法责任，以及限制滥准批查的具体办法，以实现层层责成的目的。应该说，这个方案在解决法定上诉权与实施中的障碍方面具有一定的价值。但其被采用的程度如何，尚无法证实。据现有清代档案看，绝大多数民事词讼或者通过调解的方式解决，或者经过州县官的审理结案，上控的比例是非常小的。

第六节　清代民事诉讼与审判制度的基本特点

清朝作为末代封建王朝，立法、司法都较前代充实严整，而且更符合中国社会的实际。仅以民事诉讼与审判制度为例，虽源承前代遗志，但有较大发展，同时也形成了一些新的特点。

① (清) 徐栋辑:《牧令书》卷十八《刑名中》，陈宏谋《越告》，清道光二十八年刊本，载《官箴书集成》编纂委员会编:《官箴书集成》第七册，黄山书社 1997 年版，第 405 页上栏。

一、民事诉讼案的比重不断上升

清朝作为中国封建社会的末代王朝，商品经济已有较大发展，城市市场普遍建立，对外贸易居于世界前列，整个社会经济达到封建社会所能容许的最高程度。在这样的背景下，民事法律关系更加复杂化，民事法律纠纷呈现不断增加的趋势，民事诉讼案件在整个司法案件中的比重不断上升，有的地方甚至超过刑事案件的数量。例如，在国家第一档案馆收藏的顺天府宝坻县 4269 件诉讼档案中，民事诉讼 2946 件，占总数的近 70%。另据宝坻县刑房词讼簿所载案件统计，自咸丰十一年（1861 年）至光绪五年（1879 年）间，民事诉讼案件 58 件，刑事及其他案件 55 件，前者约占 51.3%。

四川冕宁县记录的从康熙朝至宣统二年的档案中，户婚、田土、钱债等纯民事争讼案件约 360 余件，涉及档案 1300 余条，约分别占总案件数的 3.9% 和档案总条数的 5%。此外，冕宁县档案中还存在大量与刑事、行政案件关涉的民事争讼案件。总体而言，冕宁县档案中民事争讼案件的占比约在 20% 至 30% 之间。清朝徐士林在出任安庆知府和汀漳道职期间记录的断案判词——《徐公谳词》的 102 件判例中，民事诉讼 68 件，约占总数的三分之二，刑事及其他诉讼 34 件，占总数的三分之一。

从以上数据可以看出，民事案件不仅数量多，而且范围广，涉及田土、山林、宅基地、墓地、田界、买卖、典卖、租赁、差役、赋税、水利、婚姻、继嗣、继承等各个方面，说明随着商品货币关系的不断发展，百姓维护私人财产权的法律意识也在不断地萌发，告官申理的民事诉讼案件才有可能急遽增长。

民事诉讼虽多属细事，但细事处理不善也会酿成大乱，因此《大清律例》严格规定，州县官不得借务限或其他原因不及时审理民事诉讼，违者处以刑责。这也是民事诉讼不断上升的原因之一。

二、调解息讼优先于堂审判决

民事争讼的调解自宋代始逐渐流行，至清代调解盛行，以至调解息讼优先于堂审判决。如前所述，清代民事争讼数量的上升使州县官常常通过堂上堂下的各种调解方式来减少司法压力，做到按期结案，这是州县官考课升迁的重要指标。至于诉讼当事人，之所以接受调解，一者迫于州县官不准状的威胁，二者也确实考虑到减少讼累的实际问题。调解息讼的积极作用是有利于民间的和睦相处，正常地从事生产与生活，进而稳定社会秩序。所以，统治者视它与“弭盗”“完粮”并重。

清代民事调解的形式多种多样，不拘一格，或由族长，或由乡邻，或依法律，或依家庭习惯，或于祠堂公所，或于村舍田头，只要能达到息讼止争的目的，任何一种形式都可以选择。至于判词的拟定和堂断的执行，都讲求实际和效率，而不拘泥于形式。调解是多年来民事司法经验的综合，有其值得借鉴之处。

三、州县官具有相对自由的裁量权

《大清律例》对刑事案件的审判，要求司法官“凡（官司）断罪，皆须具引律例。违者，（如不具引）笞三十。……其特旨断罪，临时处治不为定律者，不得引比为律。若辄引（比）致（断）罪有出入者，以故失论”。在附例中还规定：“除正律正例而外，凡属成案未经通行著为定例，一概严禁，毋得混行牵引，致罪有出入。”[①]但对民事词讼的审判，则不要求州县官严格按律文办事，相反可以根据案情灵活选用民事法律渊源。如前文所述，这主要是因为清代民事法律规定比起刑律简单，而诸多俗规礼法，又补充了律文的不足，是以民事审判不具备完全依律例审断的条件。同时，这些律例之外的法律渊源形式多样，规范具体，有些与社会生活贴近，易为群众所接受。因此赋予州县官自由选用民事法律渊源进行审判与调解之权，比起强调依律例办案更为实际。准确地适用民事法律渊源，与州县官个人的道德修养、司法经验与水平，无疑具有直接的联系。经过州县官的选择，也避免了各种民事法律渊源之间的冲突和抵触。至于民事附带刑事，或轻微的刑事案件，是否动用刑责，刑责多少，也由州县官自由掌握，或略施薄惩，或免于究治。

在清代，息讼是衡量州县官政绩的标准之一。但在审判中，州县官有时滥用息讼权，不注意分清是非，缺乏严格保护当事人诉讼权利的观念，以致对执意诉讼者常常不加分析地给予责惩，在息讼的美丽外衣掩盖下，有些是遵命忍让、被迫撤诉的。所谓“邻里愚民，山村豪气，偶因鹅鸭之争，致起雀角之忿，此不过借官宰之一言，以为凭定而已”[②]。如果说主观擅断是封建司法的普遍特征，那么在清代的民事诉讼中，州县官审判的自由权变，为他们的主观擅断提供了可能性。再加上贿赂公行，官吏枉法，往往对当事人的权益造成损害。

在民事审判中由于强调教化的作用，因此强制被告履行应尽的义

① 张荣铮、刘勇强、金懋初点校：《大清律例》卷三十七《诉讼・断狱下》“断罪引律令”条附例，天津古籍出版社 1995 年版，第 649 页。

②（清）蒲松龄：《聊斋志异》卷七《冤狱》评语，中华书局 2013 年版，第 291 页。

务，一般不用刑具，对于纯属民事的案件尤其如此。入幕数十年的汪辉祖根据司法实践的经验，总结出民事词讼不可用刑的三点理由：第一，“至两造族姻，互讦细故，既分曲直，便判输赢，一予责惩，转留衅隙，讼仇所结，轇轕成嫌。所当于执法之时，兼遇笃亲之意，将应挞不挞之故，明白宣谕，使之翻然自悟，知惧且感，则一纸遵依，胜公庭百挞矣”①。第二，“要案更不宜刑求”。第三，“词讼细务，固可不必加刑矣”②。

名吏张扶翼在所著《望山堂谳语》一书中，收录了个人处理的18件民事词讼，其中控民事直接返还赔偿的12件，处以薄刑的6件。对于民事附带刑事的综合性案件，民事部分适用民事手段，刑事部分适用刑事手段，迫使当事人服从调解和判决，并且不再兴讼。但如案件事涉人伦，严重侵犯纲常礼教，则要直接动用刑罚。根据现有的清代词讼文书与档案，州县官即使在需要处刑时，对双方当事人争执的实质部分仍采用民事手段解决，笞杖之后仍令补偿损失。有时调解与责惩也同时进行，该责惩者责惩，该调解者调解，这是审理民、刑事综合性案件的具体要求和清代司法制度的明显特点。

四、程序简便，一审终审

为了方便当事人诉讼和州县官及时审理，起诉和受理就在案发

---

①（清）汪辉祖：《学治臆说》卷上《姻族互讦毋轻笞挞》，第16页，见（清）张廷骧辑：《入幕须知五种》，光绪十八年浙江书局刊本，载沈云龙主编：《近代中国史料丛刊》第二十七辑，文海出版社1966年版，第276页。

②（清）汪辉祖：《学治臆说》卷上《要案更不宜刑求》，第18页，见（清）张廷骧辑：《入幕须知五种》，光绪十八年浙江书局刊本，载沈云龙主编：《近代中国史料丛刊》第二十七辑，文海出版社1966年版，第279页。

地。起诉的“约会”制度，也便于不同身份的当事人之间的纷争得到及时解决。

清代的民事诉讼，一般在起诉后便可得到“准理”或“不准理”的明白批示。如准理，则按告诉程序，及时审理，作出堂断。综观清代民事诉讼程序，较之历代，更为明确、简便。由于民事诉讼标的不外民间“细故”，案情简单，没有社会危险性，更不会威胁到国家公权力，因此无须规定繁复的程序和重叠的审级，基本上一审终审。此外，简单的程序便于州县及时受理，避免当事人因参加诉讼而荒废生产，贻害生计，这与当时的社会经济状况相适应，具有便民合理的一面。需要指出的是，清律虽然规定了农忙时节停讼，但对于某些严重影响生产与生活的较为特殊的案件，例如田土、斗殴等，则不受此限，以示社会群体的利益和国家安定的价值，高于农民个人的利益。

在审判方式上，清代管辖制度严格，审判权限分明，由于民事诉讼采取州县官独任制度，州县长官必须亲理诉讼，擅自委派他人审理要负行政责任，使得州县官更明确自己的权责，能够在审判中发挥主动性和灵活性。如果州县官应受理而未受理民事词讼，或违反审案期限，未经展限而过期结案，或由于故意、过失使判决有出入，都是公罪，均须承担责任。

五、幕吏擅权，操纵司法

根据《大清律例》，民事案件由州县长官根据法定程序进行审理。但以科举出身的州县官，大多不通晓律例，因此受理案件后，不得不委聘幕友审议案情，纠问疑点，草拟判词，以致在州县官审理案件的背后，往往是幕友在操纵。许多具体事务的执行还须依赖于衙门中的书吏完成。幕友中，刑名、钱谷最为重要。一般而言，婚姻、争继等民事案件归刑名幕友办理，普通田宅、钱债等民事案件归钱谷幕友办理。幕友在诉讼中行使重要职责，包括代批呈词、签差传唤拘提、定期集审、参与审讯和代拟判词。此外，州县衙门在当地招募的从事文书类工作的书吏，在诉讼活动中也担当部分职责，如拟写“信票”、记录口供、抄写诉讼中所需要的各类文书、负责审结案件的归档工作等。如案件需要现场勘验，亦需要书吏参与。州县衙门的差役，简称役或胥，有时也参与案件的调查、执行等管理事务。

依照清代律例，幕友、书吏等人所进行的司法活动，应在州县官的监督约束下进行，他们在地方政府的司法职能中起到的是辅助完成的作用。幕友、书吏所拟的司法文书，需要由州县官划“行”，才具有法律效力。州县官对幕友、书吏是否严格监督、约束，直接影响民事诉讼活动的效率和效果。在司法实践中，幕友往往利用州县长官对于律例知识的缺失，多方挟制以行其私。更有甚者，州县长官与幕吏之间上下其手，互相勾结。即使是衙役、长随也趁机敲诈勒索，贻害诉讼当事人，以致幕吏擅权成为清代司法的丛弊之薮。康熙时陆陇其任河北灵寿县知县，他告诫诉讼当事人说：“殊不知一讼之兴，未见曲直，而吏有纸张之费，役有饭食之需，证佐之友必须酬劳，往往所费多于所争。且守候公门，费时失业，……悔之晚矣。”[1]

六、建立民事诉讼检查制度

针对民事诉讼所具有的特殊性和州县官在裁判民事案件方面较大

① (清) 吴炽昌著，石继昌校点:《正续客窗闲话·续客窗闲话》卷三《陆清献公遗事》，时代文艺出版社 1987 年版，第 183—184 页。

的权变之权，清代建立了严格的检查制度。

（一）建立供核查、注销的循环簿，由州县上级机关经常查考

据《大清律例》:“各省州、县及有刑名之厅、卫等官，将每月自理事件作何审断，与准理拘提完结之月日，逐件登记，按月造册，申送该府、道、司、抚、督查考。其有隐漏装饰……轻则记过，重则题参。如该地方官自理词讼，有任意拖延，使民朝夕听候，以致废时失业，牵连无辜，小事累及妇女，甚至卖妻鬻子者，该管上司即行题参。若上司徇庇不参，或被人首告，或被科、道纠参，将该管各上司一并交与该部从重议处。”①

对于州县自行审理的一切户婚、田土等项民事词讼和轻微刑事案件，仿照在京衙门按月注销之例，建立“循环簿”，即“将一月内事件填注簿内，开明已未结缘由。其有应行展限及覆审者，亦即于册内注明，于每月底送该管知府、直隶州知州查核，循环轮流注销。其有迟延不结，朦（蒙）混遗漏者，详报督抚咨参，各照例分别议处”②。《冕宁档案》中有数份改土归流前宁番卫申赍上级的自理案件清册，为我们了解“循环簿”的具体内容，提供了一个直观的视角。

四川宁番卫为请旨事。

呈今将卑职十月分自理事件、作何审断与准拘讯究结月日理合造册申赍。须至册者。

计开

① 张荣铮、刘勇强、金懋初点校:《大清律例》卷三十《刑律·诉讼》“告状不受理”条附例，天津古籍出版社1995年版，第514页。

② 张荣铮、刘勇强、金懋初点校:《大清律例》卷三十《刑律·诉讼》“告状不受理”条附例，天津古籍出版社1995年版，第514—515页。

十月初四日

一件为蛮妇盗葬恳恩准究事。拟张连相告李氏将伊夫棺盗葬霸地由。

前件于本月初六日审，系李氏亡夫魏从先买明坟地，中约有，拟将原告张连责十五板结案，理合声明。

十月初七日

一件为利棍嚼民事。拟罗万先告刘国汉盗卖祖基由。

前件于本月十一日审，无证，拟逐出结案，理合登明。

十五日

一件为欺孤吞骗乞天追给事。拟张伸林告王思极欠盐价银一两，屡讨不偿由。

前件于本月十七日审，追银一两与张伸林领讫结案，理合登明。

十七日

一件为豪霸吞寡恳恩作主事。拟温氏告罗益丕欠田价由。

前件批仰该屯长秉公处覆，于二十二日拟屯长禀称温氏老寡，处罗益丕出布四件与温氏领明结案，理合登明。

右具

册

四川宁番卫为请旨事。

呈今将卑职九月分自理事件、作何审断与准拘讯究结月日理合造册申赍。须至册者。

计开

九月初八日

一件为恃富霸业吞租骗银事。拟生员孙述呈表天贞骗田价由。

前件于本月十一日审，并无凭，拟逐出，理合登明。

九月十九日

一件为流棍雄骗乞天追究事。拟严启儒告肖顺卿欠银由。

前件于本月二十日审明，追银二两七分与严启儒，具领状结案，理合登明。

右具

册　　　　　　　　　　　　督抚臬道府

雍正二年十月初一日　守备王

四川宁番卫为请旨事。

呈今将卑职八月分自理事件、作何审断与准拘讯究结月日理合造册申赍。须至册者。

计开

八月初四日

一件为奸棍骗价恳恩追给事。拟吕敏政告李美秀骗田价银二两不还由。

前件于本月初九日审明，追银二两给吕敏政，具领结案，理合登明。

八月二十日

一件为豪霸盗葬乞天急究事。拟彝人克么告邓其浩将伊母尸棺偷葬彝人地内由。

前件于本月二十四日审，责邓其浩十板，断得将伊母尸棺迁讫结案，理合登明。

右具

册

雍正二年九月初一日　守备王维任[1]

从上述“循环簿”登明的每月自理案件来看，数量不多，且均为田土、钱债等细故，故在五日内迅速审结。这些案件的审断结果逐件登明于“循环簿”中，申赍督抚臬道府，以备查考。可见，“循环簿”是上级衙门对下级州县实施审判监督的一种方式，如发现迟延不结或蒙混遗漏者，将照例议处。

（二）巡官检查制度

清初沿袭明制，命审录官五年一巡视各省，即所谓录囚，至雍正朝废止。但仍设巡视稽查制度，对于“州县自行审理及一切户婚、田土事件，责成该管巡道、巡历，所至即提该州县词讼号簿，逐一稽核。如有未完勒限催审，一面开单移司报院，仍令该州县将某人告某人、某事于某日审结，造册报销。如有迟延，即行揭参。其有关系积贼、刁棍、衙蠹及胥役弊匿等情，即令巡道亲提究治。知府、直隶州自理词讼亦如之。如巡道奉行不力，或任意操纵，颠倒是非者，该督抚亦即据实察参，分别议处”[2]。然而巡历检查制度只是稽查司法业务，而无复审的职权。

清朝在总结历史与现实的经验基础上，所形成的司法监督机制，对于州县官法律责任的规定不可谓不严，监督的措施不可谓不细，各

①《冕宁档案》卷二，第14册，第147—149页，缩微号2005 0907 0151—2005 0907 0153。

② 张荣铮、刘勇强、金懋初点校：《大清律例》卷三十《刑律·诉讼》“告状不受理”条附例，天津古籍出版社1995年版，第515页。

级的权责不可谓不明，但实际上仍无法消除胥吏行私、官僚渎职的现象，这是封建司法制度的本质所决定的。

综上所述，清代民事诉讼制度，无论管辖、代理、调解、审断等规范均较历代完备。对于习惯的重视与“因俗而治”“因地制宜”的管理模式，也反映了以满族为政权主体的民族关系的特征。民事审判程序与刑事审判程序于审前与初审阶段有其共同之处。但在两者的审理流程上，刑事较民事复杂，更重视律例在审判中的引用；民事较刑事简单，更具有弹性，能表现出州县官员亲民的一面，也能体现中国作为一个文明古国，历史悠久、地域广阔、民族众多的特性。中国没有编写民法典的传统，并不代表没有民事法律，没有民事诉讼制度。相反中国传统的民事诉讼制度的完整性，法律与礼俗习惯配合的互补性，更彰显了中国古代司法文明的特质。

在清代司法制度中，随着民事案件的增多，民事诉讼已经走向独立的状态。无论制度、程序、判决、执行，都有一整套的规程和原则，全面展现了中国司法制度历史的面貌。如果说清朝的民事制定法与民事习惯满足了对于民事法律关系的调整，那么民事诉讼制度也完全适应了民事诉讼的实际需要。在中国古代司法文明的漫长发展过程中，民事诉讼制度是重要的组成部分。尤其是清代，大量民事诉讼档案的发现，纠正了民事诉讼是“细事”、官方不予重视的看法。事实上，所谓的“细事”已成为当时社会关系和法律关系中的基本问题，不予以解决，会酿成重大的社会事端。因此，司法官对民事诉讼是非常重视的，民事词讼也是其日常司法活动的基本内容。作为普通百姓，虽然受“和为贵”和“贱讼”“畏讼”等的不同影响，但当个人权益受到严重侵害，也会愤而告官。民众相信国家王法，期望法律保护，他们的法律意识在不断地萌发，清代的地方档案证明了这一点。

民事词讼从受理到结案，虽有期限的规定，但有的并未得到遵守，以至当事人反复陈告，尽管被斥为“刁讼”，但最终确到了合理的解决。据台北“二二五〇七号淡新档案”记载的一件财产纠纷案，此案从光绪四年十一月一直到光绪六年九月，历时近两年，从台北府到新竹县，经过一位知府、三位知县的审理，最终以被告补偿原告一千钱结案。

第八章

晚清的民事诉讼制度

第一节 晚清修订民事诉讼律的背景

晚清在推行新政、修订法律的过程中，进行了以司法独立为核心的司法改革，产生了近代意义上的中国诉讼法律和法院编制法。民事诉讼法的修订就是在这一背景之下开展的。光绪三十年（1904 年）修订法律馆正式开馆后，修订法律大臣沈家本和伍廷芳组织翻译各国法律和法学专著，其中包括大量的诉讼法和司法机构组织法，如德国的《民事诉讼法》《德意志旧民事诉讼制度》《普鲁士司法制度》等。为了更深入地了解西方国家的诉讼法律制度和司法制度，修订法律馆于 1906 年派董康等人赴日本进行司法考察。之所以选择日本，不是偶然的，沈家本认为，“日本旧时制度，唐法为多，明治以后，采用西法，不数十年遂为强国”。同时日本和中国一衣带水，考察起来也更为方便。这次考察成果显著，对此后修订诉讼法，建立中国近代诉讼法律制度，推进司法改革，产生了重要影响。

传统中国从西周起，已有“狱”“讼”的初步划分。后世王朝，尤其是明清时期，除基层官府衙门的事务执掌有“刑名”“钱谷”的分类外，还有诸如“词讼”“案件”“民词”“重情”“细事”“自理事件”“自理词讼”“户婚”“田土”“重事”等立法或司法实践中的分类。这种并非严格意义上的诉讼分类，与西方近代法律中的刑事、民事分类存在很大差异。更重要的是，在中国传统律典体系中，并无民事与刑事诉讼立法的分野，甚至也无实体法与程序法的界定。在晚清司法改革的过程中，基于西法东渐的影响，实行民刑分理，将诉讼法划分为民事诉讼法和刑事诉讼法，逐渐成为诉讼法典起草过程中的共识。

早在光绪三十一年（1905年）四月，御史刘彭年便提出民刑分理的奏议：

> 东西各国裁判所，原系民事、刑事分设，民事即户婚、田产、钱债等是也。刑事即人命、盗贼、斗殴等是也。中国民事、刑事不分，至有钱债细故、田产分争，亦复妄加刑吓，问刑之法似应酌核情节，以示区别。所有户婚、田产、钱债等事，立时不准刑讯，无待游移。至于人命、盗贼，以及情节较重之案，似未便遽免刑讯，相应请旨饬下修律大臣体察时势，再加详慎，并饬于刑法及刑事诉讼法告成后，即将民法及民事诉讼法尅期纂订，以成完备法律，则治外法权可以收回。[①]

在晚清法律修订逐渐提上议事日程以后，修订法律大臣沈家本等从西学和中外诉讼的案例中认识到，各国法制“大致以刑法为体，以诉讼法为用；体不全，无以标立法之宗旨；用不备，无以收行法之实功。二者相因，不容偏废”[②]。因此必须“变通诉讼之法”，改革“诉讼断狱附见刑律”的旧律结构。然而中国古代诉讼制度混杂于刑律

---

①（清）朱寿朋编，张静庐等点校：《光绪朝东华录》（五），光绪三十一年五月，中华书局1958年版，第5357页。

②（清）朱寿朋编，张静庐等点校：《光绪朝东华录》（五），光绪三十二年四月，中华书局1958年版，第5503页。

之中，且内容简单、粗略，远远落后于世界各国：“查中国诉讼断狱，附见刑律，……用意重在简括。揆诸今日情形，亟应扩充，以期详备。”特别是门户洞开以后，“中国华洋讼案，日益繁多，外人以我审判与彼不同，时存歧视。商民又不谙外国法制，往往疑为偏袒，积不能平。每因寻常争讼细故，酿成交涉问题，比年以来更仆难数。……若不变通诉讼之法，纵令事事规仿，极力追步，……于法政仍无济也”[1]。所以有必要仿照西方国家，修订单独的诉讼法典，并对民事与刑事诉讼加以区别。在这一点上，日本为中国提供了成功的经验。因为日本“维新而后，踵式泰西，于明治二十三年间，先后颁行民事、刑事诉讼等法，卒使各国侨民，归其钤辖，藉以挽回法权。推原其故，未始不由于裁判诉讼咸得其宜”[2]。

沈家本等人鉴于“泰西各国诉讼之法，均系另辑专书，复析为民事刑事二项。……以故断弊之制，秩序井然，平理之功，如执附契”[3]，提出在新刑律等相关新法尚未颁布的情况下，应先制定一个简明诉讼法规，与删修后的《大清律例》配套施行：“现在改章伊始，一切未能详备，必得诉讼法相辅而行，方能推行尢阻。拟编辑简明诉讼章程，先行奏明办理。”[4]这样既可以使裁判、诉讼咸得其宜，又有助于收回治外法权。可见，沈家本为推进诉讼制度变革颇费一番苦心。于是，在沈家本的主持下，晚清诉讼法典的起草工作渐次展开。

---

① （清）朱寿朋编，张静庐等点校：《光绪朝东华录》（五），光绪三十二年四月，中华书局 1958 年版，第 5504—5505 页。

② （清）沈家本等：《奏进呈诉讼法拟请先行试办折》，见《大清法规大全》卷十一，政学社印行，台湾考证出版社 1972 年影印本。

③ （清）沈家本等：《奏进呈诉讼法拟请先行试办折》，见《大清法规大全》卷十一，政学社印行，台湾考证出版社 1972 年影印本。

④ 中国第一历史档案馆藏《清修订法律馆档》第 7 号。

第二节　民事诉讼律的修订过程

一、《刑事民事诉讼法草案》

在沈家本和伍廷芳的组织下，光绪三十二年（1906 年）起草完成《刑事民事诉讼法草案》，上奏朝廷。该草案以区分民刑诉讼、建立陪审制度和实行律师制度为核心内容，共 5 章，260 条。总纲一章共 20 条，分刑事民事之别、诉讼时限、公堂、各类衙门 4 节。刑事规则一章共 68 条，分逮捕、拘票搜查及传票、关提、审讯、裁判、执行各刑、开释 7 节。民事规则一章共 110 条，分传票、讼件之值未逾五百圆者、讼件之值逾五百圆者、审讯、拘提图匿被告、判案后查封产物、判案后监禁被告、查封在逃被告产物、减成偿债及破产物、和解、各票及讼费 11 节。刑事民事通同规则一章共 52 条，分律师、陪审员、证人、上控 4 节。第 5 章共 10 条，就中外交涉案件的法律适用作了规定。另有颁行条例 3 条，就新法之效力、与旧法之关系、货币单位之标准作了规定。[①]《刑事民事诉讼法草案》吸收西方近代诉讼原则，并直接采纳西方国家的部分诉讼原则和制度，如诉讼中的平等、公正原则，公开审判、律师辩护、陪审等制度。

沈家本、伍廷芳在奏请试行折中，对于民事刑事特作以下界定，

①《大清法规大全》卷十一，光绪宣统刊印本，政学社印行，台湾考证出版社 1972 年影印本。

以便于司法操作："凡关于钱债、房屋、地亩、契约及索取赔偿者，隶诸民事裁判；关于叛逆、伪造货币官印、谋杀、强劫、窃盗、诈欺、恐吓取财及他项应遵刑律定拟者，隶诸刑事裁判。"又说："中国旧制，刑部专理刑名，户部专理钱债田产，微有分析刑事民事之意。若外省州县，具系以一身兼行政司法之权，官制攸关，未能骤改。然民事刑事性质各异，虽同一法庭，而办法要宜有区别。……谨就中国现时之程度，公同商定简明诉讼法，分别刑事民事，探讨日久，始克告成。"①

在奏请试行《刑事民事诉讼草案》中，沈家本、伍廷芳特别强调实行陪审员制度和律师制度的重要性，指出此二端不仅是"各国通例"，而且是"我国亟应取法者"。但由于陪审员制度和律师制度引进于西方国家，与传统中国的诉讼审判制度冲突较大，为此，奏折中借用周礼"三刺"之法中的"讯万民，万民皆以为可杀，然后施上服下服之刑"，认为此古法"实为陪审员之权舆"，"今东西各国行之，实与中国古法相近"。为了建立陪审员制度，他们提出："拟请嗣后各省会并通商巨埠，及会审公堂，延访绅富商民人等，造具陪审员清册，遇有应行陪审案件，依本法分别临时试办。……庶裁判悉秉公理，轻重胥协舆评，自无枉纵深故之虞矣。"

此外，他们又阐述了"宜用律师"的理由："盖人因讼对簿公堂，惶悚之下，言词每多失措。故用律师代理一切质问对诘覆问各事宜。"并举外国为例，说明律师"俱以法律学堂毕业者，给予文凭，充补是职。若遇重大案件，则由国家发予律师。贫民或由救助会派律师代伸权利，不取报酬。……中国近来通商各埠，已准外国律师辩案。……夫以华人讼案，藉（借）外人辩护，已觉扞格不通。即使遇有交涉事

① (清) 朱寿朋编，张静庐等点校：《光绪朝东华录》(五)，光绪三十二年四月，中华书局 1958 年版，第 5504—5505 页。

件，请其申诉，亦断无助他人而抑同类之理。且领事治外之权，因之更形滋蔓，后患何堪设想。拟请嗣后凡各省法律学堂俱培养律师人才，……卒业后考验合格，给予文凭，然后分拨各省，以备辩案之用。……总之，国家多一公正之律师，即异日多一习练之承审官也”。

奏折再次申明：“以上二者，俱我法所未备，尤为挽回法权最要之端。”①

清廷于光绪三十二年（1906 年）四月下达谕旨，将该草案发给各将军、督抚、都统，指出：“法律关系重要，该大臣所纂各条，究竟于现在民情风俗能否通行，著该将军、督抚、都统等体察情形，悉心研究其中有无扞格之处，即行缕析条分，据实具奏。”② 各地督抚在其后一年多时间内纷纷上奏阐明，“疑其窒碍”之虞。③ 时人赵彬将此意见编纂成《诉讼法驳议部居》，逐条罗列律文，其后附上官员的相关驳议意见。摘要如下：

光绪三十二年（1906 年）10 月 22 日，热河都统廷杰奏称：“刑事民事诉讼法，边地骤难试办，并择扞格难行数条，请旨饬下法律大臣再行核议。”④10 月 28 日，广西巡抚林绍年奏：“新纂刑事民事诉讼各法，广西尚难通行，盖俗捍民顽，全恃法律为驾

---

①（清）朱寿朋编，张静庐等点校：《光绪朝东华录》（五），光绪三十二年四月，中华书局 1958 年版，第 5504—5506 页。

②（清）朱寿朋编，张静庐等点校：《光绪朝东华录》（五），光绪三十二年四月，中华书局 1958 年版，第 5506 页。

③ 相关的讨论，可参见洪佳期：《清末诉讼法改革争议之探讨——以〈诉讼法驳议部居〉为考察中心》，载《杭州师范大学学报（社会科学版）》2016 年第 1 期。

④《清实录》第五十九册《德宗景皇帝实录〔八〕》卷五六四，光绪三十二年九月己亥（1906 年 10 月 22 日）奏折，中华书局 1985 年版，第 460 页下栏。

驳，闻以不测示恩威。若使新法遽行，势必诪张百出，未足以齐外治，先无以靖内讧。”[①]12 月 13 日，直隶总督袁世凯奏：“新纂刑事民事诉讼法，内有扞格者数条，请饬再议。下法部再行核议。”[②]四川总督锡良在回奏中也认为，“有完全之法律，尤需有法律之人才”，现在审判、律师人才奇缺，况且新律之性质与国民之程度息息相关，“必须俟民德增进、人格完全之时，乃可以求执行而有效力”，否则，“恐治外之权未收，而治内之权转碍”。[③]

在对草案所提出的大量批评意见中，以湖广总督张之洞在光绪三十三年七月二十六日（1907 年 9 月 3 日）奏进《遵旨核议新编刑事民事诉讼法折》中之表达最为典型：“乃阅本法所纂，父子必异财，兄弟必析产，夫妇必分资；甚至妇人女子，责令到堂作证。”“综核所纂二百六十条，大率采用西法，于中法本原似有乖违，中国情形亦未尽合，诚恐难挽法权，转滋狱讼。……袭西俗财产之制，坏中国名教之防，启男女平等之风，悖圣贤修齐之教。”[④]这表明，以张之洞为代表的地方封疆大吏反对沈家本以“契约自由”“人权原则”为宗旨，制定诉讼法，这与中国的礼教民情相悖。同时，他们也认为固有的诉讼断狱之法，不合于时，因而要求“请饬下法律大臣先就所纂各条内，

① 《清实录》第五十九册《德宗景皇帝实录〔八〕》卷五六四，光绪三十二年九月乙巳（1906 年 10 月 28 日）奏折，中华书局 1985 年版，第 463 页下栏。

② 《清实录》第五十九册《德宗景皇帝实录〔八〕》卷五六五，光绪三十二年十月辛卯（1906 年 12 月 13 日）奏折，中华书局 1985 年版，第 486 页上栏。

③ 《锡良遗稿》第一册，奏稿，中华书局 1959 年版，第 611 页。

④ 《张文襄公全集·奏议》卷六九，中国书店 1990 年影印版。

择其相宜者，暂为修订章程，请旨遵行”，待各项法律各编专书以后，“再议刑事民事诉讼法，庶可收变法而不废法之效”。[①]

值得特别注意的是，1906 年完成的《刑事民事诉讼法草案》在其第 1 章“总纲”第 1 节“刑事民事之列”中，第 1、2、3 条分别规定了刑事、民事案件的分类及其具体范围，这应该是中国历史上以法典草案方式第一次正式规定刑事、民事案件之近代分类。但是，从中国古代刑名、钱谷的传统类型到刑事、民事的近代分类，不仅不是一一对应的关系，而且其中的变化、转型并非简单易行，反映了在西学东渐和法律移植背景下的法律近代化的艰难过程，这一点可能实际上超出了人们的想象。在清政府谕令地方封疆大吏讨论该法典草案时，这种新型的分类方法不可避免地遭到张之洞等人的驳议。

例如，《刑事民事诉讼法草案》第 1 条规定如下：

凡公堂审判之案分为二项：一、刑事案件；二、民事案件。

驳议：

鄂督张之洞按：中国法律向以刑律、户律为大纲，而外国律则必先有刑法、民法，然后刑事、民事诉讼法有所附例。现欲刑事、民事，则必将现行律例螯然分开，详加订定，裁判官方有准绳之可循。

---

①（清）朱寿朋编，张静庐等点校：《光绪朝东华录》（五），光绪三十三年八月，中华书局 1958 年版，第 5732—5734 页。

《刑事民事诉讼法草案》第2条规定：

凡叛逆、谋杀、故杀、伪造货币印信、强劫并他项应遵刑律裁判之案，为刑事案件。

《刑事民事诉讼法草案》第3条规定：

凡因钱债、房屋、地亩、契约及索取赔偿等事涉讼为民事案件。

驳议：

鄂督张之洞按：第二、第三两条虽指明何项为刑事，何项为民事，实则裁判之时每有介于刑事、民事之间，不能强为分析者，又有因刑事而关涉民事者，因民事而发觉刑事者，是以中国有牵涉之案，有会同办理之时。外国裁判所有公诉附私诉之法，况外国民法不涉刑罚范围。中律，如户役、婚姻、钱债等项，本属民事，而律例于每条之下各系罪名则入于刑事。由斯以言，则今日不分刑法、民法而分刑事、民事诉讼法，譬如无圭之景，无本之泉，司法者必穷于应付矣。

按：民事所包甚广，外国婚姻亲族之事，皆定于民法，其民事诉讼法不详婚姻亲族者，以别有人事诉讼手续法等为之辅也。中国虽无民法专书，然婚姻、立继、服制等事，则律例甚详，本法只及钱债、房屋、地亩、契约各项，不及婚姻亲族等事，殆亦以外国婚礼其势万不能行于中国，而西人身后财产不专给继嗣之人，与中国风俗判然不同，故未议及。不知中国民间词讼半由家庭骨肉而起，中西风俗之同，正在于此。此而不详，岂非缺漏？①

张之洞对于法律草案第1条的驳议，主要在于反对基于西方国家立法上先实体、后程序的原则，应该先制定刑法、民法实体法，再制定刑事、民事诉讼法。他对于第2条的驳议，除进一步论述先实体、后诉讼法的立法原则外，重点阐明因中西法律传统、立法精神、风俗习惯等不同而导致的刑事、民事案件之分的困难以及草案的诸多不足。当时立法者的困境在于，由于主流意识形态、价值观念以及风俗民情等原因，造成西法通常以民事案件对待的婚姻、财产等事项，在传统律典中都往往因关涉纲常伦纪以刑事对待而科处刑罚，这是很难以简单的“刑事”“民事”概念所能改变的。这种改变不仅仰赖于实体法律的根本性变革以及配套法律的完善，而且甚至取决于政治体制的改革和意识形态的转变。

就具体制度而言，反对意见尤其集中在对律师与陪审两节上，如张之洞认为：

泰西律师，成于学校，选自国家，以学问资望定选格，必求聪明公正之人。其刑官多用此途，优者得入上议院，寄以专责，考以事功。而律师与承审各员同受学堂教益，自不得显背公理。中国各官治事，所治非所学，任官又不出专门。无论近日，骤难

① （清）赵彬纂辑：《诉讼法驳议部居》，清光绪三十四年北新书局铅印本，载杨一凡编：《古代折狱要览》第十六册，社会科学文献出版社2015年版，第303—305页。

造就如许公正无私之律师，即选拔各省刑幕入堂办案，而欲求节操端严、法学渊深者，实不易得。遽准律师为人办案，恐律师品格尚未养成，讼师奸谋适得尝试。且两造一贫一富，富者延律师，贫者凭口舌，则贫者虽直而必负，富者虽曲而必胜矣。①

总之，《刑事民事诉讼法草案》由于吸收了诸多西方近代的诉讼原则和制度，因而与中国传统的诉讼审判原则和制度格格不入。草案所进行的诸多重大司法变革，在清朝统治者内部引起太多争议。集中到一点就是，草案条文多与中国实际国情和民情相违，难于实施。而沈家本等人急于求成，也是不切实际的幻想。

根据地方督抚将军回奏的意见，且鉴于诉讼法先于实体法制定实行，有悖世界立法之常规，清廷遂将《刑事民事诉讼法草案》交由法部复核，实际上加以搁置。这表明，由于未能得到朝廷大臣和封疆大吏的支持，特别是清朝最高统治者也认识到草案所确立的各项制度与传统的诉讼体制区别太大，难以为社会所接受，因而将其搁置。

二、《大理院审判编制法》与《各级审判厅试办章程》

《刑事民事诉讼法草案》虽被搁置，但修订和编纂刑事诉讼法和民事诉讼法仍然被列入《钦定逐年筹备事宜清单》。同时，在推进法院组织法的立法中，也体现了近代刑事、民事分立的改革要求。在这方面最早的法律，是于 1906 年公布实施的《大理院审判编制法》，它

① 陈刚主编：《中国民事诉讼法制百年进程（清末时期·第一卷）》，中国法制出版社 2004 年版，第 183 页。

确立了司法审判的基本原则和大理院职能，以及京师地方审判的一些方式和原则。

《大理院审判编制法》是清末司法改革过程中颁布、实施的第一部法律。该法仿照日本裁判制度，将全国审判机构划分为四级，即乡谳局、地方审判厅、高等审判厅、大理院，实行四级三审制。京师各级审判厅、局由大理院直辖。大理院是全国最高审判机构，还握有法律解释权。作为中国近代意义上的第一部法院编制法，《大理院审判编制法》确认了司法独立原则，规定司法机构独立行使审判权，不受行政权干预，刑事案件由检察官提起公诉。同时规定了不同审级的审判方式，并引进西方审判监督机制。

《大理院审判编制法》不仅确立了司法审判的一些基本原则，而且还明确了民刑分理的体制。该法第 3 条规定：“自大理院以下，各审判厅局均分民事刑事二类为审判事。”此外，该法进一步确定，大理院下设刑庭、民庭，高等审判厅内设刑事、民事审判庭，地方审判厅则根据具体情况酌设刑事、民事庭。刑庭和民庭对刑事、民事案件进行分别审理。

光绪三十三年十月二十九日（1907 年 12 月 4 日），清廷颁布试行《京师高等以下各级审判厅试办章程》。该章程是一部兼法院组织法和刑事民事诉讼法为一体的简明法规，共 120 条，分为总纲、审判通则、诉讼、各级检察厅通则、附则等 5 章。

同年十二月二十九日，法部在《奏酌拟各级审判厅试办章程折》中表示：

惟向来办理民事案件，仅限于刑法之制裁。今审判各厅既分民事为专科，自宜酌乎情理之乎，……兹择其简要易行者，量为规定，度与刑事显有区别，而适足相成。[①]

《各级审判厅试办章程》规定了较为完备的诉讼制度，它所确定的民事诉讼制度在当时被付诸实践。《各级审判厅试办章程》明确对民事与刑事诉讼作了基本区分，从而结束了中央审判衙门以审判刑事案件为主、地方审判衙门刑事民事诉讼不分的历史。《各级审判厅试办章程》规定，“凡因诉讼而审定理之曲直者”，为民事案件；“凡因诉讼而定罪之有无者”，为刑事案件。该章程还对民事诉讼中的若干问题作出了明确的规定。譬如，对于民事案件的起诉和管辖，规定：“除属大理院及初级审判厅管辖者外，皆由地方审判厅起诉。”对于代理制度，规定：“职官、妇女、老幼、废疾为原告时，得委托他人代诉。但审判时有必须本人到庭者，仍可传令到庭”；“凡代诉人于诉讼上之行为及供述，均作为本人之代表”。关于上诉，规定民事上诉人有原告人或被告人代诉人，上诉不得越级，上诉期限为10日。关于诉讼费用，规定凡因诉讼所生之费用，责令输服者缴纳。关于检察官的监督，规定检察官在审理婚姻事件、亲族事件、嗣继事件时，必须莅庭监督。如审判官不待检察官莅庭而为判决者，其判决无效。

《各级审判厅试办章程》还就法庭用语、判决书的格式都作了具体规定。这部法律的颁布、实施，标志着近代审判制度在中国的建立。

在清末法制改革中，沈家本又从“审判官制诸多未备，非特辑专例，不足统一事权”的认识出发，组织修订法律馆人员，在《大理院审判编制法》的基础上，以日本《裁判所构成法》为蓝本，“考古今之沿革，订中外之异同”，起草《法院编制法》。又令法律学堂日本教

①《大清法规大全·法律部》卷7，台湾考证出版社1972年影印本，第4—5页。

习法学博士冈田朝太郎帮同审查。宣统元年十二月二十八日（1910年2月7日），清廷允准颁行《法院编制法》。

《法院编制法》包括16章，共164条：第1章审判衙门通则，第2章初级审判厅，第3章地方审判厅，第4章高等审判厅，第5章大理院，第6章司法年度及分配事务，第7章法庭之开闭及秩序，第8章审判衙门之用语，第9章判决之评议及决议，第10章庭丁，第11章检察厅，第12章推事及检察官之任用，第13章书记官及翻译官，第14章承发吏，第15章法律上之辅助，第16章司法行政之职务及监督权，以及附则。

《法院编制法》引进了诸如审判独立、公开审判、民刑分理、审检分立、合议制等西方法制原则，对于传统司法体制和审判制度无疑是重大的改革。但囿于当时之条件，上述规定还不可能完全付诸实施。

三、《民事诉讼律草案》

从光绪三十三年（1907年）起，经过近三年的努力，至宣统元年十二月二十四日（1910年12月3日），《民事诉讼律草案》终告修竣。沈家本、俞廉三在《奏民事诉讼律草案编纂告竣缮册呈览折》中说：

东西各国法制虽殊，然于人民私权秩序维持至周。既有民律以立其基，更有民事诉讼律以达其用，是以专断之弊绝，而明允之效彰。中国民刑不分由来已久，刑事诉讼虽无专书，然其规程尚互见于刑律，独至民事诉讼因无整齐划一之规，易为百弊丛生之府。若不速定专律，曲防事制，政本讼理未必可期，司法前途不无障碍。臣等从事编纂，博访周咨，考列国之成规，采最新之学理，复斟酌中国民俗，逐一研求。……谨缮成册，恭呈御览。①

在此奏折中，沈家本、俞廉三根据“列国之成规”和“最新之学理”，而且“斟酌中国民俗，逐一研求”之后，提出民事诉讼律的四端纲要：

其一，关于审判衙门权限。凡“审判权及内部组织任用资格，乃制度之事，法院编制法定之。至外部组织及奉职资格及职务之事，民事诉讼律定之”。如此，才可以使“权限轇轕之弊一清”。

其二，关于当事人。“民事诉讼非俟人民起诉不能成立，既有起诉人，则必有相对人。起诉人一曰原告，相对人一曰被告。其受委任而从事诉讼者，则有诉讼代理人。其偕同而就审判者，则有诉讼辅佐人。命名既殊，地位各异。惟讼廷责无旁贷，案牍绝少牵连，庶两造有平等之观，而局外免波及之虑。至诉讼费用，必有所归：或预为征收，或事后交纳，亦关系于当事人之权利义务者也。”

其三，关于通常程序。“诉讼既与程序迭进，以主义言之，则有言词审理、书状审理、直接审理、间接审理诸名目。以阶级言之，则有第一审、上诉审、再审之区别。……自起诉以迄裁判，必须有法定之准绳，乃能杜民情之诡辩。”

其四，关于特别程序。如督促程序、公示催告程序、证书程序、保全程序、人事程序，“凡此之属，皆必设特别人法，乃能推行尽利”。

---

①《大清光绪新法令》第十九册，上海商务印书馆 1910 年铅印本，中国政法大学图书馆特藏部藏。

最后，鉴于“诉讼关系与执行关系不能强同，诉讼关系其主旨在确定私权，执行关系其主旨在实行私权。二者之旨趣程序均各不同，如强合为一，揆诸法理，实所未安”，所以仿效“奥国例，析而为二，于民事诉讼律外，续定执行律，拟俟编纂告成，再行奏陈，庶分别部居不至凌杂，自可收相得益彰之效”。①

《民事诉讼律草案》以1890年日本《民事诉讼法》为原型，篇章结构多有借鉴，但是这部法典并非日本民事诉讼法典的简单照搬，而是编纂者殚精竭虑、苦心孤诣编纂的一部“中国”法典：“所有名词，半多创制，改易再三，始克告竣。椎轮之作，固不敢遽信为完善，而比挈损益，亦不敢不力求精详。”② 这部法典草案编纂时间相对较长，准备相对充分，面临的政治气氛也相对宽松，这使得它无论在编纂技术上，还是在制度内容的安排设计上，都达到了晚清修律的一个较高的水平。

《民事诉讼律草案》采用了近代西方国家民事诉讼通用的“当事人主义”、法院不干涉及辩论等原则，表现了对私权的重视。法典草案共4编22章800条，其篇章结构如下：

第1编审判衙门。第1章事物管辖，第2章土地管辖，第3章指定管辖，第4章合意管辖，第5章审判衙门职员之回避、拒却及引避。

第2编当事人。第1章至第7章分别为能力、多数当事人、诉讼代理人、诉讼辅佐人、诉讼费用、诉讼担保、诉讼救助。

第3编通常诉讼程序。第1章总则，分为当事人书状、送达、日期及期间、诉讼行为之濡滞、诉讼程序之停止、言词辩论、裁判、诉

① 李贵连：《沈家本年谱长编》，台湾成文出版社1992年版，第377—379页。

② 参见吴泽勇：《〈大清民事诉讼律〉修订考析》，载《现代法学》2007年第7期。

讼记录8节。第2章地方审判厅之第一审诉讼程序，分为起诉、准备书状、言词辩论、证据（包括通则、人证、鉴定、书证、检证、证据保全6款）、裁判、缺席判决、假执行之宣示7节。第3章初级审判厅之诉讼程序。第4章上诉程序，包括控告程序、上告程序、抗告程序3节。第5章再审程序。

第4编特别诉讼程序。第1章至第4章依次为督促程序、证书程序、保全程序、公示催告程序。第5章人事诉讼，设有禁治产宣告程序、准禁治产宣告程序、婚姻事件程序、亲子关系事件程序4节。

可见，《民事诉讼律草案》是一部独立的民事诉讼法典，与清朝旧律中的民事诉讼部分截然不同，这是中国立法史上的创举，标志着中国民事诉讼法近代化的开端。

第三节 《民事诉讼律草案》确立的民事诉讼制度

在清末司法改革中，《民事诉讼律草案》确立了晚清民事诉讼制度的基本内容，虽未实施，但是它标志着中国独立的民事诉讼立法的肇始，确立和展示了全新的民事诉讼制度的模式，体现了对于私权的保护。同时，《民事诉讼律草案》也为民国时期民事诉讼制度的建立奠定了基础。

按照沈家本、俞廉三等人的设想，在完成《大清民事诉讼律》的起草工作以后，还准备仿照奥地利续订执行律，使"确定私权"与"实行私权""分别部居，不至凌杂"。但由于草案上奏以后，辛亥革命即已爆发，草案的核议和执行律的制定都成为泡影。

本节主要考察《民事诉讼律草案》的主要内容。

一、审判衙门

审判衙门是在民事诉讼律规定的范围内行使司法权的官署。审判衙门对界限内的事件行使审判权，称为审判衙门之管辖权。《民事诉讼律草案》在第 1 编中着重规定了各类管辖，如事物管辖、土地管辖、指定管辖以及合意管辖等。

1. 事物管辖

事物管辖，是指就事物的性质所规定的官署之职务权限。依据《民事诉讼律草案》第 2 条的规定，初级审判厅的事物管辖权主要是轻微民事案件及应速结案件，具体包括：

第一，因金额或价额涉讼其数在三百元以下者；

第二，业主与租户因接收房屋，或迁让使用修缮，或因业主留置租户之家具物品涉讼者；

第三，雇主与雇人因雇佣契约涉讼其期限在一年以下者；

第四，旅客与旅馆、饭馆主人、运送人、船舶所有人或船长，因寄放行李款项物品涉讼者；

第五，旅客与旅馆、饭馆主人、运送人、船舶所有人或船长，因房饭费、运送费涉讼者；

第六，因占有权涉讼者；

第七，因不动产经界涉讼者。

2. 土地管辖

土地管辖，是指就一定之地域所定的官署之职务权限。土地管辖中确定案件管辖权的依据为审判籍。土地管辖自被告一面言之，称为审判籍。审判籍分为普通审判籍和特别审判籍两种。凡管辖被告普通事件的区域，称为普通审判籍。管辖特别诉讼事件的区域，称为特别审判籍。若同一诉讼而管辖有多处者，原告有选择管辖之权。

普通审判籍为保护被告利益而设，为便利被告，凡对于被告之诉，除有特别审判籍外，皆应由被告住所地的审判衙门管辖。

特别审判籍为维持公共利益或保护原告利益而设，主要包括以下九种情形：

第一，对同一被告因债权涉讼并牵及担保此债权之不动产物权者，得合并于不动产所在地之审判衙门行使管辖权。

第二，因不动产所有人或管有人应负担之债务，或加于不动产之赔偿损害，或征用与使用土地之补偿事件涉讼者，得于不动产所在地之审判衙门行使管辖权。

第三，因确认契约之是否成立，或践约，或解约，或因违约请求损害赔偿及违约费涉讼者，得于履行债务地之审判衙门行使管辖权。

第四，因票据有所请求而涉讼者，得于支付票据地之审判衙门行使管辖权。

第五，对于生徒雇人或其他寄寓人因财产权涉讼者，得于寄寓地之审判衙门行使管辖权。

第六，对于设有营业所之制造人、商人及其他营业人因财产权涉讼者，以关系该营业所之营业为限，得于营业所所在地之审判衙门行使管辖权。对于农业上利用土地之人因财产权涉讼者，以关系利用该土地事件为限，得于该土地所在地之审判衙门行使管辖权。

第七，因确认承继、回复承继、分析遗产、分离承继财产、遗留财产、遗赠及一切因死亡而生效力之行为涉讼者，得于被继承人普通审判籍所在地审判衙门行使管辖权。

第八，诉讼代理人、辅佐人、承发吏、收受送达人因规费或垫付款项有所请求而涉讼者，不问其诉讼物之价额，均得于本诉之第一审审判衙门行使管辖权。

第九，就他人两造之诉讼物为自己有所请求而诉讼者，得于本诉讼之第一审审判衙门行使管辖权，其本诉讼拘束业经消灭者，不在此限。

3. 指定管辖

指定管辖，是指因战争或传染病等事件断绝交通，或管辖之标准未能明确，不能辨别何处审判衙门有管辖权者，为了保护当事人的利益，应指定管辖审判衙门，令其起诉。

《民事诉讼律草案》第 37 条规定，遇有下列各款情形，直接上级审判衙门应据申请指定管辖：

第一，管辖审判衙门或依法院编制法得代行管辖之审判衙门，因法律或事实不得行审判权者。

第二，因管辖区域境界不明致不辨管辖审判衙门者。

第三，有管辖权之审判衙门经裁判确定为无管辖权，此外并无其他审判衙门管辖该案件者。

第四，不动产之审判籍跨连或散在数处审判衙门之管辖区内者。

第五，不法行为地之审判籍跨连或散在数处审判衙门之管辖区内者。

第六，住址或其他关系审判籍之地域跨连数处审判衙门之管辖区内者。

4. 合意管辖

合意管辖，是指除专属管辖及其他非财产权上请求之管辖外，若当事人就某种诉讼事件有管辖之合意，则其合意所定之审判衙门即有审判权限。如果被告不抗辩审判衙门无管辖权，而为本案之言辞辩论者，以合意论。但诉讼物不属于财产权上之请求者和有专属管辖的诉讼，不适用合意管辖的规定。

按照《民事诉讼律草案》的规定，无法定管辖权的审判衙门不得审判诉讼事件，否则当事人可以提起上诉申明不服，但该裁判一经确定，不得借口无管辖权请求撤销。

二、当事人

当事人，是指以自己的名义对审判衙门要求保护权利之人。当事人在普通诉讼中称为原告、被告，在督促程序中称为债权人、债务人。由于民事诉讼案件较为复杂，有的案件涉及的原告、被告不只是一人，因此，草案规定了多数当事人诉讼制度。此外，还建立了诉讼代理人以及诉讼辅佐人、诉讼费用、诉讼担保和诉讼救助等诸项制度。

1. 多数当事人诉讼

多数当事人诉讼包括共同诉讼与参加诉讼两类。共同诉讼指有多数原告或被告之数宗诉讼关系，据同一诉讼程序而合并审理的诉讼。参加诉讼则是指与当事人一方有法律上利害关系人之第三人为辅助，参加诉讼，以保护第三人的利益。

2. 诉讼代理人与诉讼辅佐人

诉讼代理人，是指局外人由当事人之委任，从事于其诉讼行为之人。但是，非律师而为代理人者，应得到审判衙门的许可。虽本人亡故、破产或诉讼能力变更，诉讼代理权仍不消灭。诉讼辅佐人指因当事人之委任，偕赴审判衙门辅佐当事人之人。律师或其他有诉讼能力者可以为辅佐人。辅佐人无诉讼代理权，无法律上之利害关系，与诉讼代理人、参加人不同。

3. 诉讼费用

诉讼费用，是指因诉讼而生之费用。诉讼费用分为审判上费用及审判外费用两种。诉讼费用制度包括诉讼费用的承担和诉讼费用额之计算两个方面。

关于诉讼费用承担，《民事诉讼律草案》规定：诉讼费用由败诉之当事人担负，相对人支出之费用，以伸张权利或防御上所必要为限，由败诉人赔偿。各当事人一部为胜诉、一部为败诉者，各担负其支出之费用。但审判衙门可酌量情形，命两造以比例分担或命一造负担。被告对于原告之请求径行认诺，并能证明其无庸提起诉讼者，诉讼费用由原告担负。当事人因濡滞日期或期间，即因自己之过失，致期日变更、辩论延期、指定续行、辩论日期或期间延长者，因此所生之诉讼费用，由该当事人担负。审判衙门书记官、承发吏、法律上代理人、诉讼代理人因故意或重大过失致生无益之诉讼费用者，审判衙门得因职权以决定命其担负。共同诉讼人对于相对人之诉讼费用，由共同诉讼人平均担负。若共同诉讼人于诉讼之利害关系显有差异者，审判衙门得视其利害关系之比例分别担负。连带债务或不可分债务之共同诉讼人败诉，应连带担负诉讼费用。共同诉讼人内有专为自己主张攻击或防御方法者，因此所生之费用，应由该诉讼人担负。当事人若为审判上之和解，所有和解费用及诉讼费用视与各自担负同。诉讼未经审判而终结者，审判衙门因其职权以决定为诉讼费用之裁判。审判衙门依职权裁判诉讼费用的决定，得为即时抗告。

关于诉讼费用额计算，《民事诉讼律草案》规定：当事人有请求赔偿诉讼费用之权者，得向第一审审判衙门申请确定费用额。申请确定费用额者以有执行力之债务名义为据。为前项申请者应将费用计算书、交付相对人之计算书缮本及证明费用额之书状一并提出。确定费用额之申请以决定裁决之。审判衙门得命书记官调查费用计算书内之计算是否属实。审判衙门得以计算书交付相对人，命其于一定期间内以书状陈述意见。当事人若按比例分担诉讼费用，审判衙门应于审判前命相对人于一定期间内提出费用计算书。审判衙门确定费用额之决定，同时因其职权决定担负申请费用之裁判，并确定申请费用额之裁判。此项之决定得为即时抗告。

4. 诉讼担保与诉讼救助

诉讼担保，是指为了防止原告滥行兴讼，而致被告因诉讼而生诉讼费用及损害，从保护被告权利出发，原告兴诉之时，应提存担保，也称诉讼上之担保。原告以不正当方法假诉讼机关以遂其私，无论出于故意、出于重大过失，都应对被告所支出的诉讼费用及所遭受的损害，悉数予以赔偿。诉讼上之担保通常由当事人之一造提存现金或有价证券，取得质权，俟其败诉可即时实行请求赔偿权。

《民事诉讼律草案》规定，诉讼上之担保应提存现金或经审判衙门认为相当之有价证券。下列各项情形下，提存担保物之审判衙门因担保义务人之申请，应以决定准其取还担保物：

第一，应提存担保物之事由既已消灭，担保义务人申请审判衙门定相当期间，命担保权利人就其请求证明起诉之事实而担保权利人逾期不为者。

第二，因担保义务人提存担保物，审判衙门于判决上谕知假执行，担保义务人能证明该项判决既已确定者。

第三，担保权利人允担保义务人取还担保物，担保义务人能指出允许之证据者。

被告欲使原告提存担保，应于第一审之本案辩论前向审判衙门申明。但应提存担保之事由，于辩论后始发生者不在此限。审判衙门为提存担保之决定，并应定担保额。定担保额以被告于各审之应支费用总额为准，但反诉费用不在此限。审判衙门为提存担保之决定，并应定提存担保期间。原告于前项期间内不提存担保，审判衙门应据被告申明为撤回其诉或上诉之终局判决。

诉讼救助，是指当事人因支出诉讼费用以致自己或其家族穷于生活者，得申请救助。

三、普通诉讼程序

普通诉讼程序是适用于普通事件的诉讼程序，分为第一审诉讼程序、上诉审诉讼程序和再审诉讼程序。

（一）普通诉讼程序的总则

普通诉讼程序的总则，是指在普通程序中共有的法则，包括当事人书状、送达、日期及期间、诉讼行为之濡滞、诉讼程序之停止、言辞辩论、裁判、诉讼笔录等。

1. 书状

书状包括当事人姓名、身份、职业及住址；法人的名称及住址；代理人的姓名、身份、职业及住址；诉讼物；一定之声明的事实要领；对于相对人事实上主张之陈述和证据方法或声叙方法之陈述；附属文件及其件数；年月日；审判衙门；当事人签字。

当事人若书状内有引用所执书状者，应添具该书状缮本。由代理人为诉讼者，应添具证明代理权书状之缮本。仅引用书状之一部分者，只添具节本，摘录所用部分及日期，签名盖印。若书状系相对人所知，或浩繁不便誊录者，须表示其书状名并附记，相对人可请求阅览。当事人在向审判衙门提出书状时，并按应受送达之相对人人数，提出缮本于书记科。当事人所提出的书状，若有异同，以提出于审判衙门者为凭。

2. 送达

送达包括普通送达、嘱托送达或公示送达三种方式。送达违背法定方式，其送达无效。

普通送达，是通常情况下所适用的送达方式，即送达由审判衙门书记官因职权为之。其具体方法主要是：审判衙门书记官交承发吏或庭丁或邮政局为之，交庭丁或邮政局为送达者，以庭丁或邮政局配置人为送达吏。书记官得将由承发吏送达之书件，嘱托送达地之初级审判厅为之。在不能依法律规定的方法送达时，得将送达文件寄存送达地初级审判厅书记科，或警察署长，或城镇乡总董作送达通告书，粘贴于应受送达人居住之门首，以为送达。应受送达人拒绝接收并无法律上理由者，应将所送达文件置于送达之处所，以为送达。送达应由送达吏制作送达证书，将原本提出于审判衙门书记官，而以缮本附入送达文件。

嘱托送达适用于法律规定的特殊主体，如对于皇族或有治外法权之人为送达时，嘱托法部为之。对于外国为送达者，嘱托该国之管辖官厅或驻扎该国之中国公使或领事为之。对于驻扎外国之中国公使或领事为送达者，嘱托外务部为之。对于出征或驻扎外国之军队之军人、军属或军舰职员为送达者，得嘱托上级司令衙门为之。嘱托送达应由受诉审判衙门审判长为之。受嘱托衙门或官吏记明送达完竣书状，作为送达证书。

公示送达适用于法律规定的特定事项。按照《民事诉讼律草案》

的规定，遇有下列各款情形，得为公示送达：不知应受送达人之居所者；因送达处所系在中国有治外法权人之居所不能送达者；不能依送达于外国之规定办理，或虽照办预知无效者。公示送达由受诉审判衙门以决定裁判。公示送达应由审判衙门书记官将送达文件或缮本，粘贴于审判衙门之牌示处，经 14 日发生效力。登载于官报及新闻纸上的传票及有关文件，经 30 日发生效力。此项期间，受诉审判衙门得酌予延长。

3. 日期与期间

日期，指审判衙门及诉讼关系人（当事人、证人等）共同进行诉讼行为之时间，如口头辩论日期。《民事诉讼律草案》第 214 条规定："审判长定日期后，应由书记官送达传票于诉讼关系人，令其到场。但审判长向诉讼关系人告知日期令其到场，或诉讼关系人以书状声明届期到场者，不在此限。"日期的开始，应以案件之点呼开始。另外，审判衙门得以决定命日期变更或辩论延期。审判长得命续行辩论。当事人得以合意废止日期。当事人废止日期的合意，应以书状或言辞向审判衙门申明。

期间，是指审判衙门或当事人单独而为诉讼行为之时间，如上诉期间等。《民事诉讼律草案》第 219 条规定："审判衙门或审判长指定之期间，自送达此期间文件之日起算。若无庸送达文件者，自谕知定此期间之裁判起算。但别定起算方法者，不在此限。"

凡申请日期变更、辩论延期或续行或期间伸缩者，得以书面或言辞为之，并由审判衙门以决定裁判之。此项决定不得申明不服。

4. 诉讼行为之濡滞

当事人若不于一定时期为诉讼行为，即为"濡滞"，属于当事人不行使权利，非不履行义务。《民事诉讼律草案》第 231 条规定："诉讼行为之濡滞，除本律有特别规定外，当然发生效力。因申明而生濡滞之效力者，得于未经申明或关于申明之言辞辩论未终结前追复濡滞之诉讼行为。”但是，当事人或代理人因天灾及其他不可避免的事故，不能遵守不变期间或非由过失不知缺席判决之送达，不能遵守窒碍期间者，审判衙门因申请许可，回复原状。申请回复原状应自其原因停止日起21日内为之。此项申请若逾不变期间至1年者，不得为之。

申请回复原状之程序及不变期间内应为之诉讼行为之程序，得合并行之。但审判衙门得先就回复原状之申请命其辩论，并为裁判。申请回复原状之裁判，及不服此项裁判之申明，适用不变期间内应为诉讼行为之规定。但回复原状之申请，不得对于其所受之缺席判决申明不服。

5. 诉讼程序之停止

诉讼程序在通常情况下因判决、和解及撤回诉讼而终结。但于诉讼程序终结前，因当事人合意，或有不得已之事由，或有适当之事由，应使其停止进行。其中，有法定原因，法律上当然停止者，为诉讼程序之中断；有法定原因以审判停止者，为诉讼程序之中止；因当事人之合意停止者，为诉讼程序之休止。《民事诉讼律草案》规定了诉讼程序中断和中止的事由，譬如，当事人亡故或受亡故之宣告者，诉讼程序于受继人之受继前中断；当事人受破产之宣告者，关于该破产财团之诉讼程序依破产律规定，于有受继前或破产程序完竣前中断；当事人于战时服兵役，或依法令，或因天灾，或其他事故致与审判衙门交通隔绝者，审判衙门于窒碍未止前得命中止诉讼程序；就他人之诉讼物，为自己有所请求提起诉讼者，审判衙门于其诉讼终结前中止本诉讼。

关于诉讼中断、中止的效力，《民事诉讼律草案》第250条规定：

"诉讼程序中断或中止期间，审判衙门及当事人不得为关于本案之诉讼行为。但言辞辩论后所生之中断，本于其辩论之裁判仍得谕知。诉讼程序中断或中止者，停止期间之进行，自中断或中止完竣之时，其期间更始进行。"

中断或中止之诉讼程序，于中断或中止之事由消灭后，依诉讼程序之受继而续行。休止之诉讼程序，则须因当事人之申明而续行。

6. 言辞辩论

按照《民事诉讼律草案》第263条的规定，当事人于判决审判衙门所为之辩论，除律有特别规定外，以言辞为之。言辞辩论包括当事人演述及行使发问权、审判长及审判衙门指挥诉讼、和解及笔录等内容。言辞辩论在民事诉讼中具有重要的意义。

关于当事人演述及行使发问权。言辞辩论因当事人之申明开始。当事人应不依书状演述事实上及法律上之诉讼关系，但以文辞为必要者，得朗读文件为之。当事人经审判长许可，得引用文件以代演述。当事人对相对人所主张之事实得为陈述。当事人不争执之事实，若并不能因他项陈述显其争执意思者，与自认同。当事人对于非其行为之事实，或未经实验之事实陈述不知者，视与争执同。当事人对于违背诉讼程序之规定，得述异议。但当事人已经表示无异议之意思，或既知其违背，或可知其违背，并无异议而为本案之辩论者，不在此限。

关于审判长及审判衙门指挥诉讼。审判长开闭言辞辩论，并谕知判决及决定。审判长得许可发言，或对于不从其命者禁止发言。审判长得发问令诉讼关系明显或因职权调查之事项有疑义者，得命当事人注意。陪席推事得受审判长之许可而发问，当事人得请审判长发问。参与辩论人若以审判长所发指挥诉讼事件之命令，或审判长及陪席推事之发问为违法，而述异议者，审判衙门应就其异议审判之。

关于和解。《民事诉讼律草案》第 284 条规定：“受诉审判衙门不问诉讼程序如何，得于言辞辩论时试行和解。”和解成立，审判衙门应将事由记明于辩论笔录。

关于笔录。审判衙门书记官应制作言辞辩论笔录，除法律上有特别规定外，笔录内应记明下列各款事宜：辩论处所及年、月、日；推事、书记官及通译姓名；诉讼事件；到场当事人、法律上代理人、诉讼代理人及辅佐人姓名；辩论之公开或不公开。笔录内应记明辩论进行之要旨，记明下列各款事宜：认诺、抛弃、自认及撤回；依本律规定应为之明确申明及陈述；证人、鉴定人之陈述及检证之所得；依言辞辩论而为之裁判及其谕知。言辞辩论程式之遵守，得专以笔录证之。

7. 裁判

裁判分为判决、决定及命令三种。判决，指审判衙门就当事人实体上及重要诉讼上请求之当否，本于当事人言辞辩论所作的裁判；决定，指审判衙门就简易诉讼上请求之当否，或关于诉讼上指挥所作的裁判；命令，指审判长受命推事或受托推事，就简易诉讼上请求之当否，或关于诉讼上指挥所作的裁判。决定和命令不必本于当事人言辞辩论。对于判决得以控告或上告申明不服，对于决定和命令则不能申明不服。

判决，审判衙门本于当事人之言辞辩论为之，故判决应谕知之。决定，审判衙门得不经言辞辩论为之。但经言辞辩论之决定，应谕知之；不经言辞辩论之决定因职权送达。命令，审判衙门之审判长、受命推事或受托推事为之。毋庸谕知之命令，因职权送达。审判衙门书记官应以所为之处分通知当事人。

8. 诉讼笔录

诉讼笔录，指明示各诉讼事件始末的书状。包括诉状、申请书、准备书状、笔录或附具书状、审判原本及送达证书等。当事人得向审判衙门书记官申请阅览或缮录诉讼笔录，或预纳费用，求副本、正本节本或缮本。但审判草案及其准备文件、评议文件不得阅览、缮录及求副本、节本、缮本。

（二）第一审诉讼程序

第一审诉讼程序，包括地方审判厅诉讼程序和初级审判厅诉讼程序。

初级审判厅诉讼程序，以审判简易或应迅速之事件为主，故其诉讼程序也具简捷的特点。就诉讼程序而言，初级审判厅可以准用地方审判厅诉讼程序。初级审判厅之程序包括起诉方式、辩论之准备、言辞辩论、和解等内容。

地方审判厅诉讼程序，以适用于重要之事件为主。地方审判厅第一审诉讼程序，是整个诉讼程序的基础。初级审、上诉审以及再审的诉讼程序，除法律特别规定外，准用地方审判厅第一审诉讼程序。

下面着重介绍地方审判厅第一审诉讼程序。

1. 起诉

起诉包括起诉方法及要件、传讯程序及审判期间、诉讼拘束之发生、效力及消灭、反诉及附带确认之诉之提起方法及要件、由于言辞演述之诉讼拘束发生时期等内容。

民事诉讼非起诉人起诉不能成立。起诉之提起应以诉状送达相对人。诉状应记明下列各项事宜：当事人姓名、住址，若当事人为法人，则记明其名称及住址；请求之本旨与其原因及应受判决事项之申明；审判衙门。

审判衙门在接到原告诉状以后，由审判长规定言辞辩论日期，令书记官将传票与诉状一并送达于被告。诉讼拘束自诉之提起始。诉讼拘束发生后，遇有变更情形，与受诉审判厅之管辖权无涉。

被告于第一审之言辞辩论终结前，可向本诉所属之审判衙门提起反诉。提起反诉应于本诉之言辞辩论时为之。反诉不因撤回本诉失其效力。诉讼进行中所提起之请求，其诉讼拘束自言辞辩论时始。

2. 准备书状

据诉状送达之起诉，或据言辞演述之起诉时，原告则提出记载其主张之准备书状，被告则提出防御原告主张之准备书状（答辩书或抗辩书），而后原告又提出对于此准备书之准备书（再抗辩书），以准备言辞辩论。

3. 言辞辩论

除一般规定外，地方审判衙门的言辞辩论还有以下特别规定：申明应受判决事项，应朗读诉状或准备书状。其申明有未记入诉状或准备书状者，应朗读附于笔录之书状。若其申明与所朗读之要点异者亦同。申明不依次规定者，作为无效。未记入准备书状之重要陈述，及记入准备书状事项之重要变更，审判衙门因职权或申明可以命提出书状，附于笔录。审判衙门于本案之言辞辩论开始后，得随时就关于计算或分割之诉讼及其他类此之诉讼，命为准备程序。当事人于准备程序之日期，不就事实或书状为陈述或拒绝陈述者，不得于言辞辩论时追补之。

4. 证据

证据包括人证、鉴定、书证、检证、证据保全等内容，又称证据方法。关于证据方法，又有通则和特则的区分。通则包括立证责任、调查证据及其与言辞辩论的关系等。特则包括人证、鉴定、书证、检证及证据保全等内容。

关于立证责任，《民事诉讼律草案》规定：当事人应立证有利于自己之事实上主张，但于审判衙门事实显著及审判衙门于职权上已认知其事实者，不在此限。声叙事实上主张者，得用可使审判衙门信其主张真实之证据方法，但不能即时调查者不在此限。

关于调查证据，《民事诉讼律草案》规定：证据调查于受诉审判衙门为之。证据调查由受诉审判衙门决定受命推事或受托推事为之。此项决定不得申明不服。证据调查于当事人之一造或两造届期不到场者，亦得为之。

人证，即当事人以外的第三人在审判衙门供述自己所实验之事实而成的证据方法。供述者称为证人。当事人及法律上代理人以外的第三人都可作为证人，不必问其年龄及精神状态等如何。虽系精神病人，如能陈述其所实验之事者，亦得为证人。只是在采用其证言与否上，审判官须自由判断。不问何人，除法律有特别规定外，有为证人之义务。《民事诉讼律草案》还具体规定了传唤证人的程序、免除证人出庭义务及免除证言义务等内容。

鉴定，指由当事人以外的第三人就审判衙门所指定之诉讼资料陈述意见。陈述人称为鉴定人。《民事诉讼律草案》规定的鉴定内容，包括鉴定义务、鉴定人准用证人规定、讯问鉴定人程序、受命推事或受托推事讯问鉴定人程序、拒绝鉴定权、鉴定人拒却程序以及鉴定人日费及旅费之请求权、鉴定证人等。申请鉴定应申明鉴定事项。对鉴定人不得拘摄。受诉审判衙门得命鉴定人以言辞或书状陈述意见。审判衙门得命鉴定人为鉴定书之说明。鉴定人陈述意见后，若有以申请拒却为正当之决定，审判衙门得命其他鉴定人复行鉴定。

书证，指用文字表示人类思想的一切文件。作为书证的文件，不问其为物质、为金石、为纸张，其文字不问为手书、为刻印。是否预为证据而作，亦不必问。书证的内容包括：证书之效力、立证者提出自己所执证书之程序、在相对人手中书证之申明程序、立证者提出在第三人手中或在官署处书状之程序、确定证书真伪之程序、交还书状之程序、当事人故意隐匿书状或故意不认书状时之制裁等。审判衙门得命立证人提出公证书或私证书之原本。如不能提出者，得命声叙事由。立证人不从前项之命者，审判衙门以自由心证判断所提出缮本之证据力。当事人因妨害相对人使用书状，将该书状隐匿、毁坏，致不堪使用者，得认定相对人关于书状性质及内容之主张为正当。当事人因故意或重大过失不认私证书为真证者，受诉审判衙门得以决定科以五百元以下罚锾。此项决定得以抗告，抗告中应停止执行。

检证，是审判衙门依据实验取得诉讼证据的方法。检证与书证不同，书证系以书状之内容为证据，检证则以书状之外观，如纸色新旧为证据。申请检证，应申明检证物及应检证之事实。受诉审判衙门得命鉴定人参与检证。检证物须由立证人提出于审判衙门。持有检证物的相对人或第三人不提出检证时，立证人应以诉讼途径来解决。但相对人或第三人应否交付其所占有的检证物，则应依据有关实体法的规定而定。

证据保全，指诉讼未系属或诉讼已系属而未达调查程度以前，其灭失或碍难使用之证据方法之调查程序。其内容包括：证据保全的条件、证据保全的申请、证据保全准同事项、证据保全之效力等。依照《民事诉讼律草案》的规定，证据方法恐其灭失，或碍难使用，或有相对人同意者，得因证据保全申请讯问证人或鉴定人或为检证。申请为证据保全者，于起诉后向受诉审判衙门为之。起诉前向管辖受讯问人居所，或检证物所在地之初级审判厅为之。遇有急速情形，于起诉后亦得向前诉之初级审判厅申请为证据保全。证据保全之申请得以决定裁决。对证据保全的决定，不得申明不服。

5. 裁判

诉讼可以终结者，审判衙门应行终局判决或部分终局判决。诉讼未终结者，视情况得为中间判决。判决应就申明之事项为之，于言辞辩论后7日内作出。合并辩论之数宗诉讼其一可以裁判者，请求之一部或一诉主张之数宗请求中其一可以终结者，审判衙门得为一部之终局判决。各种独立之攻击或防御方法可以裁判者，审判衙门得为中间判决。请求之原因及数额有争执者，审判衙门得先就其原因为中间判决。判决书应具备法定内容，并按程序送达。如两造中一造不到场时，适用缺席判决。

判决于不得申明窒碍或提起上诉时为确定。终局判决中于其诉或反诉所主张之请求已经裁判而确定者有既判力。确定判决对于当事人及诉讼拘束后为当事人之继续人者有效力。

6. 假执行之宣示

假执行之宣示，指在判决确定之前许其执行的审判上宣示。审判衙门于下列各判决因职权为假执行之宣示：

第一，本于承认为被告败诉之判决。

第二，命履行扶养义务之判决，但以起诉前最近六个月份及诉讼中偿还期已到之部分为限。

第三，在同一审级对于同一当事人第二次缺席判决，或第二次以后之缺席判决。

第四，因全额或价额不逾三百元之事件为被告败诉之判决。

债权人若声叙于判决确定前不为执行恐受难于抵偿，或难于计算之损害者，审判衙门因申请为假执行之宣示。假执行宣示因谕知本案之判决，或废弃或变更该宣示之判决，于所废弃或变更之范围内当然失其效力。宣示假执行之本案判决经废弃或变更者，被告因假执行或因免假执行所给付之物及所受损害，应由原告归还及赔偿。

7. 和解

和解多用于初级审判厅审理的轻微事件，当事人两造届期到场和解调协者，审判衙门应记明于笔录。和解不调协者，其费用视作诉讼费用之一部。

（三）上诉程序

上诉是指申明不服，要求废弃裁判或变更裁判之方法。上诉分为控告、上告、抗告三种。

1. 控告程序

控告，是对第一审判决申明不服，控诉审判衙门由此而就事实之认定与法则之适用，调查该判决是否正当。提起控告合法者，该诉讼有自第一审移于控告审之效力，并有断绝第一审判决确定之效力。

控告得于第一审之终局判决，或可视作终局判决之中间判决为之。第一审终局判决前之裁判，应受控告审判衙门之判断。但不得申明不服及得以抗告申明不服之裁判不在此限。对于地方审判厅之判决，不得以其事件应属初级审判厅管辖为理由申明不服。对于缺席判决，不得由受谕知之当事人为控告。对于不许申明窒碍之缺席判决，以并未濡滞日期为理由者为限，得为控告。

提起控告应以控告状送达于相对人。控告审判衙门因职权调查控告是否合法。控告审判衙门认为该控告为无理由者，应以判决驳回之。控告审判衙门以申请要求变更之部分为限，得以判决变更第一审之判决。控告审判衙门关于第一审未经辩论或裁判之争点，以申请变更而认为必要者为限，应为辩论或裁判。

2. 上告程序

上告，指对于未确定之第二审审判衙门终局判决，或可视作此种判决之判决申明不服，上告审判衙门由此而就法则之适用，调查该判决是否正当。上告非以第二审判决违背法令为理由者，不得为之。不适用法则之裁判或适用不当之裁判为违背法令。

判决有下列各项情形者，以违背法令论：

第一，判决审判衙门不依法律编制者；

第二，被回避之推事仍参与该审判者；

第三，被拒却之推事有以拒却为正当之裁判而仍参与该审判者；

第四，不属该审判衙门之权限或管辖辨别不当者；

第五，当事人不以合法代理者；

第六，违背言辞辩论公开之规定而为审判者；

第七，判决不附理由者。

对于缺席判决，不得由受谕知之当事人为上告。对于不许申明窒碍之缺席判决，以并未濡滞日期为理由者为限，得为上告。

上告应于送达判决后 30 日不变期间内提起之。送达判决前之上告无效。提起上告应以上告状送达于相对人。上告审判衙门因职权调查上告是否合法。不应许可之上告，或不遵程式、不遵期间而提起之上告，或不于合法所定期间提出上告理由书者，均认为不合法，以决定驳回之。不为前条之决定者，审判长应因职权指定言辞辩论日期，传唤当事人到场。上告审判衙门应于当事人所申明之范围内调查之。上告审判衙门应以控告审判衙门判决所确定之事实为判决基础。上告审判衙门认为上告为无理由者，应为驳回之判决；认为上告为有理由者，以该部分为限，废弃前判决。因违背诉讼程序之规定废弃前判决者，其违背之诉讼程序部分亦废弃之。判决经废弃者，上告审判衙门应以判决将该事件发回控告审判衙门。控告审判衙门应以上告审判衙门之法律上判断为判决之基础。

3. 抗告程序

抗告，指对于下级审判衙门或其审判长所为之裁判申明不服。抗告审判衙门由此而就事实之认定与法则之适用，调查该裁判是否正当。提起抗告者应于送达裁判后7日内，在原审衙门或原审判长所属之审判衙门提出。原审判衙门或审判长认为抗告有理由者，应更正原裁判。若认为不合法或无理由者，应添具意见书将抗告事件送交抗告审判衙门。

抗告由直接上级审判衙门裁判之。抗告审判衙门以决定驳回不合法之抗告，或变更前审之裁判者，抗告人对于该决定仍得为抗告。当事人对受命推事或受托推事之命令，或书记官之处分不得为抗告，但得申请受诉审判衙门以决定裁判之。此项决定得为抗告。

（四）再审程序

再审程序，指对于确定判决申明不服的当事人，求其权利保护的方法。再审之诉或由原审衙门管理，或由控告审判衙门管辖。再审之诉应于判决确定后30日内提起。再审诉状应记明当事人申明不服之判决，以及提起再审之诉的陈述等。

再审之诉得于下列情形提起之：

第一，判决审判衙门不依法律编制者；

第二，被回避之推事仍参与裁判者；

第三，被拒却之推事有以拒却为正当之决定，仍参与裁判者；

第四，当事人不以合法代理者；

第五，参与裁判之推事关于该诉讼对当事人违背职务上之义务、犯刑事上之罪者；

第六，当事人之代理人或相对人及其代理人，关于该诉讼有刑事上应罚之行为，本其行为已有判决者；

第七，为判决基础之书状系伪造者；

第八，为判决基础之证书、鉴定或通译人被处伪证之刑者；

第九，为判决基础之刑事上判决因其他确定判决撤销者；

第十，当事人就同一事件发现已受之判决者；

第十一，当事人发现可受利益之裁判之书状或得以使用之者。

审判衙门裁判再审之诉后，若对于该判决不服，得依通常规定提起上诉。再审之判决与起诉前第三人以善意取得之权利无涉。

四、特别诉讼程序

特别诉讼程序，是以迅速审判为目的，依简易程序而为裁判，以保护当事人利益的诉讼程序，包括督促程序、证书诉讼、保全诉讼、公示催告程序以及人事诉讼等。在特别诉讼程序中，若无特别规定时，准用通常诉讼程序的规定。

（一）督促程序

督促程序，是指对于以一定金额之支付、有价证券一定数量之给付等为目的之财产上的请求，初级审判厅因债权人的申请对于债务人发支付命令，令其于一定期间内缴清债务及程序费用，或则申明异议，或抗不为之，而发布执行命令的特别诉讼程序。督促程序适用于财产上之请求，以简便为特征，当事人之间往往无争议。因此，不就债权请求为当否之调查，而依其申请发出执行命令。

支付命令之申请专属依通常诉讼程序于财产权上请求有土地管辖权之初级审判厅管辖。请求给付代替物一定数量者，得依督促程序为之。但期间未到或条件未成，或申请人应为反对给付，或于外国为支付命令之送达，或依公示送达者，不在此限。

债务人得对于支付命令申明异议。申明异议而合法者，审判衙门应通知债权人，或因债务人之申请，付与异议合法之证明书。异议不合法者以决定驳斥之，此项决定得为即时抗告。债务人对于支付命令之全部或一部申明异议而合法者，支付命令失其效力。

债务人若对于支付命令不申明异议，债权人得向发该命令之审判衙门申请发执行命令。申请执行命令而合法者，审判衙门应发该命令。执行命令应许可依支付命令执行。申请发执行命令而不合法者，审判衙门应以决定驳斥之。此项决定为即时抗告。

（二）证书诉讼

按照《民事诉讼律草案》第638条的规定，因给付代替物一定数量之请求，或由于票据之请求而起诉者，以可据书状证其原因为限，得提起证书诉讼。证书诉讼中，诉状内容应记明以证书诉讼起诉之陈述。

审判衙门因职权调查证书诉讼之要件。证书诉讼要件欠缺，应认为不合法，以判决驳回之。被告不依合法之证据方法证明其所应证之事实上主张者，审判衙门应以其非证书诉讼所许而驳斥其抗辩。被告争执原告之请求致受败诉之判决者，审判衙门应为被告留保其得于通常诉讼程序行使之权利；留保判决关于上诉及强制执行，视其与终局判决同。审判衙门为被告败诉之判决者，因职权为假执行之宣示。留保判决已确定者，该诉讼即系属于通常诉讼程序。

（三）保全诉讼

保全诉讼，指债权人在强制执行要件完备前，遇不能执行或难于执行情事，及强制执行要件完备后虽得为强制执行，而权利已不能完全实行情况下提起的特别诉讼。在保全诉讼中，只需声叙，不需证明。

保全诉讼，包括以保全金钱请求执行的假扣押和以保全其他请求权执行的假处分两种。

1. 假扣押

假扣押之申请专属于本案之管辖审判衙门，或管辖扣押物所在地之初级审判厅。本案之管辖审判衙门为第一审审判衙门，但本案系属于控告审者，以控告审判衙门为管辖审判衙门。遇有急速情形，审判长得裁判假扣押之申请。

假扣押得就金钱支付之请求，或得易为金钱请求之请求，因保全强制执行申请之。假扣押未至履行期者，亦得为之。假扣押非于日后不能为强制执行或恐难执行，或应在外国为强制执行者，不得为之。

假扣押之申请以决定裁判之。假扣押之决定得为抗告。债权人若不起诉，假扣押审判衙门因债务人之申请以决定指定相当期间，命债权人起诉。债权人不于固定期间内起诉者，假扣押审判衙门因债务人之申请，以决定撤销假扣押之决定。假扣押被撤销者，债权人应赔偿债务人因假扣押或供担保所受之损失。

2. 假处分

假处分内容包括争执物之假处分和争执法律关系之假处分两个方面。

假处分之申请专属于本案之管辖审判衙门或争执物所在地之初级审判厅管辖。假处分非因争执物之现状变更，日后不能为强制执行或恐难执行，或应在外国为强制执行者，不得为之。审判衙门应依其意见选任管理人，或命令或禁止债务人为某种行为，及定假处分所必要之方法。

争执之法律关系有定暂时情形之必要者，审判衙门得因当事人之申请定之。

（四）公示催告程序

公示催告程序指在权利主体不明的情况下，调查应否允许公示催告的一种特别诉讼程序。公示催告之申请属初级审判厅管辖。申明权利之公示催告以法律所定者为限。公示催告有不利于不申明权利人之效力。

公示催告之申请以决定裁判之。审判衙门若许可前项之申请，应为公示催告。公示催告应记明下列事宜：申请人；公示催告日期；在公示催告日期前应申明权利；因不申明所受之后果。

公示催告申请人得于公示催告之日期到场，申请为除权判决。审判衙门得将除权判决要旨登载于官报公告之。除权判决得提起撤销之诉。撤销除权判决之诉应于30日之不变期间内提起之。此项期间自原告知除权判决时起算。但在法律特别规定的情况下，若原告知除权判决而不知其理由，则自知理由时起算。除权判决谕知已逾5年者，不得提起撤销之诉。

《民事诉讼律草案》还详细规定了宣示亡故和宣示证券无效两类公示催告程序的具体事宜。

（五）人事诉讼

人事诉讼，包括宣告禁治产程序、宣告准禁治产程序、婚姻事件程序和亲子关系事件程序等。

1. 宣告禁治产程序

宣告禁治产程序，是指根据民事实体法关于保护精神发达不完全者之利益而规定的特别诉讼。禁治产之申请专属于应受禁治产宣告人普通审判籍所在地之初级审判厅管辖。禁治产之宣告非以其原因讯问鉴定人后不得为之。

依民律规定得申请禁治产之人得提起撤销禁治产宣告之诉。禁治产人欲为诉讼行为者，受诉审判衙门审判长因申请选任律师为诉讼代理人，并得因职权命以诉讼代理委任律师，或径选任律师为诉讼代理人。撤销禁治产宣告之诉，应对申请禁治产人提起之。依民律规定得为禁治产申请人者得以禁治产原因已经消灭为由，申请撤销禁治产之宣告。

2. 宣告准禁治产程序

宣告准禁治产程序，是指精神衰弱人、浪费人，据民律规定，根据申请权人之申请受准禁治产之宣告，或撤销其宣告的程序。

3. 婚姻事件程序

婚姻事件程序，指以离婚、撤销婚姻或确认婚姻之成立与不成立，以及夫妇同居等事件为目的的特别诉讼程序。

撤销婚姻、确认婚姻之成立不成立、离婚或同居之诉，专属夫之普通审判籍所在地之地方审判厅，或其亡故时普通审判籍所在地之地方审判厅管辖。婚姻事件夫妻同有诉讼能力。

4. 亲子关系事件程序

亲子关系事件程序，指对亲子之否认、认识及撤销认识或无效，或亲权、财产权之丧失以及撤销、失权等之诉讼事件的特别诉讼程序。

亲子之否认、认识及撤销认识或无效之诉，专属管辖孩子之普通审判籍所在地之地方审判厅，或亡故时之普通审判籍所在地之地方审判厅管辖。丧失亲权或管理财产权或撤销失权之诉，专属于管辖现行亲权人或已行亲权人之普通审判籍所在地之地方审判厅管辖。

夫若于子之出生前不提起否认之诉，而在起诉期间内亡故者，夫之三亲等内之血族得提起否认之诉。此项之诉自夫之亡故日起，应于一年内提起之。撤销失权之诉应以现行亲权人或管理权人或监护人为相对人。现行亲权人或其子，于丧失亲权或管理财产权或撤销失权之诉在判决确定前亡故者，本案诉讼视为与已终结同。

综括上述，从1840年鸦片战争至1911年辛亥革命，这半个多世纪，是中国传统的固有法制历史的终结和向着近代化转型的重要时期。

1901年义和团运动失败以后，清朝已经是风雨飘摇，危在旦夕，为了自救，宣布改革与新政。1905年以后，又在宪政的呼声响彻寰宇的大背景下，宣布预备立宪，改良政体，由此修订新律，改革司法也相继提上了议事日程，《民事诉讼律草案》就是在这个背景下制定的。

由于晚清修律是以“会通中西”为宗旨，因此西方国家的立法成就与体现进步法文化的书籍，成了修律的范本和第一手参考资料。《民事诉讼律草案》就是从日本的《民事诉讼法》脱胎而来的。《民事诉讼律草案》反映了一种新的价值取向，确立了崭新的民事诉讼制度，这种改革不仅触及了司法体制，而且极大地冲击了传统审判制度与方式，从法律上明确了行政与司法分立，建立了新的司法机关体系；采取了仿西方的诉讼与审判的方式、原则和制度，废弃了沿行已久的司法与行政不分的体制和一系列封建性质的诉讼与审判方式、原则、制度。因此，这个改革是走向近代司法文明的一个组成部分，它在晚清变法、新政与立宪的过程中，取得了明显的成就。

晚清民事诉讼制度所体现的近代化是以社会的发展为基础的。很难设想，在固守封建社会的条件下，会出现近代意义的民事审判制度。尽管晚清司法改革是缓慢的、不彻底的，但仍然是社会进步的反映与结果。

晚清实行的预备立宪，虽然是被迫的，却是由极端的专制走向君主立宪的重要一步。正是在朝野上下呼之欲出的、仿行宪政的氛围中，才有可能出现司法制度的改革。这二者是互动的、相向而行的，但政治改良是前提，司法改革是政治改良的重要支撑。

除此之外，外国相关法律的引进和先进学说的导向作用，以及掌握新学说，重点改革人的主观能动性，都是晚清司法制度改革不可忽视的积极因素。

然而，晚清的司法改革更多的是呼应宪政，和希望借此换取外国列强放弃治外法权，缺乏真正的自觉。加上顽固派的掣肘，物质条件的不配套，新式司法人才的严重不足，使得改革难以达到预期的目标。

《民事诉讼律草案》有助于人们新的司法观念的形成，并为民国时期民事诉讼法的修订，奠定了重要的基础。民国时期曾经宣布部分援用该草案，并经修正先后编成《修正民事诉讼律》及《民事诉讼条例》，沿用至 1935 年南京国民政府颁行《民事诉讼法》为止。历史的借鉴往往是一种动力，它启发我们在新时代的背景下继续探索改革司法的尝试。

图书在版编目（CIP）数据

中国古代民事诉讼制度／张晋藩著. —北京：中国法制出版社，2018.6
ISBN 978-7-5093-9234-8

Ⅰ.①中… Ⅱ.①张… Ⅲ.①民事诉讼—司法制度—研究—中国—古代 Ⅳ.①D929.2

中国版本图书馆 CIP 数据核字（2018）第 022345 号

策划编辑 舒 丹 马 颖　　责任编辑 靳晓婷　　封面设计 杨泽江

中国古代民事诉讼制度
ZHONGGUO GUDAI MINSHI SUSONG ZHIDU

著 者／张晋藩
经 销／新华书店
印 刷／三河市紫恒印装有限公司
开 本／640 毫米 ×960 毫米 16 开
印 张／29.25
字 数／351 千

版次：2018 年 6 月第 1 版 ／ 2018 年 6 月第 1 次印刷
书号：ISBN 978-7-5093-9234-8　　定价：86.00 元

北京西单横二条 2 号
邮政编码：100031　　传真：010-66031119
网址：http://www.zgfzs.com　　编辑部电话：010-66034242
市场营销部电话：010-66033393　　邮购部电话：010-66033288

（如有印装质量问题，请与本社印务部联系调换。电话：010-66032926）